全 球
10大管理模式

基于世界文明体系的新制度主义观点

范 徽/著

经济管理出版社

ECONOMY & MANAGEMENT PUBLISHING HOUSE

图书在版编目（CIP）数据

全球 10 大管理模式——基于世界文明体系的新制度主义观点/范徵著 . —北京：经济管理出版社，2019.1

ISBN 978 - 7 - 5096 - 6143 - 7

Ⅰ. ①全… Ⅱ. ①范… Ⅲ. ①管理模式—研究 Ⅳ. ①C931

中国版本图书馆 CIP 数据核字（2018）第 257992 号

组稿编辑：申桂萍
责任编辑：赵亚荣
责任印制：黄章平
责任校对：陈 颖

出版发行：经济管理出版社
　　　　　（北京市海淀区北蜂窝 8 号中雅大厦 A 座 11 层 　100038）
网　　　址：www. E - mp. com. cn
电　　　话：(010) 51915602
印　　　刷：三河市延风印装有限公司
经　　　销：新华书店
开　　　本：720mm×1000mm/16
印　　　张：23.25
字　　　数：391 千字
版　　　次：2020 年 9 月第 1 版　　2020 年 9 月第 1 次印刷
书　　　号：ISBN 978 - 7 - 5096 - 6143 - 7
定　　　价：88.00 元

前 言

（一）

当前，中国政府大力推动中国企业"走出去"，并提出了"一带一路"倡议。在此指引下，中国企业加快了海外"走出去"的步伐。

但是，中国企业"走出去"却困难重重。仅以跨国并购为例，在过去 20 多年，中国企业的跨国并购以年均 17% 的速度增长，但研究表明，超过 70% 的并购交易在 3 年内失败，损失超千亿元之多。**"凡是跨国公司的大的失败都是因为忽略了文化差异"**（Ricks，1999）。林毅夫（2015）也指出，中国企业"走出去"涉及"走出去、走进去、走上去"三个步骤：**"走出去"指硬实力，是资金、技术、资源的实力体现；"走进去"指软实力，是跨文化沟通与管理的成功体现；"走上去"指硬实力与软实力的完美结合。**

企业跨国经营的成功，很大程度上取决于其"跨文化经营管理"的有效性。而有效的跨文化管理的前提即是对"基于世界文明体系的全球管理模式"的认知。

（二）

30 年前，早在上海交通大学管理学院读书时，我首次在杨锡山、徐纪良教授的书里（《西方组织行为学》，展望出版社，1985 年）接触到了"比较管理与跨文化管理"的有关论述，并将其作为我的硕士学位论文的选题，其成果即是后来出版的我的第一部论著《合资经营与跨文化管理》（上海外语教育出版社，1993 年）。

中国加入世界贸易组织（WTO）后，我申请到了上海哲学社会科学规划课题——企业跨文化经营管理有效性研究，完成后，出版了我的第二部跨文化管理的论著《跨文化管理：全球化与地方化的平衡》（上海外语教育出版社，2004年）。后来，欧盟赞助的中欧高教国际合作研究基金（纳入教育部九五规划项目）资助了我的有关"欧盟管理"方面的国别区域研究；国家自然科学基金、国家社会科学基金还资助了我的"跨文化核心能力"方面的相关研究，相关研究还获得了世界知识管理大会、世界管理大会的优秀成果奖。

2007 年开始，作为大会主席，我在上海外国语大学创办了**"跨文化管理国际学术研讨会"**，两年一届，历时 10 年，目前共举办了 5 届。跨文化管理大师 Hofstede 教授、Warner 教授、Bond 教授、陈晓萍教授、彭维刚教授、吕文珍教授，以及苏东水教授、席酉民教授、吴照云教授、王方华教授、赵曙明教授、陈春花教授、高闯教授、薛求知教授、苏勇教授等莅临演讲。会后，从 2014 年起，作为主编，我还创办了《跨文化管理》学术期刊，一年两期，目前已出版了 10 期。2015年，**"中国企业走出去跨文化大数据平台建设"**项目获得国家社科重大项目立项，原"上外跨文化管理研究中心"升级为**"上外跨文化管理研究所"**。

2009 年起，作为上外国际工商管理学院院长，开始探索跨文化管理方面的人才培养，在本科工商管理专业开设了**"全球管理"方向**，开始培养"外语 +管理"复合型国际工商管理创新人才，其毕业生 5 年后薪酬常年名列全国同专业榜首（iPAN 网数据）；2010 年申办成功 MBA，又开启**"无国界管理"MBA 教育**，相关项目获得 EPAS 国际认证；2018 年，上外又成功申办获得**"工商管理一级学科博士点"**，所申报首席研究方向即为"跨文化管理"。至此，关于跨文化管理研究的学术平台（涵盖研究机构、学历教育、研究课题、学术期刊、国际会议等）在以"国别区域及全球知识体系"研究见长的上海外国语大学构建完毕。

2018 年，作为大会主席，我主持了**"第十四届 IFSAM 世界管理大会"**。世界管理协会联盟（International Federation of Scholarly Association of Management，IFSAM）始创于 1992 年，是一个多元文化的国际性组织，联盟自成立以来，已在全球成功举办了 14 届世界管理大会。上海外国语大学是继复旦大学之后第二个承办世界管理大会的中国大学。在开幕式上，第十二届全国政协副主席王家瑞和上海外国语大学校长李岩松共同揭牌成立了**"中国东方管理机构联盟（IFSAM 中国委员会）"**。在大会召开前夕，我还特地赴荷兰拜访了全球跨文化管理大师 Hofstede 教授，他对近年来中国基于东方管理的跨文化管理的研究进展表示了充分肯定，寄希望于中国和上海外国语大学"为世界管理贡献出东方智慧"。目前，我们还编著了《东方管理学简明教程》（英文版），即将在海外出版，准备推向全球孔子学院。

（三）

《全球 10 大管理模式——基于世界文明体系的新制度主义观点》系国家社会科学基金重大资助研究项目（15ZDA063，中国企业走出去跨文化大数据平台建设）及上海外国语大学重大资助研究项目（2013114ZD001，基于多语种文化数据仓库的无国界管理战略路径研究）的系列成果之一。

本书引入新制度主义方法，开发了**"基于制度与知识的冰河模型"**，用以形象描述"一种管理模式赖以生存的文明环境"以及"基于一种制度文明的管理模式"，并在此基础上，应用"跨文化大数据平台"，系统总结了"基于世界 10 大文明体系的全球 10 大管理模式""企业走出去跨文化管理模式及其选择"等新方法。

我所在的上海外国语大学国际工商管理学院的同事李妍、范培华、尚姗姗、张鹏、吴昀桥、方薇、王维平，我的硕、博士研究生曹姝婧、张文洁、童心儿、陆婷婷、吴江红、赵婉婷、王晓栋、盛乐云、沈克、刘昊雯、顾赛宇、惠一敏、美国芝加哥大学硕士生、康奈尔大学博士生范青蠡等，协助做了很多资料翻译、数据收集、文字打印等方面的工作。另外，经济管理出版社杨世伟社长、申桂萍主任为本书的出版付出了很多心血。在此一并表示感谢。

本书构思于 2008 年，历经 10 年成书。如条件成熟，我们还打算出版"基于世界 10 大文明体系的全球 10 大管理模式专辑""国别区域管理模式译著专辑"若干。

国别区域管理和跨文化管理研究，纵贯古今、横跨中外、学贯东西、任重道远。敬请海内外同行、专家学者不吝赐教。

范　徽
国家社科重大项目首席专家、教授、博导
教育部工商管理类专业教指委委员、中国企业管理研究会副理事长
上海外国语大学跨文化管理研究所所长、国际工商管理学院学术委员会主席
2020 年 9 月

目　录

第1章 导论：命题的提出

　　世界经济的每一次崛起均伴随着一场深刻的管理革命、一种新的管理模式的**诞生**（范徵，2014）。现代意义的管理学发端于一个世纪前的美国。"二战"后，随着美国跨国公司进入欧洲和其他国家的市场，现代管理方式在全世界广为流行。美国式管理是现代管理的"第一种形式"；20世纪六七十年代，日本企业作为新的经济力量在世界上崛起，日本人创造了完全不同于美国的管理模式，并且获得了成功，日本式管理是管理的"第二种形式"；到了20世纪八九十年代，分布在中国台湾、中国香港、马来西亚、新加坡、印度尼西亚等东南亚华人社区的华人又创造出了与美国、日本完全不同的企业管理模式，并且同样获得了成功，海外华人企业的管理堪称"第三种管理模式"……进入21世纪，以"世界加油站""世界工厂""世界办公室""世界金矿""世界原料基地"著称的俄罗斯、中国大陆、印度、南非和巴西"金砖五国"的管理又开始被人提及。

　　与此同时，**世界经济的每一次危机，同样会引发对相应管理模式的质疑和检讨**（范徵，2014，2017）。曾几何时，针对当时席卷全球的金融危机的深层原因，罗兰贝格咨询公司全球CEO布哈德·施万克（Schwenker，2009）博士就曾分析道：传统的、短期业绩导向的美国式管理方式正受到挑战，欧洲式的、长期目标导向的管理方式更适合于企业的长期发展。对此，作为当代最伟大的历史学家，汤因比（Tonybee，1964，1985）早就认为人类的希望在东方，而中国文明将为未来世界转型和21世纪人类社会提供无尽的文化宝藏和思想资源，并直言不讳地预言：未来最有资格和最有可能为人类社会开创新文明的是中国，基于中庸之道的世界唯一文明从未间断过的中华文明将一统世界。

　　这样，世界共存有几种管理模式？其形成的背景和划分标准是什么？它们之间有何关系？不同管理模式之间如何合作？全球不同管理文化如何协同发展？等等——这些便是属于"跨文化比较管理学"研究范畴方面的命题。

1.1 跨文化比较管理学研究综述

"比较管理学" 被定义为对不同环境中的管理进行研究和分析，也是对不同国家中的企业会有不同成果的原因进行研究和分析（Koontz，1993）。国际比较管理与经济全球化紧密关联。随着全球化的逐步推进，跨文化经营管理的有效性被提到议事日程。为节省跨文化交易费用，引发了"跨文化管理学"。

"跨文化管理学" 是 20 世纪 50 年代后期在美国逐步形成和发展起来的一门新兴的交叉科学，它研究的目的是如何在跨文化背景下识别和进行有效管理的问题。它探讨不同文化之间的共通性与差异性，区分真实的文化差异和表层印象，以及分析如何在管理中避免由于文化差异导致的误解和冲突，并充分利用多元化的文化资源推动组织的合作和创新等问题（梁觉和周帆，2008）。

诸多文化人类学家与国际管理学专家提出了多种跨文化和比较管理学分析框架。按其权威性与影响性划分，主要有以下 20 种（按照发表时间顺序排列）：

1.1.1 克拉克洪—斯乔贝克框架

在分析文化差异时，最早的方法之一就是美国哈佛大学人类学家克拉克洪和斯乔贝克（Kluckhohn and Strodtbeck，1961）**根据全人类面临的问题基本假设**，所提出的解释相似性和文化差异的分析框架。这一框架确定了 5 项基本的文化维度，并在此基础上分别取其两端和折中情况，将各类世界管理类型一分为三（见表 1-1）。

表 1-1　克拉克洪—斯乔贝克框架

基本问题	类型 1	类型 2	类型 3
与环境的关系	自然支配人	可以协调	人支配自然
人的本质	大多数邪恶	邪恶善良兼备	大多数善良
活动导向	享乐型	混合型	工作型
人际关系	等级主义	集体主义	个人主义
时间取向	看重过去	着重眼前	看重未来

资料来源：Kluckhohn and Strodtbeck（1961）。

（1）与环境的关系（man-nature）。与环境的关系即**"世界观"**，是指一种文化对于诸如上帝、人、自然、宇宙以及其他与存在概念有关的哲学问题的取向。它反映的是人与自然的关系——人们如何看待这个世界。基本的，存有三种人与自然关系的价值取向：①**"听命型文化"**导向中的人在自然面前是无能为力的，心甘情愿地处于物质力量或任何超自然的意志的支配之下。在他们看来，生活和命运是预先注定的，人不应以个人意愿去改变不可避免的境遇。人们在与朋友相约何时再见面时常常用"上帝的意愿"来代替"如果情况允许的话"便是这种价值观取向渗透到日常生活中的实例。②**"驾驭型文化"**导向的人认为，人是独立于自然之外的，而且应该主宰自然，应具有支配自然的能力。同样是在人们与朋友相约何时再见面时，他们会准确地预先预约、安排，没有预约的突然造访是不能接受的。③**"协调型文化"**导向的人追求与环境的和谐相处。在他们看来，人是自然的一部分，人与自然环境并不是真正的分离，而是天人合一的。他们的居住环境要看"风水"，他们的人际关系会特别强调"缘分"，有道是"有缘千里来相会，无缘对面不相识"。

（2）人的本质（human nature）。人的本质即**"人性观"**，是对人内在性格以及人的本性是否可以改变的一个总的看法。它反映的是人对自己本质的基本看法——我是谁？人的本性的价值取向基本也可归纳为三类：①**"性善论"**，认为人本质上是善良的，倾向于相信人，重人治而轻法治。人们可以先看病后付费，不必担心逃款。乘地铁可以没人检票，不必担心逃票。进超市、图书馆可以不寄存包，不必担心遭窃。②**"性恶论"**，认为人本质上是邪恶的，倾向于怀疑人，重法治而轻人治。人们必须先付费后看病，乘地铁必须先检票后进站，进超市、图书馆必须先寄存包。这种文化中，"顾客要当心"的观点支配着市场，人们只相信自己。③**"中性论"**，认为人本质上是中性的，倾向于认为人是善良与邪恶的混合体，并相信变化取得进步的可能性，法治与人治并举。这种社会的公共场所无须寄存包，但需加强防盗技术。进站无须检票，但出站或中途查票。可以先看病后付费，但款项不至，以后别想再来就诊。

（3）活动导向（activity）。活动导向即**"行为方式"**，指的是人们行为的价值取向，它并不涉及行动的主动或被动状态，而是指行动的目的和重点。可借用古希腊神话中的三个不同性格的神类比三种不同行为取向：①**酒神狄俄尼索斯代表的"生活型"**，生活取向型是感情冲动的本能表现，强调尽情发泄和享受，可以说是逍遥派或乐天派。这种人工作是为了生活。他们懂得享受生活，注重生活质量，对他们来说，辛苦工作后的度假是必不可少的。②**普罗米修斯的"工作型"**，工作取向型把工作当作生活的中心，为实现既定的目标而忘我工作，以自己的勤奋和才能来获得社会的承认而自慰。至于生活对他们来说则是简单的，度假、旅游也是没有时间的。③**太阳神阿波罗的"自我控制型"**，自我控制型强调劳逸结合，身心全面发展。对这类人而言，工作和休闲都是必需的。工作后需要放松，放松是为了更好地工作。

（4）人际关系（relational）。人际关系涉及一个人对别人应负的责任以及一个人对别人的幸福应不应该承担义务。它反映的问题是我如何与他们发生关系。人际关系方面的价值取向主要有：①**"个人主义"**者认为个人利益是至高无上的，他们关心的范围至多延伸到家庭。在这种文化里强调独立生活，他们的座右铭是"用你自己的双脚站起来"。②**"集体主义"**者认为群体或集团的利益是至高无上的。在这种文化里强调个人要忠诚于他的家庭以及他所在的群体（同乡、同族、同学、同事或本人所属的组织），并为它效力。这类文化中关于家庭的概念扩展至堂兄姐妹等。③**"等级主义"**者社会有两个特征：一是同一社会里的各个群体之间通过等级制相互套在一起；二是等级制度里的各种群体的地位是相对稳定的。他们讲究门当户对，不同等级之间不能通婚、交往，甚至不能并坐、共食，不能共同工作在一起。

（5）时间取向（time）。这是一种文化的时间观念，是其对"过去""当下""未来"及对时间重视与否的哲学：①**过去导向的文化**认为保护历史、继续过去的传统是十分必要的，在那里人们有充分的时间用来回首往事，历史题材的文艺作品是很受欢迎的。他们看重是否符合社会的习俗和传统，人们依据过去的经验进行革新和变革。②**未来导向的文化**根据方案的未来收益为革新与变化辩解，很少顾及社会或组织的习俗与传统。他们敢于对未来投资，注重长期。对他们来说，时间的资源是稀缺的。③**当下导向的文化**注重当前利益，他们急功近利，强调眼见为实，多有短期行为。他们的座右铭是"过去是历史，明天是未知，只有今天是礼物"，把握今天、享受今天是重要的。

1.1.2　泰普斯特框架

曾经担任美国密歇根大学国际商务项目主任、国际商务协会（Academy of International Business）前任会长的美国学者泰普斯特（Terpstra，1978）提出了**"国际经营的文化环境图式"**，共涉及 8 个方面 55 个因素（见图 1–1）。跨国经营须关注上述各文化因素，但泰氏没有在此基础上对世界管理模式进行分类。

语言	宗教	价值观
法律		教育
政治	科学技术与物质文化	社会构成

图 1-1 国际经营的文化环境图式

资料来源：Vern Terpstra（1978）。

（1）语言（language）：口头语言、书面语言、官方语言、多语言主义、语言的层次、国际语言、大众传媒等。

（2）宗教（religion）：圣物、哲学系统、信念规范、祈祷、禁忌、节日、仪式。

（3）价值观（values and attitudes）：时间、成就、工作、财富、变化、科学方法、冒险等方面的观念。

（4）法律（law）：习惯法、成文法、外国法、本国法、反托拉斯政策、国际法、规则。

（5）教育（education）：正规教育、职业培训、初等教育、中等教育、高等教育、识字水平、人力资源计划。

（6）政治（politics）：民族主义、主权、帝国主义、权力、国家利益、意识形态、政治风险。

（7）科学技术与物质文化（technology and material culture）：交通、能源系统、工具与物品、传播、城市化、科学、发明。

（8）社会构成（social organization）：血缘关系、社会制度、权力结构、利益群体、社会流动、社会阶层、地位体系。

1.1.3 霍夫斯坦特框架

荷兰文化协作研究所所长霍夫斯坦特教授（Hofstede G.，1980，2001，2000）在一个大型跨国公司（IBM）任职期间，采用标准的问卷，对 40 个国家（地区）中的工作人员（从没有技能的工人到博士和高层管理人员）用多种语言，收集了他们的态度和价值观方面的数据。他在**对 116000 个问卷数据进行系**

统分析的基础上，通过相关分析的统计方法，先是提出了 4 个分析维度。其后第 5 维度、第 6 维度分别由邦德（Michael Bond）和明科夫（Michael Minkov）补充。由此，霍夫斯坦特给出了一个国际实证比较，得出了国家文化数据模型（见表 1-2）。这个模型已成为目前最为著名、被引用最多的框架模型。

表 1-2　霍夫斯坦特的国家（地区）文化模型

类别	权力距离	不确定性避免	个人主义	男性倾向	长期取向	自身放纵
英语的						
澳大利亚	36	51	90	61	21	71
加拿大	39	48	80	52	36	68
英国	35	35	89	66	51	69
美国	40	46	91	62	26	68
南非	49	49	65	63	34	63
阿拉伯						
阿拉伯	90	80	25	50	—	—
远东						
中国内地	80	30	20	66	87	24
中国香港	68	29	25	57	61	17
中国台湾	58	69	17	45	93	49
新加坡	74	8	20	48	72	46
韩国	60	85	18	39	100	29
日耳曼语的						
奥地利	11	70	55	79	60	63
德国	35	65	67	66	83	40
瑞士	34	58	68	70	74	66
拉丁美洲						
阿根廷	49	86	46	56	20	62
哥伦比亚	67	80	13	64	13	83
墨西哥	81	82	30	69	24	97
委内瑞拉	81	76	12	73	16	100

类别	权力距离	风险避让	个人主义	男性倾向	长期取向	自身放纵
西欧						
比利时	65	94	75	54	82	57
法国	68	86	71	43	63	48
意大利	50	75	76	70	61	30
西班牙	57	86	51	42	48	44
北欧						
丹麦	18	23	74	16	35	70
芬兰	33	59	63	26	38	57
挪威	31	50	69	8	35	55
瑞典	31	29	71	5	53	78
近东						
希腊	60	100	35	57	45	50
非洲						
埃及	70	80	25	45	7	4
东欧						
俄罗斯	93	95	39	36	81	20
独立						
巴西	69	76	38	49	44	59
印度	77	40	48	56	51	26
以色列	13	81	54	47	38	—
日本	54	92	46	95	88	42

注：100 分最高；50 分中等；0 分最低。

资料来源：Hofstede G. （1980，2001，2010）；http：//www. hofstede - insights. com/country - comparison/。

（1）权力距离（power distance）。权力距离所涉及的基本问题是社会如何处理人与人之间不平等的现象，即**"权力观"**。权力距离所指社会承认的权力在组织和机构中的不平等的分配范围。大权力距离与小权力距离对社会生活中的人的行为均有影响：处于大权力距离中的人们，逆来顺受地接受着一系列等级制度，每个人毫无疑义地明确自己所处的地位；处于小权力距离中的人们为着权力的平等化而竞争并追究权力不平等的根源。

（2）不确定性回避（uncertainty avoidance）。不确定性回避所涉及的社会基本问题是如何对待永远存在的未来世界的不确定性，即**"风险观"**。不确定性回避所指社会中对不确定及模糊不清情境的不适感觉度，这种感觉迫使他们发誓要去维护组织、保卫平安。强不确定性回避型社会维护信念与行为规范，不能容忍持不同政见的人士和观念；弱不确定性回避型社会维持着一个宽容的氛围，现实性大于原则性，并能容忍异端邪说。

（3）个人主义与集体主义（individualism vs. collectivism）。个人主义与集体主义所涉及的社会基本问题是一个人和他人之间关系的紧密程度，即**"群体观"**。个人主义所指一种松懈的社会结构，其中人们只关心他们自己和最亲近的亲属；集体主义所指一种严密的社会组织结构，其中人们期望他们的亲属、氏族或其他群体内的人来关心他们，作为交换，他们对内部群体也绝对忠诚。

（4）男性化与女性化（masculinity vs. femininity）。男性化与女性化所涉及的社会基本问题是社会中男性和女性分别所处的地位以及所起的作用，即**"性别观"**。男性化所指成就、金钱、英雄主义、自信武断等价值观在社会中居于统治地位的程度；女性化所指相对的人际关系、谦逊恭敬、对弱者的关切及注重生活质量的价值观在社会中居于统治地位的程度。

（5）长期与短期（long vs. short term）。长期与短期所涉及的社会基本问题是一个民族对长期利益和近期利益的价值观，即**"时间观"**。具有长期导向的文化和社会主要面向未来，较注重对未来的考虑，对待事物以动态的观点去考察，注重节约、节俭和储备，做任何事均留有余地，常想到目前的行为将对后几代人的影响；短期导向性的文化与社会则面向过去与现在，着重眼前的利益，最重要的是此时此地。

（6）自身放纵与约束（indulgence versus restraint）。自身放纵与约束所涉及的社会基本问题是某一社会对社会成员想要享受生活和玩乐的本能的接受程度，即**"幸福观"**。放纵倾向意味着这种社会类型允许人们尽情释放本能（休闲、随意性行为、大量消费等）以享受生活带来的乐趣；而约束倾向代表着这类社会倾向于用各类社会规范和禁令来限制人们自由享受的自然需求。

1.1.4　乌契框架

"二战"结束以后，日本作为一个战败国，在战争的废墟之上，仅用了二三十年时间，就实现了经济腾飞，迅速崛起成为经济大国，成为创造经济奇迹的故乡，也成了美国的主要市场竞争对手，从而引起了经济学家、管理学家和社会学家的深度关注，都在认真研究、探讨日本经济迅速崛起的原因。公认的是日本的"企业文化"对日本的经济发展产生了重大影响。其中，最早提出"企业文化"概念的美国管理学家威廉·乌契（Ouchi，1981）出版了《Z 理论——美国企业如何迎接日本的挑战》。在此书中，他**采用比较研究方法**，将美国企业的 **A 型组织管理同日本企业的 J 型组织管理从七个方面进行对比**，提出了其著名的"Z 理论"（见表 1-3）。乌契认为日本的经营管理方式一般较美国的效率更高，美国企业应学习日本企业管理方式，认为一切企业的成功都离不开信任、敏感与亲密，主张以坦诚、开放、沟通作为基本原则来实行"民主管理"。

表 1-3　J 型、A 型和 Z 型组织的特征比较

J 型	A 型	Z 型
终身雇佣	短期雇佣	长期雇佣
集体意见一致的决策方式	个人决策方式	集体意见一致的决策方式
集体负责制	个人负责制	个人负责制
缓慢的评价与提升	快速的评价与提升	缓慢的评价与提升
含蓄暗示式控制机制	明晰正规的控制机制	含蓄暗示式控制机制
非专业化的职业发展途径	专业化的职业发展途径	一定程度专业化的职业发展途径
对职工全面关心	对职工部分关心	对职工（包括家族）全面关心

资料来源：Ouchi（1981）。

1.1.5　罗兰—申卡框架

以色列特拉维夫大学的罗兰和美国俄亥俄州立大学的申卡（Ronen and Shenkar，1985）提出了"文化饼"理论，根据 1966~1980 年发表的八种问卷的研究成果综合而成。他们师徒**通过一种被称作最小空间分析法（Smallest Space Analysis，SSA）的多元非参数的数学分析法将这些国家进行分群**。文化饼图的切片将国家切分为九类（见图 1-2）：①远东国家；②阿拉伯国家；③近东国家；④北欧日耳曼国家；⑤日耳曼语系国家；⑥盎格鲁国家；⑦拉丁欧洲国家；⑧拉丁美洲国家；⑨不归于以上八类的独立型国家（以色列、日本、巴西、印度）。

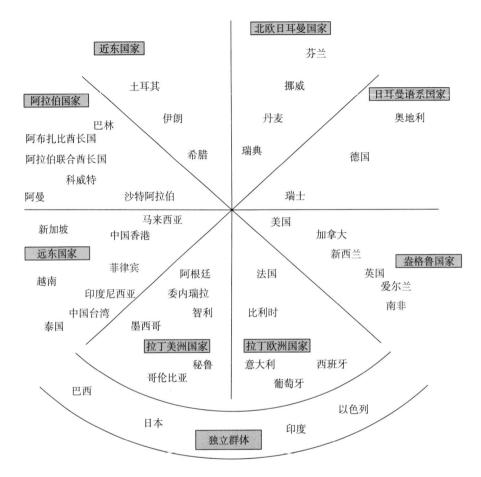

图 1-2 Ronen 的"文化饼"理论的切片图

资料来源：Ronen and Shenkar（1985）。

每一类内部各国之间文化差异甚小，而不同类国家之间文化差异较大。大致来说，权力距离相对低且倾向于个人主义的文化位于图 1-2 的右边，即北欧国家、日耳曼及盎格鲁—撒克逊国家的文化；图 1-2 的左边则是权力距离相对较高且具有集体主义特质的文化，涵盖阿拉伯、亚洲及广义的发展中国家；拉丁民族位于底部，其中欧洲人偏向右侧，南美洲人靠近左侧；中欧及东欧人位于图 1-2 的上方。罗兰和申卡的文化饼理论影响很大：英国的海克逊和保尔（Hickson and Pugh，1995）据此展开，撰写了《**全球管理透视**》；利弗莫尔（Livermore，2015）也据此总结了世界十大文化区，但其分析维度不一，难以据此进行比较分析。

2017 年，罗兰和申卡出版的新著《**全球商务导航：文化指南针**》（Ronen and Shenkar，2017）又将该文化饼图形进行了修正。新增加了 3 版块：东欧、下撒哈拉非洲、其它版块（含埃及）；将远东版块分裂为 2 块：儒家版块和南亚版块；将原来独立的 4 版块中的巴西纳入拉丁美洲，日本（韩国）纳入儒家版块，印度纳入南亚版块，以色列纳入拉丁欧洲版块。另外，将奥地利纳入日耳曼版块。

1.1.6　奈斯框架

美国匹兹堡大学学者奈斯（Nath，1988）**偏向于经济发展维度，建立了一个综合的开放系统框架**。该框架包含两个相互影响的基本系统：环境系统和企业管理系统（见表 1-4）。环境系统被细分为七个子系统：文化环境、社会政治环境、经济环境、法律环境、技术环境、通信和交通方式及产业结构。企业管理系统被分成八个子系统：管理哲学、组织结构、组织管理过程、人力资源管理、其他政策、关系管理、工会和其他利益相关者。在此基础上，奈斯剖析了北美、日本、欧洲、中国、非洲、拉丁美洲六个国家（地区）管理的异同。

表 1-4　奈斯比较管理分析框架

系统	子系统	所包含元素
环境	文化环境	文化价值系统和信念系统（Hofstede 模型）、社会规范、神话传说
	社会政治环境	政党、商业/政府关系、经济/政治集团、政策制定系统和各种联盟
	经济环境	经济发展阶段、经济政策、银行系统、资本市场、财务规章、收入分配
	法律环境	社会特征、法律框架、法律条文、执法过程
	技术环境	技术发展水平、科技力量、研发成本、技术类型、技术领导者还是跟随者
	通信和交通方式	交流方式（出版物、电话）、运输方式（铁路、航空系统）
	产业结构	城市/农村、小型组织和大型组织、配送部门
企业管理	管理哲学	流行的管理理念、管理风格、管理倾向
	组织结构	组织类型、集中度
	组织管理过程	决策制定和沟通方式
	人力资源管理	态度、惯例和政策
	其他政策	生产、营销、财务等
	关系管理	冲突和合作、劳工关系
	工会	工会类型、从属关系
	其他利益相关者	顾客、教会和其他集团等

资料来源：Nath（1988）。

1.1.7　霍尔框架

在试图**分析一个美国公司的美国总部与其所在日本的分支机构之间的营销沟通失败的根源时**，跨文化传播之父、美国著名的人类学家爱德华·T. 霍尔（Hall A. T.，1990）根据沟通是"明示"还是"暗示"，提出了著名的高低"背景—内容"文化说（见表 1-5）。从"高背景—低内容"到"高内容—低背景"依次分别为：日本人、中国人、阿拉伯人、希腊人、墨西哥人、西班牙人、意大利人、法国人、法裔加拿大人、英国人、英裔加拿大人、美国人、斯堪的纳维亚人、日耳曼人、瑞士日耳曼人等。他还将时间（time）、空间（space）信息流（information flow）、界面（interfacing）纳入了"文化"范畴。

表 1-5　各种族在"背景—内容"模型中的位置

高背景—低内容
日本人
中国人
阿拉伯人
希腊人
墨西哥人
西班牙人
意大利人
法国人
法裔加拿大人
英国人
英裔加拿大人
美国人
斯堪的纳维亚人
日耳曼人
瑞士日耳曼人
高内容—低背景

资料来源：Hall A. T.（1990）。

（1）高背景—低内容文化（high context – low content）。在**高背景文化**中，信息之间存在着高度的前后关系，或隐含在个体特性之中。信息的传递与沟通是通过体语、上下文联系、场景（沉默/停顿）、关系等进行的。背景型文化的特征是：隐含的、直观可得的、定性的、不可见的、不可触知的、多方面的、模拟化的、阴的等。

（2）高内容—低背景文化（high content – low context）。**高内容文化**中，大多数信息是由清晰的符号，如语言、文字等表达的。内容型文化的特征是：明显的、分析得出的、定量的、可见的、可触知的、两方面或三方面的、数字化的、阳的等。

1.1.8　谢恩框架

美国麻省理工大学斯隆商学院教授艾德佳·谢恩（Edgar H. Schein）在他的名著《组织文化与领导》（*Organizational Culture and Leadership*）一书中，谢恩将**组织文化**定义为："一种基本假设的模型——由特定群体文化在处理外部适应与内部聚合问题的过程中发明、发现或发展出来的——由于运作效果好而被认可，并传授给组织新成员以作为理解、思考和感受相关问题的正确方式。"谢恩将组织文化分为以下三个层次：

（1）人工制品（artifacts）。人工制品是那些外显的文化产品，能够看得见、听得见、摸得着（如制服），但却不易被理解。

（2）信仰与价值（espoused values）。藏于人工制品之下的便是组织的"信仰与价值"，它们是组织的战略、目标和哲学。

（3）基本隐性假设与价值（basic assumptions and values）。组织文化的核心或精华是早已在人们头脑中生根的不被意识到的假设、价值、信仰、规范等，由于它们大部分出于一种无意识的层次，所以很难被观察到。然而，正是由于它们的存在，我们才得以理解每一个具体组织事件为什么会以特定的形式发生。这些基本隐性假设存在于人们的自然属性、人际关系与活动、现实与事实之中。

谢恩综合前人对文化比较的研究成果，对于深层的处于组织根底的文化分成以下五个维度：①自然和人的关系：指组织的中心人物如何看待组织和环境之间的关系，包括认为是可支配的关系还是从属关系，或者是协调关系等。组织持有什么样的假定毫无疑问会影响到组织的战略方向，而且组织的健全性要求组织对于当初的组织/环境假定的适当与否具有能够随着环境的变化进行检查的能力。

②现实和真实的本质：组织中对于什么是真实的，什么是现实的，判断它们的标准是什么，如何论证真实和现实，以及真实是否可以被发现等等一系列假定。同时包括行动上的规律、时间和空间上的基本概念。他指出在现实层面上包括客观的现实，社会的现实和个人的现实。在判断真实时可以采用道德主义或现实主义的尺度。③人性的本质：包含着哪些行为是属于人性的，而哪些行为是非人性，这一关于人的本质假定和个人与组织之间的关系应该是怎样的等等假定。④人类活动的本质：包含着哪些人类行为是正确的，人的行为是主动或被动的，人是由自由意志所支配的还是被命运所支配的，什么是工作，什么是娱乐等一系列假定。⑤人际关系的本质：包含着什么是权威的基础，权力的正确分配方法是什么，人与人之间关系的应有态势（例如是竞争的或互助的）等假定。谢恩认为组织文化决定了组织价值观以及在此价值观之下的组织行为，而且深刻地隐含在组织深层的东西，要了解它是非常困难的。通过对组织构造、信息系统、管理系统、组织发表的目标、典章以及组织中的传说等物质层面的分析，能够推论得到的文化信息是有限的。在论证中他举出两个组织结构完全相同的企业，他们的文化可能是完全不相同的。为了更好的解释一个组织的文化，谢恩建议利用群体面谈和群体讨论的方法，而且对于以上所列举的五个文化维度分别列举了一些应该讨论的内容。

1.1.9　舒华兹框架

以色列耶路撒冷希伯来大学教授舒华兹认为有必要从人类行事动机的各个方面来**全面思考人类行为最有指导意义的价值观念**，然后检验这些价值导向在不同文化中的主导程度来说明各文化之间的差异。他提出了十大价值/需要导向理论（Shalom Schwartz, 1992），并孜孜不倦地在全世界做调研，收集数据，终于发表了一系列论文向大家展示该理论的价值和实践意义。十大价值/需要导向理论涉及：

（1）自主导向（self - direction）：独立思考和行动——选择、创造、探索（创造力、自由、独立、自己选择目标、好奇）。

（2）刺激（stimulating）：激动、新奇、有挑战性（敢想敢干、有变化的生活、令人激动的生活）。

（3）享乐主义（hedonism）：自我享乐和感官满足（快乐、享受生活、自我沉醉）。

（4）成就（achievement）：按照社会标准通过自己的能力取得个人成功（雄心、才干、影响力）。

（5）权力（power）：社会地位和尊严，控制他人，控制资源（权威、社会权利、财富、公共形象）。

（6）安全（security）：社会、人际关系和自我的安全、和谐与稳定（家庭安全、国家安全、社会秩序、整洁、报答他人的帮助）。

（7）遵从（conformity）：自我控制那些与社会规范和期望不符的或者会使他人不安或受伤害的行为、倾向和冲动（自我约束、礼貌、敬老、顺从）。

（8）传统（tradition）：尊重、接受并承诺传统文化或宗教提倡的习俗和说教（奉献、尊重传统、谦逊、中和）。

（9）仁慈（benevolence）：对于亲近的人愿意保护和增强他们的利益（助人为乐、诚实、谅解、忠诚、负责）。

（10）普遍主义（universalism）：理解、欣赏、容忍并保护所有人和环境的利益（平等、社会正义、智慧、胸襟开阔、保护环境、与自然融为一体、美丽世界）。

舒华兹认为，**此 10 种价值导向可进一步从以下两个维度来看：①"开放（open）—保守（conservative）"的维度，前者包括刺激、自主导向；后者包括安全、传统和遵从。②"自我强化（self enhancement）—自我超越（self transcendence）"的维度，前者包括成就、权力和享乐主义；后者包括仁慈、普遍主义。**

1.1.10 特罗普纳框架

荷兰管理学者特罗普纳（Trompenaars，1993）**通过对 50 个国家的 15000 余名员工做调研后，借鉴帕森斯（Parsons，1951）与他人关系五维理论，提出了世界商务文化波浪七维图景**（见表 1-6），后来成立了文化管理咨询公司，专门培训跨国管理人员。特罗普纳认为，每一维度代表一个方面的价值观，都有处于对立状态的两种极端价值观，但具体的文化很少会处于极端状态，而是处于某个过渡状态，向某一极端做一定程度的倾斜。

（1）通用主义与特殊主义（universalism vs. particularism）。其一个极端是通用主义，认为好的管理模式的特征总是可以界定的，可适用于世界各地；另一对立的一端则是特殊主义，强调某种特定情景的独特性，更多地关注关系的义务和特殊情况，他们认为人际关系间具有的特殊义务是第一位的，他们很少顾及抽象的社会规范。

表1-6　各国（地区）在五大商务文化波浪中的位置

通用主义：美国、加拿大、澳大利亚、日本	特殊主义：韩国、印度尼西亚、中国、马来西亚
中立导向：英国、印度尼西亚、日本	感情导向：美国、法国、意大利、新加坡、中国
个人主义：美国、俄罗斯、瑞士	集体主义：中国、菲律宾、新加坡、泰国、法国
成就地位：美国、英国、荷兰、加拿大、挪威	因袭地位：埃及、奥地利、印度、中国
具体导向：美国、英国、荷兰、加拿大、中国香港	扩散导向：中国、印度尼西亚、新加坡、韩国
次序型：阿拉伯、拉丁地区、撒哈拉以南非洲	同序型：英语区、日耳曼区、北欧区
内控型：美国、法国	外控型：日本、新加坡、中国

资料来源：Trompenaars（1993），Livermore（2015）。

（2）中立导向与感情导向（neutral or emotional）。其中立性的一端倡导谨言慎行、藏而不露、不动声色、自持不偏，中立主义者之间的商务关系仅代表着一种手段，交易目标的实现才是根本目的；另一端感情性则坦露情感、不掩爱憎、率直性情、喜怒外显。

（3）个人主义与集体主义（individualism vs. collectivism）。这与霍夫斯坦特系统中同样名称的维度同义。其个人导向的一端将个人自身视为独立的个体，一切以自己为中心来思考问题，人们必须首先关注个人的利益；另一端则相反，将自己看作集体中的一员，一切考虑是以集体作为中心的，人们必须首先关注集体的利益。

（4）成就地位与因袭地位（achievement vs. ascription）。任何一种文化都会给其中一些人以高于别人的地位，但地位授予的标准与考虑的依据是不同的。成就地位意味着经过自己的努力达到了新的目标，主张根据每个人成就的大小而给予相应的地位和关照，成就大则地位高，应无异议；另一极为因袭导向价值观，意味着个人地位是由出生、血族、性别或年龄，甚至关系、教育背景决定的，主张地位的授予应根据人们年龄的长幼、社会阶级的尊卑、性别、学历高低等而因袭地位，与现所获成就无关。成就地位文化经常问"你学什么？"因袭地位文化则问"你在哪儿学？"前一种价值观涉及人的行为，后一种则只涉及人的状态。

（5）具体导向与扩散导向（specific vs. diffuse）。其具体性的一端，往往开门见山，直接切入主题，工作关系与其他感情划开，泾渭分明，不可混淆；其另一端为扩散性，往往在会谈的最后才提及主要的问题，认为工作和其他生活层面互为表里、盘根错节、结成网络，牵一发而动全身，不可能也不宜划分开来。

（6）次序型与同序型（planned sequence vs. convergence）。各个社会看待时间的方式也不同。在一些社会，人们强调时间的线性以及工作和个人生活分开；在另一些社会，则强调多任务工作方式、工作和个人生活融合。

（7）内控型与外控型（internal vs. external – oriented）。从对环境的态度方面也可以发现重要的文化差异。一些文化认为，影响他们生命的主要问题和善恶来源都存在于自身之中，因而动机和价值观来自于自身内部；而其他文化则认为，世界比个人更有力量，认为自然是可怕的或认为自然在与人竞争。

1.1.11　孔茨—韦里克框架

美国哈罗德·孔茨和海因茨·韦里克（Koontz and Weihrich，1993）所撰写的现代管理学经典教科书《管理学》（第 10 版）的全球化管理理论与实践章节中，**从管理的计划、组织、人事、领导、控制 5 种管理的基本职能出发，对日本、美国、中国三种管理模式进行了归纳**（见表 1-7）。

表 1-7　孔茨—韦里克比较管理学分析框架

类别	日本	美国	中国
计划	长期性	主要为短期的	长期与短期兼备
	集体一致决策	个人决策	委员会决策，在最高层，常常是个人决策
	许多人参与决策的准备与制定工作	决策的制定由几个人来完成，然后"兜售"给不同价值观的员工	自上而下式的，基层参与
	关键性决策自上而下，非关键性决策常常自下而上（无论哪种方式都强调一致）	决策始于最高层，然后向下扩展	自上而下式的，始于高层
	缓慢的决策制定	快速的决策制定，缓慢的实施，需要折中，常常导致最佳决策	缓慢的决策过程，缓慢的实施（现在也在发生变化）

续表

类别	日本	美国	中国
组织	集体责任和义务	个人责任和义务	集体和个人的责任
	决策责任不明确	明确而又特定的决策责任	试图引入"工厂责任制"
	非正规组织结构	正式的、官僚式的组织结构	正式的、官僚式的组织结构
	众所周知的组织文化和宗旨，对其他公司的竞争性	缺乏共同的组织文化、对职业而不对公司的认同	对公司认同但缺乏竞争意识
人事	年轻人毕业后直接被雇佣，在公司之间很少有人员流动	雇员直接从学校或从其他公司被雇佣，经常性的人员流动	大多数雇员毕业后直接工作，少数来自于其他公司
	上下级之间晋升很缓慢	很快的、诱人的晋升	很慢的晋升，但有经常性的提薪
	对公司的忠诚	对职业的忠诚	对公司和职业的忠诚
	业绩评估一年或两年一次	综合业绩测评通常一年一次	业绩评估通常一年一次
	长期业绩评估	预测的业绩可以得到认可	五年计划，成为短期目标，晋升可能建立于表现、潜在能力
	晋升建立于长期业绩和其他标准之上	晋升主要建立于个人表现而且通常是相对很短一段时间的表现	学历，但人际关系和上司良好的私人关系也很重要
	培训和培养被认为是一种长期投资	培训和培养被犹豫地执行（职员可能会跳槽）	培训很普遍，管理人员需要通过省级考试
	终身雇佣很平常	职业的不安全感很强	职业很稳定，实际上是终身雇佣
领导	领导者作为决策小组的领导人或促进者	领导者作为决策决策小组的领导人的领导人	领导者作为决策小组的领导人或促进者
	家长作风	指示性领导（强制、强硬、坚决）	指示性领导（父与子的关系，交易分析术语）
	普通的价值促进合作	通常是分散的价值，个人主义有时阻碍合作	普通，强调和谐
	避免对抗，有时导致领导的含糊性，强调和睦	通常面对面地对抗，强调领导的清晰度	避免对抗
	批评性的交流从上到下或从下到上	批评性的交流从上到下或从下到上	从上到下的交流

续表

类别	日本	美国	中国
	同事控制	上级控制	受集体的领导控制（上级）
控制	控制集中在集体业绩	控制集中在个人业绩	控制主要是对集体，有时也集中在个人业绩
	留有面子	追究责任到人	试图留面子
	广泛使用质量控制小组	有限地使用质量控制小组	有限地使用质量控制小组

资料来源：Koontz and Weihrich（1993）。

1.1.12　卡路里—屋特框架

一项**由欧洲企业家圆桌会议（ERT）发起的，经由 40 个国际企业、51 名高层领导参与的研究**（Calori and Woot，1994），概括了美国、日本、欧盟三种管理模式（见表 1-8）：①美国模式（以短期利润为导向、具有竞争性、注重专业化、追求个人主义）；②日本模式（以长期发展为导向、追求质量、强调整体性、追求共识）；③欧盟模式（以中期发展为导向，以人为导向，通过调和、妥协避免出现极端行为，善于对国际多元化进行管理，注重内部谈判合作）。每种管理模式分别概括了四方面的要点，但没有明确交代具体的思考维度（按笔者理解，或许可能是时间取向、价值追求导向、关注领域意识、人际关系等），所以很难进行对比分析。

表 1-8　卡路里—屋特管理模式构架

美国模式	日本模式	欧盟模式
以短期利润为导向	以长期发展为导向	以中期发展为导向
具有竞争性	追求质量	以人为导向，通过调和、妥协避免出现极端行为
注重专业化	强调整体性	善于对国际多元化进行管理
追求个人主义	追求共识	注重内部谈判合作

1.1.13　莫罗·吉伦框架

美国麻省理工斯隆管理学院的莫罗·吉伦（Guillen，1994）的《管理模式》是对 20 世纪美国、英国、德国和西班牙所进行的一项**历史性的比较研究**。它描述了这四个工业国在不同时期采用不同的管理思想及方法的范例：由泰勒及其他一些人所创造的科学管理在 20 世纪早期盛行于美国与德国，但英国、西班牙并没有接受这种思想体系及方法；作为和科学管理相悖的人际关系学派在美国、英国和西班牙大受欢迎，但德国的社会价值观不支持这一学派的观点，因此就没有采纳；继科学管理、人际关系学派之后出现了以为组织寻找最佳方法为驱动力而提出来的结构分析学派，随着复杂的跨国公司的出现，这种思想逐渐形成并被采用，至 20 世纪 60 年代，其在美国、英国、德国非常盛行，而西班牙并没有接受它……

究其原因，吉伦得出一个结论：除了政治和社会因素会对管理思想及管理方法有影响外，作为文化的重要成分之一的宗教信仰对管理模型的采用也有显著影响：**天主教常常强调团体精神、自我实现、家长作风和组织的整体性，而新教则信奉个人主义、协助精神、独立性、契约主义。**在德国，新教教徒构成的管理层的知识体系，通常会支持科学管理模式，而天主教教徒则赞成人际关系学派；在西班牙，居主导地位的天主教思想在接受美国学者倡导的人际关系学派以适应本地环境的过程中扮演了重要的角色；而在英国，与天主教教徒提倡的相似的基督教人文思想促使管理者接受人际关系学派。

1.1.14　文迪·霍尔框架

美国管理专家文迪·霍尔（Hall W.，1995）用**决断力**（assertive，指一个公司的行为被别的公司看作是有力的或直接的程度）与**反应力**（responsive，指一个公司的行为在情感上被表达的程度）两维度形成一个矩阵，由此组合成了四种企业文化类型（见表 1-9）：北方型（低决断力、低反应力）、南方型（高决断力、高反应力）、东方型（低决断力、高反应力）和西方型（高决断力、低反应力）。每种文化类型都反映了公司处理事务的独特方式，世界上的公司都可以在其中找到自己的位置。

表 1-9　东西南北各种文化类型的特征

类别	北方	南方	东部	西部
解决问题	有逻辑性的、精确的	有活力的、全面的	维持表面的和谐	专制的
做决定	时间长、较注重事实	即兴的、快速的	积极讨论	真实的
交流	平静、内向的	夸张的	间接的、适度的	直接

续表

类别	北方	南方	东部	西部
组织	精确的、模式化的	持续的动态行为	随意的、爆发型的	权威
变革	可以随时变动、没有固定的风险	忠诚的、挑战未知的	谨慎的、团体风险、从众的	计量风险
奖励	基于原则	受欢迎的	卑微而敏感	基于业绩
监控	精确到"i"上的点	富于变化	关系	限量控制法

1.1.15　利普托特框架

全球商务咨询委员会主席、国际商务领域公认的权威利普托特（Leaptrott，1996）的**"世界文化分布图"**将世界文化分为三种类型（见图1-3）：部落主义型、集体主义型和多元主义型。大部分文化属于三种文化类型之一，另一些则是混合型。

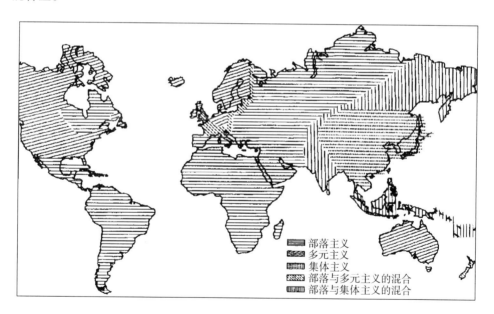

部落主义
多元主义
集体主义
部落与多元主义的混合
部落与集体主义的混合

图1-3　世界文化分布示意图

资料来源：Leaptrott（1996）。

（1）部落主义型文化（tribal cultures）。部落这个词使人想到原始社会结构，但是，从图1-3中可以看到，西方社会的大部分地区的文化也被叫作部落主义型。意思是说，每个人的首要焦点是家族单位——每个人从家族单位获得其身份特征。家族单位可更精确地定义为氏族部落或延伸的家庭。这是一个紧密结合的群体，群体成员通过血缘关系联结并且具有共同的世界观，成员们通过祖先和孩子找到一种无论是过去还是将来都有的一种联系在一起的感觉。在部落主义型文化里，必须不惜一切代价使家族生存下来，必须保护家族的名声和家族的荣誉。

（2）多元主义型文化（pluralist cultures）。多元主义型社会结构由许多协会和群体组成，个人可以通过家庭、宗教团体、社会群体、商业或政治组织来体现个人，更可能的情形是通过如上这些组合来体现自己。在多元主义型社会里，所有的人都能自由形成自己的个人特点，他们不仅仅是有自由这么做，而且必须这么做。个人为自己负责，群体不会去关照他们。群体若要成为一个单位必须经过个人同意，既不指望也不要求统一性，大家普遍认为留在群体内是维持群体存在的一种方式。依靠任何形式的组织和协会无异于向别人坦白自己的弱点和依赖性。独立自主是追求的最高价值，依赖是一种失败。最终把多元主义型文化连接成一种文化的是相互认同，成员们选择留在这种文化中，并且维持着这种所有人都同意的内部基本准则。

（3）集体主义型文化（collective culture）。集体主义型和部落主义型有一个共同点：群体的团结。不过，集体主义与更宽泛的群体概念相联系，群体的联结可以是一个镇、一个诸侯国、一个国家或是一个种族，个人通过与群体的联结来体现自己。为了维持群体的存在，培养群体一致性是很重要的。群体内每个人都平等，共同参与、共同分享，个人不能脱离群体。在这种文化氛围中，一个人超出群体、脱离群体或者拒绝群体而去寻找不同或专属于私人的东西是不能容忍的。没有群体就没有一切。

（4）部落主义型文化与多元主义型文化的混合。部落主义主要分布在拉美、非洲、中欧；多元主义主要分布在北美、西欧、北欧、大洋洲等。部落主义与多元主义的混合主要分布在新西兰和部分西欧国家。

（5）部落主义型文化与集体主义型文化的混合。集体主义主要分布在亚洲；部落主义与集体主义相混合的主要分布在东南亚及俄罗斯部分地区。

1.1.16　沃纳框架

英国剑桥大学权威的管理学教授沃纳（Warner，1996，2002）主持编著的《国际工商管理百科全书》（*International Encyclopedia of Business & Management*）

中的"各国和地区管理"章节描述了世界各国和地区的管理，**分别从会计学、银行业、企业文化、人力资源管理、劳资关系等方面，考察了世界各国的管理模式**。由于该书邀请世界 60 多个国家（地区）的当地专家分别撰写，所以体例不够统一，分析维度不一，难以进行比较分析。

1.1.17　盖斯特兰德框架

国际商务谈判专家、全球化管理有限公司创始人盖斯特兰德（Gesteland，2003），从四个维度（**生意导向型和关系导向型、商务风格中的正式文化和非正式文化、恪守时间和灵活时间文化、情感外向和情感保守**）的组合出发，概括了跨文化商业行为的八个模式（见图 1-4）。

第一类 关系导向、正式、 多样化时间、情感保守 （东南亚、南亚、印度）	第二类 关系导向、正式、 单一时间、情感保守 （东北亚、中国、新加坡）	第三类 关系导向、正式、 多样化时间、情感开放 （阿拉伯、埃及、土耳其、 希腊、巴西、墨西哥）
第四类 关系导向、正式、 灵活时间、情感外向 （俄罗斯、东欧）		第五类 适度生意导向、正式、 相对单一时间、情感开放 （法国、比利时、意大利、 西班牙、匈牙利）
第六类 完全生意导向、正式、 相对单一时间、情感保守 （波罗的海诸国）	第七类 完全生意导向、非常正式、 单一时间、情感保守 （英国、北欧、爱尔兰）	第八类 生意导向、正式、 单一时间、情感相对开放 （澳大利亚、加拿大、美国）

图 1-4　盖斯特兰德框架

（1）生意导向型和关系导向型。这是全球商业文化间的鸿沟，生意导向型的人们主要以任务为导向，而关系导向型的人们则以人为导向。当然，无论在哪里做生意，关系都是重要的，但是，这有个程度的问题。例如，生意导向型的人们需要懂得在关系导向型文化中，谈判前你需要做到友善、和蔼。不了解这些差别的生意导向型的推销员，在努力与关系导向型的潜在顾客做生意时，往往就会出现一些冲突。许多关系导向型的人们发现生意导向型的人们有进取心、好胜心并且个性率直。相反，生意导向型的人们有时也觉得他们的关系导向型的伙伴办事拖拉、态度暧昧、难以理解。

（2）商务风格中的正式文化和非正式文化。当来自相对自由平等文化的推销员跨越文化与更正式的等级社会的伙伴交流时，也会产生一些问题。微小的随意性就会触犯等级文化的地位高者，正像正式文化的人们的地位意识可能会冒犯非正式文化的人们对平等的敏感一样。

（3）恪守时间和灵活时间文化。全球有相当一些文化中有恪守时间的习惯，其他一些文化中则对时间、计划很随意，他们更关注自己周围的人。因此，恪守时间的人们认为不遵守时间的人们懒散、无组织纪律性、粗鲁，而后者则认为前者由于受时间限制而自大、武断，这样冲突就产生了。

（4）情感外向和情感保守的文化。情感外向的人与相对含蓄内向的人的交流方式不同，不管他们用语言还是非语言交流，这些都是事实。外向和内向的差异产生了一条巨大的鸿沟。

1.1.18　豪斯框架

美国宾夕法尼亚大学沃顿商学院豪斯（Robert House）于 1994 年开始集合了**全球 61 个国家的 150 多名学者共同进行了跨文化的领导方式及其有效性的研究（GLOBE 项目）**，该项目调查了全球 500 个不同组织中的 9000 多名管理者。该研究的数据收集持续了 4 年，在霍夫斯坦特 6 维度论基础上，提出了国别文化差异的 8 维度论，运用这 8 个维度对参与国家进行评分，形成了完整的国别文化特征的描述，中国大陆也在其研究对象之中。这 8 个维度分别为（House，2004）：

（1）绩效导向（performance orientation）：组织鼓励和奖励团队成员进行绩效改进的程度。

（2）自信（assertiveness）：在与他人的关系中，个人具有决断性、支配性和命令性的程度。

（3）未来导向（future orientation）：组织鼓励和奖励未来导向行为的程度。

（4）人本导向（humane orientation）：集体通过鼓励和奖励个人，使之公正、利他、慷慨、体贴和友好的对待他人的程度。

（5）集体主义（institutional/in-group collectivism）：在群体中个人被整合成为集体的程度。

（6）性别平等（gender egalitarianism）：组织减小性别不平等性的程度。

（7）权力距离（power distance）：组织成员希望权力被公平分配的程度。

（8）不确定性避免（uncertainty avoidance）：社会、组织和群体依赖社会规范、规则和程序来减少未来事件的不可预期性的程度。

1.1.19　英格尔哈特框架

世界价值观调查（World Values Survey，WVS）是一项非营利性调查项目，至今已完成每五年一次总共6轮的全球性调查。它起源于 1981 年由 Jan Kerkhofs 和 Ruud de Moor 共同领导之下执行的针对西欧 10 国进行的**"欧洲价值观调查"**（EVS），由于该调查结果在文化变迁上具有启发性且可延伸做全球性探讨，在美国密歇根大学社会学系教授 Ronald Inglehart 的号召下，将 EVS 延伸到了西欧以外的国家。截至目前，整个世界价值观调查已经覆盖到 97 个国家和地区（包括曾经和持续参与的国家）。调查内容比较综合，主要包括政治价值观、社会规范、社会问题、社会距离、工作时间、劳工组织、就业问题、政治态度、国家民主、性别问题、环境问题、婚姻、家庭与小孩教育问题等。该调查的重要贡献在于开发了稳定且重复测量的价值观指标，为社会文化与政治变迁研究等领域提供了大量丰富的信息资料。通过对世界价值观调查数据的因子分析，**英格尔哈特得出了描述文化的两个维度——"世俗理性—传统权威"与"主观幸福—基本生存"，从而绘制出了一个两维平面坐标体系来构建世界文化地图**（见图 1-5）。

（1）"世俗理性—传统权威"维度（secular-rational vs. traditional authority）。该维度反映的是宗教发展程度不同的社会群体间的比较。靠近该维度"传统"一极的社会强调严格的家庭教育、对权威的遵从以及传统的家庭观等，反对离婚、堕胎、安乐死以及自杀等行为，并且这样的社会有着强烈的民族自豪感；相对来说，更接近于"世俗理性"价值观的社会则有着相反的偏爱，会从更为"理性"的自身实际需要方面接受如离婚、堕胎、安乐死这样的行为。WVS 调查发现，几乎所有工业社会中人们的价值观都有从"传统"向"世俗理性"转变的趋势。

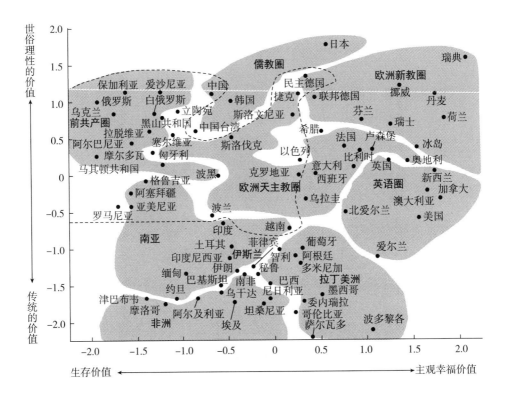

图 1-5　英格尔哈特的世界文化分布图

资料来源：Inglehart（2010）。

（2）"主观幸福—基本生存"维度（well-being vs. survival）。"主观幸福"价值观最关注的包括环境保护、性别平等、对异端行为如同性恋和外来文化的宽容等问题以及对经济与政治活动的参与的需要；"生存意识"则正好相反。随着知识社会的发展，价值观倾向于从"生存意识"向"主观幸福"转变，越来越多的人认为"生存"是理所当然的，他们无须再将基本的生存问题提上日程，他们最关心的已经由对经济安全和人身安全的一再强调改变为对主观幸福感、生活质量以及自我表达等的重视。

图 1-5 将世界分为九个部分：儒家文化国家、天主教欧洲国家、新教欧洲国家、英语语言国家、东正教国家、伊斯兰国家、拉丁美洲国家、非洲国家和南亚国家。从图 1-5 中可以看出，**国民基础价值观相近的国家构成了若干"板块"，板块由宗教信仰、文化传统、意识形态等因素决定，而非单一的地理位置因素**，比如地理相近的南亚国家和中国在"世俗理性—传统权威"维度上就有

着巨大的差异。此外，价值观分布图对于我们破除一些思维定式有一定启示：美国一直被认为是经济及文化开放型国家的典范，然而如图 1-5 所示，美国处于价值观地图右侧偏下位置，与中国比起来，虽然更倾向于"主观幸福"，却也更为传统保守，实际上美国人民并不如我们想象中的那样开放和自由，他们接受安乐死、堕胎或自杀的程度远远低于中国。在这些问题上最为开放的却是瑞典这样的北欧国家，它们在经济和宗教文化上都更为独立和多元化。由此看来，将北美及欧洲国家统称为"西方发达国家"只是一种非常粗略的分类，它们在价值观和发展路径上并不一致。图 1-5 左半侧主要为资源贫乏的内陆国家和部分拒绝资本主义发展方式的国家，这些国家之所以偏重"生存"型价值观，原因可能是国家总体经济发展落后，或者发展没有充分受益于大众，使人民获得"经济安全感"和基本生存条件上的满足。至于每个国家的具体原因可以从它们实际的情况得出，而我们能够发现的是，整体经济落后的国家普遍集中在图 1-5 左侧下方的位置，它们中的很多还存在政治动荡、独裁和强权的情况，并且总体上这些情况会在人们保守观念的刺激下恶性循环。因此，断续的经济发展很难促使这些国家短时间内向自由和民主迈进。

1.1.20　利弗莫尔框架

位于美国密歇根州的文化商研究中心（Cultural Intelligence Centre）主席利弗莫尔（Livermore，2015）在《文化商引领未来》一书中，结合自己平均每年到访 35 个国家的亲身经历，提出了**"文化商"四维结构模式**：①CQ 动力（动机）：具有适应跨文化的兴趣、自信和动力；②CQ 知识（认知）：了解不同文化的行事规划和差异；③CQ 战略（源知识）：对多元化经历进行规划；④CQ 行动（行为）：在不同文化环境适时调整语言和非语言行为。通过这四个步骤，可以评估正在考虑选派到海外工作的人选，也可以用来指导组织提高多样化程度、进行全球化管理培训，或为自己制订个人完善计划。

在 CQ 知识部分，利弗莫尔提出了**六大文化体系**——经济、婚姻家庭、教育、法律、宗教、艺术；总结了十大文化价值观体系——Hofstede 四维度再加合作与竞争、直接与间接语境、做（Doing）与是（Being）、普遍与特殊主义、中性与张扬、共时性（强调时间的线性及工作与生活的分离）与历时性（强调多任务及工作与生活的融合）文化等。并在此基础上提出了**全球十大文化圈**［主要基于罗兰（1985）的理论，只是将远东分为了儒家及南亚文化区］——英语文化区（澳大利亚/加拿大/新西兰/英国/美国）、阿拉伯文化区（巴林/埃及/约旦/科威特/黎巴嫩/摩洛哥/沙特阿拉伯/阿拉伯联合酋长国）、亚洲儒家文化区（中国/日本/新加坡/韩国）、东欧文化区（阿尔巴尼亚/捷克/希腊/匈牙利/蒙古/波兰/俄罗斯）、日耳曼欧洲文化区（奥地利/比利时/德国/荷兰）、拉丁美洲文化区（阿根廷/玻利维亚/巴西/智利/哥伦比亚/哥斯达黎加/墨西哥）、拉丁欧洲文化区（法国/加拿大法语区/意大利/葡萄牙/西班牙）、北欧文化区（丹麦/芬兰/爱尔兰/挪威/瑞典）、南亚文化区（印度/印度尼西亚/马来西亚/菲律宾/泰国）、撒哈拉以南非洲文化区（加纳/肯尼亚/纳米比亚/尼日利亚/赞比亚/津巴布韦）。

在当下不确定性的商业环境中，企业领导者注定要在多维度的世界里历经波折。而文化作为一个无穷的意识领域，没有人可以到达文化商之旅的终点。但是，在提高文化商的过程中，不仅能根据各地文化来调整企业发展战略，以更人性化的方式与更多元的个体和谐相处，还能洞察到更多的商业机遇。

1.1.21　分析框架总结

表 1-10 按时间顺序归纳了上述 20 种跨文化比较管理学分析框架各自的理论要点和方法视角。关于其学术贡献、局限与建议分析如下：

表 1-10　跨文化比较管理框架要点一览

代表人物	框架名称	分析维度或要点	方法	视角
1. Kluckhohn（1961）	文化价值观维度	与环境的关系/人的本质/活动导向/人际关系/时间取向	问卷调查 表归纳	基本的 文化倾向
2. Terpstra（1978）	国际经营文化环境图式	语言/宗教/价值观/法律/教育/政治/科学技术与物质文化/社会构成	图归纳	国际企业的 文化环境
3. Hofstede（1980，2001，2010）	国家文化维度	权力距离/不确定避免/个人主义与集体主义/男性化与女性化/长期与短期/自身放纵与约束	问卷调查 相关分析	价值观 IBM/CVS/ WVS 数据
4. Ouchi（1981）	Z 理论	雇佣/决策/负责/提升/控制/职业发展/员工关心	日美比较	管理职能
5. Ronen 和 Shenkar（1985）	文化饼/文化圈	远东/阿拉伯/近东/北欧日耳曼/日耳曼/盎格鲁/拉丁欧洲/拉丁美洲/独立地区	问卷调查 最小空间 分析法	语言文化区 价值观 地理聚类

代表人物	框架名称	分析维度或要点	方法	视角
6. Nath（1988）	开放系统框架	环境七因素：文化环境/社会政治环境/经济环境/法律环境/技术环境/通信和交通方式/产业结构 企业管理 8 个子系统：管理哲学/组织结构/组织管理过程/人力资源管理/其他政策/关系管理/工会和其他利益相关者等	环境—管理影响分析	环境因素管理职能
7. A. T. Hall（1973）	高低背景—内容文化说	背景/内容；空间/时间；信息流；界面	国别排序	沟通的明示性与暗示性
8. Schien（1992）	组织文化三层次	人工制品/信仰与价值/基本隐性假设与价值	冰山模型	组织文化
9. Schwartz（1992）	10 大价值/需要导向	开放—保守维度/自我强化—自我超越维度	问卷调查	人类行为动机
10. Trompenaars（1993）	世界商务文化波浪	通用与特殊主义/个人与集体主义/中立与感情导向/具体与扩散导向/成就与因袭地位/次序型与同序型/内控型与外控型	问卷调查	价值观
11. Koontz 和 Weihrich（1993）	比较管理学	计划/组织/人事/领导/控制	表归纳美中日比较	管理职能
12. Calori 和 Woot（1994）	美日欧管理模式	时间取向/价值追求导向/关注领域意识/人际关系等	表归纳美日欧比较	价值观
13. Guillen（1994）	宗教—管理模式	美国、英国、德国、西班牙宗教因素对其管理的影响	历史比较认知系统	宗教因素
14. W. Hall（1995）	文化罗盘	解决问题/做决定/交流/组织/变革北方型/南方型/东方型/西方型	决断力—反应力矩阵	地理聚类管理能力
15. Leaptrott（1996）	世界文化分布示意图	部落主义型文化/集体主义型文化/多元主义型文化	图归纳	人际关系地理聚类
16. Warner（1996，2002）	世界各国和地区的管理	会计学/银行业/企业文化/人力资源管理/劳资关系等	百科全书式	管理职能

续表

代表人物	框架名称	分析维度或要点	方法	视角
17. Gesteland（2003）	世界商务风格	生意导向—关系导向/正式—非正式文化/恪守时间—灵活时间/情感外向—情感保守	行为模式观察	国际商务行为惯例
18. House（2004）	GLOBE 模型	绩效导向/自信/未来导向/人本导向/集体主义/性别平等/权力距离/不确定性避免	问卷调查	价值观
19. Inglehart（2010）	世界文化分布图	世俗理性—传统权威/主观幸福—基本生存	因子分析	价值观
20. Livermore（2015）	文化商/文化圈	十大文化价值观体系：Hofstede 四维度再加合作与竞争/直接与间接语境/做（Doing）与是（Being）/普遍与特殊主义/中性与张扬/共时性与历时性等 全球十大文化圈［主要基于罗兰（1985）的理论，只是将远东分为了儒家及南亚文化区］	演绎与整合	价值观地理聚类

　　（1）关于"What"方面的命题。纵观现有跨文化比较管理分析框架，均提出了一些在实施跨文化管理时可加以关注的参考维度，这样便可得以认识一种管理模式。**但各种维度，众说纷纭，莫衷一是。**有的维度晦涩、不完整、不易理解［如 Trompenaars（1993）中的一些维度等］，有的还互为矛盾［如 W. Hall（1995）文化罗盘、Ronen-Shenkar（1985）文化圈图式与 Livermore（2015）文化商中所概括文化圈等］。有的用了时间维度，为什么没有空间维度？非洲文化显然被罗兰忽略了！利弗莫尔将其补充进来，但又忽略了近东文化诸国（土耳其、希腊等）。这可能是由于分析维度聚类的差异所引发的困惑：或者过细，或者过泛。

　　即使最权威的霍夫斯坦特的分析框架也有几个备受质疑的点：①价值观并不是确定不变的，而是不断演进的；②仅是 IBM 的员工数据，样本代表性不高；③依照西方价值观设计标准问卷。所以，霍夫斯坦特希望通过世界价值观调查（WVS）的数据继续进行他的研究也就可以理解了。在《文化与组织》一书中，霍夫斯坦特提道："我们期望通过对 WVS 调查数据库的分析可以得到另外的维度。"之后，他在香港中文大学教授邦德的帮助下，设计了一份包含非西方文化偏见的新问卷——华人价值观调查问卷（CVS）。通过对 23 个国家 2300 名学生的调查数据的分析，邦德得出了 4 个维度，其中 3 个与霍夫斯坦特的四维度中的 3 个重合，而第 4 个维度完全无关——过去和现在导向。于是霍夫斯坦特引入邦德的"儒教动力论"（Confucian Dynamism），将该维度命名为"长期—短期导向"，也就是国家文化模型的第 5 个维度。之后在他 2010 年出版的新书《文化与组织》中，合作者、保加利亚索菲亚大学的明科夫运用 WVS 的数据把第五维度的研究扩展到 93 个国家，进一步巩固了第 5 维度的理论依据。也是在这本书中，霍夫斯坦特采纳了明科夫的数据提炼出的 3 个维度中的一个维度——"放纵倾向"和"约束倾向"作为他模型的第 6 维度。至此，霍夫斯坦特给出了一个完整的跨文化实证比较研究，得出了国家文化数据模型，这是到目前为止跨文化研究领域内最知名、引用次数最多的跨文化模型。至于霍氏文化维度是否会拓展至七维度，霍夫斯坦特教授在其荷兰住所明确回答笔者："**7 是一个神圣的数字，不可逾越了。**"

另外，蔡安迪斯（Triandis, 1995）还指出了霍夫斯坦特关于"个人—集体主义"的笼统维度的缺陷，并进一步提出了"水平—垂直个人主义"（horisontal-vertical individualism）、"水平—垂直集体主义"（horisontal-vertical collectivism）细分观念。所谓**水平个人主义**，指的是该文化中的个体追求个人利益最大化，但他们并不在乎自己是否比别人得到更多，并不追求自己高于别人；**垂直个人主义**者不仅追求个人利益最大化，而且要求自己好过他人。所谓水平集体主义，则指该文化中的个体追求内群体利益的最大化，但并不关心自己的群体是否高过其他群体；而垂直集体主义者既关心内群体利益最大化，还追求自己的群体好过其他的群体。这样就可解释，虽同为个人主义文化，但美国与澳大利亚并不相同——美国人强调竞争，澳大利亚人却更为悠闲自如；虽同为集体主义，但中国与以色列的"科布兹"也很不同——中国人爱攀比，喜欢"出人头地"，而科布兹人更喜欢群体之间平等友好（陈晓萍，2009）。

由此可见，**跨文化比较管理学亟须解决的问题首先是**：所谓基于一定区域国别的"管理模式"究竟指的是什么？它究竟涉及哪些维度因素：仅仅基于价值观？还是可以涉及管理职能？还有，决定管理模式的环境土壤究竟有什么：宗教？语言？还是其他？再者，全世界究竟存有多少种管理模式？其划分的依据又是什么？——后文（第 1.2 节、第 1.3 节）引入新**"制度主义"**方法和**"制度**

文明"的概念后，这些问题便豁然开朗了。

（2）关于"Why"方面的命题。一些跨文化比较管理分析框架还进一步分析了各种文化差异维度背后的原因。Hofstede（1980，1991）、Ronen（1985）、Trompenaars（1993）等的研究运用了相关分析、最小空间分析法等定量研究方法，但从数据到数据，缺乏足够的理论因果关系和内涵逻辑方面的交代，规范理论分析方面显得苍白。

其他各种定性研究方法，基本采用的是归纳式建立理论方法。但除了 E. T. Hall（1976）、W. Hall（1995）、Gesteland（2003）拥有富有逻辑性的两维坐标推理外，其他像 Leaptrott（1996）的三维度、Calori – Woot（1994）四维度、Kluckhohn-Strodtbeck（1961）六维度、Terpstra（1978）八维度等林林总总，有的是基于比较维度的分类；有的只提出维度，不分类（Terpstra，1978）；有的分类了，但维度不清晰（Calori-Woot，1994）。

跨文化比较管理学不仅要识别一种管理模式，更要明白各种管理模式背后的原因，它们之间的关系应该是互为因果的。而且，管理模式的背后，不仅是文化因素，仅仅将导致跨国经营中的"水土不服"问题归咎于"狭义的文化维度"方面的差异是不够的。霍夫斯坦特的首部著作的书名（*Culture's Consequences：Comparing Values，Behaviors，Institutions，and Organizations across Nations*）中，就有"制度"（institutions）。而且，上述 20 种分析框架中，Nath（1988）、Trompenaars（1993）、Gullen（1994）、Warne（1996）的方法值得关注，此四者均已超越文化层面，深入到政治、经济等制度文明层面。后文（第1.4节）**基于新制度主义的跨文化比较管理学"冰河模型"**将为其提供有效的分析工具。

（3）关于"How"方面的命题。需要指出的是，**比较不是目的，跨文化比较管理学的真正目的应是提高跨文化管理的有效性，解决"如何做"方面的连贯命题。**

前文20种跨文化比较管理框架，有的提出了"What"命题，一些随即分析了"Why"命题，但很少有同时解决了"How"命题。其他跨文化管理研究者如哈里斯和莫兰等的著作（Harris and Moran，1982，1987，2000）基本是教科书式的，也只是将这些经典的观点加以综合。倒是施耐德和巴尔索克斯（Schneider and Barsoux，1997）的研究提出了一个处理文化差异的战略方法，但他们没有对管理模式的鉴别做系统研究。后文（第1.5节）**"跨文化比较管理学新体系"**将提供跨文化比较管理学简约、连贯、明了型的方法与创新。

1.2　国别"管理模式"新概念

国别管理模式的界定，需要引进新制度主义。**"制度理论"**（institutional theory）致力于将制度研究与组织密切结合，研究在制度化过程中，组织之间出现类似以及产生差异的原因、制度环境对组织的影响、制度环境如何影响组织的结构和运行等问题——这正是研究跨文化比较管理学所需要的方法。**"旧制度主义"**是一种静态的制度分析，而**"新制度主义"**是一种行动的、动态的制度分析。目前，新制度主义分析范式已经变成超越单一学科，遍及经济学、政治学、社会学、管理学乃至整个社会科学的分析路径。

综观世界管理的发展图景，管理大师德鲁克曾指出：**"管理虽然是一门学科——一种系统化的并到处适用的知识——但同时也是一种'文化'。它不是一种超乎价值的科学。管理是一种社会职能并根植于一种文化、一种价值传统、习惯和信念之中，根植于政府'制度'和政治'制度'之中。"**（Drucker，1974）这样，基于新制度主义，可以提出所谓国别区域**"管理模式"**的新定义，**即建立在相应区域国别制度文明基础上的反映管理理论与实践的知识体系**。这里的"制度"，泛指以规则或运作模式，规范个体行动的一种社会结构；这里的**"文明"**，指的是一种思维和信仰的样式、一种存在形态、一种生活模式，也可是一种风格、一种体制、一种涵括了这些要素但也包括地理气候因素在内的时空连续体（阮炜，2008）。一种管理模式的分析维度可以从多角度加以剖析，**既然管理模式是一种"知识体系"，那么从管理知识角度划分，管理知识体系一般拥有三种最基本的表现形式**（范徵，2007，2010）：

（1）超我—控制知识（superego-controlling knowledge）。**超我知识**可以独立于知识主体而存在，是组织知识中最易于转换和共享的那一部分，它易于编码和文本化。只有实现了编码和文本化，控制管理才有了依据。控制管理的核心，涉及超我知识的转换。

（2）自我—组织知识（ego-organizing knowledge）。**自我知识**是个人或组织在工作和学习过程中不断积累的经验和技能，不能独立于知识主体而存在，不易被编码和模仿，需要选择恰当的渠道和方式来实现它的转换。组织管理的核心，涉及自我知识的转换。

（3）本我—企划知识（id-planning knowledge）。**本我知识**是知识主体在长期学习和工作过程中逐渐形成的潜在知识（如心智模式、组织愿景等），是一种不可言传而只能意会的知识，也可能是一种与生俱来的天生的才能，不易被模仿和转移，只能通过长期的潜移默化的形式实现在知识主体间的影响。企划管理的核心，涉及本我知识的转换。

上述企划、组织和控制是管理的基本职能，而企业"领导者"就是综合运用本我、自我、超我管理知识，通过企划、组织和控制职能以实现组织目标的人——这样，**关于基于一种文明体系的管理模式特质的探讨方面的命题，就转换为对建立在该种制度文明基础上的反映管理理论与实践的"本我—企划知识""自我—组织知识""超我—控制知识"三知识体系的特质的探寻**。不同国家的企业有不同的管理模式，而且同一企业在不同时期也有不同的管理模式。不同管理模式决定了其管理特征的差异性。

接着，我们不禁要问，作为建立在相应制度文明基础上的反映管理理论与实践的知识体系，共有多少种？这就涉及对世界文明体系方面的认知。

1.3　世界文明体系新界定

汤因比（Toynbee，1956）认为，文明是若干同类民族国家构成的社会整体，其中文化是文明的核心，而文化中最基本的东西是宗教。即宗教成为一种目的，文明仅仅是体现这一目的的手段或工具。无独有偶，亨廷顿在《文明的冲突与国际秩序的重建》中对"文明"与"文化"的内涵及两者关系也做出了简单的概括（Huntington，1997）："首先，文明和文化都涉及一个民族全面的生活方式，文明是放大了的文化。**文明是对人类最高的文化归类**，是人们文化认同的最广范围，人类以此与其他物种相区别。文明既根据一些共同的客观因素来界定，如语言、历史、宗教、习俗、体制，也根据人们主观的自我认同来界定。"其次，亨廷顿继续说道："正如雅典人所强调的，**在所有界定文明的客观因素中，最重要的通常是宗教**。"人类历史上的主要文明在很大程度上基本等同于世界上的伟大宗教。

　　关于历史上曾经存在的文明体系总数各路学者各执一词（Huntington，1997）：奎格利认为，历史上有 16 个明显的文明案例，很可能还有另外 8 个；汤因比起先列出了 20 个文明，然后是 23 个；斯宾格勒详举了 8 个主要文化；巴格比也认为有 9 个文明或者 11 个，如果把日本文明和东正教文明从中国文明和西方文明中区分出来的话；布罗代尔识别了 9 个文明；落斯托万内指出了 7 个主要的当代文明。这些差别部分取决于是否认为中国人和印度人这样的文化群体在整个历史上曾有一个单一的文明。

　　尽管存在着这些差异，人们对主要文明的身份都没有争议。 正如梅尔科认为人们至少在下述看法上存在着共识：至少有 12 个文明，其中 7 个已不复存在（美索不达米亚文明、埃及文明、克里特文明、古典文明、拜占庭文明、中美洲文明、安第斯文明），5 个仍然存在（中华文明、日本文明、印度文明、伊斯兰文明、西方文明）。一些学者还加上了东正教文明，作为区别于其母文明拜占庭文明和西方基督教文明的独立文明。亨廷顿认为，除此 6 个文明外，还应加上拉丁美洲文明和非洲文明。这样，本书将西方文明再细分为美国文明与西欧文明两种，再增加作为基督教与伊斯兰教共同源头的犹太文明，这样共涉及世界 10 大文明体系（见图 1-6）。

　　总结图 1-6，基本的，存有**"基于世界 10 大文明体系的全球 10 大管理模式"**：基于美国文明的美国管理模式（含加拿大）；基于西欧文明的欧盟管理模式（含大洋洲和南非）；基于日本文明的日本管理模式（含韩国）；基于中华文明的中国管理模式（含东南亚）；基于伊斯兰文明的阿拉伯管理模式；基于东正教文明的俄罗斯管理模式；基于印度文明的印度管理模式；基于拉美文明的拉美管理模式；基于非洲文明的非洲管理模式；基于犹太文明的犹太管理模式。

　　需要说明的是，**此体系基本从外延上涵盖并在内涵逻辑上超越了前文 Ronen（1985）及其发展的 Livermore（2015）文化圈框架体系**：①文化圈中三大独立群体（以色列、日本、印度）在逻辑上被单列了出来。印度文明虽中断，虽佛教外传到了亚洲诸国，但印度教还在。②第四独立群体（巴西），作为曾经的拉丁欧洲葡萄牙殖民地，纳入拉丁美洲文化范畴。③古希腊、古罗马虽是承袭于美索不达米亚文明（即两河流域文明）的非独立文明（所以四大文明古国没有它们），但基于此文明的西欧管理模式非常不同于同属西方文明的美国式管理，需要独立阐述。④同属英语文化圈的大洋洲、南非管理模式分别纳入盎格鲁—萨克逊及非洲文明范畴，不单列。⑤南亚诸国（如新加坡）管理模式都是多种文明混合的（儒释阿印等），也不再单列。⑥埃及、巴比伦文明均中断了，前者纳入非洲，后者与西亚诸国（土耳其等）地处跨文化边界，多元文明混合，但基本遵循伊斯兰文明。⑦中华文明是世界唯一未间断的文明，所以中国管理模式必须单列。

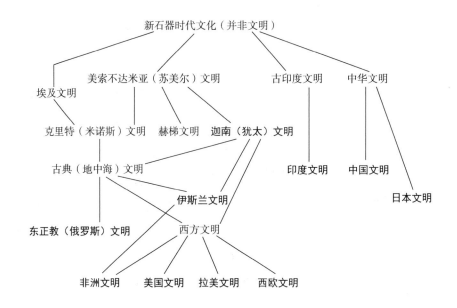

图 1-6　世界文明体系

资料来源：根据 Huntington（1997）改制。

1.4　"冰河模型"新工具

　　探寻一种管理模式赖以产生的制度文明渊源，可以借鉴当今学界对新制度理论的研究比较流行的斯科特分析框架，即由斯科特（Scott）于 2001 年在《制度与组织》（*Institutions and Organizations*）一书中提出的框架，涉及以下三个方面：

　　（1）管控性系统（regulative），包括法律、规则、制裁等强制的束缚人们行为的制度。

　　（2）规范性系统（normative），指价值观与标准。

（3）文化认知系统（cultural-cognitive），是共同信仰、共同行为逻辑等社会共同认知。

斯科特认为，这三种要素制度的重要组成部分，形成了一种制度文明的基础，并称其为制度的三个支柱（Scott，2001）。**通过从制度的管控性、制度的规范性和国家文化的认知性三个角度来研究制度产生的迫使力量，进而对一个企业的管理模式以及管理特质产生影响**。不同国家间在制度文明方面的差异性造成了企业跨国经营中面临的重要问题。新制度主义认为，所有的社会系统和组织都存在于一个制度背景中，这个制度环境定义了一个社会现实。该理论不仅可以用于研究制度本身的特征，塑造组织结构，还可用来检测制度的决定因素，研究决定制度的文明所具有的特征。前文 Nath（1988）、Trompenaars（1993）、Guillen（1994）和 Warner（1996）的方法已不自觉地涉及新制度主义的分析方法，有的已深入到认知层面，如 Trompenaars（1993）中的具体与扩散的思维模式、Guillen（1994）中的宗教认知之于管理影响的分析等。但 Nath（1988）和 Warner（1996）对管理模式的概括显得非常烦琐，而 Guillen（1994）的又太简单，只归因于宗教因素。对管理模式而言，宗教认知是源头因素，但不是唯一因素。

有人说，新制度主义是个框架，什么都可往里装——确实不假。斯科特的三层面所涵盖的内容太丰富了。如何来概述一种管理模式赖以生存的环境？尽管斯科特理论中的新制度主义研究框架已经接近成熟，但还是缺乏一个可资操作的简单形象的直观分析工具。参考斯科特（2001）、范徵（2007，2010）构架体系，本书构建了图 1-7 所示的立体式的**"冰河模型"**，用以形象描述**"一种管理模式赖以生存的文明环境"**以及**"基于一种制度文明的管理模式"**——依次分别是显露于外的"积雪层"、若隐若现的"冰冻层"、隐藏于内深不可测的"河水层"；各层之间也不绝对是铁板一块，而是犬齿交叉，就像冰雪融化般相互渗透；文明、模式间也确存有相互渗透、排斥或强加作用。

（1）"积雪层"——显性层面。白色的部分是模型的最上层，即"积雪层"。这个层面与外力相互接触、相互作用的程度最大，具有一系列显露在外的特征。**它往往是一个国家的管理控制体系，是可鉴别的结构性特征（如"地理因素"），主要涉及国家的政治体制和经济制度，通常是可以通过一定的法律条文、制度规范明确指出的结构性特征。**

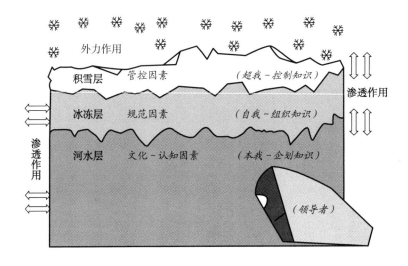

图 1-7　基于制度与知识的冰河模型

注：图中正体楷体文字描述制度环境三层次；括号中斜体楷体文字表示管理模式三层次；航船中斜体文字表示基于该种文明管理模式的领导者特征。

（2）"冰冻层"——若隐若现层面。浅灰色的部分是模型的中间层，即"冰冻层"。它介于"积雪层"和"河水层"之间。"冰冻层"一方面受到外力和"积雪层"的作用，凝聚河水冻结成冰；另一方面它的本源还是河水，源自"河水层"，只是隐藏得比较浅显，易被人们发觉罢了。**这一层次主要指的是社会文化中那一部分有时可以作为某些行为、言论等被人们感知，而有时则化身为意识、思想、道德底线等很难被人们察觉的"价值观"方面的内容。**

（3）"河水层"——隐性层面。深灰色的部分是模型的底层，是隐藏在深处、很难触及的特征，即"河水层"。它位于"积雪层"和"冰冻层"之下，一般情况下很难被发觉。另外，水又是"冰冻层"和"积雪层"的物质来源。这一层次主要指的是文明的本源，是一种文明有别于另一种文明的根本表现，**它是一种文明思想形成和发展的"哲学基础"和对世界认知的"基本假设"。**这些哲学思想和基本假设是形成一个社会基本的价值观念和道德规范的基础。另外，语言的背后是思维，语言也在河水层。

需要指出的是，"冰河模型"不同于以往的"洋葱模型"和"冰山模型"。"洋葱模型"中，将文化分为三层：表层（指我们平时能观察到的东西）、中层（指的是一个社会的规范和价值观）、核心层（指一个社会共同的关于为什么存在的假设，它触及该社会中人们最根深蒂固、不容置疑的东西）。"冰山模型"把文化分为两部分：显性部分（即浮在水上可以看见的部分）和隐性部分（即隐藏在水下看不见的部分）。文化的水下部分要比水面上的部分大很多。也就是说，我们平时在观察文化状态时，文化的表象只是冰山一角，真正造成表象不同的部分都隐藏在水下。

"洋葱模型"与"冰山模型"的共同理论贡献是：道出了文化的隐显特征。"洋葱说"从横断面角度解读文化的内外层次之分；"冰山说"则从纵断面角度解读文化的深浅层次之分。它们共同的理论缺陷是：都是基于"文化观"提出，而不是基于"文明制度观"。文明制度观中拥有一些相互渗透的层面在此两模型中均未能被表示出来。另外，此两模型均适合于描述一个单体的状况，如果要来剖析一个文明的制度环境，不太适合。谢恩（1985）曾对此两模式进行改进，提出了"企业文化三层次模式"，也只不过是用冰山的形式装进了洋葱的三层内容罢了。

"冰河模型"是在整合"洋葱模型""冰山模型"的基础上发展而成的，并超越了"谢恩模式"：①它在继承"洋葱"比喻和"冰山"比喻中的分层思维的同时，还强调了各个层次之间**相互渗透**的关系，特别是其中的冰冻层是积雪层与河水层共同作用的结果；②在模型中增加了**外力的作用**，进一步突出在历史发展过程中文明与文明之间的互动关系，为文化层次理论模型填充进了新的内容；③基于"文明制度观""知识观"，而不仅是基于"文化观"；④"冰河模型"不仅适合于形象地描述一种制度环境或文明环境的状况（基于制度三层次），解释一种管理模式赖以产生的文明环境，还适合于形象地描述一个单体的状况（基于知识三层次），用来形象地表示一种管理模式；⑤图1-7中的**外力强加、渗透交错抑或无作用三种情景还预示了两种文明或管理模式之间的三种跨文化作用关系（覆盖、融合、平行）。**

1.5 跨文化比较管理学新体系

从新制度主义出发，整合"冰河模型"（见图1-7）与"文明体系"（见图1-6），通过"跨文化大数据平台"（范徵，2016，"冰河模型"数字化和可视化平台，包括 3 个一级指标、9 个二级指标、76 个三级指标，见图 1-8）的数据挖掘，便可总结出**"基于世界 10 大文明体系的全球 10 大管理模式"**（见表1-11）。**此矩阵的具体展开即是本书的篇章体系**：第 1 章为导论；第 2 章至第 11 章，分别论述基于世界十大文明体系的全球 10 大管理模式；第 12 章提供跨文化管理模式及其选择新方法；第 13 章是结论与展望等。

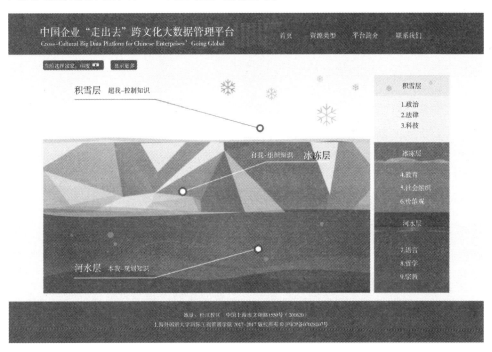

图 1-8　中国企业"走出去"跨文化大数据平台

资料来源：bdcc. shisu. edu. cn。

表 1-11　基于世界文明体系的全球管理模式分析框架

管理模式	文明基础			管理模式			领导者
	积雪层	河水层	冰冻层	外显特质	隐现特质	内隐特质	
美国管理	自由企业民主政治	盎格鲁—萨克逊裔民族性格印第安	实用主义美国精神	短期利润优先	组织硬管理	企业家精神	英雄
欧盟管理	欧盟一体化	基督教古希腊古罗马	精神性理性民主	管理国际多样化	中道管理	以人为本	教练

续表

管理模式	文明基础			管理模式			领导者
	积雪层	河水层	冰冻层	外显特质	隐现特质	内隐特质	
日本管理	岛国情结 美国接管	神道、土道 绳纹文化 中国儒教	大和理念 耻感伦理 公司资本主义	质量控制	根茎组织	命运共同体	教父
中国管理	混合经济 社会主义	儒释道法管 马克思主义 毛泽东思想	中庸 官本 关系	和谐管理	差序格局	太极管理	儒商
阿拉伯管理	阿拉伯同心圆 中东石油经济	伊斯兰教 贝都因 原教旨主义	和平 中正 自由	外部责任	伯特结构	忠诚胜于效率	酋长
俄罗斯管理	大国情结 薄弱帝国 社会制度突变	东正教 拜占庭 斯拉夫主义	亚欧两重性 西方精神 东方情结	产业报国	公社模式	极端管理	斗士
印度管理	半社会主义 英国殖民	印度教 雅利安 种姓制度 英文思维	矛盾心理 平和包容 保守安分	内部控制	外包并购模式	利他主义	职业买家
拉美管理	两级嬗变	天主教 古印第安 拉丁文化	多元、矛盾 价值观	个人渗透	部落制度	摇摆理念	独裁家长
非洲管理	落后 混乱 公有经济	伊斯兰教 基督教 传统宗教 古埃及	非洲个性 村社概念 自然和谐	对人不对事	部族关系	传统信仰和 管理文化	政客
犹太管理	边际迦南 流浪生涯	犹太教 哈比如基因 叙利亚文明	危机意识 学习意识	简洁高效 掌控自我 守约诚信	参与性结构 合作性结构	创新能力 应变能力	世界商人

比较的目的是有效地指导跨文化沟通、治理与管理的实践。跨国公司对待和处理不同文化关联方式的战略是不同的。冰河模型中，不同文化之间存有三种关系：互相排斥、渗透或强加。如果形象地用两个圆来表示两种公司文化，从几何逻辑的角度来讲，也可以有以下三种情况（范徵，2004，2010）：文化平行/并存、文化交叉/融合，以及文化包含/覆盖。这样，**跨文化管理也有三种基本方式**：

（1）"平行/并存"即"地方本土化"战略（local strategy），指跨国公司将全球视为异质性市场，基本参照东道国文化实施海外经营管理。

（2）"强加/覆盖"即"全球一体化"战略（global strategy），意味着跨国公司将全球视为一个同质性的市场，基本依据投资国文化实施海外经营管理。

（3）"渗透/融合"即全球地方化战略（glocal strategy），通常指跨国企业在海外进行投资，与当地社会文化融合创新，运用双方都能接受的文化进行管理。

在这里，还需指出的是，制度因素三要素、管理模式三层面、跨文化管理三方法之间是存在有机联系的（见图1-9）：冰河模型的制度环境决定了管理模式的特质；跨文化管理方法取决于诸管理模式之间的冰河关系。

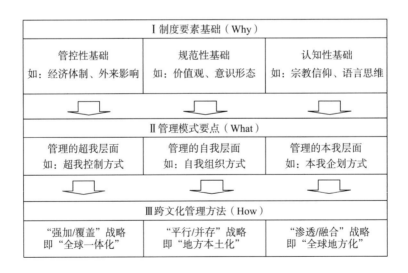

图1-9　基于制度理论的跨文化管理分析框架

1.6　本书的研究方法及理论贡献与现实意义

当前，中国政府大力推动中国企业"走出去"，并重点部署了"一带一路"构想。在此倡议的指引下，中国企业加快了海外"走出去"的步伐。大多数中国企业"走出去"进程中对东道国文化的认知理解和分析应对缺乏经验。以"一带一路"为例，"一带一路"覆盖了全球 25.9% 的面积，包括印度尼西亚、马来西亚等 11 个东南亚国家，尼泊尔、不丹等 10 个南亚国家，哈萨克斯坦、土库曼斯坦等 10 个中亚国家，伊朗、伊拉克等 18 个中亚国家，阿尔巴尼亚、波斯尼亚和黑塞哥维那等 16 个中东欧国家，俄罗斯、白俄罗斯、乌克兰、摩尔多瓦"独联体四国"以及蒙古、埃及，共计 70 余个国家（还在不断增加）。涉及印度尼西亚语、马来语、泰米尔语、高棉语、德顿语、乌尔都语、僧伽罗语、迪维希语、阿塞拜疆语、阿拉伯语、俄语等 40 余种语言，涵盖了伊斯兰文化、东正教文化、佛教文化、犹太文化、中华文化等多种文化。中国企业"走出去"需要了解进而适应这些文化，制定适合的跨文化管理战略。**中国企业要成功"走出去"，迫切需要解决"跨文化比较管理学问题"。"基于世界 10 大文明体系的全球 10 大管理模式"将为跨文化沟通、治理与管理提供实践指导和智力支撑。**本书综合运用了以下三种研究方法：

（1）新制度主义方法。对于跨国、跨文化经营的国际企业来说，基本涉及企业、产业、国家三个层面的问题。相对而言，资源基础理论（resource-based view of the firm）、产业组织理论（industrial organization economics）已能帮助国际企业很好地解决在公司层面和行业层面面临的问题，而**国家层面的问题只能用新制度主义方法来研究**（Makino，2008）。

（2）概念模型与大数据挖掘方法。**本书属于从事归纳的建立理论式的研究范畴。**规范的归纳法通常涉及观念模型和定性数据，如访谈、参与性或参与性观察、现有文件的分析，以及对大数据的解读（通过"中国企业'走出去'跨文化大数据平台"，系统挖掘了基于世界 10 大文明体系的 18 个国别区域的各自文化三级 76 指标方方面面的数据）。本书综合运用了这些方法。本书所开发的主要概念模型是"基于制度与知识的冰河模型"。

（3）案例研究方法。**凡是研究者无法涉及正确、直接又具系统性控制的变量，或探讨的是实际生活现象，不是几分钟的实验就能追溯完毕者，都是使用案例研究的最佳时机**（陈晓萍，2008）。本书即属于此范畴。相对于其他研究方法，案例研究不仅能够对案例进行翔实的描写与系统的理解，而且对动态的互动历程与所处的情境脉络也会加以掌控，可以获得一个较全面与整体的观点。本书在国内外相关领域研究成果的收集和观点提炼的基础上，进行企业访谈和案例资料收集，在广泛调研的基础上，在国内外选择几个典型案例进行分析，撰写"基于一种文明的管理模式"研究案例 12 个。

本书的主要创新点如下：①**定义新概念**——"管理模式"，是指建立在相应文明基础上的反映管理理论与实践的知识体系；②**开发新工具**——"冰河模型"，用以形象描述一种管理模式赖以生存的文明环境以及基于一种制度文明的管理模式；③**构筑新体系**——引入"新制度主义"，系统剖析了世界十大文明特色及其相应管理模式所拥有的基本特质，并系统总结了跨文化管理模式及其选择方法。

本章小结

本章追述了关于跨文化比较管理已有的 20 种分析框架，分析了其各自的理论要点和方法视角，并综述了其学术贡献与局限；在此基础上，引入新制度主义方法，创造了"基于制度与知识的冰河模型"的新分析工具，提出了"基于世界文明体系的全球管理模式分析新框架"。

第 2 章　基于美国文明的美国管理模式

美国管理是现代管理的第一种模式。1911 年泰勒的《科学管理原理》标志着现代管理学的诞生。本章首先剖析基于美国文明的美国管理模式，然后概述与美国管理极为相似的加拿大管理与美国模式的异同，最后运用一个案例，具体剖析闻名全球的百年企业——"美国通用电气（GE 公司）"的管理模式。

2.1　美国文明 400 年

与所有文明一样，美国文明也是在特定的自然和历史条件下形成的一种文明形态。它的最大特点就是年轻，只有不足 400 年的历史。16 世纪，英国最早在美国的弗吉尼亚州詹姆斯镇登陆。后来，美国是英国最大的也是最早脱离出去的殖民地。美国不仅在军事上战胜英军，更以 1776 年的《独立宣言》，使英国王室和政府退出这块土地。

印第安人是北美最早的居民，但他们的原始文明被欧洲人的入侵所中断。**美国文明可以看作宗教改革以后欧洲文明在北美这片自由土地上的变种。**18 世纪至 19 世纪，来自欧洲的移民大量西进，迁徙到美国西部地区，并经常与原住民印第安人发生冲突。在大西部，"牛仔与印第安人"的传奇故事不断上演，生活方式也从开采矿物和狩猎演变成农牧业，以便给东部地区越来越多的人口提供食物。在 19 世纪的整整一百年间，美国人口以每 10 年增加 1/3 的速度递增，其中除年轻人的生育率有所提高外，愈演愈烈的欧洲移民潮也是原因之一。如今，美国总人口已接近 2.5 亿人。

　　美国不仅人口大幅度增长，而且境内州的数量也从最初的13个增加为50个，其中包括阿拉斯加和夏威夷这两个位于境外的州。东部地区的大都会迅速扩张，迅速增加的人口正好给工业化提供了所需的人力。芝加哥、纽约的摩天大楼成为现代化美国的写照。美国积蓄了雄厚的工业实力，并由此跃居为全球首屈一指的经济体。

　　第一次世界大战使欧洲元气大伤，美国却因置身事外，损失不多，声望大为提升。在整个20世纪20年代，农产品价格不断降低，工业利润大幅增长，美国经济发展得异常繁荣。这波经济增长还被信贷上升和股票市场的兴盛推波助澜。终于股市在1929年大崩盘，随之而来的是经济大恐慌。为了复苏经济，罗斯福政府实行"新政"，大幅增加政府对经济的干预。然而新政却没有完全生效，美国经济直到第二次世界大战后才彻底复苏。战争前线和大后方创造的大量工作机会以及军工产业带动的生产复苏，使美国经济完全走出了大恐慌的阴霾。

　　在战争胜利后，以英国为首的欧洲国家，元气进一步大伤。美国尽管在"二战"中付出沉重代价，但由于本土未曾遭战火波及，损失在战胜国中相对较小。美国借着其经济和军事力量，成为世界头号大国，与苏联平起平坐，并引发了"冷战"。美国为阻止苏联和共产势力扩张，毅然介入越战。1989年东欧许多共产政权相继倒台，东德与西德统一。而苏联也于1991年戏剧性地崩溃。冷战时代就此结束。

　　美国在苏联解体后成为了世界上唯一的超级大国。实力之强横，使美国在国际上有着超然无比的地位。美国这时在海外依旧进行着各种军事行动：1991年海湾战争美国成功战胜伊拉克，并对伊拉克实行经济制裁。2001年9月11日，美国遭遇"9·11"事件，由本·拉登策划的恐怖活动袭击了纽约世界贸易中心和华盛顿五角大楼。作为回应，美国总统布什下令军队进入阿富汗并推翻了庇护本·拉登的极端势力——塔利班政权。2003年，布什以反恐为名，推翻伊拉克独裁政府并抓捕了萨达姆。

　　1992年克林顿上台后，得益于数字革命和互联网带来的巨大机遇，美国经济迎来了其历史上持续时间最长的增长。反映科技股的纳斯达克指数一度升上历史高位，最后在2001年崩溃；2008年的次贷危机风暴导致美国再次陷入经济衰退的危机之中，同时，由于次贷风暴造成的信用危机使美国多家大型金融从业机构破产或被政府接管，受此影响爆发2008年环球股灾，引发新一轮的全球性金融危机。

迎着 2008 年全球金融危机的紧迫时刻，奥巴马当选新一届美国总统，其上任的口号就是"美国需要一次改变"。奥巴马的大部分政策是围绕先拯救金融企业的流动性危机，发行 7870 亿美元的经济刺激计划，房地产刺激计划等。可以说，奥巴马的第一个四年任期是帮助美国走出金融危机泥潭，也是在那一年，开启了全球央行大宽松的新常态。但也有评论称，奥巴马的内政改革多集中在社会方面，在经济和政治上其实不够深入。美国人民的利益财富问题似乎没有很大的改变，甚至更加糟糕，留下了一些不圆满的问题。

于是，特朗普的贸易保护主义的税制改革在 2017 年获得通过。对个人而言，税制改革可能包括比较重要的减免所得税和取消遗产税。对企业而言，降低企业税率很有可能使其海外利润转回国内。债券市场的收益率走高，更多的支出加上更低的税收，这将导致更大的预算赤字、政府债券供应增加以及通胀预期的潜在上行压力。

2.1.1　自由企业与民主政治

（1）自由企业

美国人宣扬一种自由企业和资本主义体系的信仰，理想情况是所有的产品都被私有化。然而，奥巴马执政时期的数据却显示出相反的情况（特别是 2008 年金融危机后的国有化情景更是如此）。美国社会中公共产品部分占有很大的比重，比德国和英格兰的情况还要多。美国经济是基于资本主义的，却拥有着混合经济或者一种介于私有和公有成分之间的特征。

美国的收入分配体系造就了一大批中产阶级。这就意味着对产品来说有一个相对巨大的市场潜力，并且从历史上来说，是这个巨大的市场将美国推向了一个相对封闭的经济。因此，大多数美国企业都是很大程度上以国内市场为导向的，而这种情况却导致了严重的经济后果（2008 年金融危机的主要原因之一）。

一个高度发达的银行体系支撑着美国的经济，这些金融机构包括跨国的、区域的以及地方的央行，某些跨国银行非常庞大。近些年来，银行业已历经了重大变化，一个最直接的变革是跨州银行业的进程。现在，银行已经可以收购其他州的银行。这种情况导致了某些大型金融中心和区域银行疯狂的兼并和收购行为。

反垄断法案对美国商业产生了极其深远的影响。**舍曼法案通过防止少数公司间的行业集中而鼓励了市场力量间的自由互动和竞争。**反垄断立法对一些大行业中的破产负责（如石油工业）。联邦政府的反垄断行动会挫伤公司并购的积极性，因为它要求有兼并意向的公司解散。早期，这个法案有效地控制了贸易联盟运动的扩张。反垄断法是政府干预和控制商业活动的最有争议的事例之一。

美国主要采用两种财政政策，包括联邦财政预算赤字和收支平衡问题。尽管美国政府很强调财政预算平衡的重要性，但实际上的结果却恰恰相反。第二次世界大战后的几年里，美国的国际收支平衡处于一个很有利的位置。在很多情况下，美国都是全球最大的债权国。但这种情况在最近的几年里被扭转了，导致其国家收支处于一个相对较差的境地。如果这种趋势继续下去，美国很有可能成为世界上最大的债务国。除了美元持续疲软之外，国际收支赤字也在不断增加。

（2）民主政治

在推翻英王室的统治后，这个新国家起草了**一部旨在保障人人平等的宪法**。它不仅使这个自力更生的民族因此确保了自身的自由，而且最终推动了黑奴解放运动。这部宪法不是从旧宪法经年累月演变而来的，而是经各方讨论及承认后才最终形成的，因此它属于成文宪法。然后，美国用了两个世纪以上的时间进行不断的争讼，以维护宪法赋予公民的一切权利。

美国的地方主义可归纳为以下四点（王全忠，2008）：①各州有立法权，因此，美国各州出现不相同的婚姻法、交通法、税收法等。②各州、市、县以及村镇的政府一律由当地居民选举产生，不由任何行政机构或首脑任命，仅对当地居民负责，不隶属于联邦政府或任何其他政府。③各级地方政府均可有独立的税收，从而有相对的财政独立。④各级地方政府自行招聘武装警察，以维持治安。招聘的武装警察仅听命于其地方政府，而不隶属于任何其他警察系统。

如果自由企业体系继续维持，美国人认为经济的公、私部门必须分开，这种想法得到了美国政府和商界人士的一致认可。在政治和意识方面，公、私部门的分离也得到了政党和大众的支持。有时，通过制定特殊的行业规则或行业必须遵守的行政行为，联邦政府会介入私人部门的事务。国会建立了各种各样的联邦管理机构，以此增强国会推行立法的力度。这样的管理机构包括联邦沟通委员会、联邦贸易委员会和联邦药物管理局等。比如，职业安全与卫生管理局会要求公司进行特定的职业安全与卫生规范，未达标的公司会受到罚款或被要求停止不安全的生产操作。意料之中的是，商业人士是相当反感政府干预的。政府和商务之间形成了一种对抗的关系。

美国有两大政党：共和党和民主党。民主党一般是对商业利益持敌对态度的，而共和党则相反。但无论哪一个政党当权，政府与商业之间都会存在一种对立。当共和党控制着国会或占据总统席位时，政府对于私人企业的敌意会降低一些，但并没有消除；当民主党人执政时，政府与商业之间的对抗会加剧。学者和商业领袖已指出，存在于商业和政府间的对抗，是美国经济曾经在国内和海外竞争中敌不过日本的一个重要原因（Nath，1988）。

美国公司曾一度避免积极地参与政治活动。然而，这种情况正在改变。产业利益组织和美国工会运动开始组建旨在影响政治过程的政治行动委员会。这些委员会将为那些能给自身带来利益的国会和州立法部的候选人提供财务支持。美国公司特殊工业利益集团建立了"游说团"，去影响国会议员，让他们为游说团代表的特殊利益投赞成票。如今，在联邦和州立法的过程中存有大量的公众利益，而政治行动委员会也会设法扩大其影响力。美国的商业在政治合理法体系的形成中的作用日益增加。美国是一个典型的由精英层主导的国家，而精英大都又是形形色色举足轻重的集团首脑或国家机构中核心职位的占据者，尤其是那些巨型商业集团的领导者。产生于经济学界的"寻租"理论指出，"美国政府是利益集团的俘虏"（张宇燕，2015）。

在美国企业治理结构方面，**美国的公司机关构造只有股东会和董事会，没有监事会之类的专门监督机构的设置，而是由董事会承担监督职能**。也由于美国公开公司的股权非常分散，以至于没有一个股东能够对公司进行有效的控制，因此才导致内部人控制问题，独立董事制度正是针对这一问题而建立的，希望通过对董事会这一内部机构的适当外部化，引入外部的独立董事对内部人形成一定的监督制约力量。**美国企业的这一制度设计，沿袭了英国人的做法（相对而言，德国只有监事会，无独立董事；中国上市公司设独立董事，国有企业设监事会）**。英国法人治理机构也是一元制委员会模式，该模式没有独立的监事会，治理机关中仅包含股东会、董事会。为了达到监督的效果，这一模式要求公司必须聘请独立的会计师，来对公司财务进行监督审计。英国的非执行董事更多是作为公司的顾问，而不是起监督和约束的功能。

2.1.2　盎格鲁—萨克逊裔民族性格

美国是西方文化的代表。原来的印第安原住民以狩猎为生，因有能力的个人单纯狩猎会比群体狩猎有更多的收获，所以很少有集体行动。**狩猎民族具有两个明显特征**（赵曙明，1995）：一是流动性，为了寻找更多的猎物，不能长期定居在某一个地方；二是个人主义，依个人能力的大小决定其收获。这两大特征后来又得到延续和加强。自第一批英国清教徒移居北美，创建他们理想中的自由家园，这里就成为一个移民的国家。各国移民所带来的各国文化以个体的方式加入美国社会，经过高度选择性的继承和融合，形成鲜明而稳定的民族文化和民族性格。富有冒险精神的移民单身或举家迁徙到美国，有强烈的创业致富的动机，为不断地开拓新领域及寻找更好的工作、更大的机会而流动。由于人们之间缺乏血缘关系，缺乏可依赖的群体，因而崇尚个人主义、个人至上。

美国文化源于"盎格鲁—萨克逊"传统，以盎格鲁—萨克逊白人文化为主体，即所谓 WASP（White Anglo-Saxon Protestant）价值观，其源头是大英帝国文明。美国、英国都是以盎格鲁—萨克逊人为主的国家。除了英国人的"绅士风度"与美国人的"落落大方"差异外，盎格鲁—萨克逊民族共同拥有如下特征：

（1）征服欲望强。从日不落帝国到现在的美国都是全球的霸主。美国成立时的 13 个州，本是英国殖民地。尔后，通过接管纳入美国版图的其他各州也是欧洲列强殖民地。以后，美国为了称霸世界，出兵世界各地，建立军事基地 500 多个，并以美国式社会推向世界，也是一种十足的殖民地心态的表现。

（2）积极向上，决不退缩，喜探未知领域，富有冒险、竞争和创新精神。这两个国家创新的东西都很多，世界潮流是由它们引领的。"二战"时期整个欧洲都快被希特勒占领了，英国还在做顽强的抵抗。美国人的格言是"不冒险就不会有大的成功，胆小鬼永远不会有大作为"（钱满素，2004）。从首批来自新教伦理与资本主义精神发祥地英国移民踏上北美大陆，到美利坚合众国成立这一个半世纪里，北美险恶的自然条件、丰富的资源等待着开发利用，更培育了美国人顽强拼搏、艰苦奋斗、开拓进取、敢于冒险、勇于胜利的创新精神。

（3）重视个人的思想、自由和权利。美国是一个崇尚自由的国家。北美殖民地历史的一个重要的特征就是封建秩序从来没有在那里存在过，在美利坚民族的形成过程中，许多从欧洲大陆来的移民把资产阶级自由思想带到了美洲。新大陆的自由空气以及大自然的艰苦环境陶冶了美利坚民族的民族性：热爱自由、珍惜自由、崇尚自由。在美国，对人的自由，除法律可以明文规定加以限制，并由执法机关及其人员执行限制外，任何机关或个人不得非法剥夺或限制他人的自由。

（4）思维严谨、缜密，办事总是依靠法律法规。思维模式指的是人们的思维习惯、思维程序、推理的方式和解决问题的途径等。欧美人是典型的"直线思维"方式，即是一种逻辑思维，它是分析性的定量思维。这种人的思维直接切入主题，开门见山，不绕圈子。由此，英美诞生了大量的科学家，得益于美国的制度和机制，美国更是高新科技的领航者。英美的普通法系制度很完善，英国是世界上最早拥有较完善法律的国家。

2.1.3　实用主义的美国精神

基于美国文明发展最深层的印第安及盎格鲁—萨克逊裔民族性格的河水本质，以及自由企业、民主政治的显性积雪特征，终于冰冻形成了介于其间的若隐若现的实用主义的美国精神。

美国人在成功地创造了一个新大陆的同时，建构了其独特的充满生机的美国文化，其中渗透着创业者的锐意进取、乐观向上和注重实效的精神，这就是"**美国精神**"。**杜威的"实用主义"作为美国工业社会的竞争哲学正是美国精神的升华和提炼。**以行动求生存，以效果定优劣，以进取求发展，这是实用主义哲学体系中的积极内容，也是当代美国社会的主要价值取向和人生信念，它深刻影响了当代美国人的价值观。产生于 19 世纪末、脱胎于美国精神并进而成为其本质的实用主义哲学，具有显著的独特性。具体说来包括以下几个方面：

（1）立足现实，积极行动。实用主义是一种行动哲学，其英文原名为 Pragmatism，源于希腊文 Pragma，原意就是行为、行动。实用主义者特别强调实践、行动对人类生存的决定性的意义。实用主义者甚至把自己的哲学称为"实践哲学""行动哲学"和"生活哲学"。

（2）注重目的，讲求实效。实用主义是一种效用哲学。实用主义认为，实效性原则是人们行动的最大有效性原则，它标志着人类行动的意义。人恰恰通过行动赋予事物以意义，同时人生的意义也在于通过行动所造成的世界和人类自身的实际变化。因此，人之行动绝非无效果的行动，其目的在于获得对人生有意义的最好的效果和实利，而哲学的价值恰恰在于它能否引导人们获得行动的实效。这是实用主义区别于其他哲学的一个重要标志。"有用就是真理"，这是实用主义的实效性原则的最高表现。杜威进一步发挥了詹姆斯的真理观，提出了"工具主义"真理观。他认为，思想观念和理论只不过是人们为达到某种目的而设计的工具，"它们是工具，和工具一样，它们的价值不在于它们本身，而在于它们所能造就的结果中显现出来的功效"（杜威，1958）。

（3）崇尚进取，重在开拓。实用主义坚决反对机械决定论，反对存在永恒不变的宇宙秩序，认为世界上不存在唯一版本的绝对真理。既然在现实生活中不存在人们赖以行动的永恒秩序和绝对的真理，那么人的一切行为都只能是一场冒险和赌博。现实中每个人都有均等的自由生活和追求幸福的权利和机会，抓住它们并努力实现则是人类生存的关键。为此必然导致残酷的生存竞争，而优胜劣汰、弱肉强食乃现实人生的法则。所以，人要生存，就要勇敢地开拓进取，在探索中寻求人生之路，因为人生之路是多种多样的，关键在于个人的选择、求索、奋斗和开拓。这是实用主义的人生信条，从一个方面深刻反映了资本主义发展中的残酷的社会现实。

实用主义在美国不仅是职业哲学家的哲学，而且是美国人的哲学。由于美国没有悠久灿烂的古老文化，因此文化的创造只有在北美大陆的开发过程中才能出现。而要开发这片富庶的处女地，就必须打破一切的条条框框，服从于实际问题的解决，在这种历史背景下，美利坚民族形成了实用主义的哲学观。他们坚信，"有用、有效、有利就是真理"。在实用主义哲学观念影响下的美国人不喜欢正规的、哲学抽象的、概念游戏的思辨哲学，不喜欢形而上学的哲学思考。在美国人眼里，有用就是真理，成功就是真理。他们立足于现实生活和经验，把确定信念当作出发点，把采取行动当作主要手段，把获得效果当作最高目的，一切为了效益和成功。

2.2　美国管理模式之冰河模型

综上所述，图2-1左半部分提供了一个关于**美国文明**的概念模型：美国文明主要受西欧文明，尤其英国殖民的影响。美国文明发展最深层结构为源于盎格鲁—萨克逊裔民族的个人主义、自由平等、冒险竞争和创新等方面的民族性格；显性特征体现为"自由企业"与"民主政治"；介于其间的若隐若现的层次为美国的"实用主义"的价值标准与美国精神。

基于此，**基于美国文明的美国管理模式**如图2-1右半部分括号内文字所示：**显性控制层中体现的是对"短期利润优先"的关注；若隐若现的组织层隐藏的是美国式的组织"硬管理"；隐性企划层深处体现的是以创新与创业为核心的企业家精神。美国领导者的人格特征体现为"个人英雄主义"**（航船中的文字所标示）。

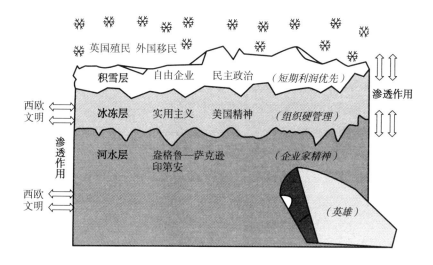

图 2-1　基于美国文明的美国管理之冰河模型

2.2.1　企业家精神

美国文化是物质性的，他们认为生活舒适是理所当然的人生追求，并且怀着优越感看待那些生活水准不如他们的人。当美国人谈论一个人的价值时，主要指物质价值，而且除开这个通常标准外，他不管什么别的标准。由于基督新教价值观的影响，美利坚民族至今仍以赚钱多少作为评价一个人社会地位高低的重要依据，仍然以赚钱聚财为荣。**"商业理念"是理解美国行为根源的基本维度**（张宇燕，2015）。在美国社会里，人们向上进取的精神是炽热的。许多人都在拼命地工作，不惜付出自己的一切辛苦与智慧来谋求事业上的发展。通过个人奋斗取得成功，从低贱者变成大富翁几乎成了美国式的信条。民主自由的环境为才能和幸运开辟了道路，因此出身对美国人不起任何作用。美国人相信这样的格言："一个人富裕到什么程度，就表明他的才能实现到了什么程度。"（钱满素，2004）因为在机会均等的条件下，人的才能决定富裕的程度。所以美国人一般不羡慕他人的财富，而喜欢赞美富翁的才能。**在这种价值观念支配下的美国社会，"企业家"普遍受到尊敬**；人人都想办企业发家致富，人人都想个人"创业"。

美国人认为，他们的国家虽没有灿烂的过去，但由于具有创新精神，因而他们拥有光明的未来。所以美国人勇于向传统和权威挑战，勇于向已有的一切挑战，"我与专家、权威、传统平等"，这是美国人的性格（钱满素，2004）。这种性格在工商业中的具体体现就是**"企业家精神"**，即捕捉机会，组织资源要素，创建新企业，提供就业岗位，实现创业目标。这个过程既有风险，也有诱人的利润。

美国的商业体系是一个覆盖到 480 万个大到通用汽车小到年销售额不足 5 万美元的企业的体系。提到美国的商业常会想到巨型企业。虽然这些企业占了美国经济的很大部分，但它们决不能代表美国商业的全体。现在注意力逐渐集中到更小的、刚创业的，有更高增长率和创新潜力的企业上。新兴企业越来越多。以创新、创业为核心的企业家精神直接触动了小企业的萌生，大公司也在试着利用在小公司形成的创新氛围。例如，IBM 曾在佛罗里达设立了一个完全独立的部门，它的职责是开发 IBM 的个人电脑。Naisbitt 和 Aburdence 引用了 IBM 的 CEO John Akers 的话来描述 IBM 所谓的"内企业家"（intrapreneurship）的一个方面（Warner，2002）。

从文化学的角度考察，北美在一定程度上曾经是一片文化真空，闯入这片真空的，不是有组织的文化单位，而是一批对于传统制度已失去好感的"亡命者"。他们的头脑为叛逆精神所主宰，身上绝少有传统思想的保守性，即便有，也没有发挥的土壤，因为险峻的环境迫使他们只能确立与传统不同的生活方式，这种"冒险精神"成了美国人民的传统。**他们把冒险探求新大陆看作寻求生活的机遇**。这种冒险精神一直渗透到美国人民生活的各个方面。

在硝烟弥漫的商战中，美国人勇敢地开拓创新，从各个方面体现了这种民族冒险精神。基于此，美国人特别强调**"创新精神"**，他们认为机会到处都有，主要在于主动发现和利用。除法律外，美国人认为一切传统和先例都是创新的障碍，他们乐于向传统和先例挑战。由于美国不像中国、印度、英国等有着悠久而灿烂的文明，受实用主义的影响，美国人在接受新思想、新技术时很少先去考察这些东西是否符合某位专家、权威的理论，然后再引经据典加以注释和考证，以决定是否采用。

2.2.2   组织"硬管理"

受实用主义的影响，美国企业非常注重经营目标、组织结构和规章制度。此三方面正是"Z 理论"创立者称之为**"硬管理"**的三要素（Ouchi，1981）。企业内部崇尚权责分明，股东、经理、管理者和工人有着严格的界限。企业与员工之间、职工与职工之间的关系主要是一种单纯的工作关系，彼此缺乏较深的亲密感。企业与企业、企业与人、人与人之间发生矛盾和冲突，习惯通过法律来解决。企业管理者重视管理制度、技术标准和技术知识，强调对事、对物管理的标准化和程序化，保证每个人在规定的范围内有充分的独立思考和独立选择的权利，依次来保证企业组织结构的有序运作。

20 世纪，美国的管理特色主要是可辨别的组织机构设计和管理过程。组织机构设计主要和官僚主义特色以及部门化、控制跨度、权力下放概念相关，而管理过程涉及决策、沟通和控制的职能。它们通常有以下五种形式：职能式、生产式、区域式、矩阵式、网络型。

许多年以来，在美国管理中，组织设计和管理过程扮演了重要的角色。"二战"结束之后，北美的管理模式引起了极大的注目，在很多方面为全世界树立了榜样，从复印机、计算机到工业设备、运输工具，北美的跨国公司在许多工业领域中占据了国际市场。然而，到 20 世纪 70 年代，优势开始消失。到了 80 年代初期开始发生了巨大的变化，北美的管理组织受到了前所未有的挑战。古典管理方法发生了巨大的改变，产生了一些全新的管理思想和行动。授权、不断改进、重构工程、裁员、高级信息技术和全面质量管理在 20 世纪 80 年代对北美的管理发展产生了巨大影响。北美的管理者认识到他们需要进行大刀阔斧的改革，他们及时地实行了改革，包括使用先进的信息技术、全面质量管理以及工业过程的重构。美国的管理者认识到要处于领先地位必须发展**"学习型组织"**。为了保持他们"世界级组织"的地位，必须变革管理模式，而不仅仅是被动反应。

2.2.3　"短期利润优先"原则

美国是一个崇尚实用主义的国家，追求利益最大化、组织效率和产量。许多管理者采用的传统方法中存在的更多问题是由于过于强调所谓的理性的决策制定技巧引起的。

由于管理者的工作成绩考核和奖金发放都与每季度业绩数字联系在一起，管理者容易只注重短期利益。当他们想方设法将每个季度的利润最大化的时候，他们也就因为断断续续的回报而推迟中长期的投资。在这种情况下，在研发、预防性维护和人力资源发展方面的投资就会变得更少，因为这类投资的回报往往要等很久才能实现，在那个时候管理者可能已经晋升到组织的别处，而留下的问题却由其他的人来接手。

美国社会的"向钱看"，要比任何其他社会更加彻底。所以，美国人大都具有唯利是图的气质或遗传基因，却无可置疑。"钱"为一生至关重要的概念，美国人早在童稚之年就已接受为理所当然。替邻居看孩子、替邻居剪草或者在家洗碗、扫地、照看弟妹等，都不是义务劳动，而是有报酬的生意。高中学生，课余十之八九在快餐厅、电影院、超级市场等打临工，正式加入劳工市场。这些孩子之所以如此挣钱，并非家境困难，而是出于挣钱的强烈欲望。这欲望从何而来？来自社会的习俗。左邻右舍的小孩都如此，为何我独不然？这就是社会习俗的作用。

2.3　美国式领导形象：英雄

在个人主义盛行、提倡个人奋斗的环境中，美国企业对英雄的崇拜，必然造成权威主义，即领导人都喜欢运用权力影响而造成职工对其崇敬、顺从、畏惧的心理，努力在职工中树立自己的英雄形象。他们总是力图掌握更大的权力，充分利用自己的权力影响，企业的许多重大决策问题往往由董事长或总经理一个人（或少数几个人）决断。近年来，虽然也提倡集体决策、智囊团决策与民主管理，但领导人的权力中心还是相当牢固的。

在美国，政府首脑一经产生，其权力往往高于专制体制的元首所拥有的权力。往往是"一言堂"，而绝不是集体领导，政府各部门的领导都由总统一手挑选，用不着在党内党外寻找势力平衡。美国企业，一概也为彻底独裁。小企业多为一人独有，业主掌握一切大权自不在话下。美国的大企业主，亦是集大小权力在手。

在美国企业掌管权力的是职业经理人。职业化管理源于美国并推向北美和全世界。美国大学的商业教育是从 1881 年宾夕法尼亚沃顿（Wharton）商学院开始的，即美国工业化开始后 21 年。原因很明确，他们认为，驾驭美国商业的人才应该"职业化"。以后达特茅斯（Dartmouth）首先试验了商科硕士，1908 年，哈佛工商管理研究生院成立，同时开设了 MBA 课程。1931 年，斯隆在麻省理工学院创立了斯隆管理学院，开始尝试对中级管理者进行为期 12 个月的管理综合培训，它的目标非常明确，把专业人才培养成首席执行官（CEO），或者提拔中级管理者直接进入顶层。

2.4 加拿大与美国管理模式的异同

加拿大与美国，同属北美管理范畴，其管理很相像：都是一个崇尚实用主义的国家，追求利益最大化、组织效率和产量；都是个人主义和以行动为导向的，拥有很高的对风险的容忍程度和较低的不确定性避免力；着重于个人的自我实现、领导力和财富，对成功的需求强烈；强调民主，拥有较小的权力距离；男性主义的分值适中，崇尚宽容。北美人信仰自我决断力，将决策定位于精确的数据上，注重计划。由于个人对自己的付出负责，因此报酬取决于他们的功与过。

但是，**加拿大管理同美国管理还是存有细微差别。这种差别由加拿大的制度文明造成**。在西欧人到来之前，在加拿大每个地区都有原住民。加拿大的原住民是印第安人和爱斯基摩人。他们发展了其独特的文化。在中部平原地区常几家合伙以狩猎野牛为主，经常逐野生动物而居；西部沿海地区的印第安人以捕鱼为主，建有永久性村庄。欧洲探险者在 15 ~ 16 世纪首次到达北美，但直至 17 世纪才有人移居今加拿大境内。法国人和英国人是两个最早大规模移入的民族。其后两国展开激烈争夺。1673 年，加拿大沦为英国殖民地。1869 年，英国放弃对这块殖民地的主权，加拿大独立立国。19 世纪晚期和 20 世纪初，广告宣传使很多欧洲人移入加拿大。一部分住在城市，还有许多是作为工厂、开矿、伐木的劳工移入。除欧洲移民外，18 ~ 19 世纪还有一些黑人作为奴隶移入，奴隶制在加拿大结束后，一些黑人为了逃避美国奴隶制而迁移到加拿大。与此同时，亚洲人也逐渐移入。许多中国人和日本人定居在卑斯省（British Columbia）和加拿大西部其他地区。目前，加拿大有来自世界 200 个不同国家的移民。但每四个加拿大人中还是有一个具有英裔或法裔背景。加拿大管理同美国管理的差别只是程度上的而非本质上的（Warner，2002），体现在以下方面（见图 2-2）。

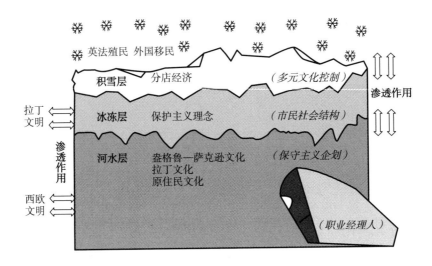

图 2-2　基于加拿大文明的加拿大管理之冰河模型

2.4.1　非熔炉式的多元管理文化

美国横跨整个北美洲大陆，其境内的管理风格很难一言道尽。美国曾被称为种族及国籍的世界**"大熔炉"**（melting pot，不同族裔的人们离弃了他们出生地的文化而接受了新国家的文化），从北到南、由东到西的管理风格自然各有不同，而且特色鲜明、各有千秋。植根于这片广袤大地上的"新世界"可谓机会遍地，不过，传统的盎格鲁—萨克逊文化仍是这个国家社会的主流文化。

但是，**加拿大没有美国式"大熔炉"的传统，移民往往保留了他们出生地文化的重要特征。**加拿大人理解加拿大是一个有着许多不同文化的土地，这主要是因为加拿大是由许多不同民族的人组成。加拿大被称为**"移民的国家"**（nation of immigrants），因为除原住民外，所有人都是外来移民。加拿大是一个多元文化的社会，政府鼓励多元文化的并存和发展，在加拿大有很多专为华人服务的团体和机构，不少机构还得到政府的资助，例如，专为新移民进行英语培训的ESL机构、中侨互助会等。新移民可以保持他们家乡的文化、传统和语言。在加拿大，特别是居住在温哥华或多伦多，华人社区的活动是丰富多彩的，在异国他乡仍可享有本族的文化传统。

加拿大的地理特征和文化风格都相当独特，既属于美式作风，也蕴含英国传统。在这同一片土地上，两种格格不入的文化——"盎格鲁—萨克逊文化"和

"拉丁文化"并存。加拿大分为以盎格鲁—萨克逊人为主导的安大略省和以法国人为主导的魁北克省，前者的中心城市是多伦多，后者的首府则在蒙特利尔。虽然盎格鲁—萨克逊裔的加拿大人是盎格鲁—萨克逊人中最温柔体贴、成就动机最低（相对阴柔）的一个群体，但法国文化的阴柔更胜一筹。不过，特质全然不同的盎格鲁—萨克逊文化和法兰西文化在一个国家并存，本身是一件很别扭的事。英格兰和法国之间尚有一条海峡隔水遥望，而加拿大境内的英语区及法语区却直面相对，没有一点缓冲。

具体到管理上，**加拿大境内的英语区和法语区的风格不仅没有相融的趋向，反而各自向母体文化靠拢**。相对来说，讲法语的拉丁民族在管理风格上比较欠缺竞争性及焦点，生活以家庭和朋友至上，工作被视为一种手段而非目的，所以不必分秒必争，守时与否也不那么重要。当然，用一定的规范来维持秩序仍是必要的。如果法语区的人就任英语区的执行官之类的职务（这种情形并不多见），他多半会让其他经理的情绪大受影响。他的办公室会突然发出大量的备忘录以及政策说明，管理会议上火药味十足，开会和散会都极不准时。原来凡事以口说为凭，而且时间观念极强的盎格鲁—萨克逊裔加拿大经理，会因此感到烦躁不安。他们只是希望获得发展自己事业的公平机会，其他别无多求。而与之相反，只要在福利及未来生活方面有一定保障，讲法语的加拿大经理能接受更正式的权威。

2.4.2　保守主义规划理念

加拿大是一个奇特的国家，人口远远少于英国和美国，占地面积却比美国还要大。加拿大人主要居住在美国以北的狭长"走廊"里。这条"走廊"的长度达6000多千米以上，相当于大西洋海岸到太平洋海岸的漫长距离。加拿大接受了美国最多的投资（实际上高双边投资），**加拿大人常常觉得自己的国家颇似"分店经济体"**，境内的大部分工商活动由美国企业的分支机构进行。美国是加拿大的经济强邻，两者之间拥有世界上最密切的贸易关系。

长期以来，加拿大还是一个"劈柴挑水"的国家，农业、矿业和渔业支配着加拿大经济。国内制造业保持着较小的规模，保护主义在很长一段时间内都有强大的支持者。**加拿大的文化被看作更加关注平等公平，特别是它关于法律、秩序和公平方面的社会责任**。对工作和经济领域的可再生和非再生资源的重视，导致了加拿大长期以来的环境保护运动。在所有的西方国家中，加拿大拥有大概最强有力的环保立法。

2.4.3　市民社会结构（civil society）

保护主义和国家干预的传统意味着加拿大政府和产业之间的联系要比美国更加密切。加拿大人反感暴力，偏好通过理性和外交的途径来解决问题。加拿大企业也是如此。对市民社会的强调并不意味着加拿大人必然欢迎政府对他们的生活进行干预，但是他们要比美国人更能容忍此类行为（Warner，2002）**相对美国，社会福利较好，生活安逸。**

2.4.4　职业经理人

受美国影响，加拿大奉行职业经理人制度。职业经理人起源于美国。1841年，因为两列客车相撞，美国人意识到铁路企业的业主没有能力管理好这种现代企业，应该选择有管理才能的人来担任企业的管理者，世界上第一个经理人就这样诞生了。

所谓**职业经理人**，是指在一个所有权、法人财产权和经营权分离的企业中承担法人财产的保值增值责任，全面负责企业经营管理，对法人财产拥有绝对经营权和管理权，由企业在职业经理人市场（包括社会职业经理人市场和企业内部职业经理人市场）中聘任，而其自身以受薪、股票期权等为获得报酬主要方式的职业化企业经营管理专家。职业经理人虽然是受薪阶层，但作为企业重要的管理者，所获薪酬相当高，在北美的一些大企业高级职业经理层的平均收入已经达到了普通员工平均水平的100多倍，因而有"金领"之称。

由此可见，**相对美国式管理，加拿大显示出更多的多元文化控制特色、政府与企业相关联的组织方式以及保守主义的企划理念。**另外，在美国与加拿大的领导者人格特征方面，均显示出企业家精神与职业经理人的共同特质。而且，为了成功地迈向21世纪，特别需要指出的是，美国和加拿大的管理正试图朝着所谓"学习型和世界级组织"的方向发展（Warner，2002）。

2.5　案例研究：美国通用电气的管理模式

1878年，爱迪生（Thomas Alva Edison）在摩根（J. P. Morgan）的资助下，

成立了爱迪生通用电气照明公司（General Electric，GE），从那时起，GE 就一直是世界上最成功、市值最高（世界股票市场评估）且最引人注目的公司。**到 2018 年 6 月为止，GE 成了在道琼斯指数成份股原始名单中唯一从道琼斯创立 100 年来一直保留在其名单内的一个公司。**长久以来，GE 的经营实践的持续发展，一直被世人公认为重要且有影响力。

2.5.1　GE 的英雄：20 世纪最杰出的 CEO——韦尔奇

纵观 GE 公司历史上的 10 几个首席执行官，每个人都曾为该公司和它的发展做出过重要贡献（见表 2 - 1）。**而且前 10 个都是在企业内部产生的。**他们每个人都有明显不同的背景，这对公司几年来的持续复兴有着显著和重要的作用。其中，杰克·韦尔奇（Jack Welch Jr.）于 1981 ~ 2001 年担任通用电气的第八任执行长期间，将公司的营业额提升到了 1400 多亿美元，有"中子弹杰克"（Neutron Jack）之称。

表 2 - 1　GE 历届 CEO 的贡献

GE 的领导	主要管理措施	新产品/服务	成果（百万美元/人）
1. Thomas Alva Edison（1878）	建立 Edison 电气照明公司	第一批白炽灯泡（1880）	1892 年 销售额：11.7 净收益：2.9 雇佣员工：4000
2. Charles A. Coffin（1892）	把公司业务扩展到所有电器；通过专利权、联盟寻找市场优势，形成 GE 公司（1892）；注重在阶段性的财务危机中保持公司清偿能力；创建了直线职能制组织；开始执行养老金计划（1912）	第一批电机车、电风扇、电烤面包机、电冰箱、电炉灶、电汽轮机机车、X 射线管	1900 年 销售额：28.8 净收益：6.9 雇佣员工：12000 1910 年 销售额：71.5 净收益：10.9 雇佣员工：36200
3. Oven D. Young 和 Gerard Swope（1922 ~ 1939，1942 ~ 1945）	产品广泛多样化，包括家电产品和发电设备；扩大广告、市场分销和服务组织；强调对多种群体责任平衡，特别是员工群体（"各群体合作"主义）	三相电灯、洗碗机、第一批荧光灯、塑料制品、收音机和电视机广播、电气用具的融资、第一批空调	1920 年 销售额：318.5 净收益：35.4 雇佣员工：82000

续表

GE 的领导	主要管理措施	新产品/服务	成果（百万美元/人）
4. Philip D. Rccd 和 Charles E. Wilson（1939，1945~1950）"二战"时停止营业	强调关于工联主义的"管理最了解"的政策，发展国际销售	第一批喷气式飞机引擎、自动洗衣机、核电站、热塑塑料、工业用金刚钻、喷雾和干烫电熨斗	1930 年 销售额：376.2 净收益：60.5 雇佣员工：78400 1940 年 销售额：411.9 净收益：56.2 雇佣员工：76300
5. Ralph J. Lordiner（1950）	强调新市场、业务发展、迅速多样化、可互换位置的管理者、分权；建立 Crotonville 管理学院	LEXAN 塑料产品、气象卫星	1950 年 销售额：2233.8 净收益：179.7 雇佣员工：206000
6. Fred J. Borch（1963）	发展了公司战略计划；引入战略事业部（SBU's）	喷气机的商业化、带有冷冻室的电冰箱	1960 年 销售额：4195.5 净收益：200.1 雇佣员工：250600
7. Reginald H. Jones（1972）	强调有力的财务控制和资本预算；在组织中引入部门，发展国际销售，发展企业和政府间的对话	雷达高度计、卫星海洋制图、医用 CT 扫描仪、潜水艇核反应器	1970 年 销售额：8762.7 净收益：328.5 雇佣员工：396000
8. John F. Welch Jr.（1981）	强调必须成为行业数一数二的公司，整顿、关闭或卖掉业务；提倡量的变化，组织规模缩减/层次减少，扩展研究开发，强调雇员在意识构造方面的主人翁意识；重新塑造总部在公司引擎中的地位，宣传大型化的益处（"一体化的多元经营"），编制共同价值观；强调需要速度、简洁和自信；引入"无边界"，丰富奖励体制，实行"workout 管理"和"目标延伸"，强调全球化和 GE 业务向服务业转化	磁力共振器、XENBY 热塑塑料、节能灯泡、GE 公司的顾客服务回应部、计算机控制的机车、有线电视网、超强喷气推进器、VALOX 塑料松脂、高速 CT 扫描仪、金融服务	1975 年 销售额：14105.0 净收益：588.0 雇佣员工：380000 1980 年 销售额：24959.0 净收益：1514.0 雇佣员工：402000 1985 年 销售额：32624.0 净收益：2277.0 雇佣员工：299000 1995 年 销售额：70000.0 净收益：6600.0 雇佣员工：222000

续表

GE 的领导	主要管理措施	新产品/服务	成果（百万美元/人）
9. Jeffrey R. Immelt (2001)	2005 年开始的"绿色创想"（Ecom-agination）计划；2007 年剥离金融资产，重新聚焦工业，进行数字化转型	公司能源、环境和清洁水	2001 年 销售额：129853 净收益：12735 雇佣员工：341000
10. John Flannery (2017)	跟随数字比战略；重塑工业根基大力推动公司瘦身、重组	高科技产品	2015 年 销售额：140389 净收益：— 雇佣员工：333000
11. Lawrence Culp (2018)	分离医疗保健业务；摆脱债务负担		2018 年

韦尔奇出生于麻州皮巴第市（Peabody）的爱尔兰裔家庭。韦尔奇取得博士学位之后，进入通用电气在麻州皮茨菲尔德的塑胶部门担任工程师。1972 年升为该部门的副总，1977 年升为部门总经理，1979 年升为副董事长，1981 年升为第八任最高执行长，在 20 年的生涯后于 2001 年退休。

韦尔奇从担任执行长起，开始针对公司进行组织再造，他以**"三个圈圈"**（高科技、服务、核心）列出通用电气公司的留存事业，将其他绩效不好的事业部出售或关闭，包括成为通用电气传统的家电事业。因此，原有数百个事业，被缩减到不到 20 个。1996 年起，韦尔奇推动**"六标准差"**（6-Sigma），将产品的不良率降低到 3.4/1000000。他最受争议的改革，就是大幅裁员。公司员工人数由最高时的 41 万人，裁减到 23 万人，裁员率高达 40%。外号"中子弹杰克"的由来即因为韦尔奇的大幅裁员有如中子弹一样的特性——杀人而不伤一物。韦尔奇还将公司转变为**"学习型组织"**，将原有企业内的教育中心投入经费改造为克顿维尔（Crotonville）管理学院。企业内许多中高阶主管皆上过此学院学习。借由一连串的兴革，在韦尔奇 2001 年 9 月底退休时，公司的年营业额从上任前的 250 亿美元增长到 1400 亿美元，获利由 15 亿美元上升到 127 亿美元。

从通用电气退休后，韦尔奇马上接任克杜莱（Clayton, Dubilier and Rice）的合伙人，此投资公司的基金规模有 350 亿美元。他走访各国演讲，被《财富》（Fortune）杂志称为"20 世纪最佳经理人"，被《产业周刊》（Industry Week）称为"最令人尊敬的执行长"。

2.5.2　GE 的核心竞争力：业务管理系统流程

GE 精心构造了以一年为一个循环，以一季度为一个小单元的**"业务管理系统"**流程（见表 2-2）。这一系统有两大功能：第一，它构造了一个严密而有效的实施系统，保证总部制定的任何战略举措，都可以转化为实际行动；第二，它是一个开放的制度化平台，来自 GE 和各个业务集团的高层领导、执行经理和员工，都会在这样一个制度化平台上针对业务实施情况，对比差距，交流和分享成功的经验和措施。

表 2-2　GE 的业务管理系统

第一季度：全球运营经理大会（BOCA）：新举措和新战略的实施启动
1 月，召开由全球 600 个所有业务部门领导参加的"运营经理（operation - manager）会议"，会议主要讨论并通过各个业务领导送交的业务清单，宣布启动新一年的战略实施计划
2 月，公司上下全力实施新战略
3 月，公司召开执行官会议（35 位业务部门 CEO 和公司高层），这是每季度末都要召开的公司级业务质询会，第一季度的主要内容是检查顾客和市场反应，并检查实施战略所需的资源是否足够
第二季度：C 阶段：检查实施进度和效果
4 月，公司在互联网上对 11000 名员工进行一次不记名的"CEO 调查"，询问他们是否感受到重大举措的实施，他们的客户对此有什么反应，实施过程的资源支持状况，内部沟通是否通畅
5 月，GE 开始对所有业务领导和员工进行绩效考核，主要内容包括：①业绩。②对人才使用是否做到人尽其才？员工对目标承诺的程度如何？③对所有员工的表现进行打分（20% 优秀、70% 一般、10% 淘汰），并根据表现对经理进行提升、奖励或撤职
6 月召开的公司执行官会议，重点是总结战略实施中的优秀经验，质询实施过程中的领导能力，并总结客户对新战略实施过程的影响
第三季度：S1 战略规划阶段：提出新举措
S1 会议在 GE 也称为战略会议，这一会议的主题是分析经济环境、竞争环境，讨论总体的财务回报状况，提出新举措或新战略，并对实施中所需要的资源做出分析
S1 会议阶段从 7 月开始，8 月公司在各个业务层面开始非正式的思想交流，提倡创造性的建议和有针对性的方案
9 月的第三季度公司执行官会议，主要议题有三个：①提出优秀表现的标准；②学习其他公司的优秀经验；③总结重大实施措施中的优秀经验（所有业务范围内）并分析客户对实施过程的影响

续表

第四季度：S2 运营计划阶段：落实新举措

　　S2 会议阶段的主题是具体的业务运营计划，这一阶段从 10 月开始，GE 将会召开由全球 150 位经理参加的公司级经理会议，主要讨论三个问题：①下一年度运营计划的重点；②每个运营经理提出关键举措的成功之处；③所有业务部门的对话：我们在上一年的经验中得到哪些启示？

　　11 月，要求所有业务领导提出详细运营计划，包括希望达到的目标、每个业务部门的业务计划

　　12 月，这是年底的公司执行官会议，主要议题是为 1 月的运营经理会议制定实施日程，并通过各业务部提出的关键行动措施要点

　　如果把一个公司看作一部机器，把公司的所有业务流程用 1~12 月时间来编排，每个月应该做些什么，到哪个月应该达到什么效果，取得多少成绩，这就是业务管理系统。到 2001 年，GE 的全球化战略已经在这个运营系统中执行了 15 圈，取得的成果是 GE 利润从全球化运营不到 10% 上升到 40% 以上；六西格玛战略是第五圈，创造的利润近 20 亿美元；服务战略是第六圈，使 GE70% 的收入来自于服务；而电子商务是第三圈，GE 通过电子商务的交易额是 70 亿美元，而运营成本节约了 50%。通过这样一个运营管理系统，GE 能够将公司的战略思想在多达 30 多种业务中变成行动，GE 自豪地在自己的年报中说：因为 GE 拥有这样一个制度化的高效业务管理系统，GE 可以做到所有的重大战略举措一经提出，在一个月内就能够完全进入操作状态，而且总是可以在第一个循环就能在财务上获得很好的效果。

2.5.3　GE 创新：无边界与群策群力

　　全世界公认，韦尔奇所领导的 GE 公司是一个学习型组织。在克劳顿领导发展中心的课程安排中就有关于**"无边界"**（boundarylessness）的课程，积极地搜索世界各大公司的成功经验和有效方案：沃尔玛教会了 GE 称之为"市场情报速递"的直接顾客反馈技术；从东芝、克莱斯勒和惠普公司那里学到了新产品导入的方法；从美标、丰田等公司学到了先进的生产技术；曾在过去 10 年中创造了极为成功的以质量为中心的企业文化的摩托罗拉公司，也慷慨地与 GE 分享它的经验（6 个 σ）。"无边界"真正被付诸实践的方式还包括在合适的地方建立包括不同组织层次的工会代表、顾客、供应商和其他人在内的讨论会，即后来所称的**"群策群力"**（work out）——当场提出和解决问题：由 30~100 人组成的小组

（不穿外套，不戴领带，离开工作现场）被放在一起用3天时间来讨论问题，而且他们的老板都不在场。第3天，他们把建议给了老板，老板必须当场决定是拒绝还是接受这些建议，或者答应约定一个时间看看审查的建议。在马萨诸塞州（Lynn Massachusetts），GE的一家飞机发动机工厂的老总 Armand Lauzon 有过一次极端的经历。他收到108个建议，有100个他马上就接受了。在做这些事的时候，他的老板就站在他身后，只是 Lauzon 看不到他的反应。正是通过"Work out"，才使 GE 这艘航空母舰，虽具庞大规模，但又具小舟般的灵活，GE 的生命力无限。

"Work out 管理"开始时进展很慢，不但很少有自愿组织的会议，而且会议开始时大家都很安静，很多人不愿面对他人或上级。工会成员十分怀疑这个进程的有效性，有几次会议只是牢骚会而已，但是当会议的数量和质量被作为评估管理的因素之一后（韦尔奇最后威胁说，他会把阻碍这些会议的行为看作"威胁到你的职业的行为"），这一观念开始流行。一旦接受了这一观念，工会成员认为结果对他们是积极的。到1992年，超过20万 GE 雇员，以及顾客供应商和其他一些人都经历了这种会议，而每年只有1万经理参加在克劳顿的培训。

2.5.4　GE 绩效："第一第二"机制

GE 的"第一第二"战略，是典型的"短期利润优先"法则的体现，而且 GE 还将它制度化为长效机制。早在20世纪80年代早期韦尔奇领导通用电气公司进行了一场长期的结构改革，分为三个不同的阶段：简单化、综合化和自我更新（见图2-3）。

在**"简单化"**阶段，韦尔奇把重点放在提高公司每个部门的业绩，试图使它们成为"本行业中的第一或第二"。在完成了大部分的收购和卖出准备工作后，开始进入改革的第二个阶段——**"综合化"**阶段。这时公司内有13个核心部门运作非常好，韦尔奇开始着手寻找一种方案，可以把这些部门联合起来，以形成一种规模经济优势，在部门之间平衡资源分配，抓住机会进行跨部门学习。开始改革10年以后，韦尔奇开始着手第三阶段的改革，希望通过这一阶段的改革，使公司具有一种我们称之为"自我更新"的能力。他提出了"无边界"概念。与前两个阶段的改革相同，这一阶段改革也需要每个公司的成员在行为上进行深刻的改变。

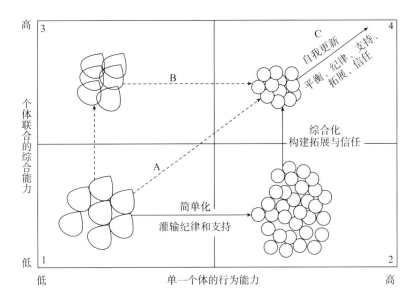

图 2-3　GE 结构改革矩阵

资料来源：转引自 Klein（1998）。

为了将价值的重要性深入公司，1987 年，对管理者的评估不仅包括他们达到目标和生产数量的能力，还包括他们对价值观的坚持。评估采用 360 度的评价系统，这是最终把管理者进行分类的第一步，最后管理者被分为四种类型，包括完成和不完成数量指标的，以及坚持和不坚持价值观的。既完成数量指标又坚持价值观的管理者就得到优厚奖励，两个要求都达不到的被解职，没完成数量指标却坚持价值观的被给予第二次、第三次或第四次机会，那些完成数量指标但不坚持价值观的管理者则最难处理，一段时间以后，处理方法明朗化了，他们也得离开。

2.5.5　案例小结及近年来 GE 的发展

美国通用电气的管理模式可以概述为：GE 航空母舰在韦尔奇式的英雄们的引航之下，其显性的积雪层中体现的是对短期利润优先持续关注的"第一第二"的长效控制机制；若隐若现的冰冻层隐藏的是"GE 业务管理系统"美国式组织的"硬管理"组织流程；隐性河水层深处流淌着的是以创新为核心的企业家企划精神。

在其 140 年历史上的大多数时间里，通用电气都是一个最鲜活的例子，证明了现代公司资本主义的力量和效能，也证明了 GE 管理模式的成功。**可是现在，漫长的光荣史很可能已经走到了尾声**（费绿，2018），**某种程度上也暴露了此种模式的弊端。** 通用电气怎么会落到这个地步？海明威（Ernest Hemingway）对破产过程的描述可谓是极佳的答案："先是渐变，继而突变。"事实上，通用电气很久之前就已经不再像过去那样令人敬畏了——该公司 2008 年是靠着联邦政府和巴菲特（Warren Buffett）的救援才挺过来的，而在不久前下台的首席执行官伊梅尔特（Jeffrey Immelt）16 年任期内，这只股票的表现是道琼斯指数全部成份股排名的倒数第一。2018 年 6 月，终于被道琼斯工业平均指数踢出去，9 月任命 4 月份刚加入董事会的空降兵 Lawrence Culp 作为新任 CEO，打破了一百多年来一直从内部选拔 CEO 的传统。

与通用汽车、波音和其他美国制造业标志性企业不同，通用电气长期以来在大家眼中所代表的并不是某种产品或者某个行业，而是工业创新本身。这家公司由大发明家爱迪生参与建立，早年是由另外一位创始人科芬（Charles Coffin）长期管理的。爱迪生与老摩根合作，使年轻的公司走出了困境，建立了工业实验室，后者未来将为世界带来许多美妙的新事物。但自从 GE 将事业重点转移至"通用电气资本"（GE Capital）后，虽然 GE 也分到了金融危机前的一杯羹，但基于工业产品创新不再，重归其工业根基，任重而道远。如果 GE 目前的改革之路走得顺畅，通用电气最终将变成一个更加世俗化的品牌（费绿，2018）。这家公司将不再是创新、管理英才或者是数字破坏的传道士，而是将更加踏实地去制造真正高质量的飞机引擎、燃气轮机和医疗设备，并尽可能多地将其卖出去，同时向客户推广自己的软件和维护计划。对于它而言，放下企业界偶像的重担，或许也是一种解脱。

本章小结

基于美国文明的美国管理模式可以总结为：基于英国殖民与外国移民、基督教及盎格鲁—萨克逊裔民族性格，崇尚自由企业、民主政治和实用主义，追求短期利润优先、组织硬管理和企业家精神。领导者的人格特征为"英雄"。

同处北美的加拿大管理与美国管理的异同如表 2–3 所归纳。相对美国式管理，加拿大显示出更多的多元文化控制特色、政府与企业相关联的组织方式以及保守主义的企划理念。另外，在美国与加拿大的领导者人格特征方面，均显示出企业家精神与职业经理人的共同特质。

表 2 – 3　加拿大与美国管理模式的异同

管理模式	文明基础			管理模式			领导者
	积雪层	河水层	冰冻层	外显特质	隐现特质	内隐特质	
美国管理	自由企业民主政治	盎格鲁—萨克逊裔民族性格印第安	实用主义美国精神	短期利润优先	组织硬管理	企业家精神	英雄
加拿大管理	分店经济	盎格鲁—萨克逊文化拉丁文化	保护主义	多元文化控制	市民社会结构	保守主义企划理念	职业经理人

第3章　基于西欧文明的欧盟管理模式

西欧文明是现代美国文明的源头。本章讨论的是基于西欧文明的欧盟管理模式，**而不讨论基于整个欧洲文明的欧洲管理模式**。"西欧文明"涵盖的范围，一般指除却以"斯拉夫人"（基于东正教，将在第7章剖析）为主要居民的欧洲东部的欧洲部分，包括欧洲北部、西部和南部。从历史上看，西欧文明与小亚细亚、北非、近东两河流域都有渊源。另外，本章所立足的"欧盟"系指基于《欧洲联盟条约》的28个成员国。

3.1　古老的西欧文明

西欧文明是世界历史中的一种古老文明，从公元前2000多年最早产生"爱琴文明"起，它已历经4000余年。西欧虽由不同民族组成，但古希腊、古罗马文化和基督教文化构成了欧洲共同的文化遗产；而文艺复兴、人文主义、宗教改革、启蒙运动、自然科学、英国产业革命和法国大革命为欧洲奠定了共同的文明基础。

3.1.1　西欧文明渊源

（1）古希腊、古罗马文明

虽然古希腊、古罗马文明源于两河流域的美索不达米亚文明及尼罗河流域的古埃及文明，不是独立文明，所以它们不被称为"文明古国"。但是，恩格斯指出："没有希腊文化和罗马帝国奠定的基础，也就没有现代欧洲。"（转引自赵曙明，1994）**古罗马文化实际上是古希腊文化的延续，在精神方面没有什么创新，**

除了它的政治制度以外。

古希腊对欧洲文化产生了深远的影响，同时也给欧洲留下丰富的管理思想。其完全是以全体公民选举和参政为基础，不主张由"职业性"专业人员担任行政管理职务（杨海峰，2001）。**古希腊播下了民主的种子**，标志着分权参与制政府的到来。在那个时代，在管理不同事业时所要求的管理技术基本上是相同的。

古罗马在征服世界的过程中大大丰富了管理思想和实践。为生产战争用品及出口的商品，**古罗马人发展了一种似"工厂"的体制**。第一个类似"公司"的组织以"股份公司"的形式出现，要向公众出售股票，以便履行为支持战争而签订的政府合同。自由工人为了社会目的和相互帮助建立了"行会"。古罗马人有遵守秩序的天赋，纪律和技能主义是其基本的思想理念，后者规定了军队政府各机构之间的具体分工，前者确定了一个严格的体制和权力层次，以保证各种职能得以执行。

某种程度上，**发生在 14 ~ 17 世纪的文艺复兴是欧洲范围内的"文化复兴"，它反对教会神权，呼吁解放思想，重振希腊、罗马文化。**欧洲文艺复兴，揭开了人文主义思想的篇章。人文主义的基本含义包括人应有享受自由的权利、自由是实现自我的条件。人文主义与基督教及希腊哲学的根本差异在于它以人为整个宇宙的中心。

人文主义强调个人的至上性。人文主义的主要精神是突出人的地位，反对宗教迷信、神学教条和权威主义对人的精神的愚弄，主张自由、平等、博爱，提倡个性解放。崇尚个人的价值观在欧洲文化中有悠久的历史。早在古希腊，德谟克利特就提出原子是真实存在的，是世界万物的本原。万物的生灭，都是原子结合或分离的结果，其实，他所强调的只有个别才是真实的存在，是崇尚个人的价值观的最早理论基础。亚里士多德则十分强调道德行为的基础在于人的自由意志，人必须对自己的自由选择独立负责，即使在抹杀人性的中世纪，个人融于集体，但在经济哲学内部，依然存在着到底个别是真实存在的还是一般是真实存在的争论。

欧洲企业的发展模式也受到人文主义的影响。欧洲公司与美国公司不同，欧洲公司在进入目标市场的时候，采用目标市场与公司文化相结合的方式，推出面向细分市场的产品。这和欧洲公司有明显的以人为本的传统和欧洲各国文化的显著差异是分不开的。许多欧洲公司认为，影响目标市场长期发展的重要因素并不只是产品利润，产品的流动性和公司对社会的其他因素也起着很大的作用。美国的公司文化中提倡竞争力，在面向市场的时候，美国公司通常将自己的产品置于强势地位，并倾向于在目标市场中推出统一化的产品。这两种产品策略很难绝对地对比其好坏，主要决定于目标市场的实际需求情况。

（2）基督教、产业革命与资本主义精神

基督教是世界三大宗教之一，从犹太教中分离出来约有 2000 年的历史，也强调上帝为人类做出了最大的牺牲。根据基督教神学，上帝将其所生的唯一的儿子那稣基督送到了人间，以通过他自己的苦难和死亡来拯救人类。基督教的三个分支是天主教、新教和东正教，西欧人主要信仰的是前两者（东正教与东欧的斯拉夫文化相联系）。西欧人信仰基督教的大致分布情况是：第一类，拉丁语国家（法国、意大利、西班牙、葡萄牙等）和爱尔兰是天主教为主的国家（9/10 的人信仰）；第二类，英国、丹麦和北欧是新教占统治地位（3/4 的人信仰）；第三类，以德国为代表，罗马天主教与新教旗鼓相当（马丁路德的宗教改革虽然发生在德国，但后来经过新教徒和天主教徒的一番搏杀，最后神圣罗马帝国内部各路诸侯签订了奥格斯堡和约，条约主要内容是，神罗各诸侯有权决定本国信仰天主教还是新教。之后德国大体上分裂成了信仰新教的北德，以及信仰天主教的南德）；第四类，天主教徒是多数（略少于 2/3），仍有 1/4 人不承认自己信仰任何宗教，荷兰和比利时属于此类。

罗马天主教会大大影响了欧洲人对组织的看法。天主教的教派极多，教堂遍布世界各地，为了对这一庞大而分散的组织进行集中统一的有效管理：首先，它建立了一个以教皇为首的中央集权的领导体制；其次，天主教在其庞大的组织内推行统一的信条、教徒的礼拜意识和行为准则，把信仰天主、灵魂得救作为最高层次的鼓励，从而建立起一种强有力的"教会文化"，实行有效的管理。天主教的领导人用政策、程序、教义和权利保证了组织的制度化（杨海峰，2001）。

与天主教强调宗教仪式和默祷相比，新教是 16 世纪起席卷整个欧洲的宗教改革运动中的各改革教派的统称，是 15 世纪文艺复兴之后的又一次重大思想革命。它的主旨实质上与文艺复兴运动是一脉相承的。如果说文艺复兴彻底动摇了封建君权统治的基石，那么宗教改革便是彻底震撼了传统神权统治的基石。狭义地说，**宗教改革实质上是一场使神圣的宗教"世俗化"的运动。**新教反对罗马教皇对各国教会的控制，注重用各民族语言诵经，取消了拉丁语圣经的垄断地位；反对天主教的繁文缛节，摒弃弥撒仪式，重视讲道诵经和唱赞美诗，将七项圣事精简为圣餐和洗礼两项；建立了一种崭新的教会结构：一群信徒，围绕一个牧师，不需要中央教阶制（南宫梅芳，2016）。

正如佛教产生于印度，但生根开花于亚洲他国，新教产生于德国，但在英国和北欧传播开来。更有甚者，新教还在英国产生出了"资本主义精神"。按照《旧约全书》并对照善行的伦理评价，禁欲主义者因此认为，**把追求财富本身作为目的是极应谴责的，但是若作为一项职工劳动的果实而获得它，那便象征着上帝的赐福**（韦伯，1986）。结果是通过勤奋工作而赚钱就变成了宗教责任而得到充分认可。当然，收入不能全用于个人消费，省下的钱用作资本形成和投资。这种哲学导致所谓的**"资本主义精神"**（以利用交易机会取得的预期利润为基础的行动，却依赖和平的营利机会而采取的行动）兴起。新教徒也需要交纳什一税，即将其收入的 1/10 献给教堂，以讨好和赞美上帝。新教的工作道德就是指这种将工作视为道义上的美德的观点。根据新教的工作道德，通过勤奋工作和节俭去赞美上帝是宗教责任，不停歇地、有条理地从事一项世俗职业是获得禁欲精神的最高手段，同时也是再生和信仰纯真的最可靠、最明确的证据。

正如韦伯所分析，**新教伦理是推动资本主义社会态度普遍发展的、可以想象的最有力的杠杆，第一次工业革命终于在新教"根据地"——英国发生了**。尽管人们普遍认为在科技上的突破是使一个农业社会向城市化转变的催化剂，然而要管理工人的这种需要——不仅仅是因为机器的生产能力而需要更高素质的劳动力——同时也促进了工业革命的产生。在工业革命的带头作用下，英格兰创建了大英帝国。欧洲其他主要国家如法国、普鲁士的工业革命相对晚很多。

"一战"和"二战"都是工业革命爆发的催化剂，但是"二战"所造成的经济影响更深远。人们普遍推测"二战"后英国经济相对落后是由于为了赢得"二战"的胜利，英国耗尽了资源但基础设施并没有破坏到不能使用的地步，因此，"二战"后英国重建了它的工业基地，基地使用新的厂房、旧的机器设备和过时的技术。而法国特别是德国需要从零开始重建其工业和基础设施，这使它们可以吸收战后毫无损伤的美国的最新科技成果。这种说法可以从很大程度上解释为什么"二战"后德国和法国的经济发展速度远高于英国。

战争经常会促使大量科技成果的产生。"一战"和"二战"都是陆地和空中交通发展的催化剂。"二战"所引起的重大的科技创新有：①合成纤维和塑胶，它们取代了传统的天然原材料；②雷达，它导致战后电子技术设备、电视和电脑的迅速发展；③喷气动力引擎，它使航空运输和各大洲之间的卫星通信更快捷。

20 世纪的大批量生产技术导致了工业结构的调整。19 世纪的小作坊开始被大工厂和巨型公司所取代。结构调整的关键在于规模经济，可以通过大批量生产、生产方式的整合及在研发上的大量投资产生规模经济，一些超级大公司是典型代表，如皇家荷兰壳牌公司、联合利华（英国）、西门子（德国）等。英国和德国公司数量最多，反映了这两国在工业结构上更成熟和精细。然而，关税壁垒的打破、产品和流动性的增强遍布全欧，这就增加了直接竞争和对增长的需求。在所有的欧盟国家里，直接的政府干预产生了大量的兼并活动，特别是在法国。扫一眼全球500强的排名，美国有着全球最大的公司，而英国、荷兰和德国有着欧盟中最大的公司。大公司分布在能源、化工、汽车和电力产品行业。大企业没有控制欧盟里所有的行业，行业结构中还有大量的小企业分布着。例如，意大利的产业结构是由企业巨头们（菲亚特等）主导着，但总体上说它还是在19世纪60年代的大量的小企业、家庭企业和作坊先导下成型的。

3.1.2 欧盟一体化历程

雨果曾经预言："在20世纪中将会有一个非凡的国家。这个国家将会是巨大的，没有什么可以阻止它获得自由。它将会向着卓越、富有、深沉、和平且友好的方面发展。它将被称为欧洲。"（Wheel Wright，2006）他的愿望在欧盟（EU）逐渐转化为现实。

德国曾占领法国三次，包括在第二次世界大战间的两年。法国在第一次和第二次世界大战中总共损失210万名军人；英国已经损失130万名军人。"二战"已经消耗了将近10%的德国军队和平民，而且在战争结束时，所有德国的城市和工厂被盟军狂轰滥炸，几乎全部摧毁。这一轮的进攻和报复已经使欧洲大陆在地球上成为最大的冲突和战区之一。在这些冲突的中心有盛产煤矿的鲁尔河山谷，在"二战"结束的时候已经被英国占领。1948年，一位法国百万富翁——商人吉恩·蒙纳特（Jean Monnet）拜访了法国外交部长罗伯特·舒曼（Robert Schuman），提交了一份关于对鲁尔河问题新的解决方案。**蒙纳特建议来自该区域的资源可以由一个欧洲国家的"核心团体"来管理，而不是直接"占领"。**

1951年4月，**"舒曼计划"**被实施了。法国、德国、意大利、比利时、荷兰和卢森堡的领导签署了创造**"欧洲煤钢共同体"**（ECSC）的《巴黎条约》（*Treaty of Paris*）。ECSC由以蒙纳特（Monnet）为首的权力高层来管理，包括作为国家政府代表的部长理事会，由各国会派驻的联合议会和最高法院组成。这些管理实体监督了扫除贸易障碍的六国谈判。首先是煤和铁矿石；其次是铁矿石和从非ECSC国家进口的钢。ECSC也为现代化生产而努力，利用国家的需求来协调煤和铁的输出和标准化生产劳动。关于"被提议建立的组织的目标",在 ECSC 的最初,经济学者皮埃尔(Pierre)写道,"借由改进方法、扩大市场,并使生产合理化,从而加大产量和增加生产力"。

事实上,共同体可以降低欧盟内部的交易成本,提高欧盟在全球范围内的竞争力。另外,更重要的是,"美国一直没有对手",法国经济部长皮埃尔·贝格伯(Pierre Beregovoy)在 1995 年 12 月签署《马斯特里赫特条约》的时候说道,**"欧洲可以和美国持衡"**。煤和铁只是一个开始。1955 年 6 月,在意大利墨西拿会议上,欧洲煤钢共同体的六个成员国还成立了两个欧洲权威组织"欧洲经济共同体"和"欧洲原子能共同体"。1967 年 7 月,3 个共同体的主要机构合并,统称"欧洲共同体"(EC)。1993 年 11 月,《欧洲联盟条约》(又称《马斯特里赫特条约》)生效,欧洲共同体演化为"欧洲联盟"(简称欧盟)。

目前,欧盟历史上共经历了 7 次扩大:1973 年英国、爱尔兰和丹麦加入;1981 年希腊加入;1986 年西班牙和葡萄牙加入;1995 年奥地利、芬兰和瑞典加入;2004 年 5 月 1 日,波兰、匈牙利、捷克、斯洛伐克、爱沙尼亚、拉脱维亚、立陶宛、斯洛文尼亚、塞浦路斯和马耳他 10 国入盟;2005 年 10 月,欧盟启动与克罗地亚、土耳其的入盟谈判;2007 年 1 月 1 日,罗马尼亚、保加利亚入盟;2005 年 12 月,马其顿被接纳为欧盟候选国;2006 年 6 月,阿尔巴尼亚与欧盟签署了《稳定与联系协议》;2007 年 10 月,黑山与欧盟签署《稳定与联系协议》;2007 年 11 月,塞尔维亚与欧盟草签《稳定与联系协议》;2013 年 7 月,克罗地亚成为欧盟成员国。这样,目前欧盟拥有 28 个成员国(按国名本国语言首字母顺序):奥地利、比利时、保加利亚、塞浦路斯、捷克、丹麦、爱沙尼亚、芬兰、法国、克罗地亚、德国、希腊、匈牙利、爱尔兰、意大利、拉脱维亚、罗马尼亚、立陶宛、卢森堡、马耳他、荷兰、波兰、葡萄牙、斯洛伐克、斯洛文尼亚、西班牙、瑞典、英国(2016 年 6 月,英国公布了"脱欧"公投的最终结果:英国将脱离欧盟)。欧盟涉及人口 5 亿,面积 432.99 万平方千米,欧盟总部设在比利时首都布鲁塞尔。主要机构为:

(1)部长理事会(Council of Ministers):决策机构,分为欧洲理事会(即欧盟首脑会议)和欧盟理事会(即部长理事会)。前者负责确定大政方针,通常为每半年举行两次会议。后者负责日常决策,拥有欧盟立法权。理事会实行主席国轮任制,任期半年。对外实行"三驾马车"代表制。2007 年 12 月,欧盟通过了《里斯本条约》,主要内容包括设立欧盟理事会常任主席,取消半年一任的轮值主席国制度，使用"双重多数"表决机制等。欧盟一体化建设取得重要进展。

（2）欧盟委员会（European Commission）：常设执行机构，负责实施欧盟有关条约和理事会做出的决定，向理事会和欧洲议会提出报告和立法动议，监督共同体法律的实施，处理欧盟日常事务，负责欧盟对外经贸谈判和部分对外联系事宜。委员会设主席 1 人、副主席 5 人，任期 5 年。

（3）欧盟议会（European Parliament）：监督、咨询机构，具有部分立法权。此外，还有欧洲中央银行、欧洲法院、欧洲审计院、经社委员会和地区委员会（咨询机构）等机构。

经过多年的发展，欧盟已先后建立了"关税同盟"，实行共同外贸、农业和渔业政策，统一了内部大市场，基本实现了商品、人员、资本和服务的自由流通，建立了经济与货币联盟。塞浦路斯和马耳他于 2008 年 1 月 1 日加入欧元区。目前，欧元已取代欧元区 16 国货币，成为区内唯一法定货币。欧盟在共同外交与安全建设上取得进展，任命了共同外交与安全政策高级代表，出台了《欧洲安全战略》和《反恐战略》，成立了欧洲军备局，组建了军事及民事行动计划小组、欧洲战斗群。欧盟进一步加强司法与内政合作，建立欧洲警察署，强化外部边境管理，设立反恐协调员，并决定加快建立统一司法区。

近年来，随着综合实力的增强，欧盟在国际事务中的影响日益增大。欧盟强调维护联合国的地位和作用，主张有效多边主义，引领国际能源及气候变化合作。欧盟重视对美关系，加强与美在国际反恐、防扩散、中东、伊朗核问题等方面的协调与合作，提出建立**"新型跨大西洋经济伙伴关系"**。欧俄双方互信降低，疑虑与防范加强。欧盟还进一步加强与中国、日本、加拿大、印度等大国的关系，积极谋求建立欧亚全面伙伴关系和欧非、欧巴（西）战略伙伴关系。欧盟 2005 年推出《欧盟与非洲：走向战略伙伴关系》对非战略文件；2007 年 6 月正式出台《对中亚战略文件》；7 月召开首届欧巴（西）峰会；12 月召开第二届欧非峰会，会议通过了《非洲与欧盟共同战略》《行动计划（2008－2010）》两份文件，并发表了《里斯本宣言》。

3.1.3　西欧人价值观

基于西欧文明发展最深层的古希腊、古罗马及基督教的河水本质，以及欧盟一体化的显性积雪特征，终于冰冻形成了介于其间的若隐若现的精神性、理性和民主性精神。

（1）精神性

欧洲文化的"精神性"来源于基督教。基督教结合了犹太教的许多内容和古希腊罗马哲学家的思想，给欧洲提供了理想人格的道德楷模。在基督教教义中，信仰是其他一切的前提，它的信仰是指：神即上帝的存在；上帝是仁慈的，它还把仁爱的命令颁布到人间，让世人互爱；仁爱是对他人的主要原则，禁欲是对自己的主要原则，并且，世人要服从上帝。

1517 年，马丁·路德在欧洲开始"宗教改革"，建立了新教。他提出了人们双重本性的思想：人有一个双重的本性，即一个心灵的本性和一个肉体的本性。肉体的本性是受束缚的，心灵的本性是自由的。这种自由不是来自政治上和肉体上的自由，不是为所欲为的自由，而是精神上的自由，它依靠基督的福音，凭借对上帝的信仰，是真正的自由。

（2）理性

欧洲人强调"理性"与"科学"，强调逻辑推理与分析的理性主义在欧洲有着悠久的历史和坚实的基础。早在古希腊，人们就十分注重研究自然，穷理致知。他们抬高理性，崇尚智慧，强调观察，推崇演绎。"知识乃是美德"，是古希腊人的价值观念。亚里士多德把人的心灵划分为两部分：理性的部分和非理性的部分。理性又分为"纯粹的理性"和"实践的理性"两部分：纯粹理性也就是哲学的思考，是人所特有的，具有连续性，能给人带来愉快，具有无须其他条件的自足性，纯粹理性本身就是目的；实践理性思考的对象是与人类道德有关的，其目的在于培养人的善行，它要求人们思考不断变动的特殊知识。实践理性还必须把握人的感官欲望，使欲望的活动在理性所允许的范围内进行。

亚里士多德还认为生活的最高层次是理性的活动，到了文艺复兴乃至近代，理性主义态度和科学实验精神得到进一步发扬。新兴的资产阶级思想家把一切都拿到科学和理性面前来重新估计，宗教神学和经院哲学受到严厉的批判，理性科学获得了彻底的解放和长足的发展。理性科学的思维方式对西方人的思维方式产生了深远影响。

（3）民主与多样性

要求"民主"可以说是人文主义观点发展的必然结果。而且，就欧洲社会历史发展的过程来讲也是这样。作为现代科技文明的发源地，欧洲的生产力水平在 18～19 世纪已经超过其他地方，生产力的发展提高了普通市民在经济生活中的地位，唤起了对民主的需要。

18 世纪启蒙运动提出的执法、立法和司法三权分立至今被看作西方国家制度的基本原则。相继在欧洲爆发的资产阶级民主革命很好地说明了这一点。在这方面，法国大革命对现代欧洲的发展有着重要的影响，它的《人权宣言》和美国的《人权宣言》影响着当今西方的人权政策。

欧洲的民主性还体现在欧盟管理者能够识别多样化，并拥有特别的技巧管理国际多样化。在某种程度上，欧洲人喜欢多样化。至少，他们推崇"没有护照的欧洲就不是欧洲"（范徵，2008）。一个管理者乘坐一小时飞机即可穿越欧洲多个边境。由于国内市场狭小，欧洲公司不得不注意欧洲其他不同的市场并发展适合国外工作的文化。任何对于欧洲管理的讨论都必须强调一个事实，即欧洲国家之间还是存在高度的差异性。的确，也许欧洲的多样性本身实际上就是它独特的特点。

3.2　欧盟管理模式之冰河模型

图 3-1 提供了一个关于**西欧文明的概念模型**：西欧文明发展最深层结构为基督教、古希腊/古罗马（来源于两河流域及尼罗河流域文明）渊源；显性特征体现为"欧盟一体化"进程；介于其间的若隐若现的层次为西欧人精神性、理性和民主方面的三个主要价值观。需要指出的是，相对"欧洲中心主义"，近来《西方文明的东方起源》（约翰·霍布森，2008）提出了**欧洲文明的东方渊源**：第一次十字军东征时借助伊斯兰威胁论，欧洲完成了"基督教世界"的自我构建；文艺复兴更是在东方尤其伊斯兰教影响下产生，因为在此前欧洲曾经大量译介伊斯兰文学著作；启蒙运动，则借鉴了中国的思想；亚当·斯密思想则来源于中国的道家思想等。

基于西欧文明的欧盟管理模式如图 3-1 右边括号内文字所示：**显性的控制层中体现的是"管理国际多样化"；若隐若现的组织层隐藏的是"西欧式的中道管理"；隐性企划层深处是体现欧洲核心价值观的"以人为本"的基本管理哲学**。欧盟管理者的形象体现出**"教练化"的人格特征**（航船中所标示）。在这里，管理国际多样化和中道管理基于同一古代哲学原理，即苏格拉底与柏拉图的辩证法、亚里士多德的逻辑论及亚里士多德的宇宙统一观点和宇宙多样化观点；欧洲现代企业中的以人为本的原则与基督教价值观相关联。其不同表现方面起源于人本主义传统。

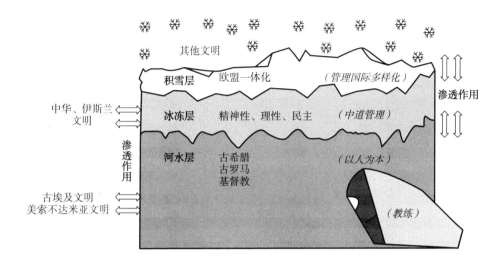

图 3-1　基于西欧文明的欧盟管理之冰河模型

3.2.1　以人为本

（1）产业民主与对工作生活质量的关注

欧洲企业有一个共同倾向，即基于人本主义，倾向于实现企业内的个人需要，关心单个的人，高福利、低工时，非常注重个人的工作生活质量（QWL）。在欧洲，管理工作规范不像世界其他地方那么普遍，长期以来，管理业绩的评价只限于白领雇员和中级管理者；而且，与其他地方（比如美国）相比，执行效果并不常用事先确定并互通的公司定量目标来评判。在欧洲，评价通常涉及一些模糊的要素，更定性一些，更明显地受到各种关系的制约。在欧洲，"使别人高兴"与达到目标同样重要。

同日本相比，欧洲的管理更个人化，更注重满足公司和个人的需要，而不是国家的需要。所以，欧洲人很少压抑自己的观点，它们更喜欢大声说出自己的不满。欧洲人的商业观点是，经济成功意味着公民财富和福利水平的提高。至少与日本相比，欧洲的管理过程倾向于反映个人的行为和决策而不是集体主义的。在企业利益与政府利益之间，有着明显的界限，欧洲企业个性鲜明，有自己的特点，并强烈地区别于政府部门。按同样的原则，工会也是基于个人利益的集合。

欧洲的管理倾向于更接受工会组织的存在。按美国的标准，工会会员率是相当高的（例如，在瑞典是80%）。大多数工会组织按国家的地理环境分布，在一些地区，工会的存在被认为是理所当然的。例如，在德国，人们常常把工会称作

"公共秩序的要素"（Warner，2002），而在英国，管理者把工会视为生活现实。这么高的接受程度意味着行业的关系不是相互对立，而是受控于谈判、签订契约、妥协让步和有序调度的原则。在欧洲，特别是德国、荷兰、斯堪的纳维亚，产业民主制度相对来讲很健全。欧洲人的普遍观点是应当有一定的产业民主。因而，社会等级严重的意大利已将产业民主条款写入宪法（虽然在实际中很可能得不到实施）。

欧洲公司里的协商谈判不仅发生在公司与外部公众之间，也发生在公司内部不同管理层之间、雇员之间及总部与分部之间。最高管理层是权力机构，但它也必须经过咨询、讨论、协商、说服阶段。各部门独立行事，权威也会受到质疑。最高管理层所做的决策可能遭到批评。人们在一系列讨论、对话及获取信息之后才能进入实施工作阶段。

（2）广泛的"业绩"概念

欧洲的管理行为不像美国那样以短期利润业绩为动力，总体上看，欧洲公司考虑到各种目标而不是纯粹的利润表现。这并不是说利润目标不重要，而是说欧洲公司也重视其他方面的考虑。这些考虑可能包括下面列出的一点或几点（Warner，2002）：①各种与组织的文化期望有关的社会责任；②公司雇主的作用；③公司作为当地或地区机构的作用；④公司作为公众尊敬和爱戴的焦点作用；⑤公司作为国家象征的作用；⑥公司作为执行政府政策的工具作用等。

瑞士圣加伦马利克管理中心主席、创办人马利克教授（2007）认为，未来，管理将成为公司经营的最大挑战，这种挑战并非来自单纯的获取利润，而是为了应付"复杂性"所带来的威胁。由于整个社会的日益复杂，系统之间的联系也日趋复杂。现在公司的"社会责任"成为整个社会系统的一部分。

（3）中长期战略考虑

制定公司战略时，欧洲企业倾向于采取一种长远观点。在一些国家（如德国、奥地利和瑞士）债务融资比资本融资更为流行，这也是为了减轻对短期利润报告的压力。在另一些国家，比如法国，政府对经济的直接干预是正常的，国家政策对企业经营的影响在某种程度上比股票持有者还要大。在欧洲，政府对经济的直接干预很普遍，政府可能拥有经济相当大一部分份额，比如意大利；或是份额较小的法国；在工会和雇主联盟谈判时，政府可以成为第三种力量，就像20世纪五六十年代的荷兰那样；政府也可以有策略地监督产业政策，比如法国"二战"后实施的一系列五年计划。

与世界其他地方相比，与业绩相联系的酬劳在欧洲不那么普遍，也不那么重要，这种差别反映了欧洲人对于"金钱化忠诚"危险的普遍担忧，他们认为在需要长期战略的地方这样做会激起对短期利润的追逐，他们相信强调目的也会损害质量和人们之间关系的价值。例如，在 20 世纪 80 年代的荷兰，受委托实施股票期权计划的咨询人员发现高级管理人员对于暗示他们将"只为金钱"而更努力地工作的说法很气愤。同样，管理业绩不是管理效率的唯一决定因素。

3.2.2　中道管理

在 20 世纪 80 年代，流行一种"三驾马车"的说法，即日本、美国、欧洲三大经济体。这三个地区在经济和管理风格上的区别至少部分上是很明显的。美国公司与日本公司的管理经常被认为是两大极端。基于多种特点，欧洲公司的管理介于两者之间。**若存在欧洲式的管理，那么它位于美国管理模式与日本管理模式这两点一直线的中点。**

例如，日本的特点是强调集体精神，强调为国家利益而不是公民个人福利而生产，企业倾向于互相兼并，交叉持股和财阀管理方式形成制造企业、贸易公司和银行的一个混合体，使我们很难区分各个机构；美国则代表另一种类型，怀着获得更好物质生活的渴望和期待，人们建设美国，在美国安家并在美国发展。美国发展了这样一种文化，即单一意图、重视表现，成为美国人管理和生活的重要方面。欧洲与前面两者都有所不同，同美国和日本相比，欧洲的管理风格和行为表现出如下"折中"的一些特征方面（Warner，2002）（有些特质在本章前文已提及）：

（1）温性的"冲突"观念

无论在欧洲什么地方，"冲突"从来不被认为是自然合理的。无论个人或是公司，适者生存都不是管理实践的主要准则。与此类似，个人对于决策争辩的权力并不是理所应当的，而要受到各种因素的制约。一些欧洲国家明确地拒绝组织冲突，如法国和意大利大部分管理者都认为，如果冲突能完全消灭，组织将变得更好。英国人对冲突的接受度也不高，公司内部的公开冲突经常被认为是领导失败、缺乏凝聚力和组织成员社会化不完善的表现。只有北欧的斯堪的纳维亚在这方面有较大不同。在这里，冲突是可以忍受的，只要它可以通过讨论、谈判、妥协，或是在正常约束限制内采取合理措施得到解决。

（2）对"流动性"的保留态度

在欧洲，人们对（公司内或公司间的）"流动性"也持保留态度，人们的接受程度取决于具体原因。在很多国家，流动受到限制。例如，在德国，流动受到管理专家观点的限制，他们认为人的才能来自特定的产业和管理职能。因此，按照德国人的思维方式，人们虽然可以在不同企业的特定岗位间进行流动，但是一个管理人员不会流出本行业或占据一个非技术的岗位。在法国，公司内部的流动是走向成功之路。公司从长远考虑，以教育文凭为依据招收雇员，以帮助他们在企业内发挥他们的潜力为目标。

（3）保守的"变化"的态度

欧洲人的典型特征是相对来说缺乏乐观精神，**对项目可行性比较保守，对资源约束十分敏感**，失败会受到处罚，失败的机会成本很高。这些因素使欧洲公司比较胆小，整个公司和个人都不太愿意冒险。欧洲公司传统上比较保守、奉行消极而不是活跃进取的政策。

3.2.3 东南西北管理多样化

一谈到欧洲的管理方法，人们最先的印象就是管理多样化。确定的欧洲式的管理方法似乎是找不到的。**管理国际多样化是基于苏格拉底与柏拉图的辩证法、亚里士多德的逻辑论及亚里士多德的宇宙统一观点和宇宙多样化观点**。事实上，伦敦、法兰克福和布鲁塞尔的管理方法确实不同，因此有些研究者和实践者得出了一种结论：欧洲的特性是融合了各种各样的文化。比如，欧盟的消费者保护，随着欧盟一体化的推进，欧盟及时跟进其消费者保护一体化进程——事实上，欧盟消费者保护一体化措施具有其潜在的风险，即欧盟层面设置的标准可能会比现行的国家标准低（范徵，2002）。然而，欧盟在绝大部分领域都成功地避免了上述任何一种极端。欧盟的成就给人留下了深刻印象，如它在创建食品统一市场上取得了重大成就，同时在该领域绝大部分保持了——在某些情况下甚至强化了——国内食物安全标准。

与美国和日本相比，对于欧洲来说，任一国内市场总不是那么重要。**比较小的国内市场使出口和国际化在公司的议事日程上占据首要位置**。这种现象在较小的欧洲国家更为明显。源引瑞典主管人员的话，"我们把斯堪的纳维亚作为我们的国内市场"或是"西欧作为我们的国内市场"（Warner，2002）。简言之，欧洲人常常面临的是出口销售比国内销售更重要（更恰当地说，国外赚取的利润更重要），而国外消费者的偏好常常会由于国籍不同而不同，国外的市场在结构和动力方面也会有所不同。这些都伴随着我们上面指出的管理风格上的差异。在这个背景下，欧洲表现出整合和协调其内部各国的高度才能。

欧洲擅长管理多样性，主要有三方面表现（Warner，2002）：第一，20 世纪 50 年代中期的钢铁和煤炭联合体、欧共体、欧洲自由贸易协定和经互会都是这方面的例子。也有过一些多国区域性合作的成功事例，例如比（利时）荷（兰）卢（森堡）经济联盟和北欧联盟。北美自由贸易协定（NAFTA）比欧洲人同意签订区域性贸易协定整整晚了 37 年。第二，企业层面，显然，欧洲的合资企业和战略联盟比世界上任何其他地区都多。在欧洲，由两国或多国共同拥有的企业并不少见，壳牌公司和联合利华便是英荷合资公司。第三，在欧洲常驻国外管理岗位的重要性。瑞典管理人员一般在中年之前都要在国外工作一段时间，这不是短期的商务旅行，而是中期的驻外职位。霍伊希林（Hoechlin，1995）在对欧洲不同的国家的文化进行分析后，归纳出了四种不同类型文化的国家及其管理的特征。再参照 Ronen（1985）的文化圈分类，基本的，西欧自东南西北管理可分为：日耳曼、拉丁、盎格鲁和斯堪的纳维亚 4 种管理分模式。

（1）日耳曼式管理

日耳曼式管理涉及讲德语的德国、瑞士、奥地利等国。**日耳曼欧洲是一种相对传统的保守型文化，变化较慢。**该文化圈相对较小，但在全世界却有相当大的经济印迹（Livermore，2015）。以德国为例，**德国人崇尚"发展"和"直觉"，这是德国古典哲学及叔本华主义的主要特征**；德国古典哲学是"整体性"的哲学，它重视"综合性思维"，而不是英国的经验主义的"分析"；综合思维发展到一定的程度就形成了人类思维的最高形式——"直觉思维"。直觉思维是一种创造性思维，它是科学研究的最高思维方式。贝多芬、巴赫等世界著名音乐家是日耳曼人的骄傲。德国人在经济理念方面强调"社会市场经济"，重视国家控制作用。

德国人强调公司的"工业取向"，将公司视为一部"机器"，只有每个部分相互协调，机器才能运作良好；德国人重视组织的"生产功能"，产品设计、产品质量与可靠性是德国企业追求的主要目标，这反映出德国的"技术主义"倾向；在组织结构上，德国人重视"系统"，这是德国人整体性观点在公司组织结构中的体现。

（2）拉丁欧洲式管理

拉丁文化圈的主要特征为民众多信奉天主教（以及新教各派），拉丁字母使用广泛，文化上多继承古罗马、古希腊文化，涉及法国、比利时、意大利、西班牙、葡萄牙等国。

意大利人作为"欧洲拉丁人"的主要代表，强调"感性思维"，凭借感觉办事。节奏奔放的拉丁舞蹈是南欧意大利人的至爱。意大利的经济理念强调"社区"性质，意大利人特别重视社区利益，这与日本人有相似之处。在哲学上，意大利人强调人本主义（或人文主义），讲求对"人及人际关系"的关心、对"道德"的关心。意大利人强调公司的"人际关系取向"，将公司视为一个"家庭"，大家需要彼此照顾，公司才能具有竞争力。意大利人重视公司的"人际关系功能"，良好的人际关系是使结构起作用的关键。

法国人强调"专业化"和"逻辑思维"，崇尚"精英主义"，这是法国笛卡尔主义哲学的核心。埃菲尔铁塔、巴黎圣母院、卢浮宫、哥特式建筑是法国高卢（Gallia）文化的象征。法国人在经济中强调"统治主义"（Dirigiste，法语中的一个特殊用语），即主张政府介入经济活动的重要性，这与自由市场经济理念有着明显区别。法国人强调公司的"行政取向"，重视"等级结构"，将管理视为行政管理的过程。法国人注重组织的"控制功能"，因为法国是一个权力距离较大的国家，其组织结构具有明显的等级特征，故组织中的不同层次能有效运转的关键在于协调与控制。

相对而言，欧盟的首都比利时是一个混合体，北部讲荷兰语，东部讲德语，南部讲法语，其欧盟首都布鲁塞尔即在法语区。其管理模式是多样性的。

（3）盎格鲁式管理

盎格鲁—萨克逊民族即英国人。英国人重视"经验"与"感知"，这是英国经验哲学的传统。莎士比亚戏剧是英国盎格鲁—撒克逊文化的经典。英国人的经济理念是"自由市场经济"，它来源于英国著名经济学家亚当·斯密、大卫·李嘉图的理论，其基本原则是自由贸易与政府不干涉民间经济。

英国社会哲学方面强调"经验主义"和"实用主义"，它来源于杜威理论；其在公司经营过程中的明显体现就是"短期利润"；英国人强调公司的"商业性质"，重视"利润导向"；他们重视公司的"销售功能"及组织运作过程中的"执行过程"。

（4）斯堪的纳维亚式管理

斯堪的纳维亚半岛位于欧洲西北角，其濒临波罗的海、挪威海及北欧巴伦支海，与俄罗斯和芬兰北部接壤，北至芬兰，意为"斯堪的纳维亚人的居住之地"。"斯堪的纳维亚"（Scandinavian）一词源自条顿语"skadino"，意为"黑暗"，再加上表示领土的后缀"－via"，全名意为"黑暗的地方"，因半岛地处高纬、冬季黑夜很长而得名。

北欧文化区在古代是诺曼人或维京人的地方。维京人冒险犯难的组织、不短视近利、坚持到底、思虑深远、重视公平正义与团结合作的**"维京精神"**，才是北欧国家竞争力的主因（莱基，2017）。另因丹麦作家阿克塞尔·桑德摩斯而广受欢迎的**"詹代法则"**，也是理解北欧文化的最重要的思想之一（Livermore，2015）。该法则的总体原则是：不要以为你很特别。谦逊、平等、谦卑、怀疑的态度是詹代法则的集中体现。此外，斯堪的纳维亚人认为保持工作和生活之间的平衡最重要，并认为人们应该保持一定的生活质量而不是只顾着工作，这样社会才会变得更美好。由于北欧经济条件和社会福利很好，女人们普遍独立，结婚率也较低，女权主义盛行。

另外，共同决策在斯堪的纳维亚很常见。斯堪的纳维亚人没有德国人那么组织导向，但是也没有英国人、法国人那么个人主义（Hofstede，1980）。在斯堪的纳维亚的企业中，更多地关注个人而不是组织整体。斯堪的纳维亚的产品和服务有着和德国一样的声誉，而且在欧洲和美国市场都有很强的渗透性。由于斯堪的纳维亚的组织里更强调个人，决策和计划体系就比较少层级，更加强调参与和授权。沃尔沃公司的工作设计体系就是斯堪的纳维亚组织优势的一个例证。通过不是很严格的组织结构，使较低层的管理者更多地参与（Gylenhammer，1977）。这同时也会促使低层的管理者们在更多授权和更多参与的组织中，表现出更高的业绩。这种对于组织结构和决策制定过程的开放态度，意味着斯堪的纳维亚的公司是有长远规划的。计划过程是着眼于长远的行业目标，加之其在结构和决策制定方面的开放态度，斯堪的纳维亚的公司相信组织能实现长远目标，同时又能调整自身以适应短期需求。

3.3　欧盟领导形象：教练

Lawrence 和 Lorsch（1967）发现，组织需要两种类型的管理者：一种是在组织中担任很多专业角色的"职能专家"；另一种是"整合者"，他们能为了组织整体利益的实现而平衡不同部门之间的利益。在欧盟体系中有三种主要体现：

第一种模式以英国为典型，即组织中的管理者经常来自于职能领域（如会计、工程部、运营方面）的专家。这些管理人员在其职业生涯中，极少有机会接触到一些通用的整合技巧。结果，当他们最终被晋升到需要大量综合能力的高层职务时，这些管理者会表现出能力上的不足。而当管理者认识到自身整合能力的不足后，他们倾向于分权的管理体系，这样他们就能暂时地从公司的整合理念中脱身。

第二种模式以德国为代表。在德国，那些有管理者潜质的人员或被招聘进来的管理人员，也是先作为职能专家，这和第一种模式一样。然而，在这些管理者担任职能专家的职业生涯过程中，他们能接受到一些综合能力上的培训。因而，当他们真正被晋升到需要更多综合能力的职位上时，他们的能力也已经充分胜任了该职务。由于第二种模式的组织有着公司整体层面上的理念培训体系，使组织的决策过程会比前一种模式更好。在第二种模式的组织中，管理者可以运用要么分权要么集中的决策结构。管理者可以从公司整体的角度考虑，而不用受制于自身管理能力的不足。也正因如此，才使德国公司的体系中包含了更多的集中化的结构，因为管理者有能力经营好那些具有一致性的子单位。当然，如果公司有需要的话（比如，当一种有创新要求的特殊产品要生产时），也会采用分权式的组织结构。德国管理者之所以拥有更多的整合思考能力，原因之一是德国本身具有一种共同决策的工业民主体系。在这个背景下，公司被要求探寻和考虑到最底层员工的意见和建议。这样，也就使低层或中层的管理者在做决策时，习惯于把来自不同层面的各种意见考虑在内。但与此同时，总经理们也会倾听专业职能人员的声音。

斯堪的纳维亚国家可以说和德国的模式很相近，但有一个职能区分度上的不同，即专家的使用囊括个人层面和整合的组织结构层面。斯堪的纳维亚国家和德国相比，更平等主义一些，所以对于头衔和级别不是那么在意。在斯堪的纳维亚国家里，教育背景是很重要的，因而民众也是很专业化的。组织里的最高职位通常只有那些在某一专业领域表现出色，同时也有全面解决问题能力的人员才有可能企及。斯堪的纳维亚组织中的管理者普遍比较年轻，这是相对于英国、法国和德国公司里的管理者而言。从而，这些管理者的财务收入不会显著地高于劳动力大军里的技能专家的收入水平，但却明显低于其在德国或法国公司中相似级别中的管理者。

以法国为典型代表的第三种模式中，职能管理角色和整合管理角色是无法融合的。其中，职能的管理角色只限于那些低层类型的管理者，整合的管理角色只限于那些高层人员，这些人在整个职业生涯中，都在为进入组织高层那些有实权、需要整合决策的角色做准备。在法国国内，就有很多管理者在名牌专科大学接受过培训。

马利克（2005）的研究还发现，**欧洲管理者基本倾向于"教练化"。经理人发挥员工的才干和支配权利，并给予支持。**他们是协调者、沟通者、培育者和催化剂，当然，也是鼓动者、调解人、指导者和传播者。指导工作往往成为经理人的首要任务，所有的管理中都包括指导、关心和建议、帮助、支持、协调和教导等工作。那些想成功但又不知道如何实现目标的人显然需要一位个人指导或教练。他需要一位教练教他健身，因为他似乎不知道如何释放自己的精力；需要一位教练调教性格，因为他缺乏自信；需要一位教练帮助他提升品位，因为他不相信自己的品位；还需要一位教练帮助他提升精神境界，因为他情愿根据别人的建议生活，而不想为自己的生活承担责任。在私下，任何人都能够随心所欲，但是，在组织管理上，就不允许这样做了。

在美国，明星式的 CEO 比比皆是，而欧洲则不同。在美国，CEO 不受董事会的约束，在决策中处于强势地位。CEO 对决策的绝对的执行权唯一受到的挑战就是 CEO 的战略没有给股东带来应有的收益，才使 CEO 面临董事会的指责。所以在一般情况下，美国公司的管理者带有独裁的成分。这可能和保持 CEO 的强势地位，保障决策强力执行是分不开的。欧洲公司的民主管理可能使其管理成本高于美国公司，欧洲公司的 CEO 被董事会分权，并且职员参与公司决策，这使欧洲公司的管理和决策过程也相对民主。在欧洲公司的决策层，董事会设立单数人选，以避免在决策沟通时出现绝对的对立，并且管理者会与员工充分沟通，以使员工参加管理。

3.4　泛英语文化圈管理模式

欧洲的语言多样化。据《圣经·旧约·创世记》第 11 章记载，当时人类联合起来兴建希望能通往天堂的高塔（**巴别塔，Babel**）；为了阻止人类的计划，上帝让人类说不同的语言，使人类相互之间不能沟通，计划因此失败，人类自此各散东西。此事件，为世上出现不同语言和种族提供了解释。

拉丁文曾为欧洲的通用语言（赫特斯，2017），原为意大利中部拉提姆地区的方言，后随着罗马帝国的扩张和天主教的流传扩展为欧洲通用语言，从欧洲中世纪至 20 世纪初为罗马天主教的公用语，学术上论文也大多数由拉丁语写成。虽然只有梵蒂冈使用拉丁语，但是一些院校的毕业证书、一些学术的词汇或文章例如生物分类法的命名规则等尚使用拉丁语。罗马帝国的奥古斯都皇帝时期使用的文言文称为"古典拉丁语"，而 2~6 世纪民众所使用的白话文则称为"通俗拉丁语"。通俗拉丁文在中世纪又衍生出一些"罗曼语族"，包括中部罗曼语——法语、意大利语、萨丁岛方言、加泰罗尼亚语；西部罗曼语——西班牙语、葡萄牙语；东部罗曼语——罗马尼亚语。16 世纪后西班牙与葡萄牙势力扩张到整个中南美洲，因此中南美洲又称"拉丁美洲"。

英语（English）是印欧语系——日耳曼语族下的语言，英文字母起源于拉丁字母，拉丁字母起源于希腊字母，而希腊字母则是由腓尼基字母演变而来的，由古代从丹麦等斯堪的纳维亚半岛以及德国、荷兰及周边移民至不列颠群岛的盎格鲁、撒克逊以及朱特部落的白人所说的语言演变而来，并通过英国的殖民活动传播到了世界各地。泛英语文化圈涉及爱尔兰、北美、澳大利亚、新西兰、南非等。爱尔兰管理基本同英国，北美管理已在第 1 章进行了剖析，南非管理将在第 10 章进行剖析。下面简要剖析一下澳洲的管理。

澳大利亚和新西兰都是"英联邦"成员国，所以人们总认为它应与英国之间存在些许相似之处。英国属于部落主义型文化，但澳大利亚是多元型文化（Leaptrott，1996），因为人们的自我意识不是与家庭或等级制度联系起来——**澳大利亚原本是英国流放犯人的地方**（美国最早也是），之后犯人刑满后在澳洲生活——从这一历史背景可以清楚看到，澳大利亚早期居民不是以家庭作为其基本组建单位，而且几乎由男性组成。从古至今，**澳大利亚逐渐形成了男性气概的社会风俗，推崇强壮、独立、吃苦耐劳的个体形象**，因此，在整个工业化国家中，澳大利亚也是最少由女性参与管理的国家之一，"玻璃天花板"比其他工业化国家更厚（Warner，1996）。在澳大利亚，作为个体身份象征源泉的"男人"这一群体成员，他们彼此平等，从骨子里相信人无高低贵贱之分。澳大利亚的自我价值观是建立在平等和男子汉感觉基础上的，其决策动机是基于公司政策和民族利益。新西兰的商业习惯、交易也是基于公平的原则，这里做生意不讨价还价。**但相对澳大利亚，新西兰的商界气氛被认为较接近伦敦，保守刻板**，但凡在新西兰能制造的产品，一般都不准进口。另外，两国人的国民福利相当高，所以他们拒绝加班。澳大利亚被认为是等同于"工作有困难"的加班，在日本人那里很可能变成

"不认真工作"的代名词——这就是国际经理人的"时空差"（王晨，2003）。

3.5　案例研究：德国西门子公司的管理模式

西门子股份有限公司的前身是 1847 年创建于柏林的西门子—哈尔斯克电报机制造公司。1897 年该公司改为股份公司，1966 年正式取名为西门子公司。西门子公司是德国乃至欧洲最大的电气电子公司，目前在世界上拥有包括西门子、博世等 15 个品牌，成为欧洲排名第一、世界第四大家用电器制造商。它在世界范围内主要从事电动技术工程、电气设备和其他各类机器设备的制造、维修和保养，其集团生产滚筒洗衣机、洗衣干衣机、电冰箱、厨房电器，以及各种小家电产品。其海外销售额约占其销售总额的 1/3。西门子家电集团拥有 70 多年家电制造经验，享有国际盛誉。

3.5.1　西门子式中道管理

欧洲公司追求多元化的价值观，而不将投资者利益作为唯一诉求点，这意味着欧洲公司在变革时会考虑多重因素，这就使欧洲公司在发展过程中呈现出多重性格。**以西门子这家有着上百年历史的欧洲公司为例，虽然你会感觉"保守、沉闷"，但是它具有每年超过 4000 多项专利的技术创新能力**，甚至在新兴技术领域领先于美国公司，令你一点不用怀疑它的活力。从世界上第一台指针式发报机的诞生到现代高科技太阳能芯片的生产，在 100 多年的科技发展较量中，西门子公司在同领域始终是一路领先。

该公司现有员工中大学以上学历者已超过 50%。目前每年还要接收 3000 名新大学生，仅用于这批学生的继续教育费，公司每年就要拨 3 亿马克。另外，公司每年还要投入 70 亿美元和 45000 名人员专门用于新技术和新产品的研究与开发，以迎接本领域的挑战。

3.5.2　国际管理多样化：大力开发国际性人才

目前，西门子公司已在世界上 190 多个国家和地区设立了代表处，经济全球化战略已经实现。西门子公司在 50 多个国家建有 400 多个生产厂家，仅中国就有西门子公司的合资和独资企业 40 多家，投资额已超过 10 亿美元，西门子公司还设有投资公司 1000 多家。

西门子公司大力开发国际化经营人才，以保证国际化经营战略的实行，其业务几乎覆盖了整个世界，经济一体化和经营国际化程度之高都是其他企业难以企及的。西门子公司的战略是：把西门子公司的发展融入所在国的经济发展之中。为此，公司做出规定，选拔领导干部必须具有 1~3 年的国外工作经验，而且把外语以及对所在国家文化状况的了解作为重要条件。

西门子公司是"多国多分部管理"最初的代表之一。战后该公司经历了两次重大的结构变化，两次的目的都是加强分权化和运营的灵活性，同时保持利用和发展组织协调的能力。第一次结构变化发生在 1966~1969 年，起初组建了 6 个事业部，后来增加到了 7 个。公司组建了 5 个总部职能部门，分别是计划/组织、财务、人事、RD 和分配。这一结构实行至 1989 年，由于规模的扩张以及电气和电子市场的快速变化，西门子于 1989 年采纳了一种修正结构，即引入更小、更为专业化的"事业部"。值得注意的是，和许多其他组织（如奔驰）不同的是，这种事业部大多数不具有独立的法律地位。

3.5.3　以人为本的"爱发谈话"制度

实施"爱发谈话"制度，重视后备人才培训"爱发谈话"是西门子公司实行的一项人事制度，主题是"发展、促进、赞许"，德文缩写是"EFA"。在西门子公司 40 万名员工中，有 26000 名是高级管理者，实行年薪制。"爱发谈话"的对象是实行年薪制的各领域高级管理人员，谈话每年一次，成为制度。

"爱发谈话"由职员、上司、主持人三方参加：职员，即 26000 名高级管理者；上司，即谈话对象的直接主管；主持人，通常是人事顾问。"爱发谈话"是以谈心方式进行的，上司是主角，在谈话中处于主动地位；职员在谈话中的任务是客观分析自己的现状，找出自己的强项和弱项，提出培训进修的意愿，根据自己的兴趣、爱好、潜力以及目前所处的位置设计调整自己的职业生涯规划，达到关心自我、拓展职能、确立目标之目的；主持人的任务是协调谈话各方，咨询有关问题，提供市场信息。

为了保证谈话效果，在谈话前三方都要做好必要的准备，尤其是上司的准备必须充分。其中包括：了解谈话对象当年完成任务情况、能力状况、有何要求等。这些情况可以事先通过问卷调查获取，包括：企业能为职员发展提供什么样的可能性；对职员的能力、优劣势、目前状况、所在位置的评价意见。为了提高谈话能力，公司还组织了 80 名专家对 800 名谈话者进行专项培训，然后再由 800名经过培训的谈话者去实施对 26000 人的"爱发谈话"，谈话结果三方签字后归入人事档案，作为确定年薪、岗位变动、职务升迁、培训进修的重要依据。在"爱发谈话"基础上实施的高级管理人员培训的针对性极强，缺什么补什么，参加培训者不是被强迫而是自愿参加。

3.5.4　独特企业领导制度与角色

按照德国《公司法》，德国企业的主要形式是"有限责任公司"和"股份公司"。在德国，国有企业和大型民营企业全部采用股份公司形式，西门子采用的也是股份公司的形式。

在西门子，公司治理结构设有股东大会，还设有"监事会"和"董事会"。西门子监事会的主要职责：一是任命管委会成员，并确定他们各自的职责；二是对管委会提出的战略、计划及其实施情况提出建议，并进行监督；三是批准管委会提出的重大并购、撤资和金融措施；四是根据独立审计人的审计意见，检查公司季度、年度财务报告；五是批准分红方案。在监事会上，由于股东监事和员工监事人数一样，当某项议案经过两轮投票仍不能达成一致时，监事会主席有最终决定权。监事会一般一年开 3~4 次会。所以监事投入的时间和精力比美国的独立董事要少得多。

相对于诺基亚、微软来讲，除期权激励占总报酬的比例很低外，**至今西门子管委会成员的薪酬比监事会成员的仍未高多少**，另外，总裁兼 CEO 的薪酬也没有比其他管委会成员高多少。这种情况与德国历史上长期注重经营班子的整体作用是有直接关系的，过去总裁在经营班子中扮演的角色是"会议召集人"或"对外发言人"。这就是西门子领导人独特的角色。前文提到"爱发谈话"是由职员、上司、主持人三方参加，但其中的上司也不是以上司身份出现，而是"教练"角色，从心理上与职员构成伙伴关系，设身处地帮助职员分析劣势，帮助职员更好地实现个人的设想。

3.5.5　案例小结

德国**西门子的管理模式**可以概述为：西门子在其"教练"上司的领导之下，引领"多国多分部管理"；"保守"与"创新"并举；以人为本，"爱发谈话"

更透露出欧洲独有的人本主义式的教练关怀。

本章小结

　　基于西欧文明的欧盟管理模式可以总结为：基于基督教和欧盟一体化，崇尚文艺复兴的精神、理性和民主精神，追求以人为本、中道管理和管理国际多样化。领导者的人格特征为"教练"。**欧盟呈现出东南西北管理多样化四种分模式**。欧盟管理及其 4 分模式与**同属英语文化圈的澳洲管理模式**等比较见表 3-1。

表 3-1　西欧管理四分模式及同属英语文化圈澳大利亚管理模式异同

地区	文明基础			管理模式			领导者
	积雪层	河水层	冰冻层	外显特质	隐现特质	内隐特质	
欧盟	欧盟一体化	基督教 古希腊 古罗马	精神性 理性 民主	管理国际 多样化	中道管理	以人为本	教练
日耳曼 德国（东）	社会市场 经济	日耳曼文化 直觉思维	综合主义	质量控制	生产机器 系统	技术主义	专家、师傅
拉丁 法国（南）	统治主义	拉丁文化 圆形思维	精英主义	等级控制	行政机构	理想主义	长官
拉丁 意大利 （南）	社区资本 主义	拉丁文化 感觉思维	人本主义	关系网络	家庭结构	设计创意	家长
盎格鲁 英国（西）	自由经济	盎格鲁— 萨克逊文化 分析思维	经验主义 实用主义	短期利润	销售机构	人本主义	经理
斯堪的 纳维亚 （北）	社会 市场经济	詹代法则	谦逊、平等、 谦卑、怀疑	长远规划	共同决策 参与和授权	工作和 生活平衡	女权
同属英语圈 澳大利亚	高福利社会	多元文化	强壮、独立、 平等、吃苦 耐劳	保守刻板	女性 玻璃天花板	生活 大于工作	男权

　　日耳曼管理模式：基于社会市场经济、直觉思维和日耳曼文化，崇尚技术主义，追求理想主义、质量控制和生产机器机构的组织特质，领导者的人格特征为"专家、师傅"。

　　拉丁法国管理模式：基于统治主义和拉丁文化，崇尚精英主义，追求理想主义、等级控制和行政机构的组织特质，领导者的人格特征为"长官"；**拉丁意大利管理模式**：基于社区资本主义，感觉思维和拉丁文化，崇尚人本主义，追求设计创新、关系网络和家庭结构的组织特质，领导者的人格特征为"家长"。

　　盎格鲁英国管理模式：基于自由经济和盎格鲁—萨克逊文化，崇尚经验主义和实用主义，追求人本主义、短期利润和销售机构的组织特质，领导者的人格特征为"经理"。

　　斯堪的纳维亚管理模式：基于社会市场经济和"詹代法则"，崇尚谦逊、平等、谦卑、怀疑主义，追求长远规划、共同决策参与和授权，注重工作和生活平衡，领导者的人格特征为"女权"。

　　泛英语文化圈澳大利亚管理模式：基于高福利社会、多元文化，崇尚强壮、独立、平等、吃苦耐劳，追求保守控制、男性管理，生活大于工作，领导者的人格特征为"男权"。

第4章 基于日本文明的日本管理模式

本章首先剖析基于日本文明的日本管理模式，然后概述与日本管理极为相似的韩国管理与日本模式的异同，最后运用两个案例，具体解剖"日本松下"及"韩国三星"各自的管理模式。

4.1 源远流长的日本文明之河

日本是一个位于欧亚大陆东侧、太平洋西北部的弓状岛国。日本国土约 3/4 是山地与丘陵，缺少平地，使农业用地、城市用地的利用受到限制，在狭窄的平地上生活着 1.3 亿人。

日本人种及日语原型的形成期则被认为是 1 万年前至公元前 3 世纪前后的**"绳文时代"**。当时，人们数人或十人一户居住在竖坑式草屋，以狩猎、捕捞及采集为生，构成了贫富与阶级差别的社会。

公元 4 世纪中期，"大和政权"统一了割据的小国。随着国家的统一，以前方后圆坟为代表的古坟遍布各地。这个时期是中国许多知识和技术传入日本的时期。4 世纪，大和政权吸引了大陆的高度物质文明。到了 5 世纪，来自朝鲜半岛的外来人（归化人）带来了铁器生产、制陶、纺织、金属工艺及土木等技术，同时已开始使用中国的汉字。6 世纪，日本人正式接受儒教，佛教也传入日本。

7 世纪，圣德太子致力于政治革新，并以"大化革新"为契机，着手建立一个以天皇为中心的中央集权国家。这个做法仿效了隋、唐，而且此时更加积极地摄取大陆文化。

12 世纪末，源赖朝受封第一代征夷大将军，并在镰仓建立"幕府"，从此诞生了"武士政权"，由此产生了武家政治和公家（指朝廷公卿、贵族）政治的对立。

江户幕府末期，天灾不断，幕府统治腐败，民不聊生，且幕府财政困难，使大部分中下级武士对幕府日益不满。同时，西方资本主义列强以坚船利炮叩开锁国达 200 余年的日本国门。在内忧外患的双重压力下，日本人逐渐认识到，只有推翻幕府统治，向资本主义国家学习，才是日本富强之路。于是一场轰轰烈烈的倒幕运动展开了。在这场推翻幕府统治的运动中，萨摩、长州两藩武士起着重大的作用。1868 年 1 月 3 日，代表资产阶级和新兴地主阶级利益的倒幕派成功发动政变，迫使德川幕府第 15 代将军德川庆喜交出政权，并由新即位的明治天皇颁布"王政复古"诏书，这就是日本历史上的"明治维新"。日本从此走上资本主义发展道路。

明治维新以后，日本逐步确立起资本主义的政治制度，其资产阶级势力在统治阶级的呵护下迅速成长。由于日本当时"赶超型"资本主义国家的地位，其政府为了迅速发展经济而采取了极端的方式——挑起战争。军国主义的集权统治以及战争的扩张性战略的实施一度使日本势力大幅度增强。但是，这种极端的发展方式并不是长久之计，对外不断扩张的侵略战争势必遭到被侵略国家的顽强抵抗。日本最终被牵制在战争当中，并且在战败后其国内经济曾一度处于一蹶不振的状态。

"二战"战败后，以美国为主的盟军对日本进行了"接管"，改日本专制天皇制为君主立宪制，天皇作为日本的象征被保留下来。

4.1.1　岛国性格与美国接管

（1）岛国性格

显而易见，日本是一个四面环海的岛国，长期处于世界文明周边地区，孤悬海外。孤岛生活培养出来了日本对外国文化的极其强烈的好奇心。此种好奇心所引发的在近代是对外扩展、侵略，在古代则是对内吸收。**相对大陆文明的"给予文化"，岛国文明是"接受文化"**。日本人在旺盛的好奇心的驱动下，贪婪地吸取外国文化"好的东西"并巧妙地将其改良成本国的文化。

日本是一个双重意义的"资源小国"。在历史上，日本从没有产生过具有世界影响的文化、思想和科学方面的巨人。双重资源的贫乏，促使日本人积极地向外界寻求物质、精神的资源和能源。**从历史的顺序看，日本人先学中国，产生所谓"和魂汉才"之说法；明治维新开始后，一个同样的引进消化过程又展开在日本与西方国家之间，所谓变"和魂汉才"为"和魂洋才"**。大和民族的"和魂"，东京大学的两位教授曾做过极为凝练的解答：一位用英语回答说"Digest"，意思是"消化"；另一位用日语回答说"鸟次瓦"，意思是"容器"（范徵，2009）。这就是说，日本民族对于外来文化具有很强的消化力和容受力。人只有当肚子饿了，才会有食欲和消食的能力，容器只有当内部是空的，才会有接纳外来物质的容量。日本人之所以能非常热心地吸收外来文化，是因为他们具有文明饥饿感和中空的精神构造。

（2）美国接管

战后的日本处于以美国为主的盟军占领统治之下，在盟军的推动下建立了"二元君主立宪制"的政体。日本现行政治制度是以 1947 年 5 月 3 日生效的《日本国宪法》为主要依据。根据宪法，日本采用欧美资本主义国家普遍实行的"三权分立"原则，实行了同英国类似的议会内阁制。虽然日本现在还存在天皇制，但根据宪法，天皇是日本国的象征，其地位以主权所属的全体国民的意志为依据。天皇不再拥有政治上的一切权力，只是根据宪法的规定从事一些形式上和礼仪上的国事活动。

除三权分立外，日本实行中央与地方相对分权的地方自治管理形式。地方自治体的行政首长、议会议员以及法律规定的其他官员由地方居民直接选举产生。地方自治体有管理财产、处理事务以及执行行政的权能，可以在法律规定的范围内制定条例。

"二战"后，联盟军对日本法律体系的变革起到了重要影响。许多法律都是在 20 世纪 40 年代末颁布的，其中《反垄断法》和《安全交易法》等都是参照美国的相关法律制定的。

随着美国接管，一些发端于美国的现代管理方法也源源不断地被输送到了日本并被发挥到极致。如"质量管理"由美国人戴明首先倡导，在美国反应冷淡，却让日本人独领风骚了几十年。

4.1.2　融合中国哲学的神道思想、士道精神

一般认为，**"绳纹文化"是日本最原始的文化母体**（杨薇，2002）。日本历史始于石器的出现，即农耕以前的狩猎采集文化，绳文时代即日本的石器时代。

绳纹文化是由各种因素复合而成的，具体包括以原始神道为核心的自然本位与现世思想及"敬神尊祖"的"神人何融"状态、生命一体感意识、精农主义和人情伦理等日本本土思想。日本的神道教与绳纹文化不无渊源。

从历史上看，"明治维新"以前，日本一直处于中国文化的影响之下。**大约6世纪时，儒教和道教几乎同时从中国或经朝鲜传到日本**，对日本的工商界产生了长时期潜移默化的影响。日本工商会总裁涩泽荣一是日本企业领袖，也是企业教育家。他说："我以《论语》为买卖指南，一步也离不开孔子之道。"（梁战平，1993）他常把论语抄本带在身边，并根据日本实际对《论语》作了新的注释。涩泽认为，富贵和货殖与论语并不矛盾，孔子并不轻视富贵，只是强调不能淫于富贵，要按照正道取得富贵。在涩泽的努力下，明治时期的实业家们逐渐形成了一种为国、为公、义利结合的实业思想，使儒教成为企业家的精神支柱。社会上通俗地将其比喻为**"论语加算盘说"**，即一方面接受西方先进的科技和管理方法（以算盘表示）；另一方面又以儒家文化治企业（以《论语》为代表）。

然而，正如欧洲人由于对相同的《圣经》的不同解释，终于导致耶稣教与天主教的决裂，然后耶稣教建立了一种全新的行为伦理道德（韦伯所谓的"现代资本主义精神"）那样，在某些重要的方面，**日本的儒教是非常不同于中国的儒教的；与儒教同时传入的道教，也经历了相当大的改造，并发展变化成为日本的神道教；同样，由中国经朝鲜传入的佛教也变异为日本的禅宗——其结果是，在日本产生了一种独特的"大和民族"的民族精神。**

（1）神道思想（しんとう，又称神道教）

神道教是日本的传统民族宗教，最初以自然崇拜为主，属于泛灵多神信仰（精灵崇拜），视自然界各种动植物为神祇，特别崇拜作为太阳神的皇祖神——天照大神，并以之作为日本民族的祖神。还称日本民族为天照大神的后裔，并且是其在人间的代表，皇统即神统，祭祀的地方称为神社。后来，人物神的历任天皇、幕府将军、功臣等也渐渐被作为膜拜对象，**神道教义与朱熹理学相结合，强调尊皇忠君，形成了以"忠"为核心的教义。**

如同中国，日本采用了儒教作为其上流社会官方生活的伦理道德制度，道教（或者它的本土翻版神道教）只是作为皇室和百姓的宗教。然而，中国的道教和日本的神道教之间还是存在着巨大差异的：中国的道教提倡人们应从公务中退休，并隐居起来，宁静而清苦地生活，以便在追求尘世间的幸福中获得长生不老；而在日本的恩耻意识的土壤上，日本人把道教改造成了相反的东西，天皇和神道这些名副其实的道德概念被反道教的方式重新解释，**神道教徒珍重为天皇利益而做出的自我牺牲，而并不注重追求自身的长生不老**。特别是在德川时代末年，起源于《古事论》研究的国学，狂热地倡导古代神道信念，为促成其反对西方列强和中国的狭隘民族主义和沙文主义的运动出了很大气力。

（2）士道精神（又称武士道）

武士道是日本武士阶级的准则，主要提倡效忠天皇和尚武精神。10 世纪时封建武士开始崛起，12 世纪末，武士出身的将领源赖朝建立了统治全国的军事政府——镰仓幕府，从此，日本进入幕府时期（幕府一词始自古代汉语，指出征时将军的府署），以将军为首的幕府成为中央政权，天皇形同虚设。在德川幕府统治时期，统治阶级建立起严格的社会等级，将社会划分为士、农、工、商四个等级。德川时代在武士道思想中添加、改造儒家伦常观念，成为强调责任、义务的思想体系。

中国的儒教把仁慈（仁）、正义（义）、礼仪（礼）、学识（智）、信义（信）作为最重要的美德，并且相信"仁"是人类本质的美德。然而，日本人所理解和传播的儒教却不是这个样子。在日本，虽然像中国一般其政府采纳了儒教的意识形态，但在其按儒教观点写成的《十七条宪法》及后来的《天皇诏书》中只提到，有成就的政府鼓励人们去修习儒教的美德，诸如忠诚、正直、礼仪、智慧和信念等，**忽略仁慈而强调忠诚，只能被看作日本儒教所独具的特征**。这个特征，绝非仅始自明治时代，尚可以追溯到相当远的时期以前，而当日本更接近近代时期的时候，这一点就越发清晰了。此外，忠诚（忠）的含义在中国和日本也不尽一致。同样孔子的一句"臣事君以忠"，在中国被解释为"臣子必须以一种不违反自己良心的真诚侍奉君主"，忠诚即对自我良心的忠诚；而日本人则将此理解为"家臣必须为自己的君主奉献出全部的生命"（森岛通夫，1982），其忠诚基本上是一种旨在完全献身于自己领主的盲目的真诚，而且，在日本，忠诚、孝顺和对年长者的义务一起塑造了一个价值三位一体，并在社会内调节着以权威、血缘纽带和各自年龄为基础的等级关系。

（3）日本禅宗

禅是禅那的简称，汉译为静虑，是静中思虑的意思，一般叫作禅定。此法是将心专注在一法境上一心参究，希望可以领悟本自心性，这叫参禅，所以名为禅宗。日本禅宗结合了先期传入日本的中国儒家思想、佛教思想和本土宗教中的神道，在新时代文化浪潮中表现在五山文学和武家禅文化两个方面。德川家康的禅宗业师泽庵作《不动神智妙录》，论述了武士心中的"心无置所"，更是将其发挥到极致（冯玮，1995）。可以说，武家禅是日本武士心目中"不是宗教的宗教"。

以成熟的禅宗文化为核心，日本民族精神和民族性格被赋予了新的内涵。对此，16 世纪到日本传教的天主教神甫约翰·罗德里格斯曾经有一段精辟的分析："日本人有三个心：第一，口头上的。这一眼就可以看出不是真实的，是虚伪的心。第二，只在亲密朋友之间互相敞开内心的心。但是，还有一个，那就是在它们的后面，对任何人都不说的只属于自己内心的心。"这里的第三个潜藏在深处（郭毅等，2009）。

日本禅宗中蕴含着藐视一切权威，直指人心，包容万物的博大胸襟——这一点深刻影响着近代日本民族精神、日本管理思想和企业文化。禅宗作为日本文明的重要组成部分和思想主要来源，体现的是一种广大的融合能力和追求和谐的精神。

4.1.3　大和理念、耻感伦理与"公司资本主义"

基于日本文明发展最深层的武士道、神道教和中国儒教的河水本质，以及美国接管、岛国性格的显性积雪特征，终于冰冻形成了介于其间的若隐若现的大和理念、耻感伦理和公司资本主义。

（1）大和理念

日本人自称他们是大和民族，是因为他们的历史就是从"大和"（邪马台）这个地方开始的。在大和之前，日本只有传说，而没有历史。正如我们中国人常常自称是华夏民族，是因为中国的王朝历史是从夏朝开始的。

由于大海天然屏障的存在，岛国的最大危险不是外敌，而是岛国内部的斗争。岛国上爆发战争，人们无处可逃，因此战争必会两败俱伤。所以日本在 6 世纪国家稍有模样时，就已经把"和"字作为国家的最高理念。巩固了日本根基的圣德太子制定的《十七条宪法》的第一条就强调了"和"。**"和"主要指的是"以和为贵"的思想。**《丑陋的日本人》（高桥敷，2008）的作者曾经用三个以"S"开头的英文字母来形容日本人的基本特征，这三个字母分别是"Small"（矮小）、"Smile"（微笑）以及"Silence"（沉默）。除了第一个"S"以外，后面的两个在一定程度上体现出了日本民族在为人处世以及与外界文明接触中的特点。**日本人注重"和为贵"，希望尽一切努力保证表面上的和谐——"微笑"就**

是其经典的表现。

（2）耻感伦理

在《菊与刀》（Benedict，1946）中，"菊"是日本皇室家徽，"刀"是武家文化象征。但本尼迪克特并未从这种含义出发，他特将在研究部族社会过程中形成的文化模式和文化与人格理论，扩大应用到分析近代日本这一大型文明社会，把找出隐藏在日本人行为背后的原则作为自己的研究任务，通过对等级制度，恩与报恩、义理与人情、耻感文化、修养和育儿方式等的考察，从结构上深入探讨了日本人的价值体系，分析了日本人的外部行为及深藏于其行为之中的思考方法，即日本文化的各种模式，得出了**日本的社会组织原理是不同于欧美"罪感文化"的"耻感文化"**的结论。

东西方地处世界的两端，文化的基础有着各自的本源。西方人持有的是"罪感文化"。**罪感文化源自西方基督教神学家奥古斯丁所提出的原罪论。**此原罪论指出，在人的本性中，人人都有缺陷，人人皆非完美者。因此，人人都需要有一颗忏悔和悔悟之心。也就是说，在西方基督教传统背景下，人们的思想和行为受制于凌驾万物之上、洞察一切的上帝，上帝迟早会对人的善恶进行审判。善有善报，恶有恶报，进天堂或下地狱在于自己如何为人行事。这种观念使个人直接面对上帝，直接体验自己的良心感受，道德的约束是内在的。本尼迪克特将"提倡建立道德的绝对标准并且依靠它发展人的良心"这样的社会定义为"罪感文化"。因此，在罪感文化中，人们才有向上帝"忏悔"不为人知的隐秘罪错的宗教行为。

而**日本是一种"耻感文化"。耻感文化强调的是外在的约束力。**罪错暴露，才会受到他人的谴责与惩罚，社会才会把耻辱降落到这个人头上。假如罪错不为人知，那么也就不会有社会群体的压力。耻感文化中的个人，其所作所为首先考虑的是他人、社会的评价，以受人赞许为荣，以人人排斥为自己的羞耻。因此，在西方人眼里应该是犯罪的行为，东方人感到的不是罪恶，不是去忏悔、赎罪从而希望获得解脱，反而会认为坦白忏悔只是自寻烦恼，只要不良行为没有暴露在社会上，就不必懊丧，唯恐自己的罪错被他人知道，那样他会感到被讥笑，感到耻辱和不安。**"耻感文化"所造成的民族文化心理主要表现为：极其强烈的自尊心，对外来批评极为敏感，视为对其人格的侮辱，拒不认错，普遍缺乏对自己行为的反思。**

本尼迪克特在他的书中没有给出耻感文化明确的定义，只是说"真正的耻感文化借助于外部强制力来行善"（Benedict，1946）。应该说东方人持有的是一种耻感文化，在后文的分析中可以看出韩国人的耻感意识相对日本人有过之而无不及。

（3）公司资本主义

日本号称大和民族，其民族精神的核心是"集体本位主义"，社会形态是"公司资本主义"。

日本多山少平原，自然资源匮乏，加之地震、海啸等自然灾害和人口压力，致使日本民族拥有强烈的危机意识。而且大部分人居住在以东京为中心的北海道地区，从事以稻种为主的单一种植型经济，从播种到收获都需要整个家庭及邻人的相互帮助。**危机感和协作需求促使日本人必须依赖集体的力量才能生存。所以，"家"是日本文化的基质。**

对日本人而言，**社会只是"家"的放大体**。在日本特殊的历史条件和社会结构的影响下，**日本的资本主义社会制度具有鲜明的日本特色——"公司资本主义"**：一方面，政府积极扶植资产阶级的实业，为其发展创造有利条件；另一方面，政府扶植下形成的几大财阀也积极为政府服务，支持国会和政府的相关政策和决策，并随时准备在国家陷入困境时予以全力的支援。政府、银行业和企业之间关系相互渗透，紧密不可分割。

日本的公司资本主义是明治维新时期吸收西欧文化进行的社会改革。不同于德国（欧洲）社会资本主义的是，社会资本主义的出发点是力求达到经济效率与社会公平的兼顾，公司资本主义强调的是企业与政府的联合，社会经济受大财团的控制。公司资本主义的独特之处，是它重视长期的合作关系。这使经济不是受价值规律的指挥，而是处于人们所称的"关系市场"指导之下。"关系市场"指的是政府默许下，金融业界与生产企业之间的相互渗透的所有权关系。在这种关系的影响下，金融界与生产企业之间更注重长期的合作关系，而不是着眼于短期或者中期的效益。由于日本的资本主义是一种"后进赶超型"的资本主义，才促生了这种与西方自由资本主义的自由市场经济截然不同的制度形态。在这种集体资本主义制度下，政府、金融业界和生产企业之间的关系紧密，从资本主义萌芽的诞生到资本原始积累阶段，再到资产阶级发展壮大阶段，政府始终在利用宏观调控的手段，利用金融界的融资能力来扶植资产阶级的成长。

日本的企业和日本政府之间的这种紧密的关系是有非常深厚的历史根源的（Nath，1988）。政府和私人企业共同操控的历史可以追溯到明治时期。日本政府在建立工业现代化的初期是非常谨慎的，通常是由政府修建工厂然后转包给私人企业。在这个过程中，日本政府掌控着大部分的商业活动（Davis，1972；也可参照 Halliday，1975）。尽管有政府推行了反垄断法案以及美国占领日本对日本经济的影响，但日本国内私人垄断和卡特尔仍旧呈现出不断增长的势头。为了建立一个军事强国，日本政界达成了这样的共识，即政府需要与商界保持紧密的合作关系，并实时监控商界的发展。另外，企业和国家的相互支持得以长久的维持，不只是因为这两者之间经常有合同往来，更重要的是那些内战退役军人有对于步入大型企业，做享有高薪待遇的行政工作的需求。这种工作转换体系是自上而下的。这些人成为了企业与政府之间一条无偿的双向沟通纽带。还有，那些雄心勃勃、临将退休的政府官员们如果想在政府内阁中占有一席之地就必须竞选议会。他们的竞选活动需要得到企业的支持。因此，钱是企业和政治之间另一强有力的纽带。在日本，这一点比大多数工业化国家体现得更为普遍、更具说服力，也更具实际操作性。日本的政治体系是民主的表象、半封建的本质；民主只是局限在实施形式上，而非实质上的民主。相比之下，政党关心的不是政策政绩，而是如何让党内领导人在国会中竞争到部长或首相的职位，从而为其特定群体谋得更多的权力和利益。

4.2　日本管理之冰河模型

图 4-1 提供了一个关于**日本文明的概念模型**：日本文化发展最深层结构为源于本土绳纹文化与中国儒道哲学、印度佛学相融合的"神道思想"与"士道精神"；显性特征体现为"岛国性格"与"深受战后美国接管影响的政治经济"；介于其间的若隐若现的层次为日本民族的大和理念、耻感文化及"公司资本主义"意识形态。其间，日本文明所受到的外来文明的强加与渗透作用主要体现为：日本在古代大量吸收中国隋唐以来的哲学进行的大化改新；在明治维新时期吸收了西欧文明进行的社会改革；"二战"后吸收美国文明进行的民主改革和质量控制革命。

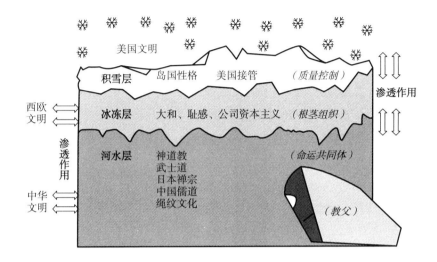

图 4-1　基于日本文明的日本管理之冰河模型

基于日本文明的日本管理模式如图 4-1 右边括号内文字所示：**显性的控制层中体现的是"日本式的质量控制"；若隐若现的组织层隐藏的是"日本式根茎型组织结构"；隐性企划层深处是体现大和核心价值观的"命运共同体"的基本管理哲学。**日本领导者的人格特征体现为**"教父"**（航船中所标示）。

4.2.1　命运共同体

第二次世界大战后，日本经济的迅速崛起，引起西方各国的普遍关注，特别是作为现代企业管理理论发源地的美国，深感日本的挑战使它的经济霸主地位受到了严重的威胁。随着美日贸易竞争的日益激烈，美国人坐不住了，许多美国学者把目光转向了日本。经过一批一批的美国学者对日本所进行的周密调查，他们发现，日本在技术设备方面，许多都是从美国引进的。从技术设备方面找不出日本成功的奥秘。美国学者进而把目光转向日本的企业管理，从企业管理技巧方面寻找日本成功的秘密。但是他们也同时发现，日本企业管理的硬件也是从美国引进的，从管理的硬件方面也没有发现什么诀窍。

日本企业受中国文化的影响，与欧美管理哲学不同，管理着重点在于"软件要素"（泛指思想、文化、精神之类）而不在"硬件要素"（泛指技术、纪律、政策之类）。欧美管理学过分强调管理中的技术与理性，倾向于把资本看成资金、设备、原材料和技术，主导美国企业政策和外交政策的思想则是计划至上、技术至上，而人仅是一些可以调换的零部件；而日本企业很重视人的价值在管理中的主体性地位，而不仅仅是完成某种经济职能的操作工具；但又不同于中国企业的是，**日本人在从封建主义到资本主义的过程中，又将其独特的、悠久的家族主义传统、忠君爱国以及武士道精神带进企业管理，再加上日本民族立国之本之魂的"集体本位主义"，形成了所谓的"命运共同体"**，崇尚"和"，"天地之间，以和为贵"，强调企业与社会、职工与企业共存共荣。日本式的命运共同体具体体现为以下几个方面：

（1）终身雇佣制与年功序列工资制

终身雇佣制对日本企业的经营管理和命运共同体有着密切的关系。采取终身雇佣制的目的是：调动企业培养出来的青年人的积极性，增强对企业的责任感和忠心，也使他高兴地感到有被提升的希望。根据这个制度，职工从学校毕业到平均五十七八岁退休为止，一直在一个企业中工作。同时结合"年功序列工资制"，随着工龄的增长其工资和地位也会相应提高。

随着工龄的增长而增长的工资称资历工资（又称"年功序列工资制"）。在日本，工龄工资占60%，职能工资占40%，而且平均每年大约递增2%的工资，一般在临退休前才达到最高峰。日本企业职工的工资差别也不大，高工资和低工资的差别至多为5~6倍，而不像美国那样高达几十倍。日本企业家认为，工资收入差别过大，不利于内部团结。资历工资的基础是终身雇佣制，公司通过资历工资来购买忠诚，作为回报，它们要求雇员终身为公司工作。

在个人的援助、福利措施以及退休金等方面，给职工以种种好处。只要不是长期萧条，职工就没有被解雇之忧，此等终身雇佣制，使特定企业成为职工的终身劳动场所，从而使职工一方面有了"安全感"，另一方面也产生了"归属意识"，把自己的命运同企业的命运联系起来。

（2）决策一致性

日本的管理方式以组织内部一致意见的形成为基础，用来促进这种决策过程的制度被称作禀议制度。禀议制度以团体和组织意见一致为目标，使整个过程和组织行为的机制相结合。在禀议制度下正式使用的文件是禀议书，有关的经理和提供支持的人在禀议书盖章。因此，禀议书是小组一致的象征。从20世纪70年代起禀议制度被认为是封建主义的，在许多公司被取消了，但是被废除的只是禀议书的使用，它的精神还存在，并且在"事先磋商"中有所体现。

命运共同体中的日本的决策过程是遵循决策一致的，即少数服从多数的决策。在该体系下，任何规章制度、战略措施的调整都是由一些相关人员提出的，这些相关人员往往是与这些变革息息相关的。高管们做出的最终决策都是经过各级管理人员仔细检查、精心修改过的。这种现象就导致了公司作出的决策实质上是管理结构中的各级管理人员相互妥协、达成一致的内容。这种决策过程可以看作是自下而上型的，与美国公司常用的自上而下的决策过程不同。

（3）报效国家

日本企业作为独立自主的经济实体与社会组织，与国家、政府的关系不仅是一种纳税和税收的关系，而且存在着政治、思想和社会文化等方面的直接关系。自明治维新以来，日本企业界就形成一种风气——重视国家利益和集体利益——某种程度上受到日本禅宗的影响，日本人的基本假设前提是每个男女生来负有"恩情债"，有债就需要报恩。

企业的生存目的是什么？企业存在的意义是什么？这些现代管理问题经过禅宗思想的注解提升成为整个社会、整个人类发展、生存的哲学问题。有的日本企业甚至直接将禅宗导入企业的经营哲学中。如丰田汽车公司就明确提出："尊崇神佛，心存感激，为报恩感谢而生活"。也正是这种心存感激的思想，使日本企业的员工们甘于奉献，把生产视为不单单是满足个人物质生活的需要，更重要的是它能带给员工自身一种精神上的满足。

4.2.2　根茎型组织

日本企业的组织结构、产业结构是基于人间、组织间的"根茎型"结构，而不同于欧美基于个人的"树木型"结构。**日本组织的结构具有根茎一样错综复杂的构造，**各部分具有相对独立性，整体又能保持和谐，综合为一；根茎的顶点也似乎只是一个局部，如果不是这一组织内部的伙伴，根本无法弄清这一组织的力量蕴藏在何处。

（1）非正式结构

日本企业的组织结构有很多形式，如功能型、部门型或矩阵型等。**日本企业不太看重正式的组织结构。**在美国和其他国家，组织结构通常是按照沟通、职权以及工作流程来构建的。组织结构是企业的关系模式、任务分配和人际关系的体现，是为达到企业制定的目标服务的。正如前面所说，日本企业的运作与西方企业存在着比较大的差异。一致性决策鼓励企业从下而上地进行革新，这分散了决策的权责，让全公司的人都参与决策的工作。高层管理者代表了整个群体的权责。内部沟通也主要是基于人际关系而非形式上的安排。日本传统文化中的集体主义、等级意识以及垂直型人际关系等方面对日本企业中的内部沟通工作有非常大的影响。在日本，企业形态的本质是决策过程而非组织结构本身。

（2）财团（Zaikai）

在日本，财团是企业对政府影响的主要群体。"财团"可以理解为由对政府和国家政治有极大影响力的**金融巨头**组成的政治经济团体。财团会对金融领域，更广泛地说是商业领域（主要是大型商业活动领域）起到指示性作用。财团大多是由四大商业组织的高层执行官组成的。这四大商业组织中最具影响力的是经济团体联合会（The Federation of Economic Organizations），其董事会是由主要组织主席和商业、工业和金融业的资深人士组成的。不能简单地认为日本的大型商业组织在影响决策时地位都是平等的。财团成员的特殊利益、地区利益、对西方世界的态度、政治倾向以及最重要的一点——政治权力等都是至关重要的。

企业组织会对政府各方面的决策施加很大的压力。任何决策一旦遭到财团的反对就不可能通过国会的决策或被政府公布。但日本的企业不会采取类似美国议会的议员投票形式来进行决策，因为这种方式会影响到所有重要的经济决策。

（3）银企集团（Industrial Group）

作为对财团群体的补充，日本还有一些大型的经济组织，我们可以称它们为"财阀"。这些财阀大多是由**寡头垄断**组成的。"二战"后期，由十所家族行业巨头组成的群体形成了财阀。战后，联盟军为了在日本实行经济分权、民主政治，曾一时瓦解了财阀的势力。但是这些公司之后又联合了起来，组成了新的团体叫作"银企集团"。这种联合体是没有家族控制的。如今，在原有财阀基础上形成了六大银企集团，它们分别是三井、三菱、住友、富士、三和及第一劝业。前三家都是从原有的财阀发展而来的，且从集团内部联系来看，要比后面三家的内部联系紧密得多。后面三家内部主要是以银行为纽带，且也是从早期的一些小型财阀群体演变而来的（Hadley，1970；Bisson，1954）。

银企集团的业务会渗透到日本各个商业领域。同一行业中至少会有 6 个公司进行竞争。一般来说，一个行业群体是由许多寡头垄断的企业（成员公司）和大量中小型企业构成的。成员公司大都是大型企业，且与集团内部的公司合作紧密。例如，属于三井集团的成员公司会与以三井银行为核心的金融机构保持良好的合作关系，会与同名的贸易公司进行大宗贸易活动，同时也是集团决策机构"二木会"（在每月第二个星期四举行的聚会）的成员。各个成员公司的董事会主席出席"二木会"，且在会上作出三井集团的相关决策。三井集团有 23 个成员公司。每个成员公司及其子公司、相关公司会涉入一个行业的商业活动。并且为了减少集团内部公司的竞争，一个行业内只有一个成员公司。通常情况下，集团中心是银行和贸易公司。与战前的财阀不同的是，这些银企集团中不存在一家公司控制集团的情况。但集团中成员公司会出现互相持股的情况。通常情况下，这种互相持股的份额相对较小，有时这种集团内其他公司持有的股份也有可能会达到 80%。集团内跨行业公司的合作通过私人合同和互相控制董事会的形式得到了扩展。

银企集团内错综复杂的关系网促成了联合体内企业的商业合作（但有时集团内的企业也会相互竞争），这种关系是互惠的：集团内的公司会从其贡献中获益，如进入金融资本市场、进入出口市场和销售渠道以及提升企业形象等。尽管日本的小型公司的破产率很高，但由于大企业得到了这种集团内的保护，其破产率一直保持在比较低的水平。近十年，日本只有几个大型企业破产，而破产的主要原因则是缺乏银企集团内强有力的联系和银行的支持。日本大型企业中只有很少一部分是不隶属于任何一个银企集团的（如索尼和本田）。

有时我们会称上面提到的六个银企集团为金融集团。此外，还有十个以上独立的制造集团。这些制造联合体是由大量的成员公司和相关的小型公司组成的，如丰田、松下、尼桑。有些制造集团隶属于一个或两个金融集团。

（4）日本的综合商社和银行

每一个银企集团都会有一家银行和一家综合贸易公司。银行，作为主要的资本来源，在企业联合体中起到了重要的整合作用。正如前面所提到的，隶属于同一个银企集团的日本公司可以获得银行大量的财政支持，并且可以在银行的保护下预防财政危机的发生。大多数的日本大型企业依赖于其银企集团中的银行来帮助它们进行金融迅速扩张，获得较高的资产负债率。作为回报，这些企业会让银行对其进行专门的公司管理。这种管理中，银行处于高层执行的地位，大型企业丧失管理自主权，且受制于大银行。

贸易公司的各项活动在整合银企集团的过程中起到了重要的作用。日本有超过 6000 家贸易公司，但是只有其中前十所最大的贸易公司才称得上是综合性的贸易公司，或者叫作**"综合商社"**（相当于**企业集团**）。比较有名的综合商社有三菱、三井和住友商事。它们掌握了大概全日本一半的进出口贸易。这些贸易公司的主要职责就是替企业联合体里的企业进行营销和承担委托销售。此外，它们还在国内外开拓新的行业、组织进行新项目的风险投资。贸易公司的另一个重要作用就是为客户，特别是小型企业提供信贷。贸易公司向银行大笔贷款，而后用这笔钱向它们的客户提供信贷以助其筹集运营基金、贷款采购原材料以及购买大型机器设备等。大银行主要向大企业提供贷款，贸易公司主要为小型企业提供商务理财服务。贸易公司也会购买其客户的股票以发展壮大银企集团之间的关系（Haitani，1976；Kunio，1982）。

（5）双向结构

通常我们会把日本经济看作双向产业结构经济，这是因为日本经济中存在着**大型企业和大量小型企业共存的现象**。这些大型企业和小型企业的生产力和薪酬差距是很大的。相比而言，日本的大型企业的生产力水平较高，且可以提供给员工一个较高水平的薪酬。与其他的工业化国家相比，日本的这种大型企业和小型企业之间的生产力和薪酬水平差距要大得多。日本小型企业里的员工通常只能拿到相当于大型企业员工 35%~45% 的薪酬，额外福利较少，且享受不到终生雇佣制。大约 98% 的日本制造企业都是员工少于 100 人的小公司。这些数量庞大的中小型企业实质上是由大型企业控制的。这种双向结构为大企业带来了巨大的利润。大多数的日本制造企业都不是综合性的，他们大多是从人力成本较低的转包商手中购买零部件以降低成本。以汽车制造业为例，一辆汽车上的 65%~70% 的零部件都是来自于这些转包商。也正是凭借这种依赖关系，大型制造企业得以在这些转包商的协助下获得低成本、高质量的零部件并进行及时的配送。丰田企业管理系统中的看板（kanban）和准时（JIT）体系很好地例证了这一点。

4.2.3　日本质量控制

国土狭小的心理表现，可以举出细致认真、精密准确等。日本人对工作的责任感和优良的产品质量，还有新干线准确的停发车时刻，在世界上都首屈一指。无论做什么事都兢兢业业、一丝不苟、精益求精，这是日本成为当今世界经济大国的根本保证。

"二战"之后，日本工业界把产品质量由便宜但质量差提高到便宜且质量好（Warner，2002）。如果日本想在全球经济中得以生存的话，这场运动就是必要的和关键的。质量可以分为两部分：独创性和耐久性。"二战"刚结束时，由于日本经济正在经历重大重建，日本工业不可能生产有创造性的产品。因此它们用大量的生产工厂来制造耐用产品，并引入美国的生产技术，如统计质量控制

（SQC）和工业工程。SQC 在可靠性中，特别是在软件方面扮演了重要的角色，而工业工程在硬件方面扮演了重要角色。丰田公司的看板制度就是工业工程的修改和延伸。

"二战"之后，日本诞生了 PDCA 环（PDCA cycle，见图 4-2）或控制（或被称为管理）环。PDCA 方法来自于威廉·爱德华兹·戴明和其他美国专家带来的质量控制概念和方法，其中 P 代表"计划"，D 代表"做"，C 代表"检查"，A 代表"行动"。公司环是最大的环，在这个环中高层管理者制订公司计划，这些计划细分为部门或分部计划，按照这些计划"做"或实施（在生产中可由工人完成），进行统计检测，对产生废品的因果关系进行分析，然后采取改正措施。

PDCA 环的使用在工人之间发生了意料不到的变化，工人们修正了模型并创造了一个自己的质量环。受过再教育的工人或操作者除了完成自己的任务以外，还亲自开始检查和检测工作。然后他们在自己的工作领域为修正行动和为得到修正行动的许可亲自提出建议。有一些受到良好教育的操作员甚至开始为自己的工作制订计划。因此，这些工人的角色从机器的奴隶变成了机器的主人。虽然为了生产有耐久性质的产品，标准化十分重要，但从历史上讲，这种工作过程对工人来讲意味着工作单调，而且失去了决策的能力。在 PDCA 环下，工人保留了这种能力，因此他们有权自己设计和制定标准。

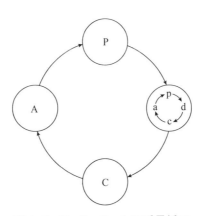

图 4-2　P-D-C-A 环质量循环

需要指出的是，**质量管理由美国人戴明首先倡导，在美国却反应冷淡，而让日本人独领风骚几十年的深层原因在于，日本企业将戴明的方法同日本的"禅宗"结合了起来**，禅宗强调直接的个人经验，要求职员完全沉浸在工作中而没有偏见，就像练习武功达到某种圆熟的境界一样，这就是在禅宗的影响之下日本人对待质量的方式。受禅宗的影响，日本管理不同于美国管理的另一个差别是把决策看作一个无休止的过程，所以能迅速抓住戴明的"无限循环"的精髓。

但是，2010 年以后的"丰田召回门"等事件，使日本的质量控制蒙上了阴影。丰田章男出席的美国听证会，还暴露出了"日式谦恭"遭遇"美式直接"的尴尬：一边拘谨认错，一边言辞咄咄。在日本人眼中，或许态度可以解决问题；但在美国人看来，丰田只需回答是或不是。为什么日本人也开始造假了？在 20 世纪 70～90 年代，日本货的质量确实比中国货好不少，但后来这个"好学生"发现，自己已经没办法维持竞争优势了，韩国人和中国人都赶上来了，怎么办呢？唯一的办法就是作弊，只有靠作弊来维持形象了（端宏斌，2018）。

4.3　日本领导者形象：教父

拿日本企业领导者与德国的相比较：如果说德国管理者以信赖专家、强调个人责任而著称，那么，日本的管理者以经验丰富的通才和职责共担而闻名；德国人推崇严格的规则、一致的逻辑概念，日本人具有强烈的人际和谐的审美意识；**德国企业领导者是"师傅"，掌控的是技术标准，日本企业领导者则是"教父"，日本民主式独裁的布道法宝是"企业文化"。**

日本丰田汽车的创始人之一藤泽武夫曾经说过，日本的管理和美国的管理 95% 都是相同的，所不同的只有 5%。而这 5% 恰恰都是一些最重要的方面。那么这 5% 的管理软件，究竟属于一种什么因素呢？美国学者说，它不属于一般的管理纪律，而是属于一种文化因素。美国学者发现，企业管理的现实并不是孤立的，它是由社会和文化多种因素决定的。企业管理不仅是一门科学，而且还应该是一种文化，即有其自身的价值观、信念、手段和语言的一种文化。美国学者阿伦·肯尼迪和特伦斯·迪尔（Deal and Kennedy，1982）在《公司文化》一书中说："日本人之所以如此成功，主要原因之一就在于他们能够在全国范围内维持一种十分强烈而又凝聚的文化。强烈的文化几乎总是不断取得成功的驱动力。"他们发现了"企业生活中的一条新定律：文化中存在力量"。

企业文化理论作为一种新的管理思想，是 21 世纪 80 年代初期首先在美国出现的。它是美国学者针对在国际经济竞争中，美国的企业竞争力每况愈下，而日本的企业咄咄逼人的形势，进行日美两国企业管理比较研究的产物。国际管理学界一般认为，企业文化理论虽然产生于美国，但是它的根却在日本。

美国学者理查德·帕斯卡尔和安东尼·阿索斯（Pascale and Athos，1986）经过对美日企业管理的对比分析，在《日本的管理艺术》一书中，提出了影响企业管理成败的七项关键因素，即策略（Strategy）、结构（Structure）、制度（Systems）、人员（Staff）、风格（Style）、技能（Skills）以及共享价值观（Shared values）。因为这七个词的英文字母都是以"S"为首，所以成为**"7S 管理模式"**。其中第七项因素"共享价值观"，是指企业灌输给职工的主要精神或价值观念，它可以将其他的六项因素结合起来。当这些因素得以紧密结合时，企业的内部组织就会更加一体化，形成强大的凝聚力，并将持久地增强企业的竞争力。他们认为，**美国企业管理人员往往过于重视三个硬"S"，即策略、结构和制度，而对其余的四个软"S"，即人员、风格、技能和共享价值观则认识不足。日本企业则能够兼顾软、硬两种因素，这就成了日本在国际经济竞争中取胜的一个关键。**过去，许多美国人瞧不起这些软性因素，瞧不起精神因素的作用，认为这些软性因素只是"空谈"，是一些微不足道的"泡沫"。而理查德·帕斯卡尔和安东尼·阿索斯在对日本企业的研究中却发现，这些"泡沫"、这些"空谈"，对于企业的发展却"具有太平洋那样大的能量"。

4.4　案例研究：日本松下的管理模式

日本松下电器公司成立于 1918 年，一开始是由松下幸之助夫妇和妹夫井直岁男三人共同创建的松下电器具制造所，主要生产简单的电器插座。后来开始设计自行车灯，1927 年研制成功电熨斗、电热器产品，并开始使用"National"商标出售。1929 年改称松下电器制作所。20 世纪 30 年代，松下电器公司成为有代表性的无线电厂家。1933 年正式实行分权形式的事业部制，1935 年成立了松下电器贸易公司，同年 12 月建立了松下电器工业公司，将公司转型为合资经营的股份公司。"二战"期间，松下电器公司同其他企业一同由民用转为军工生产，它的许多子公司均被指定为军需公司。"二战"后公司面临经营危机，1950 年松下幸之助恢复工职后着手整顿企业。20 世纪 60 年代，在松下本人及其员工的不懈努力下，企业有了新发展，松下成为日本最大的家用电器制造商。80 年代起松下产品风靡世界。

4.4.1　高质量的松下品牌

长期以来，**松下电器始终以提高人们的生活质量和为世界文化做贡献作为自身的社会使命，**以生产、销售各种电器产品为中心开展业务工作。经过将近一个世纪的奋斗，松下电器的发展已经不容世界上任何一个企业小看。据统计，世界各地的电视台都做过松下电器的产品广告，几乎每一分钟都有一条松下产品广告出现在地球某一地区的电视节目中。当然，除了松下电器产业公司旗下的四大王牌（Panasonic，National，Technics，Quasar）外，松下电器还拥有一个为世界所熟悉的"商标"——松下幸之助。松下幸之助在日本被誉为"经营之神"。

4.4.2　事业部、内部资金

1933 年，松下电器公司**首先在日本国内开始实行事业部制**。实行事业部制的公司不用说在当时的日本，就是当时世界上也寥寥无几。所谓事业部，是按产品分类划分成一个个类似分公司的事业单位，实行独立核算。实行事业部制实际上是实行一种权力下放的管理制度，即分级核算亏盈、分级管理。各事业部分别有自己的下属工厂、派出机构，形成从产品试制到生产、销售、收支等统一经营的独立核算的事业体。各部采取独立的核算制，决不用盈利的事业部去弥补亏损的事业部。各部必须靠自身的力量提高利润，彼此之间通过市场竞争的关系进行合作。它们是按照市场竞争的原则建立合同关系。由于是按产品类别划分，有利于专心钻研某一种产品技术，提高产品质量；有利于提高工人的专门技术，达到精益求精。采取独立核算使各部门经营情况一目了然，有利于相互促进、相互比较。由于权力下放、分工明确，形成一种经营责任制。这样将集权与分权相结合，适应形式灵活变换。让下属有尽可能多的独立权限，以发挥他们的主动性，有利于锻炼和培养精通经营管理的人员，有利于发挥每个人的才能和创造性。

由于各事业部按产品类别划分，因而在销售额与规模方面彼此间有不小的差别。但从各自拥有的权限与经营形态等方面看，它们宛如一个个中小企业，直辖于总公司松下电器。然而，它们与一般中小企业有一个根本不同就是事业部长无权自行筹措资金。而且事业部的活动必须在总公司统一方针指导下开展。为了加强集权，总公司实行了资金管理，即由总公司向事业部提供**"内部资金"**，作为事业部的总资本。这个内部资金额根据两个标准计算：一是事业部设立工厂所需的固定资产费用，作为固定资本；二是一个月的销售额再加上生产过程中购买原料等的一切费用，作为流动资本。两项加起来作为提供给事业部的内部资金。内部资金并不是无偿提供，总公司按年率一成收取利息而且不管盈利与否，都必须支付这 10% 的 "资本利息"。在此种情况下，各事业部都努力提高资金效率，随时注目于商品动态、库存状况等，保证经营状况良好。所以现金管理不仅是反映各事业部日常活动的晴雨表，而且起到推动各事业部活动的作用。总公司还采用了利润管理。总公司每半年向各事业部公布总方针，具体来说，即给予销售额指标。各事业部根据这一销售额制定出至少赚取 10% 利润率（除去资本利息，上缴给总公司及营业本部的经费之后）的事业计划，获总公司承认后即需对此负全责。事业部的计划一经成立，总公司即随时监督其执行情况。事业部必须每月向总公司提出决算书。决算日期为每月 20 日止，月末送至总公司，最高领导层据此了解各事业部动态，根据不同情况提出注意事项。总公司还负责监察事业部的账簿、经营情况等。为了严格执行利润管理原则，甚至事业部向本公司设立的中央研究所提出委托研究任务时也必须自负费用。事业部所获利润 60% 上交总公司，并必须将销售额的 3% 上交，剩余部分属于事业部，但又规定有义务存入被称为 "松下银行" 的总公司资金部，事业部可吃利息。松下电器在财务管理方面必须按月用现金支付、用现金收回，它们称之为一切用现金说话。

4.4.3　松下命运共同体

松下电器公司在经营管理的过程中不仅仅追求自己单独企业集团的繁荣，而是通过企业集团的经营活动来带动整个日本社会走向繁荣，提倡与社会共同发展。松下提出，企业的经营理念要回答的问题是：企业是为了什么而存在的？企业的真正使命是什么？企业要健康地发展，就应当树立正确的经营理念。

松下在提升员工职位时，以员工的才能高低作为职位选定的主要标准，年资和考绩应列为辅助材料。这种新的制度不受年龄、性别的限制，完全依才干、品德、经验来衡量是否可以胜任另一新的职务。但是，企业在实行这种职位提升的办法时，仍然会受传统年资观念的牵制与阻挠。松下幸之助生前非常推崇中国的儒家哲学和古典名著《三国演义》，把忠诚、合作、报恩、报国作为企业的基本精神。他说："一个领导人有求贤若渴的欲望，人才才会源源而至。刘备的求才诚意终于感动了诸葛亮也使得许多勇将贤臣纷纷慕名而来。" 20 世纪 70 年代，日本企业遭受石油危机冲击，面临经营困难之际，松下幸之助毅然选拔名列第 25 位、仅有高中学历的山下俊彦为松下电器公司总经理。具有开拓精神的技术专家山下，果然不负"知遇之恩"，大刀阔斧，改革机构，改善经营，不仅带领松下集团走出困境，而且继续走在世界家电行业前列。松下不仅不拘一格选拔人才，还不遗余力地培养人才。松下电器商学院即是为松下培养销售经理的一年制商业大学，其学院的研修目标即为中国古典《大学》中的"明德、亲民、至善"。

松下幸之助认为，企业管理是实践性哲学，管理的智慧来源于实践。松下电器公司长期形成的企业文化也突出地表现在它的实践性上。**松下电器公司是日本第一家有企业歌曲和价值准则的企业。**每天早晨 8 点，公司所有的员工朗诵本公司的"纲领""信条""七大精神"，在一起唱公司歌曲。一名高级管理人员说，松下电器公司好像将我们全体员工融为了一体。松下电器在建设企业管理文化时，致力于让员工时刻保持新鲜感，以便于员工更好地接受公司文化。每年年终的时候，公司自上而下动员职工提出下一年的行动口号，然后汇集起来，由公司宣传部口号委员会挑选、审查，最后报总经理批准、公布。公司有总口号，各个事业部、分厂也有自己独特的口号。一旦口号提出，全公司都在这种口号下一起行动。这种口号本身也体现了一种企业内在的价值观。

4.4.4 松氏教父：松下幸之助

松下幸之助是日本著名跨国公司松下电器的创始人，被人称为"经营之神"——"事业部""终身雇佣制""年功序列"等日本企业的管理制度都由他首创。

最早系统提出把**"经营即教育"**作为企业文化重要内容的是松下幸之助先生。松下幸之助有一段名言："松下电器公司是制造人才的地方，兼而制造电器产品。"他认为，事业是人为的，而人才培养更是当务之急。这也就是说，如果不培养人才，就不能有成功的事业。1964 年，他在大阪建立了占地 14.2 万平方米的大型培训中心，一年开支占销售总额的 0.1%，约有 40 亿日元。全公司有 1/3 的人在这里接受培训。这种大规模的人员培训保证了松下电器的新产品源源不断地涌向世界各地。松下认为，人才可遇不可求，人才的鉴别不能单凭外表，人才效应不能急功近利，领导者不能操之过急。如何去获得人才？或许有些人认为要靠运气或天分。但事实证明，人才是要去寻求的。天下万物都是必须常常有求才若渴的心，人才才能源源而至。松下电器公司吸引人才之道不是靠高薪，而是靠企业所树立的经营形象。

松下幸之助认为，企业的最终目标并不是追求利润，而应当是把物美价廉的产品充分地供应给社会。顺应自然规律，回馈社会大众，**"产业报国"**是松下电器公司最基本的经营理念。松下认为，使产品像自来水那样充足而廉价，这应该是松下每一个经营者追求的目标，也是经营者的义务和使命。实业家的使命就是克服贫穷，造福社会，为人民建立幸福的乐园。**"自来水经营哲学"**是松下电器公司最基本的经营理念，相当于宪法中的总纲。这是松下根据自己的人生体验，受到自来水的启发而总结出来的。他的经营信念即在于此："如果一切东西都像自来水一样，能够随便取用的话，社会上的情形就将完全改变了。我的任务就是制造像自来水一样多的电器用具，这是我的生产使命。尽管实际上不容易办到，但我仍要尽力使物品的价格降低到最便宜的水准。"1932 年 5 月 5 日，在松下电器公司的创业纪念日上，松下向全体员工表明了自己的这种信念，并把它确定为公司的经营哲学，要求全体员工遵照执行。松下在演讲词中讲道："大抵生产的目的，不外乎丰富人们日常生活的必需品，以充实生活的内容。这也是我生平最大的愿望。松下电器公司要以达成这些使命为我们的目标，今后更要全力以赴、更上一层楼，期待早日完成使命。我殷切希望诸君能深刻体察这一目标和使命，并共同努力达成之。"松下体会到，以透明、公开的方式，让干部和员工了解企业的目标和目前的状况，建立互相的了解、信任，可以加强责任感、提高工作热情，达成既定目标。

4.4.5　案例小结

日本松下公司管理模式可以概述为：其显性的积雪层中体现的是"高质量的松下品牌"；若隐若现的冰冻层隐藏的是"事业部与内部资金机制"；隐性河水层深处是体现大和核心价值观的"松下命运共同体"的基本管理哲学。松下幸之助则是当之无愧的松下文化的"教父"。

4.5　韩国管理与日本模式的异同

韩国管理与日本类似，但又不完全一致。

韩国位于朝鲜半岛。朝鲜半岛地处亚洲大陆的东北部，自北向南延伸。像葡萄牙、匈牙利或爱尔兰一样，朝鲜半岛的山地约占领土的 2/3。经人类学研究发现，在 70 万年前，朝鲜半岛就有人类居住。高丽建于 918 年。朝鲜王朝建于 14 世纪末，儒教成为国教，对全社会产生了很大的影响。1443 年发明了韩文字母。1876 年朝鲜王朝被日本强迫打开了门户。1910 年日本占领韩国，直到 1945 年第二次世界大战时，日本被联军打败投降。1945 年日本投降后撤离韩国。其后朝鲜半岛分为韩国与朝鲜。

韩国的管理主要受到四个方面的影响：第一是儒家学说，从 1392 年的李朝到 1910 年被日接管的 500 多年时间里，儒学一直是朝鲜的国家哲学思想。儒学对韩国人的价值观、态度和行为方式的深刻影响明显地反映在韩国的管理制度中。第二方面和第三方面是近代来自日本和美国的影响。韩国在 1910~1945 年沦为日本的殖民地，"二战"之后，美国的影响超过了日本，这样的情况一直持续到 1965 年韩日关系正常化。从那以后，很多韩国公司同两个国家都建立了密切的经济联系。美国被看作重要的出口市场，日本则被作为提供中间产品的来源，这些中间产品被用于制造出口品。第四是韩国本土"萨满教"。萨满教的目的在于维持健康和增进健全，如前文所言，所谓健全不仅是指人类、自然以及人类和自然关系的健全，也包括了人类潜能的发掘、自我的完成或大我的实现。基于韩国文明的管理模式与日本模式的差异如图 4-3 所示。

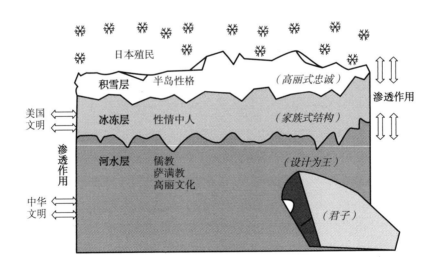

图 4-3　基于韩国文明的韩国管理模式之冰河模型

4.5.1　设计为王

韩国既不是大陆也不是岛国，而是位于两者之间，担负着桥梁的作用，所以总是受到强大文明的侵入，这是宿命。在这种宿命的关系里，半岛人总是按强大国家的脸色行事，在顺从和反抗的不断往复中培养了既不是"大陆德行"，也不同于"岛国德行"的"半岛德行"。总的说来，这种半岛德行，有心灵上的封闭性，也有在主张自我的同时控制自己的心理，可以说是"泪水与笑脸"同在；还有对大陆文化的自卑与对岛国文化的优越感，**大陆文明是"给予文化"，岛国文明是"接受文化"，半岛韩国则可以说是"接受、被索取文化"**。

韩国人自称为"东方的爱尔兰人"，作为备受欺凌的民族，逐渐养成了一种倔强不屈的性格，韩国企业的最具代表性的文化便是"能做"文化，它强调了代表很多企业成员的富有积极性和挑战性的共有价值。韩国企业之所以能在短短的 30 年里取得高速的发展，是因为很多产业部门具有大胆投资、冒险向海外进军和在短期内取得成绩的强烈愿望。特别是在目标的确定方面没有哪个国家的企业能和韩国企业的高标准相比，而且没有一个国家的企业能像韩国企业一样为了达到目标而不惜一切代价。

韩国人非常感情化、有血性。在韩国，必须理解的一个关键概念是心情。这种文化特点使韩国企业比较适应产品开发上多变的特色，形成了**以产品设计为核心的"银边"战略**。以三星、LG、现代等一批跨国公司的崛起为标志，韩国经济完成了向高级形态的转化。以名声最大的三星公司为例，三星利用信息产业向数码时代转型的契机，在手机、平板电视等数码产品上形成了世界级的规模，尽管三星在产品上的优势某种程度上受益于其在内存、LCD 上的先期投资，但三星真正的优势在于其工业设计能力，它对市场变化趋势的把握及基于市场变化趋势的产品开发，是三星真正的特色所在。

4.5.2　家族式企业的组织形态

1954 年战争结束后，韩国致力于建构足以诱导经济发展的法律和行政体系，鼓励其企业运用从西方传入的科技知识，经营企业，追求利润。在企业的组织结构方面具有家族所有、规模偏小、结构简单、任人唯亲、关系取向等特点。

韩国公司中的集权现象部分是由于在大多数韩国公司中所有权和经营权并没有分离，基于血缘的家庭关系是影响公司权力结构的最重要的因素。公司所有者及其家庭成员积极参与了公司的管理工作，家族和家族成员支配着整个管理体系。很多韩国人属于一个基于血缘关系的家族，这个大家族为其成员提供了广泛的安全保障。家族越大，每个成员的安全程度越高。企业领导者不仅要照顾自己的家庭成员，还要照顾其他亲戚。这种基于亲戚关系的联系被称作血缘关系。共同的地理和教育上的联系在管理和权力集团的形成中也发挥了重要的作用。企业所有者把他们在学校时的朋友和家乡的朋友带进管理层，这是很普遍的现象。血缘在提升职业管理者时起着重要作用，而地缘和校友关系不仅在高层权力集团的形成中，而且在公司内各层次的非正式的小团体的形成中都发挥着重要作用。所有这三方面的关系都影响着权力结构和非正式团体的形成。

韩国"家"的观念与中国类似，但不同于日本关于家的观念。中国的家具有以父权为中心、重血缘关系、兄弟均分家庭的特征。韩国对中国的儒学最为尊崇，在李朝时代就把儒教定为国教，形成了儒学化体制。传统的儒教思想在以家庭为中心方面表现得特别明显。而以家庭创业起家的家族企业甚是注重被传者的血统，**在继承人制度上也多数采用"长子制"（但也有经过兄弟间竞争的"非长子"成为家族企业掌门人的。三星的李健熙就是在兄弟中排行老三。另外，朝鲜领导人金正恩也不是长子）。**韩国的大成公司，幼子英勋尽管具有相当的领导能力，并为父亲所赏识，但英洙是长子，按照儒家传统，自然是英洙说了算，结果就造成了日后的矛盾。

日本的家族企业历史悠久，蔚为壮观，但却不是一味追求任人唯亲，而是采取兼顾任人唯贤和任人唯亲的态度。日本家族企业注重的是家业的传续，而不是单纯看重血缘的延续，对宗族纯正问题没有顽固地坚持，而是更加注重选贤选能。日本家庭更重视纵式等级关系，忽视横向血缘关系，一般实行长子继承制。他们比较重视地缘关系、社团关系和业缘关系，**为了保证家的繁荣与延续，会把毫无血缘关系的人吸收到家里来。**"宁愿把继承权传给外人，也不传给能力低的亲生儿子！"这种思想在日本很普遍。为防止嫡系子孙不孝无能导致家业衰败，很多家族企业都收德才兼备的养子以继承家业。如三井财阀从 17 世纪创业起，到日本战败解散为止，维持 300 多年长盛不衰，很大程度上就是得益于养子或婿养子来继承家业。仅 1900～1945 年，在三井财阀下面的总领家、五本家、五连家共 29 位家长（负责人）中，就有 6 人是养子，占 21%。而日本"创业之父"、"经营之神"、松下电器创始人松下幸之助的传位对象也是婿养子。在挑选继承人时，日本家族企业选贤的"养子制"颇受现在企业管理学者的赞赏。姜汝祥

（2003）称这是"另类的职业经理人"。在日本的养子继位中，很大比例是"婿养子"，这是源于武士时代的风俗——武士大多招女婿而很少收养子，婿养子多数成为岳父的继承人。

4.5.3　高丽式忠诚

传统的儒教思想重视皇帝和大臣之间的义理和忠诚。这种思想对韩国企业中企业主和职员间的垂直权限关系有着很大影响。所以在企业里，部下服从上级是天经地义的事情。比起水平关系，职员们更重视上下间的垂直关系。这种垂直的关系意识不仅受权限关系的影响，而且也受年龄、地位、身份和相互所属关系的影响。对上级的服从意识是韩国企业的决策结构集中在上位系统的重要因素之一。

韩国传统文化的又一个特征是以血缘和地缘及学缘为中心的从属关系和排他意识在对人关系、集团间的相互关系以及权力结构的形成方面起着决定性的作用。这种从属意识和排他主义是受以家庭为中心的传统儒教思想影响的结果。儒教思想给崇尚前辈和对家长的尊重以及以直系亲属为先的亲疏意识以巨大的影响。

不断遭遇外敌入侵的半岛国家，把用生命来死守"我的"当作是至上的命题，其守护的方法正是"忠"。**韩国的"忠"略不同于西欧骑士道的"忠"，接近日本的"忠"**。骑士道的"忠"是多元的，具有双向和相对的倾向，即骑士可忠于一个或多个主子，"忠"以骑士及主子的相互权利与义务为条件，易于产生个体精神；武士道的"忠"则是具体的、单向的和绝对的，即武士仅忠于一位主子，并绝对服从之，利于产生团体协作精神，但易导致是非观、善恶观的模糊。由于韩国人对忠诚的概念也常常是基于个人关系，韩国雇员的忠诚经常是对特定的上司，结果是，当一个经理更换公司时，常常会一起带走许多下属。

4.5.4　领导即家长即君子

韩国式的"忠"还拥有另外一层独特的含义：要求把"忠"放在心上，是超脱个人利害得失，而重视"共同价值观"的一种心态（李元馥，2004）。其要求人们对规定价值观的绝对遵从。**体现韩国人国民性的"忠"最突出的表现即是"君子思想"**。君子思想是朝鲜时代统治阶层所必须具备的道德规范，君子（领导者）要忠于国家，善待百姓，修习学问，要有大公无私精神，不能贪恋不当之财，要守住清白和廉洁，要不惜生命为代价阻止不当的事发生。**"领导即君子"，国王（领导）做错了事，也要不顾生命危险把他纠正过来（与耻感伦理相一致）。**至此，诸多韩国领导人被纷纷弹劾也就可以理解了。

另外，在韩国文化里，领导又即家长。韩国对中国的儒学最为尊崇；在李朝时代就把儒教定为国教，形成了儒学化体制。传统的儒教思想在以家庭为中心方面表现得特别明显。在韩国家庭里，父亲作为家庭的长辈，一定要成为夫人和子女尊敬和效仿的典范，并以其权威来治家。这种家长式的权威行为，直接在企业主和管理者的领导方式中表现出来。他们在管理下属职员的时候，发挥其权限和权威来统治其部下，下属也期待其温情和慈爱的同时顺从他们的权威意识。这样在强烈的统治和温情兼备的专制领导方式下，在权威式的经营中形成了仁学文化。

由于家庭传统的强烈影响，韩国公司的领导人，特别是公司创始人倾向于用管理家庭或家族的方法管理公司。在传统的韩国家庭里，父亲是毫无疑问必须得到尊敬的领导者。只要他愿意，他就能享有几乎绝对的权力，传统的韩国父亲也必须承担全部责任，供养家庭和决定孩子的未来。这样的家庭传统对韩国公司领导方式的重要影响是上级主管在管理过程中拥有很大的权威。在韩国公司里，自上而下的决策方式非常典型，通常上层管理者拥有决策权。

日韩的商业环境正在经历着迅速的转变。传统的管理价值观和组织体制因此正承受迅速增长的转变的压力（Warner，2002）。在很多公司，转变已经发生，这包括从基于资历的奖励制度向更加平衡地把资历和业绩结合起来的制度转变，从严格的家族控制向职业管理转变，从过度集中的职能向分散化的横向合作转变，从强调和睦的文化向鼓励内在激励转变，从强调非物质奖励向平衡地考虑物质和非物质奖励转变。

同时，也有迹象表明，日韩政府对待大型企业的态度也在发生转变，特别是在所有权方面。到 20 世纪 90 年代中期，企业创始人家庭及其同事拥有的企业所有权从现代的 61.3% 到 LG 集团的 39% 不等，而官方的最大数规定为 40%，政府希望这些"内部"股份持有人的股份降到 25%。符合这一要求的大型企业将会被允许进一步扩张和多样化。几家大型企业已经宣布了改革的计划，例如索尼已引进国外 CEO。三星集团正在努力改革它笨重的和头重脚轻的管理结构，这一结构已经阻碍了生产率和竞争力的提高，1995 年初，现代宣布，它将通过兼并和拍卖，把子公司的数目从 50 个减少到 23 个。大宇也在计划进行分散化，给子公司松绑，让它们的经营主管有更自由的经营空间。LG 计划给子公司更多的独立，在两年内把内部持有股份减少到大约 24%。

随着日韩公司逐渐国际化，其职业化的趋势也会逐渐增强。但是，基于这两个国家的文化和社会环境，日韩的管理将会继续保持它的独特性。

4.6　案例研究：韩国三星的管理模式

三星公司，是韩国最成功的企业，三星集团集电子、金融、保险、贸易、服务、化学、机械为一体，下属 40 家营利性企业、7 家非营利性机构（其中三家企业被美国《财富》杂志评选为 2001 年世界 500 强）。三星集团是一家有着社会责任感的、大气的企业，其真正崛起也就十多年的时间，现在三星品牌价值已上升至全球第 22 位；三星公司的股票占韩国股票总市值的 l7%，被誉为韩国股市的"晴雨表"。

4.6.1　时尚设计

三星极为引人注目的一点是其新产品战略。比业界平均水平快 1~2 倍的新产品推出速度令竞争对手感到极大压力。实施这种产品战略需要企业的技术积累，但并不一定要求企业具有基础技术层面上的创新能力。新产品快速推出的战略要求更多的是先期对市场的准确判断、企业决策的灵活性，以及后期在市场上推进的能力。三星的所谓"新产品"大都对技术只有小步改进的要求。

一件产品如果没有突出的卖点或缺乏一种新颖的表现力，再好的品牌宣传活动也不会达到令人满意的效果。基于这种认识，三星总是以"世界第一"的高标准开发产品，他们生产出厂"世界第一"手机、可视电话、笔记本电脑、MP3 播放器、高清晰度电视等旗舰产品。在产品设计中，始终秉承"惊奇、简约、亲和力"的设计原则。他们通过对产品功能的开发和外观设计，赋予产品时尚的精神；他们非常慎重地挑选人气极旺的香港青年演员陈慧琳、郑伊健为其产品形象代言人，目的是增强其时尚内涵，使消费者一提起三星，就想起"时尚"二字。在产品设计中，三星公司以市场为导向，总是按照顾客的不同生活方式为其量身定做个性化的产品，甚至会针对不同消费者制定不同的营销策略。例如每设计一款新手机之前，都要进行一番非常充分的市场调查，各种选样上都要经过研究人员的精心挑选。

4.6.2　家族结构

一位美国人曾抱怨三星"无视人权"的企业保密方式：下班后工作人员除了自己的脑袋以外带不走任何可以容纳信息的物件；公司有权利随时检查员工的办公桌，以及个人电脑中的所有内容，包括私人文件。这件事或许暗示了三星作为家族企业的特殊性，然而针对企业情报外漏的严格防范措施却并不说明这个盘踞韩国头号财阀宝座企业的闭塞。已有的知识必须被保护，只不过三星保护的方式是家长式的。

三星领导人的接班人计划也是家族式的。李秉喆去世后，三子 45 岁的李健熙接过父亲的权杖。就任会长前，他在三星工作了 21 年。李健熙被捕后，其长子三星专务李在镕接班。

在选择领导干部方面，三星公司以"知、行、用、测、评"为基本标准，相对全面地衡量了未来领导人的潜在素质，保证提拔的人堪称其职。三星公司以求贤若渴的心态，在用人方面不拘一格。他们公开考试选拔人才，面向全球录用人才，建立海外研究机构培养和重用人才，成立三星人才开发院，建立地域性专家培养制度，甚至提供"太太学校"教育，让太太影响丈夫。

4.6.3　三星式忠诚

审视三星的企业文化，有两条清晰的主线：一条是以保守观念为主导的企业文化，强调的是集体主义及对组织和上级的忠诚；另一条是以开放观念为主导的企业文化，强调的是不同事物的包容性以及对创新、企业进化的疯狂追求。从表面看，这两条文化主线似乎有极大的矛盾，其实不然，正是这种东西方结合的文化，使三星拥有了某种其他企业所不具备的独特竞争优势。

具体地讲，强调集体主义的好处在于它能够很好地团结和凝聚人心，使大家心往一处想、劲儿往一处使，从而产生强大的合力，员工的忠诚有力地保证了战略规划在组织中得到有效的执行。另外，以开放观念为主导的企业文化保证了三星公司能够不断地吸纳来自外界的各种新鲜事物，吐故纳新，同时对身边潜在的各种危机保持必要的警觉。

除此之外，三星的企业文化中，还体现出一种强烈的民族情结和爱国主义情结。尽管三星的企业文化由于历史原因，仍有诸多不利因素，如过分以韩国本地人担任公司的各项要职，过分强调对组织忠诚。然而不可否认，这种东西合璧的企业文化为三星公司的迅猛发展做出了不可估量的贡献，同时也是三星公司得以持续发展的力量源泉。

4.6.4　李秉哲、李健熙

三星创始人李秉哲被称作"创业鬼才"，其经营哲学对商业界有重大影响。其积极、热情、百折不挠、不达目的不罢休。为使管理机制有利于人才的成长，三星提出"视不正之风为癌症"的口号。对新员工，除要进行入职前的忠诚度培训外，还很注重人性美的培养。三星强调人性美、道德性、礼仪规范及行为规范的重要性，认为"三星要想成为世界一流的企业，最重要的一点是让所有的员工都成为有道德的人"。

然而，**当李健熙以不光彩的方式结束自己职业生涯的时候，更可悟出韩国国民对领导人"君子"的渴求。**不管李健熙的罪名如何眼花缭乱，背后真实的原因只有一个，那就是韩国大企业与政府官员之间的"政经勾结"。在韩国大企业快速成长的背后，是官商勾结下的腐败与企业家的独裁。同样当卢泰愚秘密政治资金丑闻被披露时，韩国人感到吃惊的不仅仅是卢泰愚秘密政治资金的规模和收受贿赂的频繁程度，最令人震惊的是，几乎所有韩国著名的大企业都定期向卢泰愚提供了政治献金。

4.6.5　案例小结

韩国三星公司管理模式可以概述为：其显性的积雪层中体现的是"时尚设计"；若隐若现的冰冻层隐藏的是"家族结构"；隐性河水层深处则为"三星式的忠诚"。三星引以为豪的卓越领导者有"君子"李秉哲。

本章小结

基于日本文明的日本管理模式可以总结为：基于岛国情结和武士道、神道教、崇尚大和理念、耻感伦理和公司资本主义，追求质量控制、根茎组织和命运共同体。日本企业领导者的人格特征为"教父"。

日本与韩国管理模式的比较如表4-1所示。相对于日本管理，基于日本殖民、美国援助和半岛国性格的韩国，崇尚性情中人，追求时尚设计、家族结构和高丽式的忠诚。韩国领导者的人格特征为"君子"。

表4-1　日本与韩国管理模式的比较

国别	文明基础			管理模式			领导者
	积雪层	河水层	冰冻层	外显特质	隐现特质	内隐特质	
日本	岛国情结 美国接管	神道、士道 绳纹文化 中国儒道	大和理念 耻感伦理 公司资本主义	质量控制	根茎组织	命运共同体	教父
韩国	半岛性格 日本殖民 美国援助	儒教 萨满教 高丽文化	性情中人	时尚设计	家族结构	高丽忠诚	君子

第5章 基于中华文明的中国管理模式

本章剖析基于中华文明的中国管理模式，然后运用一个案例，具体解剖"中国海尔"的管理模式。事实上，真正的中国式管理，实际上可以包括下属范围：中国大陆企业的管理包括国资企业、民营企业和混合企业等；另外，中国香港、中国澳门、中国台湾等企业的管理，从大的范围也应该属于中国式管理的范畴。上述企业应该都有共性，也包含相当的差异性，共性就是都由中国人管理，有文化和传统上的共同性。值得注意的是，它们受制度上差异性的影响，以及文化和传统变异性的影响。**本章主要对"中国大陆"的管理模式进行探讨。**

5.1 亘古延续的中华文明

中华文明是世界上唯一一个还在延续的古老文明。就四大文明古国而言，古埃及的一些重要文化已失传并已被阿拉伯化；巴比伦两河流域的文明已不再；印度人已说英语；只有中华文明生生不息。这是著名学者余秋雨（2000）在跟随凤凰卫视环游世界古代文明之都后发出的《千年一叹》，也是哈佛亨廷顿（1996）等著名学者的一致观点。中国是世界上唯一的从未间断的文明型国家（张维为，2017）。

中国文明之所以能延绵久远，国际史学界的分析主要有（Stavrianos L. S.，1999）：①它与其他伟大文明的地理隔绝，四面一直被山脉、沙漠和辽阔的太平洋所阻隔，这样使中国人能在较中东或印度诸民族更少面临外来入侵的情况下，发展自己的文明；②中国人口庞大无比，使中国人不管事态的发展如何，始终能够保持自己的观点，由于人口和文化上的优势，他们总能同化或者驱逐入侵者，总能选择外来文化的某些方面加以改变，使之适合自己的传统文化（秦汉帝国后的鲜卑族统治即主动融合汉文化，中华文明更强大了，随即到来的即是唐宋帝国）；③始自商朝的共同的书面语，为中国提供了统一性和历史连续性的重要力量；④延续了 2000 多年的中国科举制度，征召有才能的人参与国家治理，较之西方依靠法律和制度，能更好地解决国家的种种问题；⑤统称为儒家学说的道德准则和政治哲学，是促成中国文明内聚性的最重要因素。

5.1.1　儒释道法管与毛泽东思想

（1）儒释道法管本源

与管理有关的传统的中国文化，包括多种相异且难分高下的哲学，有道教、佛教、法家、管子学说和大量地方"小传统文化"。

儒家思想被明确定义为中国伟大文化传统的基石。孔子（公元前 551 年～公元前 479 年），这位对后来的管理行为影响最为深远的思想家，提出"三纲"（君为臣纲、父为子纲、夫为妻纲）"五常"（仁、义、礼、智、信）的伦理思想，**强调"仁"应该是人类最高的美德并应成为一切管理手段的基础。**儒家思想的价值观现在仍为中国的人际行为提供基本准则。儒家传统基于对父系社会习俗的顶礼膜拜，提出了必须正确得体地履行个人责任。它强调有序、地位、人际关系和对社会集体尤其是家庭的责任，尊重年长者特别是家庭中的男性家长，而受教育被认为是获取更好的社会地位、光宗耀祖的途径。

与孔子基本同时代的道家创始人老子，**主张"返璞归真，顺乎自然，无为而治"。**道教否定等级管理体系并且不强调社会责任。所以，道家为传统中国人，特别是知识分子提供了另外一种可能性。大致上，在得意的时候，在人生按照自己的意愿前行的时候，传统的知识分子遵循儒家的学说；而在失意的时候，人生遇到艰难挫折的时候，传统的知识分子就退而学道家。

如果说，儒家和道家为传统的中国人提供了一进一退、一正一反、一阳一阴的两种可能性和选择，那么产生在印度，经由中亚，在东汉年间传入我国的佛教则超越了这个层面。佛教重视"公正、仁慈以及承诺"，极大地丰富了中国文化和中国人的精神世界。**释迦牟尼认为，通向幸福之路是一条"中庸之道"，**它处于两极端之间。一极是放纵情感的人生；另一极是严格的苦行主义。两极都会导致生命的失衡，应予以避免，任何一极都不可能使人从"苦"中解脱，而解除苦难是人生的真正目的。任何一极既不聪明，也不会带来幸福。为了通向寻找和谐平衡的生活的中间道路，一个人必须冥思苦索，而不要把时间花在文字争论上。佛教重视人类心灵和道德的进步和觉悟。佛教信徒修习佛教的目的即在于依照悉达多（佛教创始人）所悟到修行方法，发现生命和宇宙的真相，最终超越生死和苦难，断尽一切烦恼，得到完全解脱。

法家的代表韩非子（公元前 230 年左右）则提出了**四项管理原则**：①按标准和规定进行管理；②依靠战略计划和人事控制进行管理；③在组织内部确立权力与责任的关系；④对于任何谋反企图或行为，杀无赦。

作为管仲学派著述总集的《管子》，**主张宗法制（中国古代维护贵族世袭统治的一种制度）与中央集权制相结合，礼法兼用，注重耕战，提倡"以人为本"**。管子还提出自然变化规律的"天道"和人的趋利避害的自然本性的"人情"的两大范畴，作为其政治、经济思想的哲学前提。作为我国历史上最早的"相"，在治理齐国的过程中，他大力推行改革，积累了一整套富国安民谋略思想，影响着千秋万代，为后人所推崇。

（2）马克思主义与毛泽东思想

影响当代中国大陆精神和行为的文化环境还主要是西方马克思主义和儒家思想的综合。中华文明是具有强大生命力的文明，拥有强大的包容力，很难被其他文化同化。然而，中国大陆被一个西方文明——马克思主义基本同化了。近现代中国知识分子主动吸收了马克思主义。在韦伯看来，中国本不是资本主义的土壤，而是马克思主义的土壤。**儒家所信奉的许多原则似乎能很好地与马列主义正统说法相统一**：儒家的理论，如"多看多听""多学多问""温故而知新"很符合中国现在所强调的"实践是检验真理的唯一标准"和吸收不同国家的优秀经验的需要；马克思主义讲"共产主义"，与中国传统知识阶层所追求的"大同社会"如出一辙；中国社会非常讲究"关系"（"关系"一词在英文中有特定外来语"guanxi"），而马克思主义对"人"的定义便是"人是社会关系的总和"。

正如佛教传到中国后形成了禅宗等中国佛教宗派，马克思主义在中国也被中国化了。以毛泽东为领导的中国共产党人想把中国变成社会主义国家的时候，他们意识到中国的政治、经济、社会和文化环境与苏联大不相同。毛泽东敏锐地意识到了这些不同以及不对马克思列宁主义按照中国的实际情况进行改动就引入中国是无用的。1938 年，毛泽东声称："我们不能切断我们整个过去的历史。我们必须总结和继承从孔子到孙中山这一时期的宝贵的思想财富。"毛泽东对于马克思理论发展的最大贡献就是把握了马克思主义的精髓——实事求是，站在人民大众的立场上，通过辩证唯物主义和历史唯物主义的方法，把马克思理论与实践和中国革命的具体实践相结合，使中国人民更能接受和理解。

马克思主义的中国化首先就是**"毛泽东思想"**，这不是一个人的成果，而是全体中国领导人智慧的结晶。毛泽东思想为了能在中国进行社会主义改革和重建而应用和发展马列理论使它适合中国的环境。作为马克思主义在中国的新发展、毛泽东思想的新传承，中国共产党领导人后来又提炼出了**"邓小平理论"**（真理的实践标准、社会主义市场经济、中国特色社会主义）、**"三个代表"**（代表先进生产力、先进文化以及最广大人们群众的根本利益）、**"科学发展观"**（以人为本、全面协调、可持续发展）的指导思想。近来，基于**"习近平新时代中国特色社会主义思想"**，一系列国内外治国理政方略和方法（四个全面、五位一体等）又获得了显著成效。

5.1.2　社会主义与混合经济

（1）社会主义

西方个人主义的新教伦理对自然界采取一种进取、征服、使用的价值趋向。这种伦理曾经是创造近代工业文明的一个重要原因。这些近代资本主义企业必不可少的伦理特质，儒教始终是没有的（韦伯，2005），所以**儒家文化不会产生资本主义**。

中国走的是社会主义的道路。在中国，政治对社会的各方面都普遍有影响。政治和经济通常都是繁复纠结的。为了充分理解中国工业社会的复杂性，就必须要明白中国的政治体系以及中国共产党对于中国社会各方面的影响。《中华人民共和国宪法》的第一条规定："中华人民共和国是工人阶级领导的、以工农联盟为基础的人民民主专政的社会主义国家。"无产阶级专政是指通过执政党——中国共产党，工人阶级掌握领导权。中国共产党最高机构全国人民代表大会每五年召开一次。全国人民代表大会休会期间，由中共中央行使最高权力。在全国人民代表大会之下，地方各级人民代表大会作为政治领导机构。工厂、学校、社区和部队都有党支部和委员会。大部分企业的领导机构都是由党委和工作委员会组成的。党委由党委书记领导。工作委员会是由技术、行政的骨干代表组成的，由厂长领导负责。过去，工作委员会是在党委的领导下。改革开放后，党委正式从企业的行政机构中分离出来，提出党委不应承担行政责任而应从事政治思想工作，而在厂长领导之下的工作委员会负责企业的运营和管理。不过，党委仍然起到监督作用，确保党的政策和国家法律的执行以及完成生产目标。中共十九大以后，各级组织的党委的核心领导地位又被进一步强化了。

中国的社会主义建设道路并非一帆风顺。"大跃进"（1958 年）"文化大革命"（1966～1976 年）曾经一度使中国的国民经济走向崩溃的边缘。中共十一届三中全会后，1977 年，国家领导人宣布全党全国在 20 世纪最后 25 年的主要任务不再是阶级斗争而是社会主义现代化建设。国家领导人强调，虽然为经济发展建立强大的物质基础是很重要的，但是这方面的成功并不一定能带来人们生存同样必需的精神文明。精神文明建设涉及共产主义理想和个人利益服从国家以及集体的利益。因为人们支持国家目标而努力工作，所以精神文明对经济建设和发展是很有帮助的。精神文明建设的关键是依靠政治思想工作。

（2）混合经济

在经济制度方面，中国今天实行的社会主义市场经济本质上是"混合经济"（张维为，2017）。**"混合经济"**力求通过市场经济取得资源配置的最优化，通过社会主义来保证宏观稳定和社会的公平正义。**它是"看不见的手"和"看得见的手"的混合**，是计划与市场的混合，是国有经济和民营经济的混合，是"市场经济学"与"人本经济学"的混合。实践证明，这种制度安排虽然还在不断完善的过程中，但已创造出了中国经济迅速崛起的奇迹。

1949 年，解放战争结束，中华人民共和国成立。这一年，中国开始一系列的重建工作。中华人民共和国政府迅速采取了一系列著名的国内经济政策和计划，这些政策在国民经济恢复时期取得了令人鼓舞的成果。中华人民共和国成立后 18 个月，通货膨胀就被控制住了。到 1956 年，全国私有企业都完成了国有化改造。

长期以来，中国工业企业主要有两种类型：国有制和集体所有制。国有制是指企业是人民拥有的公有制，国家代表劳动人民拥有生产资料。国有企业构成国家经济的支柱。大约 80% 的国家工业产值来自国有企业。集体所有制企业的生产资料是企业的工人集体拥有。集体所有制企业补充了中国的经济。除了这两种所有制形式以外，1978 年的宪法还认可了个体经济的发展。自此，个体经营者如雨后春笋般在全国涌现，主要集中在零售业和服务业。

在中华人民共和国成立后的 30 年中，受斯大林的影响，价值规律被认为是资本主义的原则而受到忽视。这意味着"用最小的劳动成本获得最大的经济利润"这个原则被忽视了。现在政府意识到以前政策的内在局限，制订了符合价值规律的计划，要求制定一个和价值相符的价格。与价值紧密相关的是市场机制的作用。那些对社会主义现代化建设有影响力的中国主要的经济学家认为，市场机制能适合社会主义。自 1979 年开始，"自由市场"被允许在城市和农村实行。这些市场是由政府管理和控制的，并限定在一定范围内。政府认为，市场机制不能取代中央计划，但能对中央计划起到补充作用。

1977 年 8 月，中国着手"四个现代化"的建设，开始寻求科技、工业、农业和国防上的发展和进步。国家希望通过这些努力，使国民年人均收入从 1977 年的 250 美元到 2000 年提高到 1000 美元。为了达成这个目标，中国的领导人意识到国内外的政治环境必须相对稳定而且还要通过外贸和国外的经济援助建立外汇储备以便为大型项目筹措资金。于是，中国从 1978 年开始在政治和经济领域进行了大范围的改革。这些变化包括与资本主义国家恢复外交关系、允许外国企业在中国建立合资企业，以及与其他国家进行技术、文化方面的交流。随着"四个现代化"进程的推进，政府意识到过去经济结构的内在局限并为此确定了改进的方法：①地方分权使企业在决策、计划和财务上有更多的自治权力。一组被选定的企业被当作试验单位。他们有以下权力：税后保留一部分利润；使用企业自身资金扩张生产设施；在完成国家计划后制订次级生产计划；销售国家不购买的产品；出口产品并能保留一部分的外汇（外汇可以被用来进口外国技术、设备和原材料）；在国家规定的指导方针下分配利润；对那些因自己的疏忽而导致国家损失者施加处罚。②管理组织的简单化。过去，过分的管理层级是必需的，因为国家通过复杂的机制设定分配生产。由于个体企业有了更多的自治权，许多管理机构不再需要，层级的数量减少了。③经济手段的运用。过去，中国主要依靠行政手段来管理国家经济。自 1979 年开始，价值规律和市场的作用开始受到重视。

1993 年《中国共产党关于建立社会主义市场经济的决定》，以建立有中国特色的现代企业制度为目标。这一决策对中国来说，意味着几方面的内容：管理国际合资企业已成为管理改革中的一项重要内容，它要求企业从外部引入专门的管理知识，加强企业文化建设，改善投资及商业环境，促进企业发展。其他一些未来的要求包括产权明晰、权责明确、以市场为基础的生产与管理机制、有效的领导与组织制度、工资提升的可行性、加强团队合作，以及善于进行宏观调控的政府系统。2001 年，中国加入世界贸易组织（WTO），成为世界贸易组织成员；2008 年中国首都北京成功举办奥运会；2010 年，中国上海成功举办世界博览会；2016 年，中国 GDP 超越日本，成为全球第二大经济体，仅次于美国。中共十五大报告首次提出"两个一百年"奋斗目标之后，中共十八大报告再次重申：在中国共产党成立一百年时全面建成小康社会；在新中国成立一百年时建成富强、民主、文明、和谐的社会主义现代化国家。

5.1.3　关系网、官本位与中庸之道

基于中华文明发展最深层的儒释道法管与毛泽东思想及社会主义与混合经济的显性积雪特征，终于冰冻形成了介于其间的若隐若现的中国人的中庸、官本位、关系网三大核心价值观。

（1）中庸、中和

中国文化讲究中庸之道，其基本含义是"过犹不及"。孔子将"中庸"看成最崇高的美德。"中"是循礼，"和"是行仁，以中和为用的中庸思想正是"礼"与"仁"思想的集中表现。作为一种思维方式，**中庸之道的第一要素就是不走极端；第二要义就是持久通行，用平衡、协调、适应、统一来代替冲突与对立，这是维系集体主义所必需的。**这与后来演变成的"平均主义""你好、我好、他也好"式的中庸之道有着明显区别。

根据中国传统，社会基本单位是扩展了的大家庭，这刺激了集体和集体倾向的发展。在这样一个集体的社会，家庭成员及亲属共享某一家庭成员得到的荣耀，因为他们作为家庭亲属单位的一个成员直接或间接地为他获得荣耀做出了贡献。整个家庭的道德标准是由父亲所制定的，是整个家庭行为的准则。在个人对其他集体的关系上，这些特点也有表现，只不过没有那么明显。这种传统使人们忠于家庭和工作集体。

中国人相互之间关系十分密切。每个人最后都从相互关系中得到好处，社会安定只有在人们都遵循已有的规律即勿触礁、避免公开冲突、避免打破平衡时才能维护。这种对安定和谐的需要也解释了中国人对中庸之道（保持平庸的原则、中间的立场或妥协）的偏好。中国人总是采取避让的态度，即使有冲突，一般都是通过合作化解而不是直接面对它。

中国人的时空观也是中庸的：在空间观念方面，中国人采取的是"不即不离"的第三种。儒家文化的一种核心价值观就是中庸之道，过犹不及。中华民族是礼仪之邦，中国人在交往中主张"克己复礼""礼尚往来"，因而倡导中庸、含蓄、谦让，也包含着顾及自己及对方的面子的含义。中国人友好但不善拥抱，中国人虽有不同意见但不善说"不"。在时间观念方面，中国人绝对不是现在导向的，他们是

过去与未来导向的混合体：他们拥有五千年的文明史，所以特别尊重传统；但他们处在发展之中，同时又注重长期，他们节约、节俭、储备，即是为着今后的长远发展。所以，中国人在改革开放年代提倡"时间就是金钱"的同时，会存在着无休止的"内耗"。

（2）官本位

长期以来，中国一直是一个"官本位"的国家。人们普遍认为中国人敬重年长、有权威和社会地位高的人。这起源于儒家学说的"礼"（礼节、礼仪）的概念。"礼"对人们意欲保持高的社会地位的思想起了十分重要的作用。这个古老的概念比任何其他概念更能合适地解释中国社会一贯的官僚体制。它所包含的传统宣扬保持组织中地位层次和集中决策。在中国，管理者与被管理者之间有很大的距离。公司最高管理层领导了一个包括公司内所有员工集体在内的内部势力联盟。对年龄和地位的崇拜会妨碍接纳更年轻的管理人员，其中很多人在低职位一待就是很长时间。

中国实行民主集中制。《宪法》第三条规定："全国人大、地方各级人大和国家所有其他机构实行民主集中制。"中国虽然鼓励民主，但仍然要保证 10 亿人民的和谐与稳定。这种双重政策一方面允许民主集中，另一方面又中央集权。中国共产党规定社会各个组成之间的权力关系为："个人服从集体，少数服从多数，下级服从上级，全党服从中央。"

中国官本位社会的结果是：强党弱政、强官弱民、强人治弱法治、强行政弱监察、强政府弱企业。党领导一切，政府管理一切。中国有明星官员，而明星企业、企业家很少。近来提出以"以人为本"为核心的科学发展观。事实上，某种程度上"以人为本"是对"以官为本"的价值观而言的。所谓人本管理，指的就是：将人视为管理的首要因素，一切管理工作都围绕着如何调动人的积极性、主动性和创造性来展开，通过给人们提供充分施展才华的空间，不断地运用挑战来锻炼人的智力、体力乃至意志品质，并在此全面发展的基础上，努力实现摆脱自然束缚的自由发展，提高人的生命存在质量（苏东水，2005）。人本管理对领导者的核心素质要求就是服务，在这个意义上，中国正在提倡、回归共产党的初心和宗旨——全心全意为人民服务，即管理就是服务，领导就是服务。

泰勒（Tayor，1911）的科学管理和以梅奥（Mayo，1933）为代表的行为学派分别开创了"以事为主"和"以人为本"的管理先河。其后巴纳德（Barnard，1968）进行了一次综合，认为企业主管必须对人类心智活动的逻辑与非逻辑过程、科学知识与行为知识，以及管理和道德功能进行整合。布莱克（Blake，1968）等则干脆将"人本""事本"两维度立篇，提出了著名的"管理方格"（the manageri-al grid）理论，可以认为任何管理风格都是基于"人本""事本"两个维度不同程度组合的产物——"以人为本"或"以事为本"在一定程度上可以被认为是贯穿管理学历史长河的永恒主题。西方管理基本上是"以事为本"的；东方管理应该说是"以人为本"的。但是，对"人"的理解是不同的。长期以来，中国人认可的是官，而非民："学而优则仕""商而优则仕""仕而退则商"屡见不鲜。

（3）关系网

在中国，个人与最亲近的家庭成员以外的人员所发展的人际交往关系（人际关系）的重要性不可低估。通过这些关系网，中国人可以自己穿越等级森严的官僚主义障碍，这些障碍在西方人看来通过贸易或与中国人的其他接触经常是不可逾越的。如果有人请求资源分配者分配由他掌握的某种社会利益，他们会首先考虑他们之间的关系如何，然后再适用社会交换的适当原则。人际关系经常在生意往来上也十分重要，因为有些合同经常不规定法律条款而依赖于合同双方的相互信任。无论是工作还是休闲，中国人都表露出惯于利用"关系"的行为方式特点。他们找工作、看医生、去旅行都要首先看看有没有"关系"。这里的"关系"是指个人的社会关系与交友网络。中国人十分看重非正式渠道的关系，并以此作为其自身发展的社会资本。其中虽有较多的消极因素，但目前的现实中利用关系以促进商务交往则是存在的现实。

东方传统文化强调以人为核心的各种群体关系，包括家庭、邻里、社会乃至自然界。它所倡导的不是个人主义而是对更大实体的责任感。东方文化中的这种思想与西方个人主义传统完全不同。西方的个人主义强调自我利益、抗衡关系、竞争、适者生存、放任主义以及由此衍生的市场结构、科学技术以及社会职能的专业化等。这种伦理尽管对于近代资本主义的发端做出过奠基性的贡献，但也导致了极端个人主义的弊端。正如日本的一位社会学家所指出的，日本的生产率之所以如此注目，原因是它的工程师和律师的比例是 7∶1，美国则是一个工程师，七个律师。

不过，在受着同一文化大背景影响的国家和地区，由于不同地域亚文化的影响，东方各国的企业文化之间还是存在着不少细微的差别的。例如，**在同属东方背景讲究团体主义的日本和中国，企业文化就有比较大的差异。日本公司同事间的和谐情谊是难以形容的，大家把公司看得比家庭还重要，**而且同事间互爱之情几乎至死不渝。对他们而言，最大的耻辱莫过于被排除在群体之外。正是在这种文化背景下，丰田汽车公司全体员工的 90% 左右都因同居一地，不分职别，膳宿在同一环境内，有着共同的生活方式。好多员工不仅是同事，而且是近邻，因而在不知不觉中产生了一种连带感，甚至亲切感，这不仅减少了劳资间不必要的摩擦，而且增进员工和劳资间的团结和爱社精神，**形成"命运共同体"；而中国人的传统观念往往会把一个私人企业内的员工分为"自己人"和"外人"两大类别，并按系谱的亲疏远近，分为家人、族亲、姻亲、近亲、远亲、同宗、同乡、同学及其他等次要派别。**至于哪里才是自己人和外人之界线则依情况而定，并无绝对的标准。这种文化背景造成了中国长春市的汽车城——一汽公司的职工生活区虽也如同日本丰田汽车公司那种居住格局，但由于中国独特的社会文化特色作用，致使该公司远未创造出像丰田汽车公司那样的公司文化。

5.2　中国管理模式之冰河模型

图 5-1 提供了一个关于**中华文明的概念模型**：中华文明发展最深层结构为儒释道法管与毛泽东思想；显性特征体现为社会主义与混合经济；介于其间的若隐若现的层次为中国人的中庸、官本位、关系网三大核心价值观。

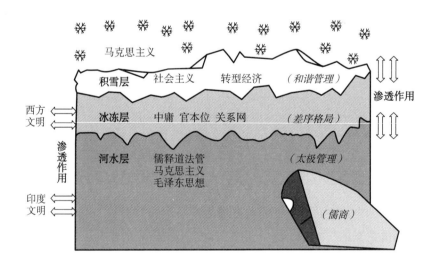

图 5-1　基于中华文明的中国管理之冰河模型

　　基于中华文明的中国管理模式如图 5-1 右边括号内文字所示：**显性的控制层中体现的是以精神为核心的"和谐管理"；若隐若现的组织层隐藏的是以关系为核心的"差序格局"；隐性企划层深处是以整体为核心的"太极管理"。**成功中国领导者的形象体现出"儒商"的人格特征（航船中所标示）。

5.2.1　太极治理

　　中国古代没有一个词叫"管理"，而称"治理"（张其成，2009）。"管"是竹字头，从硬；"治"是水字旁，从软。水是柔软的，而且是变化的，是顺势而为的。中国式管理的最大特征就是"变"。作为国学之源的《周易》的"易"的基本含义就是"变异"。

　　阴阳太极图是以黑白两个鱼形纹组成的圆形图案，俗称阴阳鱼（见图5-2）。在中国哲学概念里，阴阳指两种既对立又相联的力量，存在于世界上一切事物里。阴代表被动、阴暗、女性、夜间；阳代表主动、明亮、男性、日间等。阴阳太极图被称为神秘的"东方魔符"。三皇之首伏羲发现，天上（日月）、地下（山水）、人间（男女）最具特征，创造了"阴阳"符号，**并从天文、地理、人事三方面（"三才"）来考察万物，于是创造了"八卦"**，含有东方人特别是中华民族的天道、地道、人道思想。它是中华先哲们创造的宏观宇宙和微观生命的衍化图，代表着中华民族对宇宙和人生的思考和探索，含有博大精深的宇宙生存论和生命运动法则。《尚书·洪范》提出的"五行"，**就是两对阴阳（水火、金木）加一个"中土"。**宇宙是个万物一体的大系统，整体间的各个局部又相互联系，大自然表现出了极强的规律性。

图 5-2　阴阳太极图

　　东方神秘主义与西方宇宙观的异曲同工及原则分歧，是导致中西管理文化或相似或相悖互相平行映衬的根本原因。中国的"太极生两仪"，西方的"一切生物，发端于一个基本细胞，基本细胞分裂为二"，都在叙述"一生二"的事实。中西对于"一生二"的表面肯定并无歧见，因而各自对世界、对管理、对人的描述会有惊人的相似之处。然而，**中西对"一生二"的内在理解是存有差异的。**

中国富有整体化的概念，认为宇宙万物都是"二作用于一之内"的表象，主张"统一起来，一内涵二"，正如中国的"太极"，负阴而抱阳，涵盖了精神与物质；西方则以个体的对立来看待事物，于是产生"一内部由互不相容的二所构成"的观念，认为"对立起于二，二构成一"，如"离心""向心"二力维持宇宙万象，"质""能"构成一切物质等。如此一念之差，竟造成了中西管理文化的种种不同。**由二看一，形成了西方以冲突矛盾为主的意识形态与管理文化；由一看二，塑造了中国的广大和谐之道及治理哲学。**

传统上以中国文化为代表的东方哲学，在方法论上一直是以"整体性思维"为特点。**中国人的思维实际上是"三"的思维**（张其成，2009）：天、地、人的"三才"思维是三，"五行"的基数也是三（金木、水火两对阴阳外加中土，即为三），就是老子所谓"道生一，一生二，二生三，三生万物"的"三"。"三"如果再加一个"一"贯穿起来就是"王"，"王"字一通头，就是"丰"。三是阴阳的交和，阴阳的"和"产生三。这种东方式的思维逻辑，是一种曲线式的形象思维和定性思维。先考虑一般原则上的共识之建立，再降至具体细节层次。这种与西方文化的差异在许多方面表现出来。例如，中国人的姓名，是代表全家族的姓氏在前，然后才是个人的名字；说到日期时，是按年、月、日顺序排列；中国人在信封上写收信者地址，是先国名，接着是省、市、区名，然后是街道、门号和室号，由大及小。如到中国商店去购物，如所购商品价为 7.56 元，你付 10 元整钞，售货员收 10 元整数减去货价 7.56 元，得找头为 2.44 元，直接找给你就是了。但如你到美国商店中去购物，售货员先逐枚依次数出 4 分钱硬币，口中说："4 分 6 毛了。"又依次数出 4 毛钱，念道："8 块了。"最后点出 2 元钱，说："现在是 10 块，两清了。"其是按先分，再角，然后是元的由小到大的逻辑办事。中国人的这种思维方法，反映到具体的商务方法与习惯上，就成了先务虚、再务实的解决问题的程序。即一事当前，应先就解决它的指导原则展开讨论以达成共识，然后以此去指导具体解决问题方案的制订。这使极缺耐心而又喜单刀直入式谈判风格的外商觉得别扭，认为这种从上帝创世纪谈起的冗长的、泛泛的原则探讨是废话与空谈，是兜圈子，回避对实质问题的明确表达，反映了东方人的圆滑与世故。其实，中国人的这种思维方式有其优势，完全不谈原则就直接进入事务性的谈判比较容易失控。

中国人主张从总体上去把握事物，强调用个人的直觉和内心的感情去认识世界；强调企业的社会责任，包括企业与社会的关系以及对国家的责任、对员工的全面关心和庇护。员工对企业有较强的依附心态、较多的忠心和较强的向心力。中华民族还拥有强烈的整体民族自豪感和爱国主义凝聚力。西方人所指的"民族主义敏感性"暗示中国人狭隘的沙文主义与本民族中心主义。但考虑中国的五千年文明史与近一个半世纪以来所受的列强欺侮史，虽然中国人的这种感情性反应也确有一些消极、片面的成分，但其主流仍然是积极的。事实上，中华文化博大精深、地大物博，一直相信自己是世界文化的主流，因而并不惧怕外来文化。因而汤因比（1964）这样讲述中国："中国自汉朝以后，舍弃了战国时期的好战性，选择了和平之路。"

在人际关系方面，中国社会始终都是集体主义文化占统治地位的。中国传统儒家文化的格物、致知、正意、诚心、修身、齐家、治国、平天下之术，推崇的就是以"大家庭"为核心的治理模式。大家庭制的基本管理理念是以整个组织为一个大家庭，大家都为同一理想与目标而奋斗、献身。这个大家庭自然也要照顾和保护其每一个成员。这一理念便衍生出人人听命、依附和归属于自己的组织（大家庭），而组织则对每一成员一生的工作与生活的各方面负责的体制。

当然，太极管理也存有它的不足与微妙之处。西方人对解决问题（problem solving）十分重视，并被视为"学习型组织"的核心。自古以来，**中国人便知道以"化解"来代替"解决"**（曾仕强，2005）。以大事化小、小事化了的方式，化到没有事情可做，不但轻松愉快，而且不会产生后遗症。中国人擅长打太极拳，太极拳的动作无外乎推、拖、拉的配合，组成各种样式，以求在动态中维持平衡，而立于不败之地。中国人化解问题的方法，其实也是推、拖、拉动作的配合，虚虚实实，真真假假，让人摸不着头脑。

5.2.2 和谐管理

孔子在《论语·学而》中说"礼之用，和为贵"；董仲舒在《春秋繁露·循天之道》中说"和者，天地之所生成也"；《淮南子·天文训》中说"阴阳和合而万物生"。英国著名科学史家李约瑟评论说，中国古代哲学家主张阴阳学说的目的，"是企图在人生中获得两者之间的完美的和谐"。由此看来，**"和"是中国传统文化的根本精神，强调多元的和谐、异质的协调与对立的消解，追求至真至**

善至美的圆融（苏东水，2006）。

"和"是人及人群的观念、行为在组织中的"合意"的"嵌入"，考虑的是人的心理感觉、心理感受；而"谐"是指一切物要素在组织中"合理"的"投入"，更多看到的是科学化、物化的东西，它讲究的是比例协调、配合得当、可以科学安排。和谐管理的思想，就是围绕要解决的问题，对能科学安排的内容尽可能科学设计，对无法实现科学设计的就要营造一种和的氛围，使每一个人有能动性，能不断提高自身能力，并创造一个大家能够发挥作用的平台，使之与科学设计部分相融合，从而使组织能够自主地根据环境的变化来适应、自动调节（席酉民，2002）。科学设计的局限就在于，认为最理想的管理模式就是将人的不确定性转化为确定性，把管理变成类似一部机器一样的投入产出过程。和谐管理不再简单地追求科学化，而是追求两种思路，也就是所谓的"双规则"："**和则**"即是从和派生出来的人嵌入组织的规则或者说主张，人们用它来应对组织中人的永恒的不确定性，包括规则、契约、文化、舆论、社会观念等；"**谐则**"是处理那些可以量化的因素，考虑它们如何在给定的约束和目标下最优化。和谐管理的两面就是：一方面用优化的思路解决客观科学的一面；另一方面用减少不确定性的思路解决人的主观情感、行为的一面。

相对于西方管理的明确性，中国管理更为艺术地应用含糊和微妙性以淡化组织中的冲突，达到和谐一致。社会管理中重视运用社会精神的力量形成共同的意识形态，促使人们服从组织的共同目标。企业管理中注重塑造创业者个人的形象和作用，处理企业内外关系时，重人情、讲面子，规章制度与合同往往是退居其次。雇主与员工、上司与下属的关系染有感情色彩，较西方更富有人情味，故能创造家庭式的工作气氛，这在为数众多的中小企业更为常见。中国传统文化对港台及东南亚企业管理的影响主要在于将儒家的伦理观念和精神注入了现代工业化过程，使家属伦常关系融合在企业管理模式中，从而淡化了劳资对立，强化了社会协调机制的作用。在企业外部塑造了相对安定的经营环境，在企业内部则促成了比较和谐的人际关系，故在一定程度上促进了生产力的发展。中国管理史所呈现的"社会主义管理原则"，即是"两参、一改、三结合"（Warner，2002），这是从 20 世纪 60 年代流行于全国的管理实践中发展起来的。"两参"是指工人参加高层的管理决策，而干部们（经理及主管）亦参与车间的日常管理；"一改"是指改变不合理的管理条例，改进管理体制；"三结合"是鼓励领导干部、技术人员与工人在技术创新与管理工作中密切合作。这一原则在全国范围内实践后，取得了很大的成功，提高了工作效率，鼓舞了工作士气，已成为"鞍钢宪法"的主要内容，它是一个在管理和生产上强调动员群众、积极参与和中国共产党领导的社会主义管理原则，十分注意企业内各部门之间、各项经营活动之间的内在联系，更强调从整体上进行控制；由于重视协调各种关系和意见，因而倾向于集体决策和对工作的集体负责，并由此产生相对平等的分配方式。

5.2.3　差序格局

目前，中国管理结构的模式可追溯到 20 世纪 30 年代解放区工厂的"三人领导"的管理模式，即领导班子由厂长、党委书记和一名工人代表组成。到了 40 年代，这一管理方式被"厂委会会议"取代，参加会议的有厂长、党委书记、工会代表、技术人员与工人代表。中华人民共和国成立后，苏联"一长制领导"的模式成为中国主要的管理方式，并一直沿用至 60 年代初。在这一模式下，厂长在管理上拥有几乎全部的权力。但这一管理模式与中国集体领导的传统以及党的领导不一致，于是在 60 年代，这一结构转变为"党委领导下的厂长负责制"。在此制度下，党组织、管理队伍与工会一起对企业负责，其中党的领导起主要作用。"文化大革命"期间，"革命委员会"加上思想政治教育组成大部分组织中的管理，政治标准和平均主义占主导地位。

1978 年，中国开始进入一个新时代，开始进行经济体制改革并采取开放政策，管理体制上也开始实行"厂长负责制"，这也是中国目前主要的管理体制。20 世纪 90 年代初期开始的经济体制改革使中国向更加分散经营、更加依赖市场导向、具有创新意识，同时更加国际化方向发展，这必然会引起对管理体制改革的要求。改革阶段全国范围内的企业领导权力下放与职工参与决策这一管理手段的采用使中国企业的新组织结构得到加强。十九大之后，党委的领导作用全面增强。

费孝通认为（转引自罗家德，2007），中国人从来不是什么团体格局［就是社会可以被看成一个一个社会团体（social groups），也可以说是社会类属（social categories）的组合］。中国是一个以关系为主的社会，也就是社会学上所讲的网络结构的社会。**中国的网络关系又不同于西方的网络关系：西方网络关系的个体都是"平等"的；而中国网络中的个体间关系是"差序"的**，以一个人为中心，向外分成一圈又一圈由近而远、由亲而疏的关系网，亲亲有等级，待遇有不同，所以随着关系远近不同也适用不同的行为标准与交换法则。每一个人有自己的差序格局的人脉网，每个人又互为别人人脉网中的一员，所以网与网会相连，两人间也会有共同的人脉，网与网也会重叠。因此，一个网网相连到天边的社会结构最足以表现中国社会的结构特质。

一般地，中国的领导层也是一种差序格局的结构，亲亲有等级，使中国人会从内到外分出关系远近，不同关系适合不同的事情。在企业之外，关系是获取资源最重要的依据，不同关系适合不同资源的取得，有的需要亲如家人，有的需要好朋友、熟朋友，有的则只需弱连带，中国人做生意就需要建构一张由强到弱、层层包括的人脉网络。在企业内，差序格局使中国式领导由内而外形成一个亲信、班底以及干部的领导团队，以领导为核心因关系远近而层层向外，各负不同的领导职能（罗家德，2007）。

（1）干部的价值。差序格局领导最外一层是干部。干部顾名思义，用曾仕强（2005）的话形容，就是树的树干部分，是支撑整棵树的中坚力量，向下，向底部吸收水分、养分，向上，提供必需的资源给顶层，以使整棵树枝开叶茂、欣欣向荣。一个公司的管理人员不正是扮演这样的角色吗？他们是决策到执行力之间的枢纽，从上面得到决策，带动下面推行决策，落实决策为真实的商业行为。干部不强，则上下沟通发生障碍，上面得不到真实的信息以致决策错误，下面则得不到应有的激励与管理而疏于执行。更有甚者，干部位于中间"桥"的位置，不好的干部可能垄断自下而上的信息传递以及自上而下的决策传达，借以从中牟利，造成底层离心离德，公司分崩离析。

（2）班底的价值。干部中间有一群人，这一群人是最高领导能直接面对、直接指挥的管理团队，像李世民在作秦王打天下时的"天策府十八学士"，这群人，广义来说就是统治精英的"班底"，因为他们正是从事管理的"核心团队"，也可以被理解为人数不多的"精英骨干"。班底是"做事"的团队，所以其特质一定是"能干"。领导为了拉拢这群特别能干的干部，往往要与他们建立带有私人情感的关系，不能只是"公事公办"的公事关系，而且会成为领导经常面对面接触、可以直接指挥的一群人。他们不同于干部正是因为拥有这种领导的"圈内人"的身份，往往要负责一个项目、一个部门或管理一些领导特别在乎又特别棘手的事情。这群人的冲锋陷阵正是一个企业成功的基石。

（3）亲信的价值。领导身边还有一个人数更少的小圈子，小圈子的成员可能来自班底，也可能不是，他扮演着有点类似领导"分身"的角色，这个圈子便是"亲信"。亲信有五种功能，分别定名为咨询者、公关使、黑白脸、情报密使以及资源掌控者。亲信顾名思义就是领导最信任的一小群人，所以亲信常是领导征询意见的"咨询者",有时亲信的一句话会成为临门一脚做成决策的关键;因为信任,所以亲信可以作领导的分身,出去作"公关使",见亲信如见领导本人;"资源掌控者"则指的是代天行狩,出去代表领导,坐镇一方;由亲信所形成的领导班子中,董事长扮白脸,就有人扮黑脸,所以亲信要扮"黑白脸"。然而亲信却常常给人负面的印象,当领导修身不足,私欲甚重时,亲信往往是满足领导私欲的代理人。好领导的亲信往往出自能办事的班底之中,但中国历朝历代皇帝中,不乏亲信来自于家奴或宦官。

(4) 上下流动的价值。一个领导的亲信、班底与干部,由内而外亲疏有别,信任程度也有别,形成中国式的差序格局领导。亲信、班底与干部因领导的信任有别而各有功能,都有其重要价值,然而一旦这群人成了封闭的"当权派",便成了管理上最可怕的毒瘤,这是差序格局领导的一大致命伤。如何解决此一致命伤,简单地说,就是要在内外圈子之间保持流动。员工努力工作重要的目的就是"提干"。干部毕竟人数众多,不太可能都来自于领导的赏识,所以"提干"要有一套制度,要有明确、公开而公平的评鉴,也要有合理的培训与升迁制度,否则员工就没有"提干"的指望,只好"走人"或"造反"。

5.3　中国式领导形象:儒商

著名管理学家苏东水(2006)教授提出,**东方管理者的特点是"以人为本、以德为先、人为为人"**。中国古代日出而作、日落而息,活动一般以村落为主,在一个村落里,人们彼此知根知底,沟通的范围就局限在小小的村落内,一个村落就是一个组织、一个社会单位。当今新经济时代,有人把地球称作"地球村",因为有了互联网,通信极为便利。**一个人成长是一个"人为"的过程,也是一个在全球范围内获得人们认同的过程,等到认识之后,更是一个"为人"的过程,这对任何组织都是一样的。**每个人首先要注意自身的行为修养,正人先正己,然后从为人的角度出发,来从事、控制和调整自身的行为,创造一种良好的工作环境。"半部《论语》治天下",常直接可以联想到的就是中国人常说的"做生意前先做人"。

中国式的管理是以领导为中心的管理,组织的绩效与领导素质紧密相连,而要达到管理的最高境界——大同世界，必须由完善人格的贤者来担任领导（即内圣外王），所以中国人特别重视领导者的德行，也就是对其人格的价值评价。修身、齐家、平天下，领导者的主要权力来自于人格的感召力，凭借其修身所得，以理服人，以德感人。因此，中国上下级关系是一种和谐的上级教化下属、下属感应上级的关系。领导者和下属心灵相沟通，上下同心，无坚不摧。中国领导者更多地扮演一个服务者和老师、受尊敬的长者的角色（赵曙明，1994），而非权力的化身。中国式领导者也常常不是"英雄"，但是具有容忍大度、大智若愚等中国人崇高的美德。

中国的社会主义市场经济的本质有两条："一是高度的资源配置效率、高度的劳动生产率；二是维护社会公正、实现共同富裕。"（朱镕基，1993）在这里，前者是指物质文明的至高水准，亦即"富"；后者则是精神文明的至高境界，亦即"仁"。仁与富在一种意义上是相反相悖的，但在另一种意义上，仁与富的相辅相成不仅是可能的，也是现实的。对此，英国《独立报》有文载："在我们欢庆欧洲共产党体制的崩溃——好像一种世界现象——的时候，我们几乎没有注意到中国在向我们悄悄地走来。中国自 1978 年以来，年平均增长率为9%，外资潮水般地涌入，工资不断提高……如果中国在这方面的经验能说明任何普遍原则的话，那就是传统文化比意识形态对经济发展更具有决定性的作用。"并且预言："如果这种趋势继续发展下去，再过二三十年，一个拥有 10 多亿人口和具有香港的生产率水平的国家就会出现在世人面前。"（独立报，1992）这就是当代西方人士作为第三者预言的中国传统文化对中国现代化可能带来的贡献。

中国社会主义市场经济的成功有赖于几代企业家的不懈努力。对中国企业家而言，**"儒商"是一个很好融合马克思主义、现代资本主义和中国传统文化的备受社会欢迎的人格特征。**"半部《论语》治天下"，儒家学问是中国历代帝王治理国家的"第一精神动力"。"儒商"就是中国商界时代精神的领袖，民族复兴的"第一执行力"（张其成，2009）。**所谓"儒商"，凡指一切运用合法合理手段，获得"阳光下的利润"，建立起"温和的金钱关系"的企业家。**他们应该是这样一些人：具有热爱中华、渴望在经济建设中建功立业的远大志向；合法经营，讲究信义和道德，做生意、赚钞票光明磊落；不但追求物质文明，而且在精神文明建设方面颇有建树，热心公益，经济效益与社会效益并重；而其自身，则有文化、有知识，温文尔雅，"恂恂如儒生"，有儒将风度，具备较高的文化人的修养和素质……此等"儒商"正代表了中国式社会主义市场经济下中国企业家的方向。

5.4　案例研究：中国海尔的管理模式

海尔集团是世界第四大白色家电制造商、中国最具价值品牌、中国购买者满意度第一品牌。海尔品牌旗下冰箱、空调、洗衣机、电视机、热水器、电脑、手机、家居集成等 19 个产品被评为中国名牌。海尔在全球 30 多个国家建立本土化的设计中心、制造基地和贸易公司，全球员工总数超过 5 万人，已发展成为大规模的跨国企业集团。在创新实践中，海尔探索实施的"OEC"管理模式、"市场链"管理及"人单合一"发展模式、"吃休克鱼"等理念引起国际管理界高度关注，至今已三度被著名的哈佛案例库收录。在很长一段时间内，海尔作为中国管理的标杆，被大量中西方管理实践者模仿。董事长张瑞敏还曾在美国管理学年会（Academy of Management Annual Meeting）发表演讲，阐述中国海尔成功的管理模式。

5.4.1　吃休克鱼：以柔克刚

有一次，首席执行官张瑞敏出访日本一家大公司。该公司董事长一向热衷中国至理名言。这位董事长介绍该公司经营宗旨和企业文化时，阐述了"真善美"，并引述老子思想，张瑞敏也发表了自己的看法：《道德经》中有一句话与"真善美"语义一致，这就是"天下万物生于有，有生于无"。

张瑞敏以这句话诠释了**"海尔文化"**之重要性。他说，企业管理有两点始终是他铭记在心的：第一点是无形的东西往往比有形的东西更重要。当领导的到下面看重的有形东西太多，而无形东西太少。一般总是问产量多少、利润多少，没有看到文化观念、氛围更重要。一个企业没有文化，就没有灵魂。第二点是老子主张的为人做事要"以柔克刚"。张瑞敏说："在过去人们把此话看成是消极的，实际上它主张的弱转强、小转大是个过程。要认识到：作为企业家，你永远是弱势；如果你真能认识到自己是弱势，你就会朝目标执着前进，也就会成功。"

有一次，一位记者问张瑞敏："一位企业家首先应懂哪些知识？"张瑞敏想了想说："首先要懂哲学吧！"张瑞敏能联系企业实际，从老子思想中悟到"无"比"有"更重要、"无"生"有"的道理，也能悟出柔才能克刚、谦逊才能进取的为人处世之理。骄横与张扬永远是企业衰败之源。人的成熟，在于思想的成熟。企业家的成熟在于实践经验基础上形成的理念体系。一切成功的企业家都是经营哲学家。著名经济学家艾丰为《张瑞敏如是说》一书写序，题目就是"不用哲学看不清海尔"。艾丰用哲学恰到好处地评价了张瑞敏。

以柔克刚的思想在海尔的最好实践案例便是海尔扩张的方法是专吃"休克鱼"。无论是海尔兼并的原青岛红星电器厂、爱德洗衣机公司，还是黄山电子有限公司，都是"休克鱼"。所谓"休克鱼"，是张瑞敏对硬件条件很好，但因思想、观念滞后而停滞不前的企业的形象比喻。"休克鱼"有潜在活力，一旦激活具有较为显著的市场效益。这是海尔选择扩张对象的理论依据，也是海尔扩张成功的前提。海尔扩张的策略不采用注入资金盘活有形资产，而是通过自身优势的拉动、辐射，海尔文化的渗透，海尔品牌的输入，以无形资产盘活有形资产，使"休克鱼"条条激活，走出一条成功的规模扩张之路。

5.4.2　人单合一

丰田、戴尔是张瑞敏最为欣赏、推崇的两家公司，通过对标与补差，张瑞敏抛出了一个新颖的观点——"人单合一、直销直发"，他希望借此"把每一个人做成战略业务单元（SBU）"。这和柳传志多年倡行的"每个人都是发动机"有异曲同工之妙。海尔的"雷神游戏笔记本电脑"等就是"员工创造化"人单合一的产物。

现在一般的企业基本上是销售经理拿一个订单，然后提出一个订单来，生产的产品进到仓库，仓库里面再进入到卖场，再进入到用户。这样会产生库存问题。现在的价格战打得非常厉害，说到底就是库存的压力，如果没有库存的压力，谁愿意把产品降价呢？所以要从解决库存入手。在美国，销售公司是120人，这些人都是美国人，他们把订单和海外经理人挂在一起，现在产品已经开始从中国直接发到美国商场，而不在美国仓库停留，直发率过去是27%，现在已经达到了64%。这是很重要的一点，这是海尔建立在信息化基础上的"人单合一"战略的一种表现形式。"人单合一"战略可以简单概括为"人单合一、直销直发、正现金流"，就是使每一个人都有一个市场，有一个市场就要有一个订单；人和市场之间，应该是直接联系在一起，每个人从市场直接获取订单，工厂是根据他的订单进行制造，根据订单发货；如果通过生产线的产品都是有用户的订单，资金就可以快速地拿回来。

人单合一模式转型，是对管理新范式的探索，其本质是尊重人，激发每一个

人的潜力，使其员工"能量球"的作用发挥到极致。正是在这个意义上，丹娜·左哈尔（2018）在其著名的《量子领导者：商业思维和实践的革命》中，将海尔管理称为"量子领导"。区别于牛顿思维，在量子世界中，所有事物微妙地发生关系，给了我们一个纠缠的不确定世界，你中有我，我中有你，每个事物都是整体不可分割的一部分。量子思维强调部分融入整体中，会有新的、不确定的模式诞生。组织需要将其每个员工视作特殊的能量球放手其发挥创意。自下而上地为组织注入源源不断的动力。"道生一"的"一"就是尊重人，"一生二"的"二"就是员工和用户，"二生三"的"三"就是用户和员工走向合一，"三生万物"就是共创共赢、生生不息的生态圈（王钦，2016）。

全面逐项控制和清理（Overall Every Control and Clear，OEC），是全方位地对每人、每天所做的每件事进行控制和清理。每位员工按"日事日毕，日清日高"的标准检查自己，使每项工作每天都有新的提高，从而推动整个企业按照既定目标向上爬动。海尔的 OEC 管理模式，由全方位目标系统、日清控制系统和有效激励系统三方面构成，它立足于海尔的三项制度改革，使海尔的各项制度相互衔接，构成一个有机的统一体，囊括了企业管理的诸项要素：目标、责任、考核、奖惩、监督、分配、晋升等。这是一种以人为本的管理，旨在调动职工积极性，开发其智慧，发挥其创造力。这是企业自我约束、自我发展、良性循环的精细化管理方法，达到了企业管理的一种高境界，是海尔文化的又一核心内容。

5.4.3 绝配杨绵绵

1984 年，时年 35 岁的张瑞敏诚邀杨绵绵出任青岛电冰箱总厂（集团前身）副厂长，"我就是觉得她和别人太不一样，她的那些同龄人上班时间买菜、织毛衣，只有这个杨绵绵居然在认真地读书学习"。后来，她成为海尔的总裁——张瑞敏的黄金搭档。

海尔 24 年的发展简史，见证了杨绵绵从知识女性到职业经理人的嬗变。杨绵绵之于海尔，则是无法淡漠的鲜明印记与荣光。杨绵绵常说，人有"三商"——智商、情商和韧商，韧商最难达到。执行能力是一种管理天赋，杨绵绵的人格之魅在于其柔软的坚毅、坚硬的感性。张瑞敏如此点评杨绵绵：决策者本来期望是"二"，但她的执行却能发挥到"十"。

商界有一个流行的说法：成功等于 10% 的战略加 90% 的执行。海尔的快速扩张与稳健前行注定要仰仗大量优秀管理人才的支撑，可以说，管理人才的积聚与堆砌是海尔成长的基因。杨绵绵无疑是海尔管理人才的最佳代表。张瑞敏与杨绵绵，一个长于宏观战略，一个精于细节专注，形成了**"和而不同"的性别互补与智力搭配**。

曼妙的职场组合"渲染"了中国商界，比如，曾经的联想的柳传志与马雪征，华为的任正非与孙亚芳，蒙牛的牛根生与卢俊，海信的周厚健与于淑珉。"他"与"她"，是中国特色的商业实践。海尔集团首席执行官张瑞敏，集团总裁杨绵绵，一位赫赫有名，一位默默无闻，如此老少配、男女配相得益彰。

5.4.4　儒商张瑞敏

海尔是"海"。创业 23 年以来，在**"真诚到永远"**的理念指导下，首席执行官张瑞敏带领海尔集团在快速发展的同时，一贯积极投身社会公益事业，用真情回报社会，以海的品格年复一年地为社会默默地奉献。

1993 年开始海尔投资制作了 212 集的动画片《海尔兄弟》；1994 年海尔开始投资参加希望工程；1998 年海尔投资建成海尔科技馆，现已成为全国青少年科普教育基地；2002 年开始赞助"中国少年儿童海尔科技奖""海尔之星——我是奥运小主人"等活动。海尔集团先后被云南团省委、青岛团市委、希望办授予"希望工程贡献奖"和"社会的海尔"等奖项。2002 年 9 月 6 日，世界性慈善组织国际联合劝募协会授予海尔集团首席执行官张瑞敏"全球杰出企业领袖奖"和"最佳捐赠者奖"两项大奖。2004 年 1 月，中国青少年发展基金会授予海尔集团国内企业唯一一块"希望工程特殊贡献奖"牌匾。2005 年 1 月，海尔集团首席执行官张瑞敏当选"爱心中国"——首届中国最具影响力慈善人物。2006年 6 月 16 日，在由中国公益事业联合会、中国爱心工程主办的"中国公益事业十大功勋人物"评选活动中，海尔集团首席执行官张瑞敏荣获"中国公益事业十大功勋人物"称号，海尔集团荣获"中国公益事业十大贡献集体"称号，是唯一一个荣获个人和集体荣誉称号的单位。据不完全统计，至今海尔集团用于社会教育事业、对口支援帮扶、扶贫救灾助残的捐款、捐物等共计 5 亿多元。

几十年来，海尔向社会奉献了真诚。海尔向全球的用户提供了数亿台的产品，创造了很多用户的需求，使海尔成为用户喜爱的产品。海尔累计上缴 200 多亿元税金，平均每天上缴 600 多万元税金；海尔自己的职工发展到 53996 人，社会上直接为海尔服务的人员达到 18 万人。

5.4.5　案例小结

中国**海尔公司的管理模式**可以概述为："儒商"张瑞敏与其副手杨绵绵是"绝配"，加上"人单合一""吃休克鱼"等，均彰显出了中国式太极、和谐、差序管理的特色。

本章小结

基于中华文明的中国管理模式可以概述为：基于儒释道法管及毛泽东思想、混合经济和社会主义，崇尚中庸、官本位和关系网理念，追求和谐管理、差序格局和太极治理。基于中华文明的中国领导者的人格特征为"儒商"。

第6章　基于伊斯兰文明的
阿拉伯管理模式

伊斯兰教起源于公元 7 世纪的阿拉伯半岛，然后迅速传播，跨越北非和伊比利亚半岛，并向东延伸至中亚、南亚次大陆和东南亚。结果，许多独特的文化或次文明存在于伊斯兰文明之中，包括阿拉伯、土耳其、波斯和马来西亚文化等。基于伊斯兰文明的阿拉伯式管理因其与众不同的管理特点，尤其内部极具凝聚力，曾被称为与英美式、欧洲式、日本式相区别的**"第四范例"**。本章剖析基于伊斯兰文明的阿拉伯管理模式，然后运用一个具体案例解析阿拉伯管理模式。

6.1　幅员辽阔的阿拉伯世界

阿拉伯世界幅员辽阔，从北非到波斯湾，从高加索山脉到苏丹，广泛分布着阿拉伯的土地，阿拉伯的影响占据了统治地位。

6.1.1　四圈阿拉伯与中东石油经济

（1）阿拉伯世界的四个同心圆

在定义阿拉伯世界时，按照四个同心圆来考虑是有帮助的（Gesteland，2003）。大的外圈是伊斯兰世界，由 80 多个国家组成，这些国家中大多数是穆斯林。

在那个外圈之内是中东，包括西亚和非洲的伊斯兰文化，还有一些非阿拉伯伊斯兰国家，例如土耳其、伊朗、巴基斯坦和阿富汗。后者国家的人民讲的不是阿拉伯语，同时，他们与阿拉伯世界的居民有种族上的差异。

接下来是第三个小圆，由 22 个国家组成，通常被称为阿拉伯世界，是阿拉伯同盟的成员。一般在符合它的居民讲阿拉伯语言、他们自认为是阿拉伯人的条件时，一个国家会称自己为阿拉伯世界的一部分。

最后，也是最小的一个核心圆，由海湾合作委员会（GCC）的六个阿拉伯国家组成：巴林、科威特、阿曼、卡塔尔、沙特阿拉伯和阿拉伯联合酋长国。以迪拜崛起为标志的 GCC 海湾阿拉伯人地区目前已成为全球企业充满刺激与发展前景的经商地点。

（2）石油输出国组织（OPEC）与石油经济

中东地区拥有世界最多的石油储量。石油是一种黑色物质，由碳氢组成的有机化合物构成。石油沉积物形成于数百万年以前，蕴藏于沿岩石断层线和地壳裂缝之中。石油是汽车燃料，供家庭取暖或制冷，能为人们生活提供数以千计的消费品。

世界依赖于石油，对于全球气候变暖的担心使对天然气、核能及其他替代能源的消费增加。尽管如此，预计一直到 2020 年，石油仍将保持其 40% 的市场份额。已探明的世界石油储量总共预计为 1.03 万亿桶。按每天生产 7670 万桶计算，国际能源组织估计世界有剩余原油产能 470 万桶/日。2000～2020 年需求的增长将导致世界石油供应增长 4500 万桶/日。虽然 OPEC 国家和非 OPEC 国家都能从石油增产中获益，然而，OPEC 国家才是最主要的受益者。短期内，石油供给还将受政治、经济和环境震荡的影响。

1960 年 9 月 14 日，伊朗、伊拉克、科威特、沙特阿拉伯和委内瑞拉五国在巴格达建立了"石油输出国组织"。现有 14 个成员国，其它成员有安哥拉、厄瓜多尔、加蓬、阿尔及利亚、印度尼西亚、利比亚、尼日利亚、卡塔尔和阿拉伯联合酋长国。加在一起，OPEC 成员国控制了超过 75% 的已探明世界石油储量及世界石油产量的 40%（Wheelwright，2006）。OPEC 建立的使命就是为石油消费者和生产者提供一个公平、稳定的石油市场。按各方意愿决定，OPEC 卡特尔确立了目标，要保持稳定的石油利润收入，以资助各成员国的发展计划。

6.1.2　贝都因人、伊斯兰教与原教旨主义

（1）贝都因人

伊斯兰教产生以前，阿拉伯社会总体上仍属于以血缘关系为基础的氏族社会。沙漠中的贝都因人过着部落制的生活。

游牧生活是阿拉伯世界最古老的生活方式。由于阿拉伯人所在地域的 80%
以上是沙漠、半沙漠地带，雨量稀少，贝都因人长期过着游牧生活。直到今天，
在阿拉伯半岛和北非的辽阔的大沙漠中仍居住着大量的贝都因人。在人类社会进
入 21 世纪的今天，现代文明正以它的无限生机冲击着世界的各个角落，但是贝
都因人仍能以传统的生活方式生活在现代化的世外桃源之中，过着与世隔绝、无
拘无束的游牧生活。在他们心目中，只有沙漠没有边界，因此为了牧放牲畜，他
们常常肆无忌惮地穿梭于国与国之间的边境上，随心所欲、来往自如，如入无人
之境。在他们眼里，也没有总统或国王，他们的口头禅是"我们没有国王，只有
真主安拉"（李绍先，1997）。

**贝都因人受游牧生活的影响，具有流动、大方、热情、好客、豪放、勇敢、
耐性和毅力等特性。**贝都因人的传统名菜烤全羊，现在依然是阿拉伯国家人民款
待高贵客人的必备食品，也是阿拉伯国家领导人举行国宴时的主菜。

（2）伊斯兰教

位于沙特阿拉伯的麦加（Makkah）和麦地那（Madinah）是穆斯林信徒们的
圣地。2001 年，全世界共有超过 10 亿穆斯林。穆斯林的圣经《古兰经》（Qu-
ran）中记载了上帝阿拉（Allah）通过加百利大天使传达给代言者穆罕默德的话
语。公元 610 年，穆罕默德开始在麦加传播伊斯兰教教义。由于受到迫害，穆罕
默德在公元 622 年离开麦加前往麦地那继续传教，直至公元 632 年去世。穆斯林
们遵循着《古兰经》中的伊斯兰教教义（Shari'ah，意思是"正确之路"）、先知
的名言（Hadith）、穆斯林学者们的著作（Fiqh）以及对《古兰经》诗篇的解读
（tafsir）。

作为一种宗教和社会政治体系，伊斯兰教有五项义务，被称为**伊斯兰教的五
大支柱**：①只信奉一个上帝及其代言者穆罕默德；②每日祈祷五次；③缴纳福利
税以预防贫困；④斋月的白天必须戒斋（怀孕的妇女和值班的士兵除外）；⑤信
徒的一生中必须到麦加朝圣至少一次。有一种观点认为，护教战争是伊斯兰教的
第六大支柱。护教战争有两个定义：广义上是指为了道德的完善而在精神上的奋
斗；狭义上则指对所有非穆斯林信仰的战争。极端主义者正是利用了护教战争狭
义上的定义为针对非穆斯林的恐怖行为辩护。

什叶派（Shiites）是伊斯兰教的一个重要派别，他们认为穆罕默德有一个精
神上的继承者（伊玛姆）。伊玛姆是国家的领导人，拥有对伊斯兰教教义权威的
解释权。什叶派穆斯林主要集中在伊朗、伊拉克、黎巴嫩和也门，只有 10% 的

沙特人是什叶派。90％的沙特人是逊尼派（Sunnis），他们自称"正统伊斯兰"。

瓦哈比教派（Wahhabi）的运动对沙特阿拉伯的伊斯兰运动产生了巨大影响。18世纪，穆罕默德·阿布德阿·瓦哈卜反对当时逐渐流行的信奉多神教的潮流及对伊斯兰教教义肆意的解释。他们谴责将孩子作为祭献的行为，反对向圣人祈祷，反对在圣地上建造房屋。瓦哈比教派的宗教学者对《古兰经》有严格的解释，他们抵制对两性关系、家庭规则以及分享民主的重新解释。

伊斯兰教已融入沙特阿拉伯人民生活的方方面面。在阿拉伯国家的企业中，无论管理者还是雇员，商店每天关门五次花费2小时为人们祈祷提供场所，在穆斯林的斋月，绝大多数阿拉伯国家的公司都要"关门"。宗教警察由国家提供经济支持，他们的职责是惩处那些未能正确穿戴的妇女和违反伊斯兰教教义的人（Wheelwright，2006）。海尼（Hani，1997）在《如何做一个沙特人》（*To Be a Saudi*）一书中写道："伊斯兰教对沙特社会的真实影响远远大于我们的想象。他塑造了我们的家庭关系、教育体系、社会结构、对未来的憧憬以及对待生活的态度。"伊斯兰的本意即是顺服、服从、降服、归顺、纯净、和平等。在《古兰经》中，宇宙的一切均由"真主"决定。

（3）激进的原教旨主义者

现在穆斯林在全世界与各地的居民都有着剧烈的冲突，从欧洲的法国大骚乱、泰国和佛教徒的冲突，到印度和印度教徒的大规模暴动，即使在世界上最没有宗教色彩的中国，穆斯林仍然持续着不间断的和间隙式的冲突。在中东，从犹太人进入那天，一直冲突到今天。

伊斯兰文明为什么表现出这么强的暴力性？为什么和任何一种文明都不能和平共处？**其根本的原因在于宗教本身的不宽容**，本身的野蛮在起作用（Wheelwright，2006）。看了《古兰经》，上面的先验、绝对主义，宣扬信众比不信者优越的言论比比皆是：

"任何人甚至所有信仰真主、最后审判日及行善的犹太教徒、基督徒和塞比教徒，都将得到上帝的眷顾。他们将无所畏惧、远离痛苦。"（《古兰经》，2.62）"不要和犹太教徒、基督教徒交朋友，只有他们之间才能做朋友。你们中的任何一个人和他们交上了朋友，那么他一定是他们中的一员。真主不会指引非正义的人。"（《古兰经》，5.51）

一个服务于对外战争的宗教，一个为了控制信徒变为战士的宗教，一个公然通过税收政策、压迫其他宗教信徒转为其信徒的宗教，一个宣扬信教者远远优于其他人的宗教，这个宗教不但具有犹太人的先天优越感，更具有强烈的组织性和排他性、攻击性，这就是伊斯兰文明无法与其他文明共处的深层原因。

伊斯兰教其实是很仁爱和热爱和平的，《古兰经》中的阿拉真神是仁慈的，但也发现有好几个地方要把敌人杀死，包括把敌人用最残酷的方法杀死。面临来自西方共产主义和帝国主义两大势力，尤其是西方帝国主义的侵略，伊斯兰教反弹出来的是一种本能的反抗，要回到原本的宗教教义，寻求力量来对抗西方，与中国以前的"义和团运动"有点相似（梁燕城，2006），认为传统的神灵可以对付西方的枪炮。拉登便因此推动泛伊斯兰的**"原教旨主义"**（fundamentalists，原教旨主义系指这样一种宗教现象：当感到传统的、被人们理所当然地接受了的最高权威受到挑战时，对这种挑战毫不妥协，仍反复重申原信仰的权威性，对挑战和妥协予以坚决回击，一旦有必要，甚至用政治和军事手段进一步表明其态度，具有极强的保守性、对抗性、排他性及战斗性）。"9·11 恐怖袭击事件"后，美国的新闻界开始质疑未来沙特家族的统治地位。有许多文章揭示了众王子间强烈的权力斗争、腐败丑闻、对人权的侵犯和原教旨集团的逐渐壮大等。一些沙特人承认沙特政府正变得越来越不稳定。一个沙特人警告说："政府并不稳固。如果政府不能解决王国的问题，10 年内甚至更快，现有政府将被推翻。"公众意见持续不能统一，有关人士担忧这将使沙特重蹈伊朗革命的覆辙。

6.1.3 和平、中正与自由

基于伊斯兰文明发展最深层的伊斯兰教及中东石油经济的显性积雪特征，终于冰冻形成了介于其间的若隐若现的阿拉伯人的和平、中正和自由三大核心价值观。激进的原教旨主义不是伊斯兰教的主流。

（1）和平、和谐

伊斯兰文化是倡导和平、追求和平、维护和平的文化，**"伊斯兰"**（Islam）一词本意就是和平，穆斯林是爱好和平的人民。他们相互的问候语"赛俩目"也是和平、平安的意思。圣训中说"穆斯林就是穆斯林大众从其舌上和手上获得平安的人"，通俗地说，即穆斯林就是不骂人、不打人的人。这是穆斯林做人的最低境界，更高的境界便是具备高尚的道德，是对真、善、美永不停息的追求。

伊斯兰文化倡导和谐、追求和谐，认为整个宇宙就是一个和谐的整体。大到自然界日月星辰的运转、昼夜四季的往复更替，小到一个人身心的健康发展，无不和谐平衡、井然有序，自然界一旦失去和谐，就会发生天灾，人类社会失去和谐，就会人祸不断，人体失去和谐，就会百病缠身。伊斯兰文化不仅强调人与安拉、人与人之间的和谐，还强调人与大自然的和谐，认为自然是人类的邻居和朋友，而不是人类的敌人，不可肆意掠夺自然。先知穆罕默德深情地说："这是吴侯德山，我们爱它，它爱我们。"（吴侯德山是麦地那的一座山）

（2）中正、公平

伊斯兰文化强调中和，反对极端，穆斯林要走不偏不倚的中正之道，《古兰经》中将穆斯林民族称为"中正的民族"："我（真主）这样以你们为中正的民族，以便你们作证世人……"（2：143）圣训中讲"最好的事就是中正之事"，圣训中还告诫穆斯林，一定要谨防宗教中的过激行为，因为过激会导致灭亡。

伊斯兰文化特别强调公正、公平。《古兰经》中说："真主的确命人公平、行善、施济亲戚，并禁人淫乱、作恶事、霸道。"（16：90）公正也是实现社会和谐的基础，没有公正，和谐就无从谈起。公正就是要保护人、自然、动物各自应有的权益不受侵犯。

伊斯兰文化主张人类都是同一个祖先的后代，没有种族、血统的优劣之分，民族与民族、国王与庶民、男人与女人、富豪与贫民之间，没有贵贱尊卑之别，在真主面前一律平等。人的优劣只取决于其道德是否高尚，是否追求真理，是否有一颗敬真爱人之心。

（3）自由、宽容

伊斯兰文化主张思想自由，强调宗教信仰，绝无强迫。不可以将一种思想、一种信仰强加于人。人不但有思想的自由，还有趋善远恶、分辨正误的自由和能力，有自己自主处理自己的财产和事务的自由。同时，自由又不是绝对的，不能因自己的自由而侵害别人的权益。圣训中讲，一伙人同乘一船，各居一隅，你在自己的居处可以自由行事，但若有人拿着斧子要凿通自己所在的地方，大家就要制止他，否则，全船人的安全就会受到威胁。

除却激进的原教旨主义，伊斯兰文化还是一种宽容的文化，伊斯兰教要求穆斯林尊重异己，宽以待人，严于律己。《古兰经》甚至要求穆斯林与人辩论也要采用最优美的态度。圣训中说："真主喜欢温和行事的人。"海纳百川，有容乃大，伊斯兰文化博大精深，兼容并蓄，容纳异己文化，其漫长的发展历程也充分体现了宽容的精神。

6.2 阿拉伯管理模式之冰河模型

在亨廷顿的世界文明体系中，**伊斯兰文明受地中海文明（古希腊、古罗马文明）和苏美尔文明（两河流域文明）的影响**（Huntington，1996）。希克松和皮尤（Hickson and Pugh，1993）认为，**贝都因人以及更广泛部落的继承者、伊斯兰教、外国统治的经历，以及 20 世纪石油的影响和西欧国家对产油的阿拉伯国家的依赖和被石油所扭曲的经济对阿拉伯管理产生了基本影响。**但是，并非所有的阿拉伯国家的经济都为石油及石油化学工业所统治。例如，这四类影响中还都夹杂着都市化的过程，都市化的范围从最极端的开罗这一世界上最古老的城市之一，到如迪拜和阿布扎比这样的城市。这些城市都是在发现石油后而建立的。

图 6-1 提供了一个关于**阿拉伯伊斯兰文明的概念模型**：伊斯兰文明发展最深层结构为伊斯兰教、贝都因人和原教旨主义；显性特征体现为阿拉伯同心圆和中东石油经济；介于其间的若隐若现的层次为和平、中正和自由。

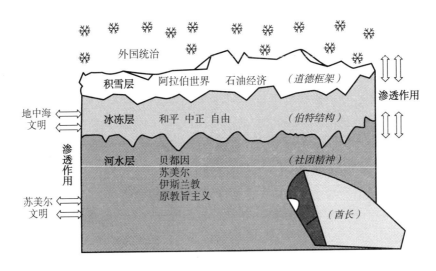

图 6-1 基于伊斯兰文明的阿拉伯管理之冰河模型

基于伊斯兰文明的阿拉伯管理模式如图 6-1 右边括号内文字所示：**显性的控制中体现的是道德框架和外部责任；若隐若现的组织层隐藏的是"伯特结**

构"；隐性企划层深处是忠诚和社团精神。成功阿拉伯领导者的形象体现出"酋长"的人格特征（航船中所标示）。

6.2.1　道德与责任

（1）道德框架

在《古兰经》中，宇宙的一切均由"真主"决定。由此可见，伊斯兰文明基于一种听命型的文化，由此导致的管理是一种外控型的管理，"真主"是最高主宰。

阿拉伯国家的管理与西方的一个主要不同之处在于伊斯兰强调商业和管理的道德框架，而且在某些方面比日本管理中基于耻感伦理的类似的道德基础更具特点（Warner，2002）。有关的一个特别例证是，基于伊斯兰的会计和财务的概念与形成西方财务和会计理论的概念不同，特别是回避金融资本的利息。这同样根植于基本的道德层面，源自防止高利贷的核心理念。伊斯兰金融的基本道德观念是利润与损失的共同承担与分担。合资企业在阿拉伯世界中并不是罕见的形式。实际上它是最基本的形式。利息的概念在伊斯兰教中是不正当的，因为它使金融资本的初始所有者获利，而不管经济成功与否或他们投资的企业的经营状况如何。

这反过来又影响到金融和管理中的风险概念，使金融机构卷入客户与存款者的企业事务的程度过深，因此更近似于德国或日本的长期合伙参与经济事务的模式，而不同于追逐纯财务报酬最优化和短期利润的"盎格鲁—撒克逊式"的概念。伊斯兰经济学还规定了投资只能支持那些不为伊斯兰教所禁止的产品和服务。

伊斯兰是一个以信仰和道德为和谐的文明，唯利是图是罪恶。信仰伊斯兰教的经济学家和企业家在遇到棘手的问题时，努力绕开可能会造成的恶劣效果，寻找最合理的途径，这就是**伊斯兰法理的"创制"理论**在经济学、管理学中的运用。伊斯兰学者参与经济发展和社会管理的制度，对任何新问题都可以在《古兰经》和圣训引导下遵循"创制"的方法合理解决。

（2）责任

阿拉伯式管理的基础之一是对他人的责任（包括家庭和朋友）、道德标准及其技巧，但又不排斥财富，而金钱和推销则是美国式管理的主宰。

阿拉伯人把自己周围的人分成两种：要么邻居，要么陌生人（Leaptrott，

1996）。对认识的人热情、有私交；对陌生人保守、有戒心。这可能受贝都因游牧民族生活方式的影响。所以，虽然阿拉伯人为他们的友好、好客、讲忠诚而自豪，但他们只对被认为是"兄弟"的人这样做。他们只与朋友做生意。他们对胜利的定义是：对陌生人是总和为零的胜利，对朋友是"胜—胜"结局。

阿拉伯人认为，工作是为了活着。**伊斯兰教主张"两世吉庆"**（秦惠彬，2004），后世虽然是人类的最终归宿，但今世是后世的桥梁，只有在今世走好，才能在后世享受至极的欢愉。所以，在现实生活中应该积极进取，谋求合理享受，但主张放眼后世，强调不宜过分贪恋，不应追求虚荣。穆斯林把建立良好的社会秩序和温馨和睦的家庭关系，以及以积极的态度合理地开发、利用、保护自然资源，创造一定的物质财富等，视为真主赋予人类社会的神圣义务和不可推卸的责任，因而人必须以一种敬畏的心态和信仰的诚意去身体力行加以实践，而这其中无一不蕴含着伊斯兰谦和美好的道德伦理因素。不难想象，脱离这种道德约束的行为，必然会对社会的稳定安宁、人际关系的和谐、健康等带来极大的破坏，而且也与人类文明进步的潮流相违背。

6.2.2　伯特结构

德国社会学家韦伯能够用官僚体制的本质对组织的形式进行解释，并进而发现官僚体制。对此，阿拉伯公共行政学者也从阿拉伯的组织中发现了**"伯特制度"（或酋长制度）**，以此证明阿拉伯是传统社会。尽管现代的组织及行政方法早已引进，他们的行政行为仍是非常传统的（Hickson，1995）。它强调由上及下的权威。所有成员则利用这种权威为自己的亲朋好友谋福利，他们甚至利用它来达成组织的目标。如果一个社会普遍看重为人着想和为自己着想，那么，要求每个人一视同仁地致力于某项目标或计划则是很难做到的。

达德法（Dadfar，1993）进一步发展了分类研究，在 158 个深入访察和一些案例的大型数据库的基础上提出了一种较为成熟的模型。它产生了 112 个变量，并分解为数个社会文化的范畴：宏观宇宙概念、微观宇宙概念、家庭主义、实用性、宿命论、时间观念、西方生活方式、西方技艺和技术以及男女平等等。他将价值体系与阿拉伯的个性类型联系起来，描述阿拉伯世界的不同管理行为。在对叙利亚、沙特阿拉伯和海湾国家的实证研究的基础上，他划分了 8 种管理类型：

（1）部落统治指一种领导体系，在这种体系下，部落价值观念处于支配地位。领导者具有无限权力，他的话就是法律，并且忠诚被赋予高层管理者。组织中的重要地位被分配给家庭成员、部落成员和亲密的朋友。部落统治的领导人有非常强烈的泛阿拉伯主义，在个人角度上则雄心勃勃，不太安分而且好战。

（2）部落神权统治同样也为部落价值观念所支配，不同的是它植根于伊斯兰教。

（3）西方化的部落类型的管理者希望采取西方的生活方式，采用西方的科学与技术，但他们不喜欢西方的民主和相应的管理行为。这类管理者一般处于垄断企业中，管理者无须卷入竞争行为的事实使明显接近西方管理的观念可以合法化。

（4）神权部落化的管理者易于采用一种神赐的领导风格和男性统治的方法，还可能易于采用一种伦理的和明显神化了的管理方式。

（5）神权西方化的管理者可能受过西方教育，并且或许会采用西方的技术与科技。他们不采取西方的生活方式，他们希望在伊斯兰观念为支撑的管理方式下搬用西方的管理技术。

（6）西方部落化类型的管理者更喜欢实用的管理结构，并且可能十分精通，但一旦产生冲突时，家族和部落的优先程度更高。

（7）西方神权化的管理者试图将西方观念与伊斯兰观念加以混合，西方资本家的行为方式中包含伊斯兰观念。

（8）完全西方化类型的管理者较为实用主义，灵活而富有参与性。根据这个研究，这一类型最常成为石油工业或其他外国合资企业中的少数管理者。

6.2.3　忠诚胜于效率

在阿拉伯管理者中，最广为人知的对行为和态度的研究是穆纳（Muna，1980）的著作《阿拉伯的经理》。他研究了 52 位阿拉伯经理，指出，"忠诚"的评价高于所有其他的组织价值，甚至组织运行的"效率"。忠诚可以通过使经理人都是他可信赖的人来保证。

阿拉伯世界普遍实行以"情"为特质的管理哲学。阿拉伯人千百年的文化传统使他们形成某种思维定式，不违背最基本的价值准则和道德规范，因而他们的行为是思索清楚了再行动。"家族本位"是阿拉伯社会的一个基本特点，企业的经营管理和经济发展不以牺牲家族利益和损害社会稳定为代价，阿拉伯社会的企业管理普遍带有浓厚的宗教色彩和强烈的伦理色彩，企业不仅是工作场所，也是宗教宣传和道德教育的场所。

6.3　阿拉伯式领导形象：酋长

伊斯兰文化带有很强的部落主义色彩（Leaptrott，1996），**个人遵从于部落，个人特征存在于家族结构之中**。集体主义型和部落主义型有一个共同点：群体的团结。不过，集体主义与更宽泛的群体概念相联系，群体的联结可以是一个镇、一个诸侯国、一个国家或是一个种族，个人通过与群体的联结来体现自己。而在部落主义里，每个人的首要焦点是家族单位。在部落主义型文化里，必须不惜一切代价使家族生存下来，必须保护家族的名声和家族的荣誉。"酋长模式"可以说是阿拉伯管理的一大特色。贝都因的影响是一种集中表现为父系家族自顶向下的权威，男性在社会中占主导地位。酋长掌握绝对的权力，酋长所有的决定都代表部落意见。这种结构代表了一种现今在许多阿拉伯组织中依旧明显的模式。这类组织可被描述为贝都因统治或酋长统治。阿拉伯社会组织的基本模式是等级森严的，而且是传统的，这在一定程度上是渗透在阿拉伯社会中的家庭和血缘结构的一个摹本。家族部落式的价值观和官僚组织结构加强了以"酋长制"为领导风格的独裁式管理。这种管理的特点包括强大的等级权威、熟于人际关系的下属，以及对制定者鲜有约束的规章制度等。

在阿拉伯组织中，领导是一种复杂的形象，并且与荣辱观念联系在一起。阿拉伯文化可被形容为一种东方式"耻感文化"而非西方式的"罪恶文化"（Warner，2002）。羞耻统治了社会生活的各个领域。对女性来说，失去贞洁将使她的家人蒙耻，而不是她的父亲与兄长未能保护她的荣誉的问题；对长辈来说，未能款待客人也是同等的羞耻。一名优秀的领导者应该能够安排好事务以保护他的下属免受耻辱。

在阿拉伯组织中，酋长式领导权的运用可有三种形式：通过神权来控制；通过密切监督来控制；通过文化来控制。其中，最常用的方式是通过密切监督来控制（Warner，2002）。工厂的管理者要经过相当多的环节，才能对那些不被信任负责地行事的雇员行为进行监督。

典型的阿拉伯酋长决策制定方式是顾问式的，授权被应用得最少。阿拉伯的价值体系是"对外"的、部落化的、因袭传统的，并且是以社会为中心的。这与北美式的"对内"的、自我为中心的、操纵型的、存在主义的方法形成了对照。在美国，招募员工的工作是在客观的基础上进行的，往往基于能力标准、职业资格和工作经验的比较；在阿拉伯的组织中，选择是高度主观的，依赖个人接触、裙带关系、地方主义和家族姓氏。

6.4　案例研究：阿拉伯商人卡索吉的经商风格

卡索吉是阿拉伯商界的传奇英雄（顾晓明，1995）。作为一个在商界和政界之间穿针引线的超级掮客，他的经营规模是一般商人所望尘莫及的，他独特的经营方式更是超越了常规。

6.4.1　发财的气派与气度

卡索吉始终信奉一条经商和为人的原则：**汲汲以求蝇头小利者不足以成大事，希冀收获巨额财富的前提是必须拥有摒弃某些眼前利益的勇气。**

父亲对卡索吉一生发展的影响是深刻的。卡索吉的这种经商气度和智谋缘于父亲慷慨大度的为人方式。父亲是国王的御医，信奉"善行必有厚报"的道德信条。他曾向儿子骄傲地叙述了自己第一辆汽车的来历。在 20 世纪 30 年代的沙特阿拉伯，汽车是象征财富和荣耀的奢侈品。有一天，老卡索吉医生伴随国王在茫茫沙漠上追捕羚羊，他带去了一副从法国买来的放大 30 倍、直径 50 毫米的望远镜。

"你想用这副望远镜换点什么？"国王看中老卡索吉的望远镜。

"它是您的了，陛下。请作为礼物收下。"老卡索吉谦恭地回答。

回到王宫后，国王把一辆崭新的白色帕卡德汽车的钥匙放到老卡索吉医生的手中。如果说，慷慨的善行在父亲那里还只是一种道德信念，那么，在卡索吉这里则成了纯粹的商业智谋。数十年后，作为一流商人的卡索吉也有过一场类似的表演，不过青出于蓝而胜于蓝，卡索吉随手赠送的不是小小的望远镜，而是波音 727 飞机。当时，法赫德亲王已经成为王储，代理卧病的哈立德国王治理国家。当卡索吉听说法赫德亲王决定要买一架商业规模的飞机时，就把自己首席飞行员哈罗德·G. 勒内加派去为他提供意见。勒内加回来透露风声，法赫德亲王有想买下卡索吉的波音 727 的想法，卡索吉告诉勒内加："如果他想要这架飞机，就作为礼物送给他。"卡索吉明白，向王室"进贡"所带来的回报将是无可估量的，失去一架波音 727 飞机，得到的则可能是 10 架 DC - 8 超豪华飞机。

慷慨豁达是阿拉伯人的处事风格，他们珍视友情的价值，不喜欢斤斤计较、患得患失。"你喜欢，那就给你。"这是阿拉伯人特有的方式。这种民族性格与商人特有的经济头脑和手腕糅合在一起，表现为阿拉伯商人的独具风采和魅力。卡索吉可谓金钱的"大玩家"，他充分领悟了金钱在人际关系复杂情势中流通的奥秘。没有人的因素介入和投射，金钱本身毫无意义，但是，人一旦开始操纵金钱的流通，金钱就具有了一种"主观性"，不同的人对金钱持有不同的态度，金钱在不同的人文环境中就表现出不同的流通特色。商人，在这种意义上，就是在这钱与人的交流摩擦中寻找游刃有余的位置和方式。卡索吉深谙个中原因，在适当的时机抛弃某些既得利益，只会给自己带来双倍的好处。

卡索吉在美国奇科大学的生活方式令他的阿拉伯同学们困惑不解。他每月能从沙特政府领取 200 美元的生活费，然而，他的奢侈生活赶得上一个王子。他不住在廉价的学生宿舍，而是搬进旅馆套房。他雇佣一个女学生为他打印作业，时常呼朋唤友前去聚会，一伙人在外面吃饭总是他付账。一天晚上，卡索吉请一位知心的朋友共进晚餐。酒足饭饱之后，卡索吉发现自己已囊空如洗，他借了朋友身上仅有的 5 美元去旅馆服务员那儿买了一包烟，并对服务员说零头不用找了。朋友大为惊讶，卡索吉却不无得意地解释道："旅馆的账单明天就要来了，可我手头没有钱，今天我给他 5 美元的小费，他就会以为我还有的是钱，就不会立刻急着向我要账了。"

1962 年，卡索吉执行了费萨尔亲王的一项秘密使命。从此，还不到而立之年的卡索吉就成了以非官方名义执行沙特政府指令的特殊商人，成为沟通沙特与欧美西方国家联系的使者。卡索吉首次成功地从英国买来了大批军火，面对费萨尔亲王的赞誉，他表示不要酬金。当时，费萨尔亲王正处登基的前夜，卡索吉如此不计报酬地忠心服务，无形之中确立了自己在这位未来国王心目中的地位。费萨尔亲王荣登国王宝座后，卡索吉的滚滚财富也如潮水般涌来。不久，他被授权与洛克希德有限公司和雷顿联合公司签订合同，为沙特政府购置完整的防务体系。这使卡索吉得到了大笔佣金，仅法国坦克进口一项，他就独享 4500 万美元酬金。随着沙特石油收入成百倍地猛增，国家防务规模不断扩大，过去卡索吉是从 50 万美元的交易中提成 5%，后来他是从 15 亿美元的交易中提成 5%，再后来，5% 的回扣也已经无法满足卡索吉的胃口，他开始堂而皇之地索价 15%，而西方公司也很少敢于讨价还价。

卡索吉之所以能够成为世界级富翁，原因之一就在于他在金钱面前，从不表现出短见陋识、锱铢必较的"小家子气"，他能大把地花钱，更能大把大把地赚钱。一个商人的失败也许就在于被金钱捆住了手脚、陷于金钱的诱惑，不能自拔和自省。卡索吉的大气度造就了他商业帝国的大气派。

6.4.2 把钱花出响声

腰缠万贯的阿拉伯商人如何花钱，这一直是人们关注的焦点。不少阿拉伯商人继承前辈的传统，厉行节俭，严于自律。然而，也有一些现代阿拉伯商人出手大度，挥金如土，花得多，赚得更多。这一方面是受西方商业模式影响的结果，另一方面也是阿拉伯商人的独特经营智谋。**他们奉行一条原则：把钱花在明处。**

当报界询问卡索吉个人开支情况时，他的助手总是回答：每月 200 万美元。这个数目每每令听者大吃一惊，但这其实只不过是他的船只和飞机的开销。卡索吉是一位骄奢不羁的"消费狂"，又是一位懂花钱分寸和功效的精明商人。无数社会名流追随着他，正是因为折服于他花钱的风度与魅力。卡索吉始终牢记父亲的教诲："我的儿子，你应该把钱用到别人可以听见它发出响声的地方。"

年少的时候，卡索吉曾被父亲召到身边，父亲取出了一枚硬币，扔到地毯上，然后捡起来，又扔到大理石地面上，硬币发出叮叮咚咚的脆响。老卡索吉医生对儿子说："你可以把钱悄悄地花了，也可以把钱花出气派来。"父亲的喻义是不言自明的。机灵的卡索吉在经商生涯中一直把父亲的教诲奉为圭臬。

卡索吉花钱不吝啬，也从不盲目。他可以在一夜之间开销数十万美元，但他要求这笔钱必须给他带来最大限度的名利效应，必须给他带来数百万、数千万的潜在利润。他拥有三架豪华喷气式飞机、两艘超级游艇，在世界各地还拥有 12 所庄园别墅。他常常把飞机、游艇和别墅借给沙特亲王和各国政界商界要人使用。卡索吉专机的来客登记册上写满了好莱坞名流、政治领袖和商业巨头的名字。吉米·卡特总统卸任后，曾在亚速尔群岛的圣玛丽亚岛登机与卡索吉进行了一小时的会谈。1984 年 10 月，专机又前往米兰，接克莱斯勒公司董事长李·A. 亚柯卡前往卡索吉在维也纳举办的一个狂欢会。苏丹总统加法尔·尼迈里在被废黜之前，一直借用卡索吉飞机前往世界各地旅行。约旦国王侯赛因、希腊国王康斯坦丁都曾应邀登机游览，沙特亲王们更是机上的常客，这个"名人录"长得不见尽头。

卡索吉喜欢把钱花出名堂，盛宴自然是拿手好戏。但是，他还不满足于让一群脑满肠肥的达官贵人吃得满嘴冒油，他希望据此能造出"社会效应"。1967年，他为 4 岁的儿子穆罕默德举行生日庆典，那天，他在威尼斯租了三艘大型平底船，其中一艘坐满了乐师，彩旗飘扬，鼓乐齐鸣，热闹非凡。同时，卡索吉还为意大利的数百名孤儿举行了宴会，博得了社会各界的好评。

社会公益事业一直是卡索吉"把钱花出响声"的主要资金流向。1975 年 12月 12 日，卡索吉的三联基金会在华盛顿成立。基金会负责文化、教育、宗教、体育、社会慈善等方面的赞助工作，甚至还赞助过考古活动，吸引了传播媒体的视线，从而掀起了一阵阵的广告声浪。据基金会的秘密记载，1976 年，卡索吉为支持修建马尼拉的一座清真寺写了一张 1.5 万美元的支票，为麦地那的伊斯兰寺院学校开了一张 10 万美元的支票，为贝鲁特清真寺捐赠 10 万美元，为赈济马尼拉洪水灾民捐助了 3 万美元，为阿拉伯新闻出版协会捐赠 2.5 万美元，为悉尼国际赛艇俱乐部捐赠 1 万美元，奉送巴黎孤儿协会一张 5000 美元的支票，等等。全年他总共向外捐赠了 696500 美元。在国内，他还另有成千上万的赠款。

波斯诗人萨迪曾在《蔷薇园》中写道："你不要伤害任何一个人，也不要走那荆棘的道路。你肯救济别人的危困，才会得到别人的帮助。"卡索吉深深地理解这些古老的阿拉伯传统。把钱花到明处，花出名堂，不仅在于花小钱盈大利，而且在于创造金钱本身所无法企及的广告效应，树立自己在社会公众中的卓越形象，为更加宏大的商业谋划铺平道路。

6.4.3 犬马声色：透视卡索吉

深受伊斯兰文化传统熏陶的阿拉伯商人历来讲求自我约束的道德观念和严谨的生活方式，然而，近几十年来，由于受西方商业文化观念的影响，某些阿拉伯商人的越轨生活方式也时有所闻。西方媒体偏好探究这些神秘的阿拉伯商人的"内幕生活"。卡索吉无疑是最惹人注目的新闻人物。

卡索吉是一个充满悖论的人物。美国作家罗纳德·凯斯勒如此评论："卡索吉既是一个百分之百的资本家，又是一个百分之百的波西米亚人；既是一个十足的经纪人，又是一个十足的消费者；一个世界公民，一个没有职务的外交官；《古兰经》他倒背如流，赌桌旁他挥金如土；惊人的复杂，罕见的简单；集纨绔子弟的游荡与企业家的认真于一身。"卡索吉生活放荡，荒淫无度，穷奢极欲，他出入总统官邸，也浪迹于疯狂的赌场，他与国家元首交往，也与卖身女郎过从甚密，所有这一切看似矛盾，其实都是统一于他作为商人的手腕和品性。

卡索吉热衷于赌博。他喜欢在赌场中一掷千金，输赢无所谓，只求一种酣畅淋漓的感觉。他在西班牙南端的马尔韦利亚拥有一座豪华别墅。每当赌瘾缠身，他就立即召唤所有的随行人员，驱车直奔城里的赌场。赌场老板自然认识这位阿拉伯巨富。然而每当看到卡索吉大队人马长驱直入，他就会面露惧色，他老是害怕有一天卡索吉会押上一笔巨款，然后一下子把他的赌场也赢去了。只有在卡索吉事先发话约定一个当晚赌注的最高界限，他才会放行。玩赌轮时，卡索吉一开始赢钱，他就会眉开眼笑，并把 500 美元的"小费"悄悄地塞给操纵赌轮的服务女郎。

豪赌的嗜好与卡索吉作为超级经纪人的角色性格是相吻合的。在一定程度上，商战也是一种赌博，是一种智慧与运气的游戏。卡索吉在赌桌旁表现出的生活方式没有丝毫造作或者炫耀的姿态，这是他商人投机心态的直率表达。卡索吉深知，他的这一嗜好是违背伊斯兰传统精神的，一旦他在国外的放荡行为公之于众，他在沙特民众、商人乃至政府官员心目中的地位都会下降，所以，他常常在财务上用兑换现金支票的手法来掩盖赌博事实。

尽管卡索吉在放荡之余总是遮遮掩掩，然而沸沸扬扬的传闻从来没有中止过。他与无数应召女郎的离奇经历令许多放浪形骸的西方商人也望尘莫及。1983年因经营地下妓院而被捕的法国人格里芳是为卡索吉提供色情服务的固定介绍人。她定期向卡索吉推荐合适的应召女郎。而卡索吉有时会在《花花公子》《屋檐》等杂志上相中一个漂亮女郎，然后要格里芳把她找来。格里芳每回都奔赴世界各地，寻找这名卡索吉中意的模特儿，找来之后，她会花上两天时间，按照卡索吉的心意，进行精心修饰打扮，然后送去卡索吉的私宅。卡索吉会付给格里芳15 万法郎的报酬。法国检察官盖伊·罗伯特估算，格里芳在短短 10 个月里从卡索吉那里获得了 50 万美元的酬劳。这其实只是卡索吉放荡生活的小小曝光。对于好奇的西方媒体来说，卡索吉的生活方式永远是一个谜。

卡索吉的独特生活方式有时也是一种商业手段。为了达到赚钱的目的，他会陪伴商业对手一起豪赌，为他们押上巨额赌金，赢了归他们，输了卡索吉自己吃下，甚至有时他还会巧妙、隐蔽地向客商提供色情服务。所有这些行径无非是为了在谈判桌上占据主动。

6.4.4　案例小结

从卡索吉身上，可以看出作为世界商人的阿拉伯企业家身上基于伊斯兰文明的文化烙印：作为穆斯林信徒的父系"酋长"传承；愿意与朋友分享生活中的各个方面的外部责任；尊循伯特结构，顺从权威、王室的人格特征。

本章小结

基于伊斯兰文明的阿拉伯管理模式可以概述为：基于伊斯兰教和中东石油经济，崇尚和平、中正和自由，追求忠诚、外部责任和伯特结构。基于伊斯兰文明的阿拉伯领导者的人格特征为"酋长"。

第7章 基于东正教文明的
俄罗斯管理模式

俄罗斯是**世界第一大国**，在国际政治舞台上发挥着举足轻重的作用。苏联解体后，俄罗斯经济采取"休克疗法"，一夜之间从国有经济转为私有经济，社会经受了极大动荡。20世纪末，俄罗斯情况渐入佳境，作为**"世界加油站"**成为**"金砖五国"**之一。本章剖析基于东正教文明的俄罗斯管理模式，然后运用一个案例，具体分析俄罗斯管理模式。

7.1 大国俄罗斯

俄罗斯人的祖先为东斯拉夫人罗斯部族。东斯拉夫人的早期封建国家叫"基辅罗斯"，882年诺夫哥罗德摄政奥列格（？~912年或922年）征服了基辅及其邻近公国后建立。10~11世纪时，国势强盛，**与西欧及"拜占庭"均有联系**。12世纪时国家分裂，13世纪臣服于"蒙古金帐汗国"。公元15世纪末，大公伊凡三世建立了中央集权制国家——"莫斯科大公国"。1547年，伊凡四世自封为"沙皇"，其国号称"俄国"。

16~17世纪，伏尔加河流域、乌拉尔和西伯利亚各族先后加入俄国，使它成为一个多民族国家。17世纪中期乌克兰和俄国合并为统一的国家。1689年8月"彼得一世"正式亲政。

经过1700~1721年的北方战争，俄国得到了通往波罗的海的出海口，使俄国从"内陆国"变为"濒海国"。17世纪它击溃了波兰和瑞典封建主的入侵。

1812 年俄国消灭了入侵的"拿破仑军队"。1825 年 12 月贵族革命者在当时的彼得堡举行起义（12 月党人起义），被镇压。1861 年 2 月俄国废除农奴制。

1898 年成立了"俄国社会民主工党"（苏联共产党前身），在它的领导下，俄国工农群众经过 1905 年第一次俄国革命和 1917 年 2 月推翻罗曼诺夫王朝的资产阶级民主革命（二月革命），于 1917 年 11 月 7 日取得了十月社会主义革命的伟大胜利，建立了世界上第一个社会主义国家。1917 年 11 月 7 日成立了俄罗斯苏维埃联邦社会主义共和国，由俄罗斯、乌克兰、白俄罗斯等 15 个加盟共和国组成，曾是超级大国之一，经济实力仅次于美国，居世界第二位。俄罗斯联邦（全称俄罗斯苏维埃联邦社会主义共和国）是苏联面积最大、人口最多的加盟共和国，工业和农业产值分别占全苏的 2/3 和 1/2 以上，机械制造、钢铁、有色冶金、石油、煤炭等重工业发达，纺织品产量占全苏 3/4。

共和国成立不久，经过三年艰苦的国内战争，粉碎了 14 个帝国主义国家的武装干涉和地主资本家的武装叛乱，保卫了苏维埃政权。1922 年 12 月 30 日，苏维埃社会主义共和国联盟正式成立，俄罗斯联邦同乌克兰、白俄罗斯和外高加索联邦（包括阿塞拜疆、亚美尼亚和格鲁吉亚）一起加入。

1990 年 3 月至 1991 年 12 月，除俄罗斯以外的苏联 14 个加盟共和国先后宣布独立。1990 年 6 月 12 日，俄罗斯联邦第一次人代会通过《俄罗斯联邦国家主权宣言》。1991 年 12 月 8 日，俄罗斯与乌克兰、白俄罗斯签署《明斯克协议》，宣布组成"独联体"（此后又有原苏联 9 个加盟共和国参加）。21 日，苏联 11 个共和国领导人在哈萨克斯坦首都阿拉木图决定，苏联在联合国安理会的席位由俄罗斯继承。25 日俄罗斯苏维埃联邦社会主义共和国最高苏维埃决定，将国家正式名称改为"俄罗斯联邦"（简称俄罗斯）。1992 年 4 月 16 日，俄罗斯第 6 次人代会决定将国名改为"俄罗斯"，从而恢复了历史上的名称。17 日，最后决定使用两个同等地位的正式国名"俄罗斯联邦"和"俄罗斯"。26 日苏联正式宣告解体。苏联解体后，俄罗斯综合国力虽然下降，但仍不失为世界上重要的政治、经济、军事大国。

总之，俄罗斯文明已经经历了 1000 多年的历史，**它不断受到东方和西方的交互影响**，并把这种影响融合到自己的文化之中。俄罗斯历史可以大致分为以下几个阶段（郑克强，2008）：第一阶段是基辅罗斯时期（公元 862～1240 年）。这一时期是接受先进的欧洲拜占庭文化，积极参与欧洲文化发展的时期。第二阶段是 1240～1480 年蒙古鞑靼人统治时期。在这一时期，俄国在文化上急剧地向亚洲靠拢，强迫接受蒙古文化。高度统一的中央集权制是蒙古人统治的典型特征。这一模式又为以后俄罗斯国家的政权体制打下了深深的烙印。第三阶段是15世纪末到20世纪初，由彼得一世改革再次开始了西化的历程。彼得一世强力推行改革，大举学习西方，引进西欧先进的启蒙思想和科学文化，使俄国一跃成为欧洲的强国。第四阶段是苏维埃时期。苏联把其影响扩展到东欧斯拉夫地域和东亚，并用"柏林墙"把自己与西方隔开。第五阶段是后苏维埃时期。苏联解体后，俄罗斯又出现"回归欧洲"的呼声。然而十几年过去了，俄罗斯国家并没有"西化"，相反却一次又一次地陷入危机。普京上台后，俄罗斯社会逐渐从"西化"的噩梦中清醒过来。为了强国富民，俄罗斯百姓甚至不惜牺牲民主、自由，要求"铁腕"整顿秩序。东西方的文明通过普京的"新政"，又一次达到了融合。

7.1.1　强弱沙俄、苏俄突变

（1）大国情结与薄弱帝国

早期俄罗斯地处欧亚大平原，它的四周都是一望无际的平川大地，既没有高山大川可凭，也没有雄关要隘可守，没有任何保障自身安全的天然屏障，毫无安全可言。正因如此，其经常受到来自波兰、瑞典、德国、法国、土耳其、蒙古的入侵。在推翻蒙古人统治之后，俄罗斯对蒙古人的恐怖感依然存在，并要时时准备与其作战。**这种特殊的地理环境和历史经历使俄罗斯民族自古就形成了本能的不安全感和对外部世界的不信任感。为消除这种固有的心理，"主动出击"实行"对外扩张"成为他们所认为的最好选择，最大限度地扩疆拓土，同时建立令人生畏的强大帝国。**尼古拉·伯狄阿耶夫在他的论文《论空间对俄国人精神的压抑》中写道："是自卫迫使俄罗斯人赶走侵略者，并在他们居住的地方坚定地保卫自己，但由于居住的地方对他们没有什么自然保护条件，他们就不得不经常扩张他们的边界。"（转引自唐晋，2006）美国心理学家马斯洛教授也曾经指出：生存和安全是头等需要。一个民族的心理也是这样。俄罗斯咄咄逼人的扩张行为，也只是出自一个单纯的欲望——继续生存的本能，这是一种对地形所造成的危险的直接反映（杨辉，2005）。

19世纪，凭借着打败拿破仑帝国的余威和在"神圣同盟"中的领导地位，俄罗斯达到了它帝国主义历史上辉煌的顶点。但是以"神圣同盟"为首的欧洲封建反动势力并不能阻挡历史前进的步伐。19世纪20～30年代，资产阶级革命风暴席卷欧洲，许多国家纷纷走上了资本主义的发展道路，国家实力日渐增强。而此时的俄国仍旧是一个保守落后的封建专制国家，对内施行腐朽的沙皇专制统治和农奴制度，对外奉行穷兵黩武、侵略扩张，因此没有抓住加快发展资本主义的有利时机，在通往现代化的道路上远远落在了后面。到 20 世纪初叶，看似强大的俄罗斯已经跌落到了虚弱的低谷，**成为帝国主义列强链条上"最薄弱的一环"**。俄国十月革命便打碎了这最薄弱的一环。

（2）社会主义计划经济与资本主义市场经济

在十月革命后的社会主义时期，苏联成为高度工业化的国家，也是西方世界一个难以对付的军事对手。这些成就是高度中央集权、集中计划体系所提供的清晰的任务和严格控制资源分配的结果。然而，到了 20 世纪 80 年代，这种体制的缺点远远超过了它的优点。主要的宏观经济增长指标持续下降，劳动生产率和其他效率量度也在下降，技术革新的速度减慢，许多工厂和设备落后、失修，中央固定价格体制造成了总体的无效率以及由于无法将价格和成本或市场价值联系起来而造成的不平等。

在 20 世纪 80 年代，原苏共总书记戈尔巴乔夫寻求通过重组来结束经济、政治和社会的停滞不前。这一时期俄罗斯引入了一组法律，给予企业经理们更多的"决策自主权"和更严格的对资源利用率和生产效率所负的"责任"，以此期望重新赋予企业经济活力。1987 年和 1989 年的苏联企业法规定企业必须成为"自负盈亏"的经济实体，要通过销售产品和服务维持企业运转，而不是通过国家预算的分配。企业也被要求与其他企业竞争，这与从前许多企业是垄断组织截然不同。现在有了与外国供应商和客户直接签订合同的可能，消除了国家对外贸易部必须作为中介人的角色。1988 年的《合作社法》使私人商业合法化而为私有企业铺平了道路，为已经在非法黑市或地下经济中存在了几十年的非国有商业开放了经济环境。小范围的家庭企业也被 1987 年的《个人劳务活动法》所允许（Warner，2002）。

至 1991 年苏联已经到了转折点。叶利钦当选为拥有 1.28 亿国民的俄罗斯联邦共和国总统。年底俄罗斯成为一个独立的国家。叶利钦很快开始着手将俄罗斯转向"由由市场经济"。然而，他的尝试不断受到俄罗斯议会的挑战，俄罗斯议会建立于社会主义政治体制时期，它反对叶利钦的大部分动议。1993 年 10 月，反对组织发动了一场反对叶利钦总统的政变，叶利钦在一场流血战役后将政变镇压了下去。

　　叶利钦总统很快重组了议会，并在 1993 年 12 月举行了"民主选举"。叶利钦总统的主张之一是《俄罗斯联邦财产法案》。这一颁布于 1991 年的法案为不同形式的私人所有制关系提供了合法基础。凭证被分配给市民以使他们能够购买农场和公司的股份，私人也有权利购买房产和开办自己的公司。到 1992 年底，俄罗斯工业有 6% 是私人所有的，而且私有化的趋势仍在继续。然而，地方性、地区性和中央权力，包括许多前共产党官员，对土地和财产的所有权加之以要求，这增加了这一进程的"暧昧不清"，并使大范围私有化和吸引外国投资停滞不前。在 1992 年 1 月放开了多数产品的价格，这是一个必要的但却使经济不幸陷入失控的行动。企业管理者马上提高他们产品的价格，企业债务堆积，无力支付购买原材料、元件和服务。到 1992 年底物价平均上涨了 50 倍，工人工资上升了 20 倍，而卢布却因为货币改革和投资者缺乏信心而贬值 10 倍之多。银行投资年利率的范围从 80% 到 120%，1992 年的年通货膨胀率为 2600%。

　　从 1995 年的情况看，俄罗斯具备了经济高潮的必要条件（Warner，2002）。进入 21 世纪，俄罗斯正经历一段在包含私人部门和其他市场因素在内的混合经济中政府扩大调控的阶段。人们寄希望于普京和其他领导人能够从 20 世纪 90 年代政府试图建立市场经济的经历中吸取经验和教训。使市场经济植根仍然需要花费许多年的时间，管理者们必须摸索着前进，尝试运作直到健全的经济、政治和社会基础设施建立起来。新的机构，诸如银行、工业协会和监管部门有待创建，需要通过并执行新的税收、环境保护、商业道德和劳动标准法，新的职业道德和重新培训劳动力也是当务之急。俄罗斯拥有大量的天才的管理者，一旦这些关键的机制就位，管理者们得到在市场经济基础上运作企业所必需的训练之后，他们使国家经济财富得以增长的能力就会得以发挥。

　　（3）苏俄企业史

　　20 世纪初期以来，管理活动和实践在俄罗斯有了高度的发展。在这以前，俄罗斯主要是农业社会，农民们作为村公社的社员联合作业。18 世纪早期，出现了一个重大变化，作为使俄国西方化和工业化运动的一部分，彼得大帝请欧洲人在当时的彼得堡设计和建造了公共建筑、工厂和船坞。然而，在俄国的大部分地区，工业化运动主要是靠少数民族企业家、宗教团体和大的地产所有者，例如在 1861 年废除农奴制之前一直从事"农奴活动"的。

　　在 19 世纪后期俄国进入了工业化的时代，工业化得以加速发展。在列宁的领导下，共产党人意识到工业化和武力是他们在俄国实现建立共产主义社会这一目标以及将其他前俄罗斯帝国的地区纳入苏维埃共和国的关键因素。共产党人的最终目标是在全世界范围内实现共产主义。共产主义哲学主张人人平等，按照"各尽所能、按需分配"的原则分配社会财富。共产党人建立了中央集权的政治制度。工业化可能被认作是建立一个富于战斗精神的共产主义社会和赢得世界统治权的关键因素。由于对赢得政治目标的重要性，经济权被集中控制在共产党手中，主要强调的是国防产品、大规模的建筑项目、发电厂和重工业制造。很少的资源被分配用于消费品或服务部门。20 世纪 20 年代，一个由政治目标和经济目标组成的"五年计划"体系在全苏联建立起来。国家计划委员会的官员负责全国的企业生产计划。在集中计划经济体系中的其他权力部门还有供应部、国家物价委员会、国家科学与技术委员会和财政部。

在共产党的政治体系中要求管理者同时扮演三个极为重要的角色（Warner 2002）：①执行共产党的政策；②履行生产计划和其他经济目标；③保证工人的政治经济权益。管理者们必须与经济部门的官员、共产党和工会以及技术专家、行政官员和在企业中参与生产运作的工人们协同工作。每一个集体都有自己的等级结构，从企业内部最小的单元或工作组到国家一级的中央实体。由于经济政策是为完成政治目标而设计的，所以管理实践是高度政治化的。对管理者的一个不成文的要求为执行党的意识形态领域的工作，管理人员必须是党员。一种典型的升为高级管理者的途径是先在党的组织中工作 1 ~ 2 年，为升迁到企业中的更高的管理职位做好准备。企业管理者必须使生产决策与党的政策保持一致，企业人员根据意识形态原则行事。在企业中，管理人员与党的书记密切协作，书记向地方党组织汇报工作。在扮演保护工人权益的角色时，管理者与工会协作监控工作环境、安全和健康条例以及食物分配、日间儿童看护中心、娱乐度假设施和住房条件。受人尊敬的管理者对工人和他们的家庭是富有同情心的，而且为他们在为工人提供福利方面所起的作用感到骄傲。

企业经理在他们与企业的党委书记的关系中相对更有权力，这是因为所有的组织都明白企业最终的成功取决于经理与经济部门谈判和完成生产计划的技巧。工资和额外津贴以及企业新设施的配置等都直接与计划完成的情况相挂钩。由于中央分配的原材料和机器设备与部门官员制定的生产配额不相匹配，管理者经常无法完成生产任务。管理者受到完成生产计划的不断压力，而且在完成这些外部强制性目标之外没有多少责任，因此他们精明地设计跨越障碍的方法而使企业存活下来。这种情况创造了一种欺骗文化以及严重的低效率，包括资源和产出的虚假报告、短缺、积压浪费、以货易货以及低质量和无用产品的产出。管理者在共产党、工会和经济部门官员的压力下，力图完成一些经常是互相之间不一致和妨碍工业管理质量和效率的目标。一些企业经理变得愤世嫉俗和腐败，经常寻求利用特权致富。另外一些人则忠实于共产主义目标和保护雇员福利的责任感。

苏联解体后，对于现代的俄罗斯管理者而言，计划、政党和工会的专制被如何在高度不确定性和难以预期的政治经济环境下生存所代替（Warner，2002）。由于大多数旧有的中央部门的基础设施已经被撤销，以及取消了补贴和社会保障网络，国有企业的管理者必须努力奋斗以维持企业运作和支付工人工资。虽然有30%的企业实质上已经破产了，但是有创造性的管理者开发了新的技术以拯救企业。为了在易变的金融和信用政策下保护它们自己，一些企业创建了自己的银行以替代慢速前进的中央银行体系和过高的商业银行利率。为了得到可靠的原材料供应，许多企业开始和新建立的私人商品交易所进行贸易，这填补了中央供应部的空位。由于国家计委不再指定生产目标，企业管理者们被迫学习市场的复杂规则，这包括确定潜在的顾客群，重新设计产品以满足他们对质量和数量的特殊需求以及最有利可图地给产品定价。将利润再投资于非常需要的技术和设备将是企业长期生存能力的关键。许多企业管理者也在积极寻找外国合作者来提供资本注入、技术和管理方面的经验。

在新的环境下，曾经被中央计划权力限制自主权的管理者现在面临着来自两方面的挑战：私有企业的增长和企业雇员拥有"股权"。正在出现的私有企业，由新的企业家阶层所控制，创造了更具有竞争性的产品和服务的市场，这增加了提供大量急需的高质量产品的压力，以及通过高工资和更好的工作条件吸引人才的更有竞争性的劳动力市场，而且，政府将国有企业的股份分配到所有雇员手中的政策也束缚了管理者的手脚，因为他们在决策时不得不让全体雇员参与。利益分配和战略目标之间的冲突频繁发生。雇员倾向于赞成奖金和社会福利而非在工厂和设备上的投资。这种短期行为损害了长期战略目标，伤害了企业的生存能力（Warner，2002）。

7.1.2　东正教、拜占庭与斯拉夫主义

俄罗斯文明基因是在东正教及斯拉夫文化为主干的基础上，融合西方的理性主义与抽象思维的影响，又有东方式的内省文化与神秘主义的深刻烙印。

（1）东正教

东正教、天主教和新教具有同一个渊源——基督教。**公元 395 年统一的罗马帝国分裂为西部以罗马、东部以君士坦丁堡（第二罗马，即现在的伊斯坦布尔）为中心独立的东、西罗马帝国，教会也分化为以拉丁语为中心的西派和以希腊语为中心的东派，**公元 11 世纪东、西方教会彻底分裂，西方教会称罗马公教，东方教会称正教，即"东正教"。公元 988 年，弗拉基米尔大公下令基辅罗斯全体居民接受"洗礼"，东正教被定为"国教"，这意味着俄国历史上第一次向西方打开了大门，从而进入了与世界文明时断时续的交往过程。同时，**东正教具有"拜占庭文化"中明显的近东特色，**同西方天主教相比，它的形成中更多地融进了古希腊—罗马时期的成分。一方面，东正教与西方天主教具有同一渊源；另一方面，它又具有明显的近东特色，这一特质对俄罗斯民族性格产生了不容忽视的作用。基督教之分裂经历了几百年的时间。分裂后的基督教东方教会自称正教，这表明，东方教会自认为是基督教之正宗，忠实地继承了基督教的传统，而将西方天主教会视为基督教之异端。东方正教较多地保留了早期基督教的传统，不像天主教那样受到理性主义过多的冲洗。东正教有以下几个重要特点：

（1）**东正教教徒有一种极强的群体意识，**他们认为得救绝不是一种个人行为。正如俄国宗教哲学家霍米亚科夫所说："人死去时，都是独自死去的，但是，没有一个人是单独得到拯救的。在教会中得救的人，是教会的一员，而且是和其他的成员在一起的。任何有信仰的人，都与他人共享信仰；有爱的人，都在分享爱；祈祷的人和他人一起祈祷。正如我们每个人都需要所有的人祈祷那样，每个人也都是为了大家。"东正教的修道士的主要任务就是祈祷（尽管修道院也传授知识、举办慈善事业，但那些都是次要的），通过祈祷——对完美境界的全心全意的追求——来帮助社会，使人人得救。

（2）**东正教具有比天主教和新教更加浓厚的神秘主义色彩。**它的教会生活及神学家们都更加推崇冥思灵修和神秘感受，而较少喜好理论思辨。东正教的全部宗教生活都充满神赐异象，这是其本质性的内容。无论进行什么圣礼，都不仅将其看作外在的形式。东正教的神学家都非常强调神秘主义对于东正教的重要性，神秘主义是东正教的空气，是密度不同的，但恒久在它周围运动着的空气。

（3）**王权和教权统一于救世主观念。**西方世界，王权和教权分离，一个管世俗世界，一个管灵魂世界。东正教世界，王权和教权则不分离。拜占庭时期即是如此，俄罗斯则更进一步将这一体制巩固下来。这样一种观念与东正教的救世主观念紧密结合在一起，渗入民族意识之中，形成了人民尤其是农民中顽固的"好皇上坏领主"的思想。人民身受残酷的剥削与压迫，却不怨恨沙皇，而认为那都是领主的罪恶，皇上则是好的、善的，是圣者；他不仅才能卓著，而且品德圣洁高尚。人民对救世主的期盼常常变成对好皇上的期盼，甚至农民暴动都不会举起反对皇上的旗帜。不仅如此，特别引人注目的是，农民起义的领袖常常以被废黜的帝王为旗帜来号召农民。这种将沙皇等同于宗教救世主的观念直到 19 世纪后半叶才被逐渐打破。虽然这种长期积淀下来的宗教心理不再以宗教形式表现出来，但它在世俗的形式中依然顽强地延续着。苏联长期存在的严重的个人崇拜，作为无产阶级领袖的斯大林被神化，都与此密切相关。

（4）**东正教孕育了俄罗斯民族强烈的历史使命感。**东正教自命为基督教之正统，因而理应成为普世教会之中心。自 15 世纪以来，**俄罗斯东正教又称莫斯科为"第三罗马"，并努力营造新的东正教中心。**这一事实与这种观念在两个方面产生了强烈的效应：一方面，它使俄罗斯人认为，只有俄罗斯民族才是真正的基督教的体现者和捍卫者，只有俄罗斯民族的发展和俄罗斯帝国的强大才能使基督教复兴。这样，俄罗斯民族的宗教特殊使命便与俄罗斯国家的力量和伟大联系起来，与俄罗斯帝王的非凡意义联系起来。这种观念神化了俄罗斯帝国和俄罗斯帝王，神化了俄罗斯帝国的强盛意志，这直接导致了大俄罗斯主义。另一方面，"第三罗马"观念连同东正教的其他教义一起渗透于俄罗斯人特别是知识分子意识中，形成了他们强烈的特殊历史使命感。几乎所有的人都这样想：俄罗斯民族负有实现社会真理、人类友好情谊的使命。所有的人都指望俄罗斯避免资本主义的非正义和恶，绕过经济发展的资本主义时期变为更好的社会制度。甚至所有的人都想：俄罗斯的落后状态恰恰是它的优势。俄罗斯人在农奴制政权和君主专制制度下竟然能够成为社会主义者。如果我们从俄罗斯精神的这一方面来看，可知俄国的十月社会主义革命绝非偶然事件，而是俄罗斯文化发展的必然。

（5）**东正教孕育了俄罗斯民族的人道主义观念。**东正教较多地保留着早期基督教的人道主义传统，这种传统又与俄罗斯社会的特殊情况相结合，扎根于俄罗斯的文化深处。东正教的神职人员继承和培育着东正教的人道主义传统，他们总是祈求上帝保佑和拯救贫苦农民，祈求神来保证人道的实现。他们认为，现实的世界是恶的，是摧残人性的，应该组织对世界的另一种管理，在这种管理之下，将没有不可忍受的灾难，人与人之间真正成为兄弟。处于农奴制压榨之下的贫苦农民很容易接受这种带有原始基督教特色的有神论的人道主义。东正教的影响使俄罗斯知识分子的人道主义思想充满了神圣感，他们将这种人道主义思想视为上帝的感召，从而产生出坚忍不拔的精神。特别是当 19 世纪后半叶俄罗斯终于形成了知识分子左翼时，它便获得了类似宗教僧团的性质。在那里表现出俄罗斯精神的深刻的东正教基础：远离充满恶的世界、禁欲主义、勇于牺牲和忍受苦难。

总而言之，俄罗斯文化是深受宗教影响的文化。早期处于欧洲边缘的俄罗斯，基本上与西欧隔绝，"罗斯洗礼"将俄罗斯带入基督教，不久后东正教又被奉为国教。多元的宗教影响渗透在俄罗斯各个方面，成为其民族精神、民族性格的主体成分：东正教主张博爱、宽恕和忍耐，造就了俄罗斯人温顺善良的品质，但因缺乏理性，又容易陷入病态的献身狂热之中；东正教主张苦行主义的自我牺牲和人人得救的群体意识，造就了俄罗斯人具有自我牺牲精神和集体主义精神；他除了宣扬君权神授的思想，教育国民承认现有制度的合理性，进而抑制人民的反抗情绪外，还承袭了基督教感化天下、普济众生的"救世"精神，使俄罗斯人具有一种民族主义的优越感和使命感。"在俄罗斯人民的心目中，俄罗斯不仅是一个地理意义上的大国，而且还因为肩负着某种使命而注定要成为一个精神意义上的大国。"（杨辉，2005）**他们认为，东正教是基督教的正教，继罗马和拜占庭之后莫斯科是东正教唯一的保卫者（即"第三罗马"），为俄罗斯大规模向外扩张奠定了思想基础。**

（2）拜占庭文化

公元 395 年，罗马帝国分裂为东、西两部分。西罗马帝国于 476 年灭亡，东罗马帝国以君士坦丁堡为首都，一直延续到 1453 年。君士坦丁堡原名拜占庭，东罗马帝国也称"拜占庭帝国"。1054 年，欧洲基督教会正式分裂为天主教会和东正教会。为了将东正教义和拜占庭文化传播到东欧和南欧的斯拉夫民族，**东正教教士发明了西里尔字母，用来书写斯拉夫语言。这种字母至今仍在俄语中使用。**

拜占庭文化在艺术和建筑方面成就突出。它直接继承了古典时代希腊罗马文化遗产，兼收并蓄早期基督教和古代东方诸文化。其艺术特点表现为抽象性和扭曲性，**这是基督教宗教观念和东方神秘主义思想长期影响的结果。**拜占庭文化内容丰富、体系完备，发展水平较高，因此在文化发展缓慢的中古欧洲发挥积极作用，直接促进斯拉夫世界的文明化，加速斯拉夫民族国家的发展，并形成以东正教为核心的东欧世界。

公元 5 世纪，部分中欧的斯拉夫人迁徙到俄罗斯地区，9 世纪为沃特人所征服，建立了基辅公国，皈依拜占庭帝国流行的东正教，这对俄罗斯后来的历史产生了巨大的影响。13 世纪，中国元朝统治者横扫欧亚大陆，基辅公国被控制，莫斯科公国迅速发展起来。1328 年，**东正教总部从君士坦丁堡迁往莫斯科。**拜占庭帝国灭亡后，俄罗斯文化作为东正教的唯一合法继承者，从此开始了争霸世界的进程。

（3）公社制度与斯拉夫主义

俄罗斯今天的文化被西方人断定为一种集体主义文化，这是与美国相比。若与中国和日本的文化相比它都更倾向于个人主义。西方学者认为，"苏维埃的组织思考方式从开始到结束都是集体的"（泽熙，2001）。它根植于俄罗斯中世纪的农民公社（peasant commune），人们期望公社内部的成员相互关照，并以不动摇的忠诚作为回报，因此集体的目标支配着个人目标。

扎德鲁佳（Zadruga）是俄罗斯旧时期较大的氏族共同体，也是部落的核心，后来演化为"米尔"（Mir）。米尔是一种以地域为界限、以互利为基础的农村公社，公社里的各个家庭都生活在彼此相邻的小棚屋里，周围的土地归公社共有。公社的重要事务由各家庭的家长一起开会商定。在会议上，每个成员都可以发言，气氛活跃，但并不进行投票。会议的目的是确定集体意志，如果已进行了充分讨论，而且没有人反对，表示所有成员已达成共识，并对所有家庭具有约束作用。后来，部分农民进城，成为工人和手工艺人，在城市生活。他们给城市带来了注重集体的生活方式，并形成合作社。合作社以米尔为模型，其成员以群体为单位被雇佣，所得收入平均分配，一起用餐，一起参加集体活动。这种集体生活的方式一直延续到 20 世纪，延续时间比在欧洲任何国家都长。

米尔影响广泛，存在时间长，在俄罗斯民族的性格形成中起了主要作用。米尔的形式先后经历了多种变化，直到 20 世纪 30 年代被另一种集体生活的模式——苏联的集体农场取代。尽管苏联沿袭了地方自治主义的传统，但这并不是它的发明。群体内的亲和力深深植根于俄罗斯文化中，史前时期，俄罗斯人经常一起从事砍树、翻土、收割等生产活动，一起抵御外来侵略者，生活条件虽然艰苦，但只要所有成员一起努力，这些困难都可以克服。

俄国人为斯拉夫人（Slavs）。在罗马帝国时期斯拉夫人与日耳曼人、凯尔特人一起被罗马人并称为欧洲的三大蛮族，也是现今欧洲人的代表民族之一。现今波兰境内的维斯瓦河河谷，被认为是斯拉夫人的故乡，分布于东欧。现今的西支维内德人（西斯拉夫人/中欧地区）包括：波兰人、捷克人、斯洛伐克人、索布人。东支安特人（东斯拉夫人/东欧地区）包括：俄罗斯人、乌克兰人、白俄罗斯人、卢森尼亚。南支斯拉夫人（南斯拉夫人/东南欧—巴尔干半岛）包括：斯洛文尼亚人、克罗地亚人、塞尔维亚人、保加利亚人、波斯尼亚人、马其顿人、黑山人。以上都属于斯拉夫人，其中以俄罗斯人为代表，并以自己的斯拉夫人血统而自豪。

斯拉夫按照斯拉夫语族中的含义，有荣誉、光荣的意思。俄国的"泛斯拉夫主义"最早表现为一种亲斯拉夫派的意识形态，实际上只是俄国本身民族意识的一种表现方式。**到 19 世纪 20 年代，泛斯拉夫主义在俄国发展为一种好战的大俄罗斯主义，他宣扬通过使用武力来实现斯拉夫人的政治统一。**正如恩格斯所说："泛斯拉夫主义的直接目的，是要建立一个由俄国统治的斯拉夫国家。"（杨辉，2005）。1831 年俄国著名的诗人、倾向西方化的民族主义者普希金，在一首"给诽谤俄国的人的"诗中，集中表达了俄国泛斯拉夫主义者的基本信条。诗的结尾宣称：斯拉夫人的河川都应汇入俄国的大海。这正深刻地反映了泛斯拉夫主义千百年来在俄罗斯民族心理上的积淀和它所具有的很强的传统性和群众性。沙俄正是在"解放"斯拉夫人的幌子下欺骗、迷惑民众，不断地进行对外扩张。

7.1.3　双头鹰：亚欧民族两重性

基于东正教文明发展最深层的亚欧斯拉夫民族、东正教及薄弱帝国的大国的显性积雪特征，终于冰冻形成了介于其间的若隐若现的俄罗斯人的亚欧民族两重性的价值观。

俄罗斯横跨欧亚两大洲，俄罗斯人认为自己既是一个欧洲国家，也是一个亚洲国家，既是东方，也是西方，他们常为此而感到骄傲。但是俄罗斯又处在欧亚大陆的边缘——欧洲东部、亚洲北部。说它是欧洲国家，它的版图却占有亚洲的1/3；说它是亚洲国家，无论是它的发源地，还是政治、文化中心都在欧洲。俄罗斯人非常强调自己的西方特征，但是西欧从来没有把他们当成是真正的欧洲人。对于亚洲人来说，我们习惯于称它为"欧洲红魔"；而对于欧洲人来说，却始终把它视为"非我族类"。俄罗斯著名哲学家尼·别尔嘉耶夫也曾指出："俄罗斯民族不是纯粹的欧洲民族，也不是纯粹的亚洲民族。俄罗斯是世界的完整的一部分，巨大的东方—西方结合体，他将两个世界结合在一起。在俄罗斯精神中，东方与西方两种因素永远在相互角力。"（杨辉，2005）**俄罗斯人既具有东**

方人的生活习惯，也具有西方人的生活习俗， 比如西方人日常以喝咖啡为主，东方人以喝茶为主，而俄罗斯人则既喜欢喝咖啡又钟情于茶，甚至对茶的迷恋更甚，茶和咖啡是他们招待客人必不可少的东西。别尔嘉耶夫（1995）在《俄罗斯思想》中曾指出俄罗斯文化的特点。**他认为俄罗斯文化是一种在东西方文化影响下的双重文化，这种双重性和矛盾性的二元结构可以说是俄罗斯传统文化的原始基因。俄罗斯的"双头鹰"国徽既是俄罗斯的国家象征，又是民族性格的象征。这个双头鹰左顾右盼、期望左右逢源的拟人化形象，绝妙地显露出俄罗斯民族的双重性格。**

俄罗斯这一政治文化特点是与其早期历史分不开的：其实，早在近代俄罗斯民族形成之前，"基辅罗斯"接受东正教就已使俄罗斯人的祖先接触到当时欧洲文明的最发达部分，并使其与欧洲文明建立了直接的联系。然而，长达 240 年的"蒙古人"的征服和统治却隔离了俄罗斯与西方的进一步联系，并使俄罗斯民族接受了东方专制制度和思维模式，使俄罗斯民族无论在政治、经济，还是文化、生活上都打上了深深的东方烙印。这使俄罗斯人在民族形成最初就流淌着东西方文明的混合血液。从彼得一世开始，俄罗斯开始了大规模学习西方的进程。但无论是彼得一世、叶卡捷琳娜，还是尼古拉一世、亚历山大都无法使俄国从东方情结中彻底摆脱出来，成为真正的欧洲强国。更令人感到惊奇的是，西方化的结果反而是东方情结的加深，难怪有人说："撕下一个俄罗斯人的脸皮，你就会发现一个鞑靼人。"（转引自杨辉，2005）这种文明的两重性给俄罗斯的对外政策造成了深远影响。

（1）西方精神

1480 年，当俄国从蒙古人那里解放出来时，西部欧洲已开始了资本主义时代。面对两种文化的落差，俄国向西欧学习的西方化也就成为一种必然。带领俄国踏上西方化进程的是彼得大帝（1672~1725 年）和叶卡捷琳娜二世（1729~1796 年）。俄国学者认为，前者创造了俄罗斯人的"躯体"，后者为俄罗斯人注入了"灵魂"。

彼得大帝的历史贡献是为俄国开辟了一条连接西欧的通道。 1697 年，彼得大帝向西方派遣了一个由 250 名贵族青年组成的大使团，在欧洲 17 个月。1700~1721 年，俄国在与瑞典的"北方战争"中获胜，占领了波罗的海东南岸，获得了通向西欧的出海口。1713 年，彼得大帝不顾贵族的反对，命令迁都圣彼得堡——涅瓦河入海口处的一个河心小岛修建起来的城堡，作为俄国通向西欧的主要门户。

彼得大帝之改革使俄国在经济、军事方面实力增强；改革中央和地方行政机构，使权力更加集中；废除了东正教总主教，自任东正教最高牧首，设立宗教事务管理局，控制了教会；文化教育事业得到发展，兴办学校，改革文字与历法，出版西方著作，创办第一份报纸，建立第一所公共剧院、第一所博物馆和图书馆，绘制第一幅俄国地图，成立俄国学院；等等。彼得大帝的改革是一次强制性的现代化运动，把俄罗斯带进了现代世界的门槛，决定了俄罗斯在以后几个世纪里试图回归欧洲、融入西方文明的命运。

叶卡捷琳娜二世是彼得大帝改革的继承者，她使俄罗斯在西方化的道路上更向前迈进了一步。尽管俄罗斯文明在表面成分上成为西方文明的近亲，但在本质上却又与西方文明的核心拉开了距离，最终使俄罗斯文明更具自己的特色。在俄罗斯以后的历史发展中，东方和西方总是处在相互角力之中，从而形成西方派和斯拉夫派两种对立的思潮。

叶卡捷琳娜二世继续彼得路线，重视发展工商业，鼓励手工工场发展，加强对外贸易，活跃国内外市场，增强了经济实力。女王还重视军事力量的发展，恢复了波罗的海舰队，创建了黑海舰队；发展陆军，1796 年俄国有 125 万军队，成为欧洲最强大的军队；三次瓜分波兰，两次俄土战争，使俄国开始称霸黑海，自由出入地中海。在社会生活方面，西方文化（包括它的生活方式与哲学思想、社会政治理论）涌入俄国。西方的技术使俄国强大，西方的价值观念也伴随而来。叶卡捷琳娜二世使俄国的西方化不断深入。叶卡捷琳娜二世在位期间奉行开明专制的统治，这是她对俄国的最大贡献。她开明的最突出表现是 1766 年成立了新法典编纂委员会，委员会虽然在 1774 年因无实绩而解散，但女王的新法典编纂工作《指导书》却广泛流传开来。《指导书》共 22 章 655 条，虽是抄袭于西欧启蒙哲学家、法学家、经济学家的著作，却充满了自由主义和人道主义精神。但是普加乔夫起义和法国大革命使她感受到了西方自由主义政治体制、人本主义文化传统与俄国专制主义政治体制、群体主义文化传统的矛盾，她的政策由开明转向专制，开始偏离西方化轨道，向东方化方向发展。

（2）东方情结

综观位于东西方文化交会处的俄国历史（862～1917 年），可以清楚地看到一条西方化的道路——由原始封建主义向封建资本主义的发展道路。俄国历史的特殊性在于，它始终在超越与滞后之间徘徊。一方面，西方化使俄国实力相对增强，自由主义思想的种子在俄罗斯广袤的大地上生根发芽，道路虽有曲折，却最终不能扭转其生长进步的步履；另一方面，实力的相对增强使俄国的民族自我意识增强、斯拉夫主义开始泛滥，导致历史进程的停滞。在这过程中，**俄罗斯民族及其历史文化便逐渐形成了自己复杂的、独特的传统特质：西方特质——富有活力的社会历史文化与东方特质——东西方影响下的"半亚细亚社会"文化的杂糅。**

俄罗斯还具有悠久的权威主义历史传承和浓厚的权威主义文化积淀。受拜占庭文化影响，东方专制主义、中央集权主义思想长期在俄罗斯文化和人们政治思想与意识形态中占据统治地位。历次的中央变革也都是自上而下由中央政府强制推行，权威主义是贯穿俄罗斯社会发展的主线（张翼，2005）。13 ~ 15 世纪，**由于蒙古对俄国的统治，东方的专制集权制度深深扎根于俄国**。彼得一世继位后，用强权制服了俄国，大到国家管理，小到服饰、举止，都采取强制的方式推行。叶卡捷琳娜二世更是把俄国专制统治推向了高峰。叶卡捷琳娜二世以后，以专制制度为基础的俄国开始走向衰落。一系列战争使俄国人民困苦不堪，国家经济陷入更深危机，导致 1905 年资产阶级革命。1914 年俄国参加第一次世界大战的失利激起 1917 年二月革命和十月革命，最终导致俄国寿终正寝。十月革命后，苏俄奉行无产阶级专政，列宁后的斯大林模式，更是高压。因此，俄罗斯民族的特性之一，便是驯服。当社会出现危机时，他们期盼的是铁腕式的政权和开明君主的出现。

俄罗斯民族性格的这种双重性很大程度上还可以用俄罗斯的地理位置包括气候条件来解释。漫长的冬季孕育了一种不急不躁的、懒懒散散的、与行为迅速和快速变动毫不相干的行为习惯、生活方式和思维模式。冬季时节让人们觉得，他们有大把时间等待，没必要那么目标明确地过活。在一年的温暖时节，情况则恰好相反。短暂的植物生长期内，必须完成大量的播种工作。这段时期需要的完全是另一种风格的行为模式和生活方式——人们通常要完全转变成另外一个人。在俄罗斯历史中心时期，15 ~ 20 世纪至少 400 年间，粮食产量都是非常低的。即便这样低的产量，也耗费了大量的人力劳动。主要原因与这段时期内俄罗斯的自然气候条件有关。一年中农业作业周期只有 125 ~ 130 天——从 4 月中旬到 9 月中旬。400 年间，农民基本处于一种非常矛盾的状态：好的收成急需细致的劳作，而用来劳作的时间又远远不够。

简言之，**俄罗斯管理体系类似于一根长长的缰绳**（Prokhorov，2002）。不稳定时期主人就拉紧缰绳，把狗圈捆在狗套里。而在稳定的、平和时期，缰绳被松放到最大程度，那些缰绳上站着的人就出现了完全自由的错觉。如果稳定状态拖延太久，缰绳就继续抻长，直到对管理体系来说，在可以接受的期间内无法再将缰绳拽回来。这种情况下，也将发生不可逆转的社会动荡，甚至包括革命。最明显的例子——一夜之间通过十月革命变成社会主义；一夜之间苏联又分裂为独联体。也有人预测，今后俄罗斯重新回归社会主义也是有可能的（金猴，2018）。

7.2　俄罗斯管理模式之冰河模型

图 7-1 提供了一个关于**东正教文明的概念模型**：东正教文明发展最深层结构为东正教、拜占庭和斯拉夫主义；显性特征体现为大国情结、薄弱帝国和社会制度突变；介于其间的若隐若现的层次为亚欧民族的两重性。

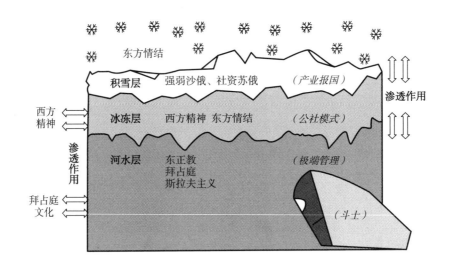

图 7-1　基于东正教文明的俄罗斯管理之冰河模型

基于东正教文明的俄罗斯管理模式如图 7-1 右边括号内文字所示：显性的积雪控制层中体现的是产业报国的民族自豪感；若隐若现的组织层隐藏的是享受生活的公社模式；隐性企划层深处是极端思维和管理突变。基于东正教文明俄罗斯领导者的形象体现出"斗士"人格特征（航船中所标示）。

7.2.1　产业报国与民族自豪感

东正教已经融入俄罗斯生活的方方面面。俄罗斯作家陀思妥耶夫斯基（1995）在其著作《被污辱的与被损害的人》一书中曾写道："不信仰东正教就不是俄罗斯人。"东正教在俄罗斯的种族、文化和民族性中存在 1000 多年，每一个俄罗斯人身上都有东正教的传统。它会在人们没有料想到的时候出现，即使最有觉悟的共产主义者也不例外。东正教会通过它的教职、教规和布道发挥它的作用，经由这种渠道展现出来的宗教力量对于俄罗斯民族性格的形成有着决定性的作用。

如前所述，**东正教孕育了俄罗斯民族强烈的"历史使命感"和"人道主义观念"。**这就是俄罗斯人所具有的"普世主义"，俄罗斯人的心里充满了对全人类的担忧和对全世界命运的忧患，有一种全球性的自我意识。俄罗斯人的"神圣俄罗斯"观念很深，认为俄罗斯民族优于其他民族、是世界的拯救者的信仰在俄罗斯依然很活跃，他们相信强大的俄罗斯肩负着这个世界的特殊使命，并为此感到自豪。几个世纪以来的军事胜利，包括苏联时期超级军事大国的霸主地位，使继承了苏联衣钵的俄罗斯人习惯以老大哥自居。俄罗斯文化优越论一直是苏联热烈弹唱的曲调，这在苏联解体之后的俄罗斯人心目中仍产生着持久的影响，只是它以掺杂着失落的怀旧感的形式表现出来。

在俄罗斯社会中，东正教以极其严肃认真的态度来表达对追逐财富的种种疑虑：财富本身是极大的危险，它的诱惑永无休止，与上帝之国的无上重要性相比，对财富的追逐毫无意义，而且它在道德上也颇成问题。占有财富将导致放纵懈怠，享受财富将造成游手好闲和耽于享乐，最重要的是，它将使人放弃对正义的追求。俄罗斯社会谴责欺诈、贪婪和拜金主义等行为。虔信宗教的俄罗斯商人以组织生产和产品交换，为数以万计的人提供就业机会，以为民族和国际的经济发展贡献力量而倍感喜悦和自豪，他们甚至在临终之际将财富捐献给教会。

7.2.2　享受生活与公社模式

在人际关系方面，俄罗斯文化带有很强的集体主义色彩，群体合作办事比个人单干受欢迎。集体主义把俄罗斯人与注重竞争的西方人区别开来，俄罗斯一直重视大家"共同遵守"的生活方式，而不重视个人的选择。集体是人们相互友爱的表现，相互友爱正是基督教的实质，代表人类更崇高的使命。在这一使命中，公社——人类精神的胜利——被理解为高于法律、一切正式的组织以及所有成员的个人利益。

在西方，个人主义是受尊重的，但在俄罗斯，个人主义是个贬义词。**因为深受米尔的影响，俄罗斯人把自己看成共同体的成员**，而不是单个的人。和合作社时期一样，俄罗斯人的休闲活动也是集体组织的。工作一整天之后，工厂和公司员工通常结伴到剧院或其他地方，参加由公司干事组织的各种文化活动。集体主义有助于解释他们的性格，比如他们为什么喜欢成群结队地活动。

在行为方式方面，**俄罗斯属于酒神狄俄尼索斯代表的生活型**。俄罗斯人知道如何生活，善于享受生活。绝大多数俄罗斯人无意攫取过多的财富，他们的生活目标相当明了：够用。只要够吃饭、有酒喝就行，甚至不管明天的早餐在哪里。在俄罗斯经常出现打零工的现象，干上两三个小时，看钱够吃饭、够喝酒就回去了，而不是把这份活的钱赚完。商场的老板见到大批顾客上门也没有欣喜、殷勤，总认为钱赚得够用就行，太多的人来也烦。大片的沃土被荒置，农夫也无意开垦。俄罗斯人放在首位的是享受生活而不是怎么赚钱。俄罗斯人的工作时间很短，有些行业干一天休息两天，并且有法律规定：自行打工者违法。而其下班观念更强，时间一到，什么都得放下。

俄罗斯幅员辽阔，广大的空间激发出俄罗斯人强烈的民族自豪感和自信心，造就了俄罗斯民族豪放的性格，比如要做世界的一极、要造世界上最大的建筑等。同时，取之不尽的丰富自然资源使俄罗斯人容易懒散、不讲效率、时间观念差。俄罗斯漫长而寒冷的冬季，也给人们留下了生活的重负与精神的压抑，使俄罗斯人磨炼了意志，培养出了忧郁但又吃苦耐劳的性格特征。可能由于有太优越的自然条件，俄罗斯人又显得非常懒散，他们喜欢晒着太阳在大街上、公园里唱歌跳舞、吸烟喝酒，而且表情总是庄严、肃穆，凝重似乎多于微笑，沉重似乎多于轻松。

美国人信奉争取成功的伦理观念——力争上游，无论做什么都要取得成功。然而，这种观念对俄罗斯人来说是陌生的，他们认为争取成功在道德上是错误的，特别当一个人的成功是以牺牲别人为代价的时候。他们不介意外国人的成功，但是，如果是俄罗斯朋友取得了成功，他们会对他产生憎恨。共产主义信念已经消失，平均主义观念依然存在。长期的村社集体主义精神熏陶造就了俄罗斯人缺乏商品经济意识。经年累月的集体劳动、财产公有、自给自足、自我封闭，使商品交换、市场经济被视若异端。俄罗斯人主张公平普济、道德内省，使他们历来就藐视在市场上拿着秤杆、口中斤斤计较的"瓦兰人"（古代波罗的海沿岸的德意志人）。另外，村社重集体轻个体、重伦理轻思辨的传统和平均意识、轻商抑商传统与"不与私有化共谋"的民族理念，使俄国人常以鄙视的态度看待经商者，认为那只不过是"贪婪的犹太人的营生"，在民族认同中有普遍的仇富心理和反西方传统，他们认为，富人都是恶棍，财富是腐蚀人类灵魂的东西，从心底里向往一种贫穷和朴实无华的社会模式。

7.2.3 极端思维与管理突变

在思维方式方面，俄罗斯人分析问题多采用"直觉"而不是数据和程序，对风险持保守态度，做决定依据人的需要而不一定要建立在提议的客观优势上。这可能源于一种东方式的思维逻辑，反映到具体的商务方法与习惯上，就成了先务虚、再务实的解决问题的程序。先交朋友，后做生意。在俄罗斯，职业伦理标准与西方企业有本质区别。例如，给成交方送厚礼是俄罗斯经商人员的传统习惯，而这种做法在欧美一些国家被视为行贿。和西方社会相比，俄罗斯的现行法律和合同所起的作用有限，因此，合同细节可以实施之后再议，双方开始合作完全靠友谊。

尽管俄罗斯人在处理一些问题上很有韬略之术，但是他们是一个极端化、情绪化的民族，看问题时常常显得过于片面和绝对，观点非常鲜明，感情易于从一个极端到另一个极端。**这种极端性恰好是东西方文化在俄罗斯人身上兼存的表现**，体现出俄罗斯人精神的两极分化。一位德国史学家这样说过："俄罗斯人和蔼而残忍，活泼而野蛮，热情而忧郁，生活有朝气，好学习而不求甚解，计划深远而大多有始无终。"在20世纪50年代以前，苏联人对斯大林的个人崇拜达到了登峰造极的地步，而到了赫鲁晓夫上台之后就发生了巨大的变化，完全否认了斯大林时期的建设成就及其本人，甚至将他的尸体从墓地里挖出来焚烧。

俄罗斯民族是易变性的民族，这一点从地名的反复变化中可以看出。俄罗斯著名城市圣彼得堡在1703年叫作"圣彼得堡"，1914年改称"彼得格勒"，1924年又改为"列宁格勒"，1991年又恢复为"圣彼得堡"。除此以外，还有很多的地方也都是几易其名。这体现了俄罗斯民族个性中的易变性，同时也体现了俄罗斯人地名中包含着深刻的意识形态因素，俄罗斯的地名名称的变化从一个侧面反映着意识形态的变化和社会的变化。

7.3　俄罗斯式领导形象：斗士

俄罗斯民族常常表现出性格上的双重性：一方面性格刚烈，勇猛剽悍，尚武善战，在历史上赢得了很多次世界规模的战争（拿破仑、希特勒都败于莫斯科城下）。从 15 世纪开始经过 400 多年的扩张，把一个位于东北欧一隅仅有 200 多平方千米的小国扩张成为地球上领土面积最庞大的国家（曾经横跨欧、亚、美三大洲）。另一方面又多愁善感，犹豫彷徨，优柔寡断。

俄罗斯民族性格具有"钟摆性"，他们有时温顺驯服，有时又往往缺乏理性，经常感情用事，极易走极端。**"决斗"便是这种性格特征的产物**（郑克强，2008）：普希金死于决斗，莱蒙托夫、屠格涅夫、托尔斯泰等都曾参与决斗或走到了决斗的边缘。"宁死不降"还成为了俄罗斯的军规。叶利钦时代的激进改革政策更是俄罗斯人走极端的写照。他们信仰宗教，善良真诚，乐于助人，在处理人际关系上有时比较大度，非常慷慨，热情好客，有时又往往显得十分小气，冷漠无情。他们有时非常懒惰，有时又非常勤奋，有时非常霸道，有时又非常恭顺，有时非常蛮横，有时又非常虔诚，有时非常暴躁，有时又耐性十足……俄罗斯企业的管理者也是如此，承袭了这一国民性。

"管理者的竞争"模式是俄罗斯特有模式（Prokhorov，2002），具有特别的冷酷性。在某一领域或行业发展的最初阶段，它就展示了自己野兽般的爪牙。资源再分配的速度比古典西方竞争环境下来得更快，因此，俄罗斯管理体系处于不稳定状态下，社会生活各个领域的演变都以巨大的速率进行。这样的进程在其他国家可能需要持续数十年，而在俄罗斯只需要一年甚至更少时间就足够了。在西方管理体系下，资源以利于优胜者的方式进行再分配是竞争的结果，而当俄罗斯的管理体系处于不稳定状态——也就是"管理者的竞争"状态时——资源再分配从最初时就已经进行，甚至竞争者还没有获得最后结果的时候资源再分配就已经开始。在基层组织还在为获得成果进行初步尝试和探索的时候，管理体系已经得出结论，谁是胜利者，谁是垫底者，应该给谁投资，应该消灭谁，应该给谁升职，应该将谁开除。

俄罗斯总统叶利钦即是一名"斗士"，1931 年 2 月 1 日出生在俄罗斯联邦斯维尔德洛夫斯克州达里茨基区布特卡村的一个普通农民家庭里。他是这个家庭的长子。为纪念儿子在出生后受洗时所经历的生死考验，父亲给他取名鲍里斯（意为"角斗士"）。叶利钦贫寒的家境，艰苦的童年生活，培养了他倔强好斗的性格。俄罗斯和西方媒体描述俄罗斯前总统叶利钦：他那可怜的背景，但最终登上了俄罗斯政权的顶峰。他最后宣布退党，他是苏联解体的一个最重要的推动者，他击败了很多的政治反对派，并不总是保证权力减弱。在苏联和俄罗斯的变化的时代、一个动荡不安的时代，叶利钦登上顶峰的政治进程确实像一个又一个的战斗经历！叶利钦的人生之路还是俄罗斯人民随机应变的民族性格的最佳例证。他前半生在停滞不前的官僚管理体系中工作得顺遂如意，表现出这种管理体系所要求的所有个人品质；而后半生他又成功地摧毁了这种停滞不前的管理体系，表现出一个革命者所必需的反官僚主义的行为特征。

7.4　案例研究：普京的俄罗斯总统形象

2018 年 3 月 19 日，普京连任俄罗斯总统，得票率超 76%，成功在俄罗斯总统大选中获胜。据统计，普京共获 5260 万选民支持，创历史新高！普京发表胜利宣言："我从这个结果看到人民的信心和希望。"并指出，俄罗斯现在需团结以继续前进，随后带领支持者一同高呼"俄罗斯!"

当年，普京的恩师是叶利钦政治上的死对头，叶利钦上台以后，即要把他投入监狱。危机之时，普京冒死将恩师秘密送往国外，不料却因此举得到了叶利钦的赏识，从此一步登天。

说到普京，我们都知道他是俄罗斯总统，以前，曾当过克格勃。但是你却并不一定了解，他是怎样从一个普通的克格勃，一步步走进权力中枢，最终成为总统的。下面就来说说，他究竟是靠什么一步登天的（军剑，2018）。

7.4.1　遇到了一位好老师

1970 年，普京考入了彼得格勒大学（现在的圣彼得堡大学）法律系，索布恰克是他的经济学教授。

普京虽然出身平民家庭，但非常聪明，学习成绩很好，特别是他个头不高，也不强壮，性格上却桀骜不驯。

虽然索布恰克有很多学生，但他特别喜欢普京这个聪明、有个性、敢打敢拼的大男孩。

大学毕业时，**普京以一篇"论国际法中的最惠国原则"论文，再次赢得了索布恰克的赞誉：**"小伙子，我没有看错你，相信你将来一定是个不错的人才！"他提笔在这篇论文上写了一个大大的"优"字。

普京请恩师帮自己在就业上拿主意。索布恰克建议他毕业后进入经济管理领域，要不就当一名律师或检察官。但普京却挠着头说："老师，不瞒您说，我对这几个行业都没有多大兴趣。我想加入**苏联国家安全委员会**，但一直拿不定主意，所以才请您指点的。"

索布恰克吃了一惊：苏联国家安全委员会就是克格勃，这是个只对苏共中央政治局负责的特权单位，想抓谁就抓谁，甚至有先斩后奏之权，说白了这就是个特务机构，在国内外名声都不太好，他怎么会想加入克格勃呢？普京解释说："正因为它有特权，想怎么干就怎么干，我才觉得那是男人干一番事业的地方……"

如果是一般的老师，也许仍然会坚持自己的意见，但索布恰克认为，**兴趣是事业成功的基础，以普京的性格，到克格勃去摔打摔打也不错。**

就这样，普京进入了克格勃。不久，索布恰克也弃教从政，并于1989年通过竞选当上了圣彼得堡市市长。

此时，已经在克格勃工作十几年的普京也想到了改行，他找到索布恰克，索布恰克二话不说就答应把他调到身边当市长助理。很多人在知道了这件事后，纷纷劝索布恰克："普京在克格勃干过，让他给你当助理不合适。"索布恰克却力排众议："我了解普京，我看中的是他的能力。"

7.4.2 不愿为了偷生而背叛

当时，圣彼得堡有很多历史遗留问题，普京的出色表现，让他很快就从市长助理升任到圣彼得堡市对外联络委员会主席，后又出任了主管对外经济联系的第一副市长，成为了索布恰克得力而忠实的助手。

1991年12月25日，时任苏联党政一把手的戈尔巴乔夫宣布辞职，将国家权力移交给新当选的俄罗斯总统叶利钦。随着几个加盟共和国的解体，苏联作为一个主权国家正式停止存在了。

让普京没有想到的是，**自己的恩师索布恰克跟现任总统叶利钦竟然是政坛上**

的宿敌。原来，在苏联解体之前，有两个民主政治团体一直在争夺权力，一派的代表人物是叶利钦，另一派的代表人物就是索布恰克。现在，叶利钦上台了，索布恰克仍然被视为"第二政治集团"的核心，叶利钦当然不会允许这样的人存在。

叶利钦先是逐步削弱索布恰克的权力，接着在他的操纵下，1996 年，索布恰克在圣彼得堡州州长选举中败北，随即便遭遇了叶利钦集团一系列的打击和报复，直至受到软禁。

此时的普京表现出了一个学生、部下对自己老师和上级的忠诚。他二话不说也辞了职，然后追随索布恰克离开了圣彼得堡市政府，并说了句后来被俄罗斯媒体广泛报道的话："我宁愿因忠诚而被绞死，也不愿为了偷生而背叛。"

在离开圣彼得堡市政府后，叶利钦还没放过索布恰克，他让人给索布恰克罗织了十几个罪名，准备指控他。普京一心想帮助恩师，却因失业在家而无能为力。他的猎枪被没收了，唯一的消遣办法是去钓鱼。

有一次，普京见索布恰克实在太郁闷了，就想陪他出去钓鱼散心。谁知他刚把车开到索布恰克家的门口，就被人挡住了去路："没有俄罗斯最高检察院的命令，索布恰克不能离开他的住所。"

普京气不过，找到俄罗斯最高检察院副检察长柯西金。柯西金也是"第二政治集团"的人，在他的帮助下，普京又写了一纸担保书，两人这才得以去钓鱼。

在涅瓦河三角洲，面对久违了的如画风景，两人都无心欣赏。索布恰克当然能看出普京这个学生对自己的忠诚，他说："瓦洛佳，谢谢你。但如果你真想帮助我，我不要你这样追随我，更没有必要用这种方式，而要学会韬光养晦。好在你曾在克格勃工作过多年，苏联垮台时，你也没有参与夺权，叶利钦政府需要你这样的人。**要知道帮助我的最好办法是你赶快成功。**"

恩师的话让普京醍醐灌顶，恩师说得对啊，要想帮助恩师，首先我必须具备帮助他的能力。于是，1996 年 8 月，他不再"归隐山林"，而是应丘拜斯之邀，前往莫斯科谋职。

叶利钦也了解普京这个人，并十分赏识他的才华，特别是他觉得普京强硬的政治风格跟自己很对脾气，再加上有丘拜斯的力荐，叶利钦当即任命普京为俄罗斯联邦安全委员会秘书。

1997 年 9 月中旬的一天，普京忽然从柯西金处得知，俄罗斯最高检察院已经对索布恰克的案件侦查终结，马上就要把他移交给最高法院审判了。在克格勃工作过多年的普京，非常明白"欲加之罪，何患无辞"的道理，他秘密找到索布恰克商量怎么办。索布恰克悲哀地说："现在我是人家砧板上的鱼，还能怎么办？"

普京却真诚地说："不，老师，没有你当年的指引，就不会有我的今天，做人不能忘恩负义，我一定要想办法救你！"索布恰克拍拍普京的肩膀说："你有这份心意我就满足了，你现在还没有这个能力，再说如果你明着帮我，叶利钦也不会放过你。"

索布恰克说得没错，虽然普京当时权力不小，如果救一个普通的人也许绰绰有余，但如果他想救索布恰克这样的大人物，他的能力还远远不够。

但普京想的却是："如果在恩师遇难时，我袖手不管，那我还是个人吗？问题是，怎样才能帮助恩师免除牢狱之灾？"想着想着，他忽然想到了自己在克格勃时认识的那些朋友和建立的关系，一个惊天的大胆计划在他的心里慢慢浮出了水面。

7.4.3　义救恩师

原来，1985 年普京在克格勃工作时，波兰爱西波航空公司总裁瓦涅塔那的女儿被意大利黑手党绑架了。瓦涅塔那先是请英国中情局出面，却因为他们担心伤害到人质，而没有营救成功。

瓦涅塔那只得又来请克格勃出面，组织上把这件事交给了普京等。普京知道这事不能来硬的，便转而通过克格勃在美国黑社会的关系，找到意大利黑手党的人，很快就把事情圆满地解决了。因为这件事，瓦涅塔那一直都对普京非常感激。

普京想："恩师已经被软禁了，在这种情况下，如果用通常的办法救他根本不可能，那我能不能请瓦涅塔那借给我一架飞机，直接把恩师送往国外呢？"

普京很快就秘密找到了瓦涅塔那，把自己的想法说了出来。没想到瓦涅塔那却顾虑重重，因为波兰跟俄罗斯离得非常近，关系密切，特别是他的航空公司有将近一半的业务跟俄罗斯有关，他担心如果因为这事得罪了叶利钦，自己的损失就太大了。

瓦涅塔那也觉得欠了普京一个天大的人情，再说这样的人也不好惹，他想了想，说："借飞机给你肯定不行，我也不能明着帮你，但你可以不通过我从我的公司租借一架飞机……"

普京说："我没有那么多钱啊！"瓦涅塔那说："不要多少钱，我会跟他们打招呼，你只要象征性地给一点租金就行了。"就这样，普京明着是花了 1 万美元，实际上只花了 200 美元，就从瓦涅塔那的公司租到了一架波音 747 飞机。

1997 年 9 月 24 日晚上，一身功夫的普京悄悄地将几名看守人员制服，然后潜入索布恰克的别墅，将已经熟睡的恩师喊醒："老师，快跟我走!"然而，索布恰克在问清楚了事情的原委后，却不愿意走："你如果这样救我，就等于犯下了叛国罪，叶利钦会判你极刑的，你怎么这么糊涂啊!"

普京说："老师，我在克格勃干过，我知道，就你这样的年纪和身体，如果被关进监狱，就等于判处了死刑! 我说过，我这样做是出于我们的师生情，与政治无关，再说我现在也管不了那么多了，救你的命要紧!"然后，便不管他愿不愿意，架起恩师就从别墅的后门跳上了早已安排好的汽车，一直开到了机场。

普京把恩师送上飞机后，说："**一人做事一人当，老师，我就不送你了，明天我会向总统投案自首。**我已经安排好人在法国巴黎机场接您，您多保重!"说完，就转身走了。索布恰克感动得热泪盈眶，却不知道说什么好。

普京在做这件事时，已经想到总统叶利钦会以叛国罪判处自己极刑，但他觉得自己必须当着总统的面把事情说清楚。第二天上午，他就来到叶利钦的办公室，把事情的前前后后全都说了出来："**总统，我辜负了您的栽培，但他是我的恩师，我必须这样做!**"

让普京万万没有想到的是，叶利钦站起身来，在办公室里转了好几个圈子也没说话，忽然，他笑了起来："弗拉基米尔，**你知道我为什么器重你吗? 就因为你身上有两个别人所没有的优点，一个是具有军人的气质和果敢; 另一个是对待朋友的态度。你说得没错，虽然我跟索布恰克的政见不合，但那是另外一回事。**

"你让我感到高兴的是，我几次故意当着你的面说索布恰克的坏话，你却从来没有附和一句。这非常难能可贵，因为在这个世界上，在政治和经济利益面前迷失自我，拍马屁甚至出卖朋友的人太多了。好了，就当这事没有发生过，我还有更重的担子让你挑呢!"

就是从这一刻起，叶利钦已经在脑海中选定普京作为自己将来的接班人，因为无论到了什么时候，他还是他。此后，这件事被俄罗斯媒体炒得沸沸扬扬，但因为有叶利钦在上面罩着，普京什么事也没有。

索布恰克逃到法国后，普京的朋友把他的生活安排得好好的。几年后，索布恰克的官司慢慢地已经被人们淡忘了。2000 年初，普京开始竞选俄罗斯总统，索布恰克也在国内外为学生的竞选奔走。

　　谁也没想到，2000 年 2 月 20 日，索布恰克在加里宁格勒突然"病逝"。普京在第一时间赶了过去，在恩师的葬礼上，他给予了索布恰克极高的评价，称他是自己的政治导师、民主政治家的典范。

　　2011 年 8 月 10 日是索布恰克诞辰 70 周年纪念日，普京陪同索布恰克的遗孀柳德米拉・纳鲁索娃，拜谒了位于尼科尔公墓的索布恰克墓地，敬献鲜花，告慰亡灵。也许正是他的这种敢作敢为，深深地打动了俄罗斯民众和叶利钦。

　　这就是**一个平民的儿子、一个柔道高手、一个苏联时代的情报人员、一个能够驾驶战斗机的国家元首**——普京。

7.4.4　案例小结

　　俄罗斯总统普京的形象特征：忠诚、报国的"斗士"形象。无论经商还是从政，想要成功都必须需要两手，一手忠诚，一手能力，如果没有忠诚，能力无足轻重！

本章小结

　　基于东正教文明的俄罗斯管理模式可以概述为：基于亚欧斯拉夫民族、东正教及俄罗斯薄弱帝国的大国情结，崇尚双重性和极端思维，追求产业报国、公社模式和极端管理。领导者的人格特征体现为"斗士"。

第8章 基于印度文明的印度管理模式

古印度是世界文明古国，公元前 2000 年前后创造了灿烂的印度文明。印度与美索不达米亚（巴比伦）、埃及、中国并列为世界四大文明古国。本章剖析基于印度文明的印度管理模式，然后运用一个案例，具体解析"印度塔塔集团"的管理模式。

8.1 古老的印度文明

约在公元前 14 世纪，原居住在中亚的**"雅利安人"**（原是俄罗斯乌拉尔山脉南部草原上的一个古老游牧民族）中的一支进入南亚次大陆，并征服了当地原住民。伴随着雅利安人的进入，**"种姓制度"**开始出现。

公元前 325 年建立了**孔雀王朝**，形成了统一的国家。孔雀王朝是古代印度摩揭陀国最著名的奴隶制王朝。月护王的孙子阿育王时期，古代奴隶制君主专制的集权统治达到顶峰。在南亚次大陆除极南端一部分外，全部囊括在孔雀王朝的版图之内。阿育王后来皈依了佛教，成了一名虔诚的佛教徒，为佛教的传播做出了极大的贡献。

中世纪小国林立，印度教兴起。自 11 世纪起，来自西北方向的穆斯林民族不断入侵并长期统治印度。16 世纪初，有蒙古族血统的突厥人巴布尔建立了莫卧儿帝国，成为当时世界强国之一。

1600 年英国入侵，建立东印度公司，除了在印度疯狂掠夺大量财富以外，还在波斯湾、东南亚和东亚一带进行罪恶的鸦片贸易，攫取不义之财。1757 年爆发了印度和英国的普拉西大战，印度战败，逐步沦为**英国殖民地**。1849 年英国侵占印度全境。1857 年爆发历时近两年的印度人民反英大起义，次年英国政府直接统治印度。

在近百年的殖民统治中，印度人民不断反抗，最终为印度赢得了全面的独立。1947 年 6 月，英国公布了把印度分为印度（以印度教信徒为主）和巴基斯坦（以穆斯林为主）两个自治领的"蒙巴顿方案"。8 月 15 日，印巴分治，印度实现独立。1950 年 1 月 26 日宣布成立印度共和国。

印度人在不同的历史发展时期不断地受着外来民族的方方面面的影响，也与许多东方国家一样，屡次体验与外族、外族文化冲击的痛苦。长期处于分裂状态是印度历史的一个重要特点。这一历史特点对今天的印度民族的民族性和国民性有着深刻的影响。**历史上的三次统一**分别是：第一次是印度孔雀王朝（佛教），由西北的游牧民族完成；第二次是笈多王朝（伊斯兰教），由中亚大月氏人完成；第三次是印度历史上最强大的莫卧儿帝国（印度教），由来自中亚的突厥游牧民族创建。印度的经济改革比中国晚了整整 10 年，GDP 总量和人均 GDP 都只有中国的不到 1/2，但印度却产生了众多的世界级企业和企业家。资源的缺乏和政府政策的种种限制，迫使印度企业家学会以小博大并优化内部管理水平；民族众多和环境的多样性使印度企业家善于处理复杂的环境，而英国人多年的盘踞也带给了印度经理人国际化的视野（Singh，2007）。

进入 21 世纪，作为新兴经济体代表的印度，受到世界更多的关注，被称为**"金砖五国"之一的"世界办公室"**。2005 年，弗里德曼（Friedman，2005）从纽约出发经印度再返回纽约，终于发出"世界是平的"的感叹，因为他在印度发现了与美国软件业同步的印度软件业，另外，在呼叫中心、医疗读片等领域，印度几乎外包了美国的所有业务。

2017 年，天使投资人汪涛（2017）的"印度对中国的真正威胁是什么"在网上被刷屏。文中指出，**全球印裔国际 CEO 的数量已多到不可思议**：美国的全球 500 强企业中，外籍 CEO 有 75 位，其中 10 位是印度裔。谷歌、微软、摩托罗拉、百事可乐、诺基亚、软银、Adobe、SanDisk、联合利华、万事达卡、标准普尔等这些在中国人心目中如雷贯耳的国际巨头，其 CEO 级别的高管位置居然都被印度人拿下。另外，除了企业高管，**越来越多的印度人也开始担任欧美知名商学院的院长**：哈佛大学商学院院长尼廷·罗利亚（Nitin Nohria）、芝加哥大学布斯商学院院长苏尼尔·库马尔（Sunil Kumar）、前美国西北大学凯洛格商学院院长后出任欧洲工商管理学院（INSEAD）院长的迪帕克·詹恩（Dipak C. Jain）都是印度人。相比之下，中国人在美国高科技企业中能获得管理岗位的不仅凤毛麟角，而且还在全线溃退。能去美国的很多都是从中国顶尖学府毕业的高才生，最终在美国却只能当纯打工角色的工程师、架构师。原来硅谷被称为 IC 的天下，I 指 Indian，C 指 Chinese。但现在，硅谷的别名已经叫**"印度谷"**了。所以，仅从不可思议的**"印度价格"**和**"印度时间"**来看，印度几乎不可能与中国相竞争，但另外一个因素却让我们不容小觑，这就是更加不可思议的"印度管理"。

8.1.1 "半社会主义"与英国殖民

（1）"半社会主义"

印度地处东西半球交通要道，首先是东半球接触西半球思想影响的前哨，然后是西方影响在东半球的传播者。印度从独立的时候就选择了与西方和东方不同的道路，它在政治上吸收了以英国为代表的西方民主体制，在经济上实行的却是苏联的计划经济。尼赫鲁的民主政治观是以人道主义思想为基础的，它既包含着西方资产阶级的自由、平等、博爱和民主政治的内容，也吸收了社会主义的消灭贫穷、保证经济平等的因素，还掺入了印度传统文化中自我修养和自我净化的思想。所以，他的民主观是一种融汇东西方思想、社会主义和资本主义的综合型民主观。

从 1947 年独立以来，印度历届政府都在追求"半社会主义"和工业与经济"保护主义"政策（Warner，2002）。除国有企业以外，私人企业在严格管理的市场上也允许经营。像许多其他的第三世界国家一样，政府在经济管理中起着积极的作用。政府政策有几项核心目标：根除贫困、经济的工业化、创造就业、财富再分配以及最终实现经济的自力更生。然而在实践中，这些目标中的许多还未达到。在印度，大量的贫困、贫富不平等，大量的文盲以及婴儿高死亡率等现象仍旧像 40 年代末期时一样显著。

在追求这些政策时，政府着手实施一系列主张干涉的"五年发展计划"。这些在微观上实施的计划基本上支配着商业企业生产什么、如何生产和在哪里生产，以及在哪一价位出售产品。国家甚至干预员工配置以及其他的企业内部政策。例如，企业被鼓励使用劳动密集型技术以提高就业水平，为公司设置从较低社会等级和农村地区移民中招募的工人的限额。

这样一种封闭政策造成完全没有外部企业竞争的环境。结果，无论是通过改善产品和服务的质量或者投资于研究开发，还是引入员工培训，商业企业都没有继续进步的动力。包括私有和国有的许多公司都有缺乏效率、人员配备过多和生产率低的特点。它们不具备在国际市场上同北美、西欧和东亚竞争的能力。

从 20 世纪 90 年代初期，情况开始慢慢地发生变化。**在 1991 年政府开始了有限度地放宽限制的进程。**改革在事实上去除了投资特许并且废除了对私人部门企业投资和生产决策的政府控制。尽管国营企业没有私有化，但稀释所有者权益的政策正在实施，即这些企业中的一些股份可以出售给私有部门，而且，私有公司被鼓励投资于在 1991 年以前一直受国家垄断的产业。放宽限制的进程也发展到了其他经济领域，如金融部门和外汇兑换率制度。

就对外贸易而言，通过废除一些外国投资壁垒以及降低进口关税（消费品除外），市场已在一定程度上向国外竞争者开放。外国企业现在可以拥有不超过 51% 的公司资产，并在制定战略和经营决策方面拥有相当的自由。

尽管实施了这些改革，政府官僚主义和那些在私有部门有既得利益的人正在使改革进程减慢。同时在像印度这样的民主政治国家中，政府为了改革，需要得到国会和普通大众的认同。这也不可避免地减慢了进程。

（2）英国殖民

对印度民族特性影响最大的西方文明应该是英国殖民主义，英国在印度长达 200 年的殖民历史留给印度民族的积极和消极影响至今还延续着。

17 世纪中叶，英国人着手建立殖民政权，西方文化对印度文化的冲击也随之加强。殖民者在政治上、经济上压制印度的同时，也加紧了在文化上的渗透。同以往任何一次异民族征服不同，这次征服者的文明程度第一次高于被征服者。历来的征服模式，即先是征服者征服了土地，后被印度文明同化的模式，此次没再重复。英国人征服了印度的土地，不仅没有受当地文明的影响，还极力破坏印度文明，试图按自己的模式改造印度。这次征服不仅触及了印度文明的表面，还触及了它的内心。英国殖民主义者用西方的价值观念评判印度文化，对印度教文化横加指责，引起印度教徒的不满，早在 18 世纪后半期就开始了各种反英起义。

印度人民不断地反英起义英国殖民主义的沉重压迫和西方文明的挑战，使受过西方文化影响的爱国知识分子开始觉悟。这些人通过阅读西方英语报刊书籍甚至到英国和欧洲考察，呼吸到了欧洲先进思想的新鲜空气，有机会接触到西方先进的科学文化，从而打破了闭塞落后的状态。印度的先进知识分子基本上懂得英语，甚至在英国直接接受多年教育，是用西方自由、民主和平等来观察印度的，他们逐步认识到印度最大的宗教——印度教的腐败与落后是印度衰败的根本原因，也是印度发展的最大障碍，对印度社会的现状和英国的殖民统治产生了强烈的不满，于是开始实行以印度教为先导的宗教改革，为复兴印度教学习西方、引进科学，振奋人心。

西方文明入侵同样带给印度民族新的文明元素。今天的村社大家庭制度、种姓制度以及世袭继承的传统都是在前两次文明的碰撞中产生雏形。只不过印度这个包容性和吸收性极大的民族把它们都容纳在了自己的文明中，并且得到发展，而在英国文化的渗透和猛烈冲击下，印度传统文化开始发生质的变化，印度的社会意识形态和传统宗教文化受到极大冲击，新旧思想的冲突和社会各种矛盾日益尖锐。反映到企业管理中，印度民族开始一定程度上摆脱墨守成规的管理模式，开始学习和引进西方管理。今天的印度，不管是在国家层面、企业层面，还是家庭组织层面这些西方民族带来的文明特质都对印度民族产生着深刻的影响。

8.1.2　印度教、种姓制度与英文思维

雅利安人侵入印度前后花了约 600 年的时间，正式在古印度建立王国。随着他们向东进入恒河流域，印度文明的中心从印度河畔转到恒河之滨，并与印度本土文化完美结合，滋生了印度——**"雅利安文明"。对印度来说，从古至今，影响力最大的内部文化渊源应该是种姓制度、村社制度和印度教。**这些文化渊源不管是在印度土生土长，还是外族入侵所致，最终都是现代印度文明的重要部分。从现代角度来看，这些特征首先影响印度的国民性，进而体现在了印度企业这个组织的内部管理风格和外部发展战略上。另外，**受英国殖民影响，印度人接受了英语，并深刻影响了其民族的思维。**

（1）种姓制度

种姓制度是随着公元前 1000 多年前雅利安人入侵后逐渐出现的。在人类各种制度当中，印度的"种性"（caste）堪称最独特而又最具持久性的制度之一，深刻影响着印度社会从古到今的社会生活的各个方面，至今仍有强大的生命力。"种姓"一词在梵文中叫"瓦尔那"，就是颜色或品质的意思，是按照人的皮肤颜色、社会地位、职业、对土地和财富的占有量来进行分类。传统上，**印度社会阶层被划为四个等级**，分别是婆罗门（僧侣贵族）、刹帝利（军事和行政贵族）、吠舍（商人）和首陀罗（被征服的奴隶）。此外，还存在着一个没有种姓的群体——贱民，由于其地位远在前四种种姓之下，因此又被称为"第五种姓"。到

孔雀帝国时代及其以后，种姓制度又有了进一步的发展。种姓制度实质上是古代印度的社会等级制度，也是古代印度发展的核心内容，自古代至近代，经历了几种社会形态，种姓制度一直延续下来，成为历代剥削阶级的统治工具。

长期被英国殖民的经历加上印度自古以来的种姓制度的影响，使印度企业成员在组织中严守自己的身份，懂得安心做好分内事的道理。但是种姓制度也产生了如下一些消极影响：

首先，种姓制度使社会四分五裂，人民之间缺乏团结。在历史上，它为异族入侵提供了有利条件。印度的历史是一部不断被外族征服的历史，其原因与种姓制度造成的整个印度社会上人与人之间的隔阂性和利己性不无关系。它妨碍了印度人形成统一的民族意识，在面临外族入侵时，不能组织起强有力的抵抗力量。独立以后种姓制度对各项事业同样产生了不良影响。如在国会制宪会、长老会等的选举中矛盾重重，不是以人的才干为条件，而是以某种姓为前提，这势必影响到选举的顺利进行和选举效果。由于种姓制度人为地把人分成若干等级，彼此仇视，各种纠纷此起彼伏，甚至造成伤亡事故。

其次，种姓制度把经济分成不同的社会集团，彼此接触受到影响，有些人种姓主义思想严重，他们大都考虑本种姓的利益，想问题、办事情从本种姓的利益出发，只对本种姓忠诚，缺乏民族同胞间的互助精神，这对整个经济的发展是不利的。加之每个人的种姓、社会地位以及从事的职业生来决定，代代相传，不易更改，不管一个人对某种职业有无兴趣或特长，工作是否合适，都得被迫去做，这就影响了一些人才能的发挥和工作效果。种姓制度是懒惰和宿命论的温床：有些人用不着努力就会得到好的职业，从事好的工作，享受优厚的待遇；而另一些人，即低级种姓的人，只能受苦，逆来顺受，认为命里注定，不可改变。体现在现代企业的管理上，印度人等级分明，团队管理的时候，对阶层的认可度较大，员工服从度很高，容易管理。

再次，种姓制度造成印度社会的不同群体之间保持鲜明的界限，而在所属群体范围之内亲密无间。高种姓的人比较容易受到良好的教育和栽培，比较容易接触到世界先进的文化。所以，在文化教育方面，高种姓的人较容易成为精英团体的一员，所以，在一个企业中，这个群体自然也比较容易进入高层级别，来指导和支配低种姓群体。但是种姓制度的框架长期禁锢着印度人民，他们不会对现实的不平等产生抱怨，认为人的种姓是生来注定的，不可改变，因此安于现状，没有人抗议。这样的社会环境对于世界其他文化的渗透不是件简单的事，自然对于印度以外的文化元素，也是不容易接受的。即使是在今天教育普及、新闻媒体对国内外文化的广泛传播下，印度种姓制度还是在印度大部分的人群中根深蒂固。他们祖祖辈辈都不愿意离开聚居的村庄社群，生活水平也没有明显的变化，在他们看来，每天都是一样的，不管是环境还是自身的生存状态，日复一日，年复一年。这使印度哲学文化中存在一个奇特现象，即缺乏时间观念，或者说缺乏历史观念。

早在100多年前，马克思就曾说过："种姓制度是印度进步和强盛道路上的基本障碍。"（转引自刘建等，2004）种姓制度实行职业世袭，把生产限制在一个狭小的范围内。在过去生产力水平低下的年代，我们猜测古人长期处于不确定性的恐惧之中，谁也不知道明天能否吃饱穿暖，能否繁衍后代。正是这种恐惧促进了文明的进步、技术的发展。金钱或者物质积累可以帮助降低这些不确定性，人们需要通过躁动地劳作去追求心底的安稳。可印度的情况恰好相反。印度人日复一日地过着与祖辈同样的生活、同样的社会等级、同样的职业选择、同样的生活区域、同样的生活水平。生活毫无变化，时间就没有意义，刹那即是永恒。虽然上层统治者在不断变化，朝代更替，有时还被异族统治，但绝大多数生活在广袤农村的印度人对此漠不关心。穆斯林也好，基督教也罢，他们曾经统治印度，却都没能改变种性和村社结构。

（2）村社大家庭制度

在近代以前，以印度封建的土地制度、等级森严的种姓制度、世代不变的社会分工制度以及遍及全印度农村的村社制度等为基础的自给自足的自然经济决定印度经济具有特别的稳定性和保守性。**与该时期印度经济发展最密切相关的是"村社制度"**。印度社会发展的一个特点是村社制度的长期存在，经历了历史发展的各个阶段。它是原始社会保留下来的一种古老制度，不仅是阶级国家建立的牢固基础，而且也是封建剥削制度的牢固基础，是印度社会的基层组织。该制度最基本特征是：农民没有土地，他们结合在村社中，用封建王公的土地，须向封建王公缴纳田赋。印度村社生产的大部分粮食，除由农民自己消费之外，还得为各类手工业提供原料，因此农业和手工业紧密结合。这个时候商业和手工业者占少数，大部分从事农业耕作的印度人在自然给予财富的意识下，没有太多占有的欲望，自己的劳动成果更多的是交于王公贵族，自己只需要满足基本生活需要。

村社制度的生产资料所有制具有双重性：一方面，土地公有，耕地由村社掌握，分配给各个家庭使用，牧场、森林、水源和荒地等归公共使用；另一方面，房屋、宅地、牲畜和农具等属各个家庭私有。当印度跨入阶级社会后，这种村社组织形式继续保留下来，但打上了种姓制和奴隶制的烙印，成为国家统治下的最基层的地方行政单位。但它并不是没有发生变化，马克思说过："我们不应该忘记，这些小小的公社身上带着种姓划分和奴隶制度的标记。"（转引自刘建等，2004）所以，印度村社的内部结构不同于一般所说的农村公社，并且已产生了封建的剥削关系，因此它成为东方专制制度的牢固基础。

与村社结构密切相关的是印度的**"大家庭制度"**。印度在吠陀时代雅利安人侵入后进入部落性质的村社生活，与此同时，家庭成了基本的社会和政治单位，由长子掌管，所有家庭成员都要服从于他。同一氏族的若干家庭组成一个"格罗摩"，即村，并且有村长。村社内部的事务一般由村社自行处理，具有一定的自治权。上一级的单位是"维舍"，即氏族公社。村社规模大小不一，有的上千户，有的仅几十户。居民区周围一般筑有土墙或篱笆，其外是耕地，耕地外围是牧场，最外面是村社之间交界的丛林地带。村社成员包括不同种姓的农民，高级种姓占据统治地位。总之是家庭形成村庄，村庄组成氏族，氏族结成部落，部落首领是国王。同时，这个时代的雅利安人已进入父系社会，妇女地位开始下降。政治体制上实行的是君主制，世袭制度更加稳固，这影响后来的家族统治、世袭继承。

自古以来，任何王朝都很难做到中央集权。他们的权力无法贯彻到基层的各个村社之中。村社高度自治，君主也还要利用这些村社的农业作为税收基础，两者之间形成一种默契。这就使印度与其他古老文明不同，在经济上从来没有依赖奴隶制度。低等种性的劳动者、农业工人、手艺人基本都是自由人，而社会中也不存在罗马大资本家那样的大农场主。即使印度在被异族殖民期间，这一结构也没有多大变化。印度村社制度在印度延续了几千年，直到英国殖民者侵入南亚次大陆后，才逐渐走向崩溃，但在大部分农村还顽强地残留着。这种封闭性的村社的长期存在，阻碍了印度经济的发展和社会的进步。

（3）印度教

印度是一个宗教盛行的国家，宗教历史悠久、内容庞杂。世界上所有的主要宗教——印度教、伊斯兰教、基督教、佛教等，在印度都有。正因为各种宗教的并存，**印度被称为"宗教博物馆"**。他们把宗教完全当作自己生活的必不可少的组成部分，甚至把宗教当作生活目的和依靠。在这样一个人人都信仰宗教的国度里，宗教已经深入到印度人民生活的各个领域，宗教不仅支配着人们的思想，也影响着人们的行为方式，成为人们物质生产、精神活动中不可缺少的一部分。

　　要说到对当代印度影响最大的还是印度教和佛教。**佛教与印度教同样都产生于以婆罗门阶级为中心的印度**。印度教以吠陀天启、祭祀万能、婆罗门至上为三大纲领，夹带着浓厚的神权色彩；**佛教却否认印度教原有的万能之说，主张四姓平等，人人皆有佛性**，看重对现实人生的考察，着重实际的修持与体证。于是，两教不同的诉求方式，形成各自独特的思想体系。在当今的印度，印度教是所有宗教中对印度文化和社会的影响最广泛而深刻的宗教。**相对于佛教，印度教更符合印度的民族文化，有更加深厚的社会基础**。故佛教发源地虽然在印度，虽然对印度下层人民有强烈的吸引力，但是不符合社会上层以及较高种姓的利益，所以没有广泛的社会基础，最终没能成为印度的主要宗教，而且从 9 世纪起，由于外族不断入侵，**佛教在印度便开始走向式微**（Lee，2008）。其发展和得到广泛的传播却是在古代中国和深受中华文化影响的一些东方国家。如今的印度教是印度最为古老、正统的宗教，它没有一个固定的中心，这也使它具有异常的灵活性和包容性，它就是以这个优点战胜了佛教，现在又以这个优点在伊斯兰教面前得到保全。

　　印度教文化是印度宗教文化的主体，是印度文化的基础和核心。印度教的历史源头为吠陀信仰，是在古印度婆罗门教的基础上发展起来的印度土生土长的植根于自然经济的宗教（由于人口流动减少，印度教种姓体系也更加稳定）。**印度教是一种比较"出世"的宗教，该教严格遵循种姓制度，承认《吠陀》的神圣性，以及婆罗门的权威性，并进一步发挥"业报""轮回"之说，宣扬轮回转世的宗教理论，以追求个人的精神解脱为最高境界**。印度人可以说多数人尤其那些没有受过良好教育的国民基本都生活在宗教里。在这样一个极度信奉神佛和转世的国度，恐怕世俗经济都是次要的东西。印度教的教义中有"业报""轮回"之说。现世并非人生的全部，而只是前世、现世、来世之间的联结而已。现在的自己是前世所累积的业的结果，而来世则取决于今生。因此，贫困和苦痛也可借由"来世愿望"转换掉。他们生活很俭朴，但对于庙宇的建筑则非常讲究，把大量的时间花费在敬神和建庙宇上。此外，印度人多数是素食主义者，印度教徒最忌在同一食盘用菜，素食者多。印度人把创造力献给了神庙和神像，没有在饮食上下功夫。在印度教文化的熏陶下，印度人形成了独特的民族心理和民族性格，即"国民性"。在印度的民族性格中，有许多方面是与其他民族不同的，如鄙视物质享乐，崇尚精神追求的观念；崇尚神灵，为神献身的观念；再生的观念；遵守达摩、履行社会职责的观念；种姓等级的观念等。对于东亚不太信神的国家，城市人自然可以匆忙起床上班，农村人赶早晨的清凉去种庄稼，可印度人花大量的时间在洗澡和敬神上。印度人的日常生活里，24 小时都和信仰紧扣在一起，他们一天的生活始于沐浴、参拜神像，把神像供奉在厨房某一角落，放在自己的办公桌上，放在驾驶台上。这种真诚的信仰，在印度已经成为一种社会习惯。如果将中印文化进行比较，中国人生活在"世俗世界"，印度人生活在"精神世界"里；中国人已经开始像欧洲人一样竭力追求物质的发展，印度人则依然追求心灵的宁静。

19 世纪中叶，印度最终沦为英国殖民地，之后在印度启蒙运动中，印度教中出现了很多宗教和社会改革的团体，开始倡导一场前所未有的宗教改革运动。面对西方文明的挑战，印度的社会意识形态和传统宗教文化受到极大冲击，新旧思想的冲突和社会各种矛盾日益尖锐，在这种背景下，受过西方文化影响的爱国知识分子最先觉悟，开始实行以印度教为先导的宗教改革。改革开始于 19 世纪20 年代的孟加拉，并先后产生了梵社、雅利安社和罗摩克里西那传教会三大改革社团。这场运动并非单纯的宗教改革运动，也是社会改革和启蒙思想运动，反对古印度教中存在的种姓制度、偶像崇拜、烦琐宗教仪式、寡妇殉葬等愚昧现象。但截至目前，印度教仍是印度最有影响力的宗教，大多数人信奉此教，其种族阶级的不平等待遇及寡妇殉葬等诸多民间陋习仍然未能完全被革除。

19 世纪末至 20 世纪初，印度资产阶级民族主义运动的不少领袖把印度教引入政治，竭力将印度民族民主运动建立在印度教的基础之上，宣传印度教的理想就是印度民族和社会解放的理想。目前，不少政党、集团都和种姓制度有着千丝万缕的联系，旧的教派势力如印度教大会等仍在活动，还出现了新的组织。

印度人敬牛如敬神也与印度教有关。牛是主神湿婆的坐骑，每头牛背上似乎都乘坐着湿婆神，巡视着印度大地，那种神圣的宗教感情确实很难用世俗的眼光来理解。印度虽然早已是政教分离的现代国家，但宗教在政治生活中仍然有着莫大的影响力，以往的一些暴力冲突与宗教纷争不无关系。圣雄甘地曾说过："牛是印度千百万人的母亲。古代的圣贤，不论是谁，都来自牛。"而当神牛与世俗生活发生冲突的时候，在根深蒂固的宗教感情和文化氛围下，很难用一种简单粗暴的方式来解决。据官方统计，新德里游荡的神牛大约有 4 万头。因为宪法禁止屠杀神牛，作为重要的农耕工具，在其年老之后，主人因为世俗的经济因素往往并不愿意为他们颐养天年，而是放之于野，任其自生自灭。

另外，**印度人洗圣水澡也与印度教有关**。印度教徒视恒河为圣河，将恒河看作女神的化身，虔诚地敬仰恒河，据说是起源于一个传说。古时候，恒河水流湍急，波涛汹涌，经常泛滥成灾，毁灭良田，残害生灵，有个国王为了洗刷先辈的罪孽，请求天上的女神帮助驯服恒河，为人类造福。湿婆神来到喜马拉雅山下，散开头发，让汹涌的河水从自己头上缓缓流过，灌溉两岸的田野，两岸的居民得以安居乐业。从此，印度教便将恒河奉若神明，敬奉湿婆神和洗圣水澡成为印度教徒的两大宗教活动。每天清晨，成千上万的印度教徒，或男或女，或老或少，既有本地人，也有外乡人，来到恒河边，怀着虔诚的心情，走进恒河，痛痛快快洗个澡，以求用圣水冲刷掉自己身上的污浊或罪孽，达到人生超脱凡尘、死后到天国永生的愿望。印度教徒便是这样虔诚地把用恒河水"冲洗身上的过失"看成莫大安慰和荣幸。在瓦拉纳西城的新月形河湾两岸，历代王朝先后修筑了大小64 个台阶码头，供人们做冰浴礼拜之用。

（4）英文与抽象思维

英国殖民主义虽然给印度带来了深重灾难，但从社会文明角度看，英国殖民者同样带来的西方文化为印度文化的发展也起到积极作用。最主要的便是，英语教育、西方式教育制度的实施、西方科学思想的引进，培养了一批受西方文化影响的资产阶级知识分子。这些人吸收了大量西方文化的素养，以新的眼光看世界。

在印度历史上，**雅利安人的迁入对印度文明发展更为重要的影响是他们曾经带来了"梵语"**——入印后几千年间他们用的语言。梵语作为一种活的语言，曾被使用过，**但作为口头语言，在公元前数百年就已停止使用**。作为宗教语言以及哲学、科学和文学的创作语言，其备受尊敬的崇高地位，至今未变。那时大量的文学作品、宗教哲学文集都是用梵语编写而成。印度因此也成为印欧语系的文明基地。但是，印度文明往往是一个容易被忽视的文明，因为它历史上统一的时间不多，绝大多数时间处于分裂状态。纵观印度历史，长期处于分裂状态，历史上仅有的三次相对的统一。所以印度历史上总体上是处于分多于合，合中有分。"二战"后，印度次大陆才重新获得了独立。**由于分裂时间太长，作为一个殖民地又太久，客观上没有形成全国统一的民族和文字**（属印欧语系的印地语没能赢得印度讲其他语言民族的承认），**加上英国殖民统治，只好使用"英文"作为族际的语言**。

当印度争取独立的斗争取得胜利后，市场经济、民主制度和英语普及就转化为积极因素，成为印度现代化发展的动力。从对印度现代企业管理的影响上看，**英语的普及并成为印度的"官方语言"之一（另一为印地语），打通了与欧美民族交往的语言障碍，这点作为竞争的优势使印度企业能迅速而成功地将自己企业的核心能力移植到海外并购企业或合资企业，也是印度服务和软件外包产业得以迅速发展并成为国家支柱产业的一个很重要的原因。**

由于英国长达 200 年的殖民统治，英语在印度生产生活各方面使用甚为广泛。思维是通过语言进行的，受此语言环境影响，印度人分析问题表现出一定的西方文化特征，抽象思维发达，在认识活动中适当运用概念、判断、推理等思维形式，对客观现实进行间接的、概括的反映，从而获得远远超出仅靠感觉器官直接感知的信息。他们在思考问题时，习惯于思考普遍性原则，而忽视具体的个体和特殊的感知。印度人这个特点还反映在印度人的语言之中，印度人喜欢使用抽象名词和普遍性名词。**"语言就是世界观"**（伽达默尔，1986），语言与世界观的关系绝不是单纯符号和其所称或代表的事物的关系，而是摹本与原型的关系。英语背后的英文思维本质还决定了印裔企业家和管理者的思维方式。所以层出不穷的 500 强印裔 CEO 和商学院院长也就不足为奇了。

8.1.3　矛盾心态、保守安分与平和包容

基于印度文明发展最深层的印度教和种姓制度及英国殖民的显性积雪特征，终于冰冻形成了介于其间的若隐若现的印度人的矛盾、平和包容、保守安分的核心价值观。

（1）矛盾心态

印度是一个特殊的民族，**在不同的历史发展时期不断地受着来自不同民族的方方面面的影响。**期间，**文化的冲突和融合使印度文化别具一格。**同时印度也是一个宗教极其复杂的国家，诸多原因，形成了印度自身特殊的矛盾价值观。印度教严重影响着印度人的思维方式。印度教主张冥想，脱离客观，不严格区分通过直觉得到的东西与通过推理了解的东西，不提倡对现实的物质追求，讲求精神的提升。他们在生活中注重传统，关心来世，相信轮回，对现实缺乏理性思考，喜欢含糊的表达方式。商务方法与习惯上又表现出解决问题的程序先务虚、再务实，善于思辨，即一事当前，先就解决它的指导原则展开讨论以达成共识，然后以此去指导具体解决问题方案的制订。翻看印度政府制订的各项计划书，有很多点子和措施让人拍手叫绝。但过了一段时间再看计划的实施情况，则遗憾地发

现，完美的计划和精彩的想法还停留在纸上。

随着改革开放，印度开始加大发展工业的力度，在这个过程中，印度传统文化与世界文化逐步融合。如今的印度已进入高度信息化时代，注重英语教育，鼓励走出国门，积极吸收世界先进文化。但与此同时，印度终究没有越离本身的文化圈，宗教理念深深贯穿于人们心灵与行动之中。基于这种宗教文化的特殊性，印度文化从发源端起就朝两个矛盾的方向同时发展：一是内省的、谦逊宽容和非暴力的；另一个是狂热的、狭隘的、教派主义的（Sinha，2017）。

由于分多合少的历史尤其是近代英国殖民统治 200 年，印度民族对外界极不信任。在经济上，经济结构中软件产业发展举世瞩目，高度信息产业和传统的牛耕经济并存，对吸引外资依然谨慎，排外心理极其严重，人民党执政时期严格倡导抵制外资、自力更生的发展战略。对外资企业和本国企业通常采取不公平待遇。管理上，精英团队带来西方的管理模式，但家族企业占主要地位的经济形式中依然奉行职业世袭，存在严重的等级制度。政治上，独立后印度历届政党都有文化保护主义思想，领导者极力在西方文化渗透和影响的情况下防止文化禁锢和破坏。同时，印度独立之初确立的民主政治一直是印度民族的自豪，但是印度传统的保守势力和封建意识为家族式统治提供了土壤。所以印度的民主并非真正的民主，对外成熟的民主体制，对内却存在严重缺陷。所以印度极力宣扬自己是民主国的背后其实是对本国民主的怀疑。在印度走向现代的过程中，生产和生活的方方面面都体现印度的矛盾和敏感心理。印度人恐慌于传统文化会在走向现代化的过程中消亡，所以在经济全球化的今天，一方面反映出自豪于本国传统，另一方面也反映了在面对一系列问题时，表现出来的不自信这一矛盾和敏感的心态。总之，今日的印度是新旧内外杂陈、传统与现代共存的一个国家，是一个有封闭心理的开放国家。

（2）保守安分

长期被英国殖民统治的经历加上印度自古以来的种姓制度的影响，使印度企业成员在组织中严守自己的身份，懂得安心做好分内事的道理。体现在现代企业的管理上，印度人等级分明，管理团队的时候，对阶层的认可度较大，员工服从度很高，容易管理；同时，打破闭塞、崇尚自由民主的观念也使印度知识分子——经济发展的主力善于接受西方管理经验，他们立足传统，但不拘泥于传统教条，不再仅用严格的等级制度束缚企业和员工的发展，现代企业的管理者更偏好于用"引导"而非"驾驭"的方式来管理下属，同时为上下级的沟通创造条件。

"印度有三种经济：一种是信息技术推动的新经济，一种是砖瓦泥匠代表的旧经济，还有一种就是老牛车代表的更加陈旧的经济"，印度人民党政府前任财政部长亚什万特·辛哈这样总结印度经济。印度被异族不断征服的历史及其同化入侵者的历史，"既造就了印度人的自豪感和自信心，也导致了印度人的不安全感和危险感"（Tanham，1996）。所以印度民族在打开市场、走向国际、逐步融入全球化经济浪潮的过程中从内心深处对外部世界依然有种天然的戒心和抵触，政府在经济发展上对印度民族的统治、对印度企业发展的支持、对国外企业的政策采取的都是保守性政策。到 1996 年，印度经济学家和政治家们还在争论印度要不要进行改革，是捍卫传统模式的印度发展还是要提倡私有化、自由化和市场化。即便在加入 WTO 后，印度依然高度保护民族工业，树立起高高的贸易壁垒，对外国产品和资金采取抵制态度。印度在高新技术产业发达的同时，也没有摆脱古老而落后的农耕经济。

印度是一个以发展农业为主的国家，由于印度人口增长得到财富积累，近代以前的印度就已经是一个经济发展相当繁盛的封建大帝国，农业为主要产业的经济形式使印度经济具有特别的稳定性和保守性。同时，村社制度在从原始社会向阶级社会过渡中建立，在跨入阶级社会后被保留下来，这也使印度长期局限在保守发展，且在封建统治之下。英国殖民统治后，"印度虽然处在工业资本主义统治之下，但它的经济基本还处于前资本主义阶段，却又丧失了前资本主义时期中许多能产生财富的要素，它变成了一个现代工业资本主义的被动接受者，饱受它的一切邪恶之苦，却很难尝到它的甜头"（尼赫鲁，1991）。被英国殖民统治 200 年给印度造成的创伤，让今天的印度虽然走在信息技术发展的前沿，软件产业占据世界不可忽视的地位，但是在经济发展中还是采取保守性态度和政策。

（3）平和包容

印度数千年来多次遭外族入侵，在不同的历史发展时期不断地受着来自不同民族的方方面面的影响，也与许多东方国家一样，屡次体验与外族、外族文化遭遇的痛苦。印度历史上只有三次统一，其余都是在分裂状态下演绎着自己的历史。尤其是近代 200 多年的英国殖民统治的历史，更是印度人民心中的痛。印度诗人泰戈尔说过：印度从来就不是一个国家，而是一个地理概念。每次外来民族的入侵，都给印度文明带来新的成分。它们与本土文化融为一体，使之不断更新与丰富。与外族文化的一次次融合，足以体现印度这个民族的包容性。与此同时，外来民族也在历史的长河中为印度民族所同化。所以**在强调印度文化多样性的同时，应该看到印度文化的包容性所产生的同一性。这种同一性体现为对精神生活的重视，也体现为鲜明的地域特色。**

在弥漫着香料、咖喱和汽车尾气等混合气味的空气中，小汽车、卡车、三轮摩托车、人力车、自行车，外加慢悠悠的神牛在狭窄的街道上并行。耳边是无休止的喇叭声、不耐烦的乘客拍打公共汽车车身的砰砰声、喊叫声，还有狗叫声。便道上则被乞丐、卖报的小孩、神秘的舞蛇人、头顶货物的妇女所占据，偶尔还能看到随地小便的男人——所有这一切似乎都是那么和谐，像一个奇妙的混合体，任何东西都能被吸纳进去，变成其中的一部分。**这也许就是印度企业创新和企业家精神的来源，平和、包容、生机勃勃并充满机会**（Singh，2007）。

根据霍夫斯坦特（1980）的调查，**印度社会属于弱不确定性回避型社会。**印度人喜欢与不确定性相联系的风险。冒险成为人们生活的一部分，组织的结构化程度较低，缺乏严格的规章制度，印度对外族文化有巨大的包容性。作为企业经营者和管理者，更愿意承担风险，鼓励人们发挥创造性和承担责任。体现在印度企业家身上，他们对企业发展更专注于成长和创新，具有风险承担能力。印度优秀的 CEO 们强烈地专注于创新、发展和经营结果。印度没有严格的法制法规，靠的都是提倡"自我约束"。

8.2　印度管理模式之冰河模型

图 8-1 提供了一个关于**印度文明的概念模型：**印度文明发展最深层结构为印度教、英文思维和种姓制度；显性特征体现为"半社会主义"和英国殖民；介于其间的若隐若现的层次为矛盾心态、保守安分与平和包容方面的民族价值观。

基于印度文明的印度管理模式如图 8-1 右边括号内文字所示：**显性的控制层中体现的是内部控制和自我约束；若隐若现的组织层隐藏的是外包与购并的独特流程；隐性企划层深处是利他主义理念。成功印度领导者的形象体现出"职业买家"的人格特征**（航船中所标示）。

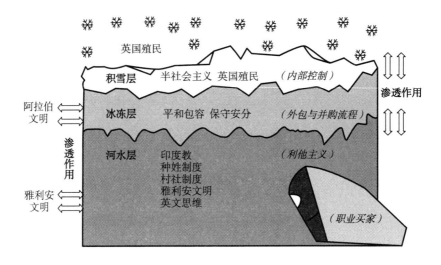

图 8-1   基于印度文明的印度管理之冰河模型

8.2.1   内部控制与自我约束

印度教经典古书《薄伽梵歌》（*Bhagavadgita*）如今变成了哈佛商学院、沃顿商学院等的必修课，并成为欧美大企业总裁及高管的必读秘籍。《薄伽梵歌》是宗教性经典，而非哲学性论著，其意思是"绝对富有者的歌"。它其中记载的是圣主奎师那的教导，以毁灭性的玛哈巴茹阿特战争即将开战前，圣主奎师那与王子兼战将阿尔诸纳之间对话的形式呈现在我们面前。阿尔诸纳弃他作为战将的责任于不顾，决定不作战。促使他做这个决定的个人原因是：他的亲属和老师们都在对方的阵营里，他害怕必须杀死亲属和朋友而浑身瘫软无力。对话的内容是，阿尔诸纳提出一系列问题；而作为回答，奎师那解释了一系列形而上学的概念，如"躯体与灵魂"（物质与灵性）的区别、"非功利性活动的原则""纪律和冥想的优点""知识的地位"及"奉爱服务"。奎师那教导阿尔诸纳："出世"并不是完美的体现；相反，怀着不执着结果的心态，按规范守则活动，才是完美的体现。

《薄伽梵歌》指导向内收缩，向内自省，增进自己对自身以及世界的理解，改善"集中、持续和合作"的能力，强化商业领袖对内的作为。印度企业强调集体的发展而不是只强调个人利益，强调忠诚和可持续发展。正如《薄伽梵歌》中奎师那在成为神的过程中，在战场上曾经深陷道德的迷惘，最后凭借超越肉体的精神的力量，终于摆脱了外界的干扰成就了不朽。从其成神的过程中可以解释热爱、行动、沉思、学识的重要，使领导者明白如何不顾外面情绪化的干扰而真正将责任置于个人财富之前，并最后成就事业。

印度社会是一个性善论的社会，认为人的本质是善良的，在社会活动的运行中，重人治而轻法治，认为人可以通过自身约束来达到社会的和平公正。印度教经典说，神并不强求人们拜他们，而是耐心等待，让人们久而久之变成自愿的信徒。同时，在人和人的相处中，他们选择相信别人，强调友谊，用包容温和的态度对待他人，提倡不要把人看作自我的对立面，讲求慈悲观念。

印度是一个种姓制度根深蒂固，并且各大宗教盛行的国家，印度传统社会的社会结构和社会对人的尊严的基本看法，不是建立在人权的基础上的，而是建立在社会义务和身份等级制度的基础之上的。人生来被视为义务的载体，而不是权利的载体。在传统印度社会中，人们的义务和权利是从特定的种姓、年龄和性别的角度加以规定的，而种姓制度使一个人的义务和权利从他一生下来已规定。种姓制度和宗教信仰正是使印度在如此复杂的社会结构下还能维持稳定和谐的重要原因。在这样的社会结构和传统下，人们追求的是一种**超自然的悟证**，更多的是通过自身的所处等级和宗教信仰来对自身加以约束和控制。印度虽然号称"人种和宗教博物馆"，但很少能看到类似于中国"三纲五常"讲求人与人之间秩序的伦理思想。对印度人来说，达到人与人、人与自然的和谐和平衡要靠自我约束，而不是仅仅拘泥于或尊重法律。由于宗教的束缚，不同种姓人之间基本上能安分守己，都认为只有修好今生，做好分内之事才能有来世的幸福。而且印度社会受甘地主义影响也较大，他强调种姓平等。在近代社会生活和改革中这一思想起到指导作用。由于种族制度和殖民管理导致的分工制度在长期形成非常独特的分工理念，在当代得到进一步发展，就是"安心做好分内事"。印度的软件业为什么做得好？因为一些人很安心于一直去做编程工作。而在中国，有些人编了一段时间就感到枯燥，就想做自己的事业。

印度社会的这种强调自我约束表现在企业中是企业的"诚信文化"。印度很多都是家族企业，他们自觉遵守规范，信守承诺助于印度企业长期制胜，并将此提高到核心理念和精神支柱的高度来认识，认为以此作为企业行为价值选择的准则就不会因为周围不规范的环境而放松了对自己的约束。"忠诚"是印度企业非常重要的特点，员工对企业的忠诚不仅表现在日常的工作中，很多印度人一辈子服务于一家公司，很少跳槽，很多公司的原则是"员工第一，顾客第二"。印度企业对员工的激励也很有特色，印度全部是固定收入，印度员工更注重感觉，注重工作和生活的平衡，管理者从人生和事业的角度激励下属，人员共有良好的职业发展。印度企业为社会的付出行动远远高于其他发展中国家的企业，很多企业在医疗、义务教育方面都有巨大的投入。"东方哲学提倡集体比个人更重要，教导人们如何促进整个社会的发展，而不是一味地满足个人疯狂的追求"。如果我们仅仅以为印度企业的成功来自传统的思想，那就过于简单化了（薛求知，2008）。

印度教在创立之初就对佛教的出世修行求解脱的理论提出了完全相反的"行为之道"，即变出世为入世，在神的参与下忘我地工作，并且其行动和动机不为私欲所控制，不计较利害得失，只有全身心地投入到工作中去，由此产生的"**业因**"，就可以通过对神的虔诚信仰和热爱得到解脱。反之就会受到业的束缚，永远陷入轮回之苦。为神赚钱这一个观点，既是每个印度人心中的寄托，又是奋斗目标。他们认为工作赚钱不但是"天经地义"的事，也是完成人生通往天国旅途的途径。正是因为有这样的历史传承性，作为世界上贫富差距比较大的国家之一，印度社会中却很少有所谓"仇富"的社会心理现象。他们相信，财富是经过几代人的不间断努力工作和付出而获得的。印度企业员工更注重生活与工作的平衡，注重感觉，如果在个人情感上认可这个公司，他就会为这个公司付出很多东西。所以管理者从人生和事业的角度来激励下属，而非外在的激励。印度企业里，管理者把重心放在如何从内在调动下属的潜力，即采取引导而不是直接驾驭"战车"的方式来管理。

8.2.2　独特的流程化管理：外包与并购

由于种姓制度和殖民管理导致的分工制度长期形成了非常独特的分工理念，印度企业有非常独特的流程化管理制度。美国高等学府的许多印度裔的管理大师、管理教授认为主要体现为外包能力和并购能力。

（1）外包能力

1990 年，印度裔管理学家普拉哈拉德在《哈佛商业评论》上发表《企业的核心能力》指出，企业必须打破旧有的思想框架，以积极开放的胸怀去思考、接受不同的经营架构，把握未来趋势、建立战略架构、组织核心能力，从而在创新中掌握竞争优势。他从战略角度提出了"外包"（Outsourcing）的概念，就此推动了印度外包行业的发展。

外包产业，分别接包制造和服务。美国服务业的成熟要晚于制造业，相应服务业外包至今最多十年，而制造业外包其实从"二战"后日本的复兴就已经开始。相对于中国，印度在外包上的优势应该是英语的广泛运用。在商业合作中，印度和西方国家在语言沟通上不存在任何障碍，印度有大批的软件人才从小运用英语，触及西方文化，也都在诸多西方名校深造，带回来的不仅是先进的技术，还有先进的管理。说到服务外包能力，印度企业走在世界前列，并有着广阔的发展前景。

印度外包业发展较快，而外包能够开展，要求发包方须有效地管理接包方。服务业外包具体被称为商业流程外包（BPO），顾名思义，最终客户与发接包三方的流程始终紧密配合，主要通过规则实时地互动，而不是用标准事前事后监控。印度企业在和西方企业合作过程中，彼此的流程管理较之其他发展外包业的国家顺畅和有效。在更深的层次研究外包业，它其实是用印度廉价的人力资源交换西方先进的商业管理体制。随着印度外包产业的发展，对西方管理体制的学习和运用将更具广度和深度。而在印度企业根本的文化渊源难以动摇的基础上，新的管理文化也更多地体现在企业的外部发展的环境上。

（2）并购能力

一般地，企业发展有两种基本模式：新建与并购。**相对中国企业而言，中国公司很有钱，他们总是做大生意。而印度公司更愿意买一个小公司，然后逐渐转变、成长，然后再次购买。**他们通常的发展道路是：遇到挑战，克服挑战。因为缺乏资源，所以被迫优化管理。这是印度公司总会成功的原因（Singh，2007）。

印度企业一般会在海外买一个小公司，然后学习怎么运作。他们没有多少钱，所以很谨慎地学习和试探。因此，很多印度企业的扩张方式是通过购买海外经营不善的企业，然后注入自己的优质管理经验，去改善整个公司的业绩。比如Tata汽车，印度在2000年韩国大宇濒临破产的时候，购买了大宇卡车。两年之后，这个公司的出口量增长了5倍，市场份额大大增加，这个公司已经从亏损转为开始盈利。这就是印度并购的一个典型的案例。

印度企业在发展壮大过程中擅长国际并购。同样的并购，中国企业倾向于把对方的品牌和技术嵌入自己产品，结果基本是以失败告终。而印度企业能发挥较高的流程匹配（合作）能力，印度大企业用流程管理控制公司，主要运用公司制度和流程。这点和西方管理非常相似，它们并不需要领导者运用大量时间在人员的安抚上。所以即使没有企业文化和管理的再重组，印度企业也能在并购之后实行有效的管理和控制。这也许才是印度国际并购成功率较高的"秘诀"。

印度企业的管理复制能力很强、殖民的经历及语言优势，使印度企业可以迅速而成功地将自己企业的核心能力移植到海外并购企业和合资企业当中。为什么近些年印度很多大企业在海外的并购非常成功，而中国在海外的并购并不成功？区别就在于管理的复制能力，把自己的核心管理能力复制到海外的能力。

最近十年印度企业有长足的发展，引人注目的有一批大公司，迅速成为可以和欧美大公司一决高下的世界级企业，一个显著的特点就是在欧美并购非常成功，通过并购成为一个世界级的企业。印度企业并购成功的核心精神是什么呢？集中、持续、合作（薛求知，2008），这些理念主要来自印度的古籍《薄伽梵歌》，《薄伽梵歌》倡导心态平和，强调的是增进自身包括自己所领导的组织在内的修炼，集中力量通过内部的力量强大而强大。

8.2.3 利他主义经营哲学

2005 年印度政府为了更好地发挥印度企业家的作用，特意请知名人力资源管理咨询公司 Hay（合益）集团对印度 30 多位卓越企业领导人进行了研究。通过对这些领导人过去成功与受挫经验的深入访谈，Hay 集团的研究者们在长达 18 个月的调查研究之后给出了《印度卓越企业领导力素质报告》，确立了四个使印度的 CEO 们有别于其他国家卓越企业领导人的关键因素，其中之一便是"高度利他主义的经商哲学"（王小瑛，2007）：不同于大部分西方企业领导人，印度的企业家们经常在考虑那些对社会有益的事情。外界的人认为他们都是嘴上说说而已，但 Hay 集团的研究者们发现他们的确如此，并会因此而影响到重大经营问题的决策。

当人们大谈美式、中式、日式、韩式管理时，基于印度文明的管理思想正无声无息地浸入、影响人们。**《薄伽梵歌》认为，在这个世界上有两条灵修道路：冥想者的自我知识之道路（智瑜伽 jnana yoga）和其他人的无私行动之道路（业瑜伽 karma yoga）**（毗耶娑，2015）。瑜伽字面的基本意思就是"束缚、控制"。《薄伽梵歌》强调的是增进自身，包括自己所领导的企业在内的修为，集中力量，希望通过内部因素的强大而强大，而非在与他人的竞争中靠外部的刺激而强大。它倡导心态平和，可以使管理者平衡多方面的关系，这将有助于这些管理者更好地保持精神的专注、创造力以及更好地为公司创造价值，这种基于内在的领先才是绝对的领先。《薄伽梵歌》宣扬人应恪尽职守，而非只看结果，它引申出的"仆人领袖"及"绿色企业"等理念，促使企业管理层摒弃一贯以股东利益为前提的观念，建构更持久的经营观，让公司在盈利之余，兼顾雇员和顾客利益。它认为应努力不懈从事瑜伽的修持，使心灵不导向任何外在的事物而观想着神圣的至上意，一定会达到与神合一之境。

在印度，有钱人一定得为社会做贡献，同时企业招收实习生注重灌输企业的奉献理念。印度企业的一个企业文化特点是"人本文化"，企业在赚取利润的同时，照顾自己的员工、雇主和雇员利益，更重要的是企业非常注重对社会的贡献，承担社会责任，注重积德行善，在一些大公司的企业文化理念中，都将"做优秀的企业公民"作为其核心价值的重要组成部分。不管是企业还是个人，都注重行动，企业在赚取利润的同时注重对社会的贡献，物质得到满足的同时，更加重视精神的提升。企业雇员则是努力工作，认为工作是天经地义的，是得到自我完善和实现自我能力的一种释放手段，并非为了工作而工作。印度人也爱钱，但是他们不会对钱存在无限的欲望。他们注重精神世界，精神比物质重要，内容比形式重要，意愿比表达重要。在享有财富的同时，印度人更讲求精神上的提升，讲求对他人的贡献。不管过去还是现在，印度大多数商人的思想深受印度教的影响。印度教和佛教都有极强的"神崇拜"，主张禁欲、造业和轮回。印度人相信命运决定了自己的一切，认为一个人可以改善的只是他的精神境界，而不是肉体状况。精神上的事务往往比日常工作重要得多，也就是说，人的精神比金钱重要。如今，印度的企业家奉行高度利他主义和注重"不求回报"的经商哲学。

8.3　印度式领导形象：职业买家

印度最大的企业 Tata 集团、最大的 IT 服务和外包企业 TCS、最显赫的家族企业 Aditya Birla、拥有最先进管理手段的 HCL、最大的培训企业 NIIT，还有 Moser Baer 等在短短的时间内跨入世界级企业之列。**印度世界级成功企业家均是国际"职业买家"。**

1995 年，拉克什米·米塔尔与父亲在印度的公司分离，在荷兰注册成立米塔尔集团，将总部搬到英国伦敦，后将其子公司伊斯帕特国际公司 16% 的资产放在阿姆斯特丹和纽约上市，由此开始加快全球并购与行业整合速度。2006 年 8

月 4 日，米塔尔成功收购欧洲第一大钢铁集团阿塞洛（Arcelor）。就这样，几乎是在一夜之间，一个巨无霸式的全球最大钢铁集团浮出水面。其产量比世界排名第二到第四的 3 家竞争对手之和还要高出 3 倍。在新公司，米塔尔几乎保留了阿塞洛的原班人马，因为他知晓阿塞洛原来的管理层拥有丰富的全球管理资源和管理能力，他并不需要像个古代帝王那样将阿塞洛—米塔尔集团牢牢抓在自己手中。考验米塔尔的是如何继续整合全球资源、如何将链条与链条之间的对接做得更好，而不是成为阿塞洛—米塔尔集团的"阿育王"（项兵，2007）。

2016 年 4 月，印度风能大厂 Suzlon 宣布一口气收购 Gale Solar Farms、Tornado Solar Farms、Abha Solar Farms、Aalok Solar Farms、Shreyas Solar Farms5 家海外太阳能公司。印度非常擅长通过并购，尤其是跨界并购，实现跨越式发展。近期美国老牌投行高盛集团持续上调了对印度经济发展的预期，并在印度"硅谷"班加罗尔设立了继纽约之后全球第二大办公室。红杉资本、IDG 资本、Accel 资本、老虎基金、软银集团等全球顶尖的风投机构也纷纷扎堆进入印度。

8.4　案例研究：印度塔塔集团的管理模式

对于很多印度人来说，他们生活的一天是这样开始的：早晨醒来时，喝一杯 Tata 茶或者 Tata 咖啡；早餐后出门坐 Tata 汽车上班；到办公室后打开电脑用 Tata 应用软件开始一天的工作；而他们出差的时候会住在 Tata 酒店……对于他们来说，Tata 已经不只是一个名字，而是一个"Tata 世界"（Tata World）。"我们努力使生活更加美好"，塔塔（Tata）集团执行总裁哥帕拉克里希在一次接受采访时说（康路，2007）。

印地语中，"Tata"代表"大生意、大事业"，Tata 集团的历史可以追溯到 19 世纪中期，发展到今天，219 亿美元的年收入占了印度整个国家 GDP 的 2.8%，也使这个家族企业对于印度人的影响力几乎可以说是如空气般不可或缺。覆盖多个行业的 96 个子公司让 Tata 的触角能够深入各个方向并敏锐地感受着各种信息，从而准确地做出商业决策。世界上几乎再也找不到一个可以跨越从咖啡到汽车，再到软件这么远距离行业的集团了。

8.4.1　通过购并发展 Tata

印度塔塔集团（Tata Group）是在印度摆脱英国殖民统治、寻求独立的年代创建的一个家族企业，是印度一个正在崛起的新型的跨国企业，也是一个具有印度特色的企业。塔塔集团开始时从事纺织业，并逐渐扩展到钢铁、电力、汽车、化工等行业。其中，塔塔汽车是印度塔塔集团在 1945 年成立，是印度最大的综合性汽车公司，在全球商用汽车制造商中排名前十，主要产品包括小型汽车、四驱动越野车、公共汽车、中型及重型货车等。从 60 年代起汽车就出口到欧洲、非洲和亚洲等一些国家和地区。

1869 年，塔塔集团的前身塔塔棉纺厂由贾姆谢特吉·塔塔（Jamestji Tata）在印度中部创办。19 世纪末，塔塔家族已经成为印度的首富。1904 年，当贾姆谢特吉去世后，由于他的两个儿子随后也辞世，整个家族的权力交接到侄儿 J. R. D. 塔塔手上。在 J. R. D. 塔塔掌管塔塔集团长达 53 年后，他指定了自己家族的远房侄子拉坦作为接班人，而正是拉坦让塔塔集团成为印度真正的跨国公司。Tata 集团这个拥有将近 140 年历史的家族企业依然忠诚地延续着它在 19 世纪建立起来的目标——将印度发展成为一个工业大国。

为了获得技术，2002 年 Tata 钢铁公司购买了新加坡的一家钢铁制造厂，2004 年购买了另一家泰国钢铁厂。通过并购，他们学会了如何在海外贸易，并获得了海外生产的能力。这是一个谨慎的利用资源的例子，加上一流的管理方式，现在，Tata 钢铁公司成为了世界第五大公司。这就是聪明的管理者积累资源、使用资产取得发展的办法。

2008 年 3 月 26 日晚，印度塔塔汽车公司宣布，**从福特手中以 23 亿美元的价格收购英国豪华品牌"捷豹"和"路虎"**。据印度报业托拉斯报道，塔塔当天向印度孟买证券交易所提交声明说，正式完成的交易涉及捷豹和路虎的所有权、所有必要的知识产权、生产厂和两家位于英国的先进的设计中心。塔塔汽车公司主席拉坦·塔塔在声明中说，路虎和捷豹将保留各自的鲜明特色，并像以前一样执行各自的商业计划。现任捷豹和路虎代理首席执行官的戴维·史密斯将升任两大品牌的首席执行官。声明还称，以现金收购说明公司股东拥有"光明的未来"。品牌易主后，福特公司将在一段时间内继续为捷豹和路虎汽车供应引擎、传动设备等零部件。塔塔汽车公司 2011 年前将保留捷豹和路虎在英国汽车制造厂的 1.8 万名员工，两大品牌在英国的生产和设计工作目前也照旧。福特汽车公司负责欧洲业务的执行副总裁刘易斯·布思称："这是一个双赢的协议，保证了捷豹、路虎的管理层和员工可以继续在业务发展上倾注精力，实现最优的商业结果。"至此，塔塔集团朝着成为全球品牌的方向又迈进了一步。当时的收购行为颇受争议，一度被评论为"摆阔"及"昂贵的错误"，并在收购刚结束，捷豹、路虎就陷入困境，未曾想，印度塔塔集团迅速地稳住了当时的不利局面，扭亏为盈，财务层面快速提升，2015 年税前利润达到了惊人的 26 亿英镑。并且，在过去 3 年中，捷豹、路虎公司每年利润均超过了 10 亿英镑的规模。同时，捷豹、路虎还比收购前累计增多了 9000 个工作岗位，并还将持续增加。

8.4.2　外部购并整合能力

Tata 集团执行总裁哥帕拉克里希说："你可以并购一家公司或进入一个新的国家，来为你已有的产品扩展市场或加强你的供应力量。但不管在哪种情况下，你必须做到在已有的国内业务和新获得的国际业务之间有紧密的联合，两种联系要非常清晰而且要不断进行评估。换句话说，你的目标必须是获得'2 + 2 = 5'的分数。"（康路，2007）

一个例子是 Tata 汽车并购韩国大宇商用车有限公司 DWCV。DWCV 是韩国第二大重型卡车制造商，年产能达 20000 辆中型卡车和重型卡车。并购使 Tata 汽车有机会借助海外产能和市场来应对国内市场的周期性波动。同时，DWCV 能够通过 Tata 汽车的市场网络进入许多国际市场。Tata 汽车在 200HP（英制马力）以下型号汽车制造方面很专长，而 DWCV 在 200HP 以上重型商用卡车方面是专家。哥帕拉克里希对这次并购很满意，认为两家公司有很大的空间共享创意和技术。

如果要进行并购，所有企业都要问自己一个问题并最好能做出很好的回答——"我能够买下它并且做得比它好吗？"最好的并购方式是并购一家与自己产生互补的企业，将彼此的空白增补上。**Tata 集团的全球化经验概括如下**（康路，2007）：

（1）经验 A：国内核心业务与海外扩张应该是清晰明确的，并且要持续不断地坚持。

（2）经验 B：并购的融合及程序必须与其战略目标保持一致。

（3）经验 C：并购企业的核心价值观需要彻底而没有谈判余地向被并购企业的经理人清楚地加以阐述。

（4）经验 D：在主体国的业务定位应该与公司的各种措施相一致。

（5）经验 E：重要的是融入业务所在地的社会环境，即使融入的程度较低。

8.4.3　内部职业化管理

10 年前，Tata 钢铁公司是世界上工作效率最慢的钢铁厂，他们用很多工人来制造一块钢铁。而到了 2005 年，Tata 已经成为世界上最好的钢铁公司，同时也是单位成本最低的钢铁制造商。他们是怎么做到的呢？除了政府放松了管制，Tata 钢铁公司并没有多少雄厚的资源，他们唯一能够依靠的就是管理。当你手头资源短缺的时候，你必然要寻找最好的管理模式，寻找最节省成本的生产办法（Singh，2007）。

Tata 成功的秘诀关键在于它有一种**"松散的集团事业部"**管理模式，并实行职业化管理，家族成员只是控股母公司（Holding Company）的 CEO。在 Tata 集团采用的家族领导模式中，家族成员只担任很小的一部分管理职责，他们只负责制定总体愿景和战略规划，具体的执行由集团的业务单元独立完成，这些单元的自治度都很高，并由职业经理人管理。很多业务单元都已经持续超过三代的时间。

Tata 集团为了不断加强自己的职业化管理，还建立了**"Tata 管理培训中心"**，定期让公司的管理人员与来自新加坡等国家的 MBA 学生和教授进行管理科学的研究和案例学习等。这使 Tata 很少会面临管理人才断层或匮乏的境地。

Tata 集团跨越的行业包括通信、机械、材料、服务、能源、消费及化学七大行业。集团的多元化程度很高，但每一个业务单元的业务都是相对独立而且非常专注的。"我们可以处理 100 个不同的领域。我们的母公司没有上市，但我们的子公司都上市了；与 GE 和 IBM 的方式完全相反，它们是母公司上市。所以我们相当于在身体的不同位置连接有 100 条腿，可以同时进行业务"，哥帕拉克里希说。而这也正是提供给职业经理人发挥才能的最好舞台。Tata 汽车或 TCS 就都是由一流的职业经理人来领导的（康路，2007）。

在家族企业的继任体系中，必须激发职业经理人的积极性，而其中的一个关键要素是给职业经理人自主权。如果有才能的经理人被给予适当的自主权和激励措施，他们就不会介意加入家族企业。另外，职业经理人喜欢挑战。如果他们确信他们会面对足够的挑战，并且有足够的资源可以提供给他们实现理想，他们就会非常卖力。最后很重要的一点是，建立一个公平的管理流程，以激发职业经理人。

塔塔鼓励 45 岁以上的员工提前退休，退休后还可以拿到基本工资，直到 60 岁。最后在未出现任何员工暴动的情况下，裁员工作顺利进行。在塔塔收购捷豹和路虎过程中，塔塔汽车深入地征询了福特汽车管理团队对收购事宜的协议内容的意见，尽量使协议能满足福特汽车的商业需求，保证该品牌得以持续前进。承诺允许捷豹轿车公司原有管理团队继续从事运营指挥，不予过多干预，让他们管理自己的业务，成为一家优秀的英国汽车企业。福特汽车公司方面称："这是一个双赢的协议，保证了捷豹、路虎的管理层和员工可以继续在业务发展上倾注精力，实现最优的商业结果。"与其说是并购，更像是合作。

8.4.4　利他主义经营哲学

塔塔集团控股公司 **66％的股份控制在几家慈善信托基金的手里**，这些信托基金在印度发起建立了多家重要的研究机构，资助很多项目，如健康、教育和环境。在这里，"回馈社会"不是一句空话，他们涉足的慈善事业或许是你未想到的。

印度政府公布未来 10 年的发展规划时，强调印度汽车应在小型汽车方面有所突破，这符合印度对能源的需求和在环保方面的计划。拉坦提出生产小型轿车，并在接受媒体专访时说："我们希望塔塔成为国际品牌，同时待在经济金字塔最底层。"塔塔集团相信：企业自身发展和国家发展以及环境协调密不可分。

8.4.5　案例小结

印度塔塔公司的管理模式可以概述为：显性的控制层中体现的是家族企业内部职业化管理；若隐若现的组织层隐藏的是外包与并购的独特模式；隐性企划层深处是利他主义理念。塔塔卓越的公司领导人是"职业买家"。

本章小结

基于印度文明的印度管理模式可以概述为：基于印度教和种姓制度，崇尚平和包容、保守安分，追求内部控制、外包并购和利他主义。基于印度文明的印度领导者的人格特征为"职业买家"。

第9章　基于拉美文明的拉美管理模式

自欧洲人发现新大陆至今，拉丁美洲五百年来历经沧桑，整个地区的面貌发生了巨大变化。昔日欧洲列强的殖民地，如今已经发展成为拥有 34 个独立国家、5 亿多人口、2 万多亿美元 GDP、具有极大发展潜力的地区。其中，**拉美的巴西就作为"世界原料基地"被列入"金砖五国"之一**。本章剖析基于拉美文明的拉美管理模式，然后运用一个具体案例，具体分析拉美巴西"塞姆勒公司"的管理模式。

9.1　丰富多彩的拉美文明

拉丁美洲通常用来指称美洲大片以罗曼语族语言作为官方语言或者主要语言的地区。因为罗曼语族衍生于拉丁语，拉丁美洲由此而得名。

关于拉丁美洲究竟由哪些国家组成存在着不同的意见。从社会政治角度说，**拉丁美洲主要包括美洲西班牙语和葡萄牙语盛行的地区**：墨西哥、大部分的中美洲、南美洲以及加勒比海地区。这时它是伊比利亚美洲的同义词。尽管拉丁美洲的概念是由法国人拿破仑三世提出的，但其他罗曼语族的语言占主导的地区，例如较多说法语的加拿大魁北克通常不被包括在拉丁美洲范畴内。现在有的时候，特别是在美国，拉丁美洲被用来指所有美国以南的美洲，包括像伯利兹、圭亚那、牙买加、巴多斯和苏里南这样的并不盛行罗曼语族语言的国家。相反地，在巴西，人们常常将附近的西班牙语国家称作拉丁美洲。从地缘政治角度，拉丁美洲被分成了几十个独立的国家和一些附属领地。无论是从面积还是从人口看，巴西都是拉丁美洲最大的国家。它的官方语言——葡萄牙语，将其与其他以西班牙语作为官方语言的拉丁美洲国家区分开来。

拉美经济历史分为三个时期（Nath，1988）：殖民时期，从 16 世纪到 1820 年独立战争结束；独立后的第一个百年（1830～1920 年）和 1920 年至今。

在殖民时期，永久殖民地只建立在可以发现贵金属和其他可以出口到欧洲的有价值的货物的地方。领土扩张和殖民时期经济的收入增长依靠出口产业部门的发展。西班牙和葡萄牙两大殖民势力限制在殖民地生产制造，禁止从第三方国家进口，限制对一些西班牙港口和新世界（New World）的贸易。英格兰是最终得到允许进入巴西市场的国家之一，并在随后几年相关法律得到缓慢放宽。

在独立后的第一个百年，重商主义系统消失。权力集中于初始生产者、土地拥有者和采矿阶层的手上。这些集团控制了几乎所有地区的进出口。这一时期也带来了大规模到新世界的欧洲移民，带来了新的人才和资本。

拉美"现代时期"，全球经济开始在该地区产生主要作用，这一层意义上与工业化国家的变化间接地相似。一个重要的区别在于发达国家生产的增加依赖于拉美和其他欠发达国家原料的流入。在这一时期，许多基础为拉美的外部独立做了准备。相应地，政府开始直接介入制造部门的发展，这方面的例子如智利保暖产品制造公司和墨西哥联邦财政局这些机构的建立，国有部门完全接管。

9.1.1　拉美的两级嬗变

（1）殖民—独立

拉丁美洲地域殖民化的过程受欧洲的重商主义思想影响（Warner，2002）。这种思想在 16 世纪的欧洲十分盛行，根据这种思想，**经济活动的目的在于增强国家的实力，并应该用金银的积累数量作为衡量标准。殖民地的经济活动被它与其宗主国的商业联系所限制**，宗主国禁止制造业活动和其他任何对西班牙（或葡萄牙）王室没有贡献的经济活动。这种政策所造成的发展模式及相应的经济制度在 20 世纪以前一直盛行。美洲西班牙殖民化的开始几年为王室和那些直接参与征服的人带来了巨大的经济收获。然而，这些岁月也标志着绝大部分印第安人和他们的文化的灭绝，以及那些侥幸在征服过程中生存下来的幸存者生活条件的恶化。

拉美长期受到西方殖民主义和西班牙、葡萄牙封建主义的统治，经济落后，社会矛盾比较严重，激进思想和政治主张比较流行。

拉丁美洲国家的独立运动开始于 19 世纪上半叶。独立的动力来源于欧洲和北美盛行的自由观念，这种观念影响了拉丁美洲的精英阶层，他们发现这符合他们的经济利益和政治利益。一方面，坚定的自由主义更符合殖民地精英阶层的利益；而另一方面，在一个等级分明的、分裂的、建立于奴隶制基础上的社会里，民主的价值观会损坏国家的权威（Warner，2002）。因此，**独立运动的政治和经济成果事实上很有限，因为新成立的国家经济仍然依赖于欧洲**，农业贵族不在加工业上投资，整个经济依赖于向欧洲出口农产品和原材料，以换取基础设施的投资、进口机器设备和工业制成品。当工业制成品价格上涨超过农产品价格上涨比例时，对于拉丁美洲国家来说，简直就是一场灾难。此时，现实已经证明这种经济模式对于本国经济发展是远远不够的。18 世纪末 19 世纪初，大批欧洲移民涌入拉丁美洲，大多数集中在巴西南部和阿根廷，他们形成了城市工人中新的一群，逐渐从农业寡头政治中分离出来，发展成为一个新的阶层。21 世纪初，中产阶级也有所发展，在一些大城市，如圣保罗和布宜诺斯艾利斯，出现了工人运动和工会组织的萌芽。

（2）军人统治—平民政府

政治上，**拉丁美洲经历了从军人统治向平民政府的转变**。通过军事政变，独裁统治掌握了权力——1964 年在巴西、1966 年在阿根廷、1973 年在智利。这些军人政府在经济停滞、高通货膨胀率、高失业率和收支赤字时上台，试图通过重新建立同世界经济大国的政治和经济关系，采用吸引外资的政策，以及利用向外国融资来促进经济活动等办法找到解决这些问题的手段。他们控制了有关工人阶级利益的决策权，阻碍工会运动，禁止任何政治活动，把它们看作对自己领导权的威胁。20 世纪六七十年代拉丁美洲大部分国家的经济迅速发展就是建立在这种对社会和政治的干预基础之上的。整个地区的国家从未经历过如此高的经济增长——尽管如此，经济增长也未能减少贫困和社会不公平现象（Warner，2002）。

1940 年以来，经济发展的愿望支配着拉美社会的国内国际关系，但到了 80 年代，这个愿望似乎不可能实现了。虽然在六七十年代，拉丁美洲国家获得了惊人的经济增长率，但绝大多数国家在 80 年代经受了以猖獗的通货膨胀和日益加剧的社会不平等为主要特征的严重经济衰退。拉丁美洲的发展模式以国家干预和国家在促进经济发展中的骨干作用为基础。重要的替代政策大大制约了其他经济政策和选择，阻碍了这个地区参与国际竞争，还加剧了这个地区的国家主义，民粹主义者利用它来保护自己的既得利益，并公开声称这是为了限制美帝国主义和跨国公司的扩张，但实际上，这是为了保护私有民族资本的垄断地位。

这样的经济政策除了鼓励保护主义思想之外，还造成高通货膨胀率，阻碍在技术革新和人力资源开发领域的投资，赶走外国资本，削弱国际竞争力。就业机会减少，加上高通货膨胀和人口城市化造成了普遍的贫困，加重了城市地区的不平等。80 年代，拉美国家的一个巨大转变是从军人政府转变为民主选举的政府。近年来，很多国家正努力采取措施调整经济，减少政府开支和国家干预，代之以私有化和贸易自由政策。然而，无论在单个国家内部，还是在不同国家之间，仍然存在着明显的差异。

拉丁美洲人把 80 年代看作**"失去的 10 年"**（Warner，2002）。尽管许多国家（如巴西、阿根廷、智利）恢复了民主制度，但是这仍然是一个经济停滞、政治不稳定的时期，民主的转变并不像预期的那样，必然地带来思想的转变和社会问题。由于巨额的外债负担，这一地区再也没有能力在国际市场上获得新的贷款，贫穷和失业增加，在许多国家，非法武装的增长正把民主的实践推向悬崖的边缘。

（3）保护—开放市场

经济观察家和评论家认为，拉丁美洲正在经历一个新的时代（Warner，2002）。这个地区已从世界上保护最严密的市场之一转变为世界上最开放的市场之一。按照这种观点，所谓"失去的 10 年"在很多拉丁美洲国家已被明确地抛在后面。多年以来，这一地区的经济深深依赖于矿物资源和农产品的出口以及制成品的进口。经济是封闭的，是受到高度保护的。经济保护使工业竞争和技术知识进步（包括产品规格和设计）慢了下来，经济保护是不鼓励组织变化和现代化的政策。直到 80 年代，经济对外部的依赖一直是这个地区持续发展的障碍和绊脚石。

在这种经济模式的概念和实施中，国家扮演着十分重要的角色。长期以来，它是最具影响力的实体，有时在工业化问题上，国家负有完全的责任。不同的社会力量（比如军队和反帝武装）广泛支持国有企业，因为私人部门无法承担工业化的成本。因此，国家不仅资助私人投资，也直接参与投资。

从 20 世纪 90 年代开始，由于自由经济政策，有关清理这些混乱的经济决策开始系统实施。国有经济被削减，各种各样的国有企业被私有化。在阿根廷、巴西、智利、墨西哥、秘鲁、委内瑞拉进行的私有化运动已经产生了 500 亿美元的收益。许多国家控制通货膨胀的努力也取得了重大成果。

拉丁美洲政府推进的经济稳定历程大大不同于过去的尝试。税制改革、对外开放、关税减免、开放本地金融市场，从而吸引外资流入等经济政策取代了以前更换货币、冻结工薪和物价以及其他非正常的突然的经济休克。突然的经济休克采用诸如改变货币单位，冻结工资、物价等非正常的措施，从而引起经济状况的突然改变，比如巴西的 Cruzado 计划、阿根廷的 Austral 计划。采取这些措施来改变经济面貌是吸引外资战略的一部分。这个战略明显地是来自于新自由主义思想，这种思想建议把国家的发展方向转向外国资本和有效率的国际盟国，从而有竞争力地重返国际市场。一些在 80 年代曾避免进入这一地区（墨西哥除外）的外国资本正流回这一地区，大多数流向私人部门。

各地区的商贸合作促进了拉丁美洲的区域一体化。扩大和振兴中美洲的中美共同市场（包括哥斯达黎加、萨尔瓦多、关塔那摩、洪都拉斯和尼加拉瓜）的尝试，巩固安第斯自由贸易区（包括委内瑞拉、哥伦比亚、玻利维亚、秘鲁、厄瓜多尔）的努力，阿根廷、巴西、巴拉圭和乌拉圭签署的创建 "Mercosur 协议"，以及加勒比共同体协议（包括绝大多数加勒比国家）就是这种趋势的例证。而且，包括墨西哥、美国、加拿大的 "北美自由贸易协定"（NAFTA）试图向南延伸，创造一个具有更大的政治和经济力量的西半球集团。尽管有许多障碍，Mercosur 协定似乎已接近成功。这是一个由巴西领导的拥有 2 亿消费者、联合国民生产总值达到 5500 亿美元的自由贸易区。它已取得了一定的经济增长率。这在很大程度上归功于巴西日益增长的经济活力，巴西一国的国民生产总值就几乎相当于整个东欧的两倍。1990~2005 年，身为 20 国集团成员的巴西已从全球经济总量排名 15 位跃为第 7 位，从此进入 "新兴国家俱乐部"。墨西哥则处于第二梯队的前列。

进入 21 世纪以来，拉美成为全球外国直接投资增长最多的地区，失业率不断下降，贫困率尽管仍保持较高水平，却是 "近 30 年来最低的"（鲁瓦，2016）。简言之，似乎可以断言拉丁美洲在现代化和融入世界市场方面已经取得了成功。考虑到通货膨胀率的降低，很明显，这一地区多数主要国家正在恢复它们的经济增长，正面临着本地市场上日益激烈的竞争。然而，为了维持经济增长，这一地区的各国政府必须在解决结构性的问题，比如收入差距过大和教育问题等方面给予更多的重视。

9.1.2　天主教、古印第安与拉丁文化

拉丁美洲文化既有大量拉丁欧洲的文化，也有反映出许多中美洲的民族文化。美洲原有的原住民文化的传统被欧洲殖民者的入侵所割断。由于中世纪末期欧洲殖民者对美洲的征服和殖民，打断了拉美印第安原住民文化的发展，使印第安原住民文化没能成为拉美文化的主体，而是以移植来的欧洲文化（尤其是拉丁

文化）为主体，以美洲印第安原住民文化和非洲黑人文化为次要成分。

（1）天主教

拉丁美洲过去主要是西班牙和葡萄牙征服统治的地方，现在罗马天主教占绝对优势。但是马尔维纳斯（福克兰）群岛例外，那里以新教为主，还有圭亚那和苏里南，其宗教情况比较复杂。西印度群岛的宗教结构也有自己的特色，一个岛与另一个岛的宗教情况完全不同，一部分岛国新教徒占多数，另一部分以天主教为主（安休·Lee，2006）。

基督教在罗马帝国分裂后，分为东正教及天主教。东正教以拜占庭为中心；天主教主要掌控南欧等地区。后来，欧洲宗教改革，天主教再分为新教和旧教（还叫天主教）。与新教相比，天主教最大的特点是有教皇，强调宗教仪式和默祷，拥有世界性的统一领导机构——梵蒂冈罗马教廷，世界各地区、各国家的教区、教会都隶属罗马教廷领导。天主教认为，人死后有"炼狱"过程，再定上天堂或下地狱，故教会要为死者祷告。天主教还认为世俗的赚钱活动无论是从社会的角度还是从道德和宗教的角度看都是不足取的，甚至是危险的。**天主教常常强调团体精神、自我实现、家长作风和组织的整体性，而新教则信奉个人主义、协助精神、独立性、契约主义。**

（2）古印第安文化

直至 15 世纪，即 1492 年哥伦布发现新大陆，美洲大陆才为欧洲人所知。然而，一个古代文明早已定居在这块疆域，它有六七千万人口，主要是中美洲的**"玛雅人"**、墨西哥的"阿兹特克人"和秘鲁的"印加人"。虽然绝大多数印第安人死于为保卫自己的领土而同外来入侵者的战斗中，或者死于欧洲人带来的疾病，但是他们对拉丁美洲文化的影响却延续至今。

形成现今拉丁美洲社会的要素可以在古代印第安文明（Warner，2002）。拉丁美洲地域辽阔、资源丰富、历史悠久。生活在这片土地上的原住民印第安人勤劳勇敢，创造了光辉灿烂、绚丽多彩的古代印第安文化。古代印第安人培植了玉米、棉花、西红柿、南瓜、马铃薯、花生、向日葵等农作物；修建了古老的宫殿、寺庙、金字塔、梯田和水利系统；掌握了重要、复杂的数学计算方法和天文历法；发明了独特的金属冶炼技术和纺织技术，为整个人类文明做出了巨大贡献，但是，让人们百思不得其解的是，作为**世界上唯一一个诞生于热带丛林而不是大河流域的古代文明——玛雅文明**与其奇迹般地崛起和发展一样，其衰亡和消失充满神秘色彩。

（3）拉丁文化

"拉丁美洲"这一名称起初只是"西班牙美洲"的代称。**欧洲分为"拉丁欧洲"和"条顿欧洲"**。前者包括欧洲南方各民族，信仰天主教，使用拉丁语；后者包括欧洲北方的大陆人和英国人，信仰新教，使用日耳曼语。这两支殖民到新大陆后，与北美洲不同，南美同南欧一样，属于拉丁文化圈。拉丁文化圈又称为天主教文化圈、罗马文化圈等。拉丁文化中最广为人知的方面有紧密的家庭关系、顺其自然的生活态度（无论发生什么事），以及隆重举办欢庆活动的能力。**拉丁文化的最大特点是热情、奔放、浪漫、剽悍和不拘小节，对艺术、生活和爱情的狂热追求，必要时，可将秩序、纪律、模式甚至未来搁在次要之位。**说得俗一点，拉丁文化有点"野"。

9.1.3　多元、矛盾价值观

基于拉美文明发展最深层的古印第安文化及西方天主教、拉丁文化和两级嬗变的显性积雪特征，终于冰冻形成了介于其间的若隐若现的拉美人的多元、矛盾价值观。

拉丁美洲地区绵延 600 万平方英里，目前人口已达到 5 亿人。很多人认为拉丁美洲各国都是相似的，其实，这个地区的国家实际上是非常多样的。鉴于拉美国家间巨大的多样性，**我们甚至还不能假设存在一个统一的拉丁美洲文化**（Warner，2002）。

西班牙、葡萄牙征服者将其国内封建社会体制强加于发达的印第安文明。它们之间的相似之处与不同之处同样重要和明显。它们都受到欧洲文化的影响，在大多数国家，教育与教育的基本原则都来自西方的资本主义价值观。虽然欧洲人"发现"拉丁美洲时，已有几百万居民定居于此，几个世纪以来，这个地区一直处于西方文化的殖民统治而后是北美的文化经济霸权影响之下。

现今，由于各种各样的原因，拉丁美洲不同国家之间在经济发展水平、政治现代化、文化成熟程度方面都存在着巨大差异。但是，有一条可以肯定的是，**拉美文化极少保守性和排他性，它善于引进和吸收其他文化的最新成果，具有很大的亲和力，以及很强的融合力，从而创造出具有自己鲜明特色的拉丁美洲文化。**开放和创新并举是拉美文化兴盛发展之根本（徐世澄，2000）。

拉美人秉承集体传统与个人主义至上。日本人、中国人和拉美人，都有集体主义的文化传统（Warner，2002），与此同时，拉美人个人至上，关心自己的家庭、朋友、业余爱好、体育爱好等，但在所有这些之上的是他自己。

拉美人主张个人自由又遵纪守法。以巴西为例，巴西每月每周都有罢工游行，或反对物价上涨，或要求调整工资，或批评官员渎职贪污。但是，他们在强调个人的意志和价值的同时，很少求助于暴力，大家惯于按照宪法的要求，遵守法律规定和秩序提出各自的要求。劳资双方通过谈判达成的协议能得到遵守。在日常生活中，人们也很注意社会公共道德。

拉美人希望迅速致富又听天由命。许多拉美国家的经济不稳定，繁荣与衰退交替出现，许多人想通过投机、操纵市场或赌博致富，财富来得快，走得也快，今天发财，明天破产（唐菊裳，1994）。拉美人有一种机会决定命运的倾向，相信外来因素决定一个人的生活道路，愿意接受唐·吉诃德式的人物，认为他能屈从于命运，是个英雄。

9.2　拉美管理模式之冰河模型

图 9-1 提供了一个关于**拉美文明的概念模型**：拉美文明发展最深层结构为古印第安文明和天主教、拉丁文化影响；显性特征体现为两级嬗变；介于其间的若隐若现的层次为多元、矛盾心理。

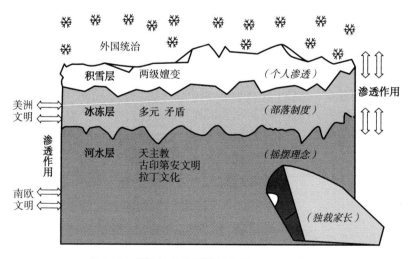

图 9-1　基于拉美文明的拉美管理之冰河模型

基于拉美文明的拉美管理模式如图 9-1 右边括号内文字所示：**显性的控制层中体现的是个人渗透；若隐若现的组织层隐藏的是部落制度；隐性企划层深处是摇摆理念。**成功拉美领导者的形象体现出"独裁家长"的人格特征（航船中所标示）。

9.2.1　个人渗透

拉丁美洲人和南欧人的管理文化截然不同于那些讲英语国家和北欧人的管理文化。**拉丁人对于权威和工作中的关系有一种更为"个人化"的理解，他们的文化被认为是一种"高度关联"和"广泛渗透"的文化。**在这种文化中，"外人"会更容易得到允许进入个人的私有空间（Warner，2002）。广泛渗透文化中的人不把自己与工作严格区分开来，因此，在巴西，对某人工作的批评经常归结到个人身上。而北美人会把他们的工作和他们个人的观点区别开来。在拉丁美洲，关系正从一般走向特殊，在进行任何商务活动之前，建立起一种朋友式的关系是必需的。

在这个特殊问题上，拉丁美洲文化与亚洲文化，比如中国和日本比较相似（Warner，2002）。与中国人做生意，在进行任何有关商务的认真对话之前，他们首先想知道他们的商业伙伴的性格和个性。日本人在进行商务活动的细节之前，也想更好地了解自己的商业伙伴，建立起一种相互信任的关系；美国人与此相反，直奔主题，他们认为遵守共同的规则更为重要。虽然拉丁美洲许多先进的工业部门已经吸取了美国商业活动的价值观，但在私人和商业企业中，"渗透性"仍然是主要的文化特点。例如，在工作和私人生活、朋友和商业伙伴、家庭和组织上存在很大的重叠。因此，雇用亲戚和朋友成为一种普遍现象，在公共和家族组织内更是如此。尽管知识分子精英大力呼吁，但这种现象甚至还未被看作一个"道德问题"。政治家通常雇用家庭成员、妻子或孩子作为高级秘书，合理的理由就是他们需要雇用自己完全信任的人。家庭企业，是本地区私营企业的大部分，也雇用亲戚和朋友。甚至一些大的私人企业也还保持着这种做法。由于个人利益和组织利益界限模糊不清，在商业活动和官僚政治中的个人态度助长了"腐败"。除此之外，他们更强调发展对朋友和一起工作的小团体的忠诚，而不是对整个组织和社会的忠诚。

拉美商业管理体系中强调人际关系（Nath，1988）。因为同事之间的关系被摆在首要位置，大家都不会以直接的形式表达自己所发现的组织问题。无论是管理人员还是员工都很难对请求说不。下级也很少质疑上级做出的判断，即便这样做可以改善决策质量。管理的人际倾向甚至扩展到组织间关系的领域。即便是一些公司的领导者对政府怀有不信任感，他们也很有可能以私人交往的形式参与政治。他们与政府领导者成为朋友，从而为自己经营提供便利。与此类似，与工会、教会、商业组织和顾客的沟通通常也以个人的形式展开。在拉美那些军政府掌权的国家里面，如果存在譬如安全管制和苛刻政治之类的特殊情况，私交就变得更加重要了。拉美地区国家管理结构之中的家长式作风也是政府与商业机构打交道的特征之一。伴随着对私人部门财政激励的，往往是繁重的政府规章以及积重难返的官僚作风。这些困难除了动用私人关系，很难找到其他有效途径来处理。人们往往倾向于与最高负责人，而不是与具体操作层面上的人物打交道，以使自己的利益得到确实保障。

9.2.2　部落制度

印第安人是拉丁美洲的最早居民。大约在 10 万年前，他们就来到美洲，并且陆续分散到各地，形成了有自己特色的部落文化。**不可能只提拉丁美洲文明而不考虑这一地区的部落主义文化的制度条件**（Leaprott，1996）。**拉美国家和制度、国家、私人公司以及社会之间的关系，可以从以下四个方面衡量**（Warner，2002）——**社团合作制、官僚集权制、惠顾制、家长制**，此四结构均与部落制有关。

（1）社团合作制度

在拉丁美洲，精英人士倾向于以社团方式组织起来，比如军队、公务员、银行职员、商业公司、教会都在他们自己的领域内维持着某种霸权。因此，个人及利益在政治上通过这些社团的会员制来代表，社团代表他们做出决策，但通常要得到官方的批准和监督。在拉丁美洲，国家在组织、支持和控制内部事务和社团之间关系上扮演着重要角色。社团制度与社团组织多元模式的不同之处在于：形式上，国家鼓励成立官方承认的、数量有限的社团，这些社团通过预先规定的方式和受到控制的途径与国家打交道。

由于限定可以和国家打交道的社团并任命国家批准成立的组织的领导，这种国家社团制度的一个后果就是，它减少了社会集团自发形成的可能性。从国家的高度来看，这种形式的社会组织，被用于控制工人运动，并为保护国内产业免受外来竞争的国家主义集团服务。这种保护主义思想造成拉丁美洲产品在国际市场上缺乏竞争力，并且导致为自己的既得市场在国家机构内部形成地方性的游说。在军人统治时期，除了出于私人利益的补选之外，国家社团主义导致了疏远群众，将大多数人民排斥在政治之外。

（2）官僚集权制

拉丁美洲的组织管理方式还受到所称的官僚集权国家的影响。正如上面曾提过的那样，**在拉丁美洲，国家扮演了一个重要的角色，在军人统治期间尤为明显。**无论在什么政治制度下，国家一直是社会、文化和经济方面最重要的角色。换句话说，不考虑拉丁美洲国家和制度间的关系以及制度和个人之间的关系是不可能的。拉丁美洲一个重要的特征是国家在经济发展中充当主角，因此，国家是影响制度和企业行为的力量。在 90 年代以前，国家一直是最大的企业所有者和最主要的雇用者。

官僚政治和正式程序是军人统治时期制度控制的主要形式，并且还将被继续广泛沿用下去。集权国家可以通过有限的多元化、低流动性辨识。拉丁美洲的利益集团比美国在数量和种类上要少很多，尤其是在军人统治时期。拉丁美洲的人民传统上对参与利益集团活动缺乏兴趣，也缺乏有组织的政治需求，这给操纵和滥用政治经济权利留下了很大的空间。拉丁美洲民众自由的恢复引起了利益集团数量和活动的增加。政治意识和消费者意识都得到了很大提高。经济自由化和控制通货膨胀压力的需求促使巴西各地区消费者协会的迅速发展，引起了产业界对产品质量的日益关注。

官僚集权主义不仅扎根于公共组织和官僚政治，也存在于私人企业之中。在拉丁美洲，雇员和普通市民不参与决策的观念是普遍的历史遗产。决策权集中于组织上层的观念来自这个地区天主教的历史遗产，也来自于西班牙在拉丁美洲的集权统治方式，这种方式被后来的殖民地及随后的政府所采用（Warner，2002）。集权统治还认为，分权的政治行为必然会造成混乱和动荡。同样，企业组织不愿给雇员提供改善资格的机会，是因为害怕会因此失去对雇员的控制或害怕他们有可能会跑到自己的对手那边去。

（3）惠顾制

"惠顾制"是另一个困扰拉丁美洲人的问题，它可以被定义为"不同地位人士之间非正式的特别的交换关系"。它是在集团与集团之间确实存在的或想象的依赖情形下发展起来的。在这种情况下，**低收入下级依赖上级或老板来取得好处补偿。**另一种惠顾制发生在客户和他们之中的低收入下级之间，这后来经常成为在给予客户优惠的正式过程中假想的必须消除的一个障碍。这种以权利为基础的交换有其典型特征，比如利益一致、互惠或其他主顾与客户之间的"债务交换"。惠顾制的交换使客户和主顾能够取得甚至在客户有权获得的情况下由于稀缺或无能而不容易获得的资源。因此，在公务员负责为商人提供合同、补贴和其他利益情况下，**惠顾制往往会伴随着腐败和贪污受贿**。惠顾制在公共部门的盛行是由于对官僚权威不信任和对国家机构的效率缺乏信心或是对立法执法机关公正性失去信心。官僚本身也在鼓励惠顾制，这样，他们可以按照自己的意愿来行使权利，通常是因为某个面孔比较熟悉，或出于其他更实际的考虑。由于制度的无效率和畸变，如果公务员认为客户比较讨人喜欢，或者他需要靠对方达到某种目的，或是由于其他他认为适当的原因，他能够及时地提供服务；他也可能剥去法律的外衣，随意地做出其他决定。组织内封闭的利益集团、派系和小集团的形成使惠顾制的作用更加明显，这些利益集团是主要的行动单位和力量，它们鼓励拒绝司法决定，并经常会做出独立于任何司法决定的决策。

（4）家长制

家长制是拉丁美洲社会的另一个特征，常常引起学者们的注意。韦伯把它描述为一种政治统治形式，它把家庭权力集中到官僚机构之中，领导者的权力延伸到各个领域和下属的私人生活。在家长制的组织里，上级的权力来源于私人范围内为加强下属的服从和一致而设立的标准。通常，家长制的家长促使那些不能获得足够资源供养自己的雇员形成对家长的依赖关系。在用保护换取服从和忠诚的意义上来说，家长制关系也是一种父权式统治。它们也意味着这种关系的扩散，因为象征性的交换并不仅仅限制在工作方面，而通常是感情和物质关心。家长制、夫权制、家长作风这些概念经常被弄混，它们具有互为补充的含义。拉丁美洲的学者特别把夫权制用于指男人对女人的统治支配。而家长制更多地指公共领域和私人活动界限不清的政治统治方式。

因此，**社团合作制、官僚集权制、惠顾制和家长制都意味着等级分离、支配与服从的社会关系和象征性的交换**。它们包含着决策权的集中和掌权者的保护态度，掌权者希望获得服从和忠诚作为回报。所有这四个方面需要弥漫于整个社会的各种关系和思想观念。这些关系和概念意味着个人、法律/官僚事务、工作和个人事务的混合，以及工人阶级、普通公众或那些圈外的人不能明确表示自己的需求，也没有能力为保卫自己的利益做出决定的教条主义认识。拉丁美洲盛兴的政治制度，无论是军人统治还是平民民主政府，传统上说，都鼓励这种思潮和价值观。在拉丁美洲历史的不同阶段，政治、社会的这四个方面或强或弱地一直遍及制度、公共和私人组织的各种社会关系之中。

9.2.3　摇摆理念

贯穿拉丁美洲历史的经济动荡和政治不稳定反映了这个地区为争取自主长期不懈的斗争。从政治上看，拉丁美洲经历从"军事政变"到"平民政府"的转变。冷战时期由于世界主要大国的支持，拉丁美洲在"资本主义"和"社会主义"之间摇摆，但这种"摇摆"也是因为许多国家希望解决深刻的社会不平等问题的结果。从经济上看，拉丁美洲追求自主的探索，一方面倾向于"国家主义"，另一方面倾向于"现代主义"。拉丁美洲的保护主义者不仅从"左翼势力"，还从"民粹主义者"获得支持。

这个地区的国家内部和国家之间存在着许多矛盾现象。商业活动、私人和公共部门中既可以看到现代的管理实践，也存在着老式的管理方法。**某种程度上，拉丁美洲管理的特点就是"矛盾"**（Warner，2002）。研究表明，虽然这个社会易于受到改革和新奇事物的吸引，但大多数私人企业仍然采用传统方式进行管理，对于人力资源的开发和发展几乎不做任何投资。组织上表现出极度的官僚主义控制，但决策却受到私人关系的约束。拉丁美洲的政府和组织奉行短期主义，它们通常事先不做计划，或者（即使有计划）也不根据这些计划来安排时间。研究还表明，拉丁美洲人在谈判风格上不同于他们的亚洲和美国同行，他们不那么有团队精神，用一些含糊的观点向他们潜在的合作者表达自己的意见，并且往往不做什么计划。虽然他们有一些规则和标准，在实践中也常常被抛弃。

拉丁美洲地区各国一直在同高通货膨胀、收入分配不公、国家干预和对不同意见者的镇压进行斗争。一些人认为，这一地区落后的发展水平应归咎于过度的国家干预、私人部门"野蛮的资本主义"、下等阶层的低教育水平、缺乏社会和经济地位等。一些人认为，在它们拉丁化的斗争中，拉丁美洲抛弃了技术进步和工业发展。在 60 年代到 80 年代后期，这一地区在社会主义和资本主义、本土化和现代西方价值观之间摇摆，并被国家主义者和垄断利益所操纵。拉丁美洲对自己经济、社会和文化地位的追求，以及国家主义倾向，延长了同外部世界和国际经济的隔绝（Warner，2002）。

9.3　拉美式领导形象：独裁家长

9.3.1　家长

拉美地区许多商业组织均是从那些有着家长式作风的小型家族企业发展起来的。重要职位的负责人均是创始人的亲戚或者朋友。这样的体制自然会阻碍内部沟通和管理质量，事实上也确实如此。在这种环境下，自然缺少对环境变化保持专业化同步的正式激励。公司会在管理和技术表现上为此付出代价。在哥伦比亚和厄瓜多尔，此类公司会成长为中型企业，它们往往表现出缺少称职的中层管理人员。这限制了企业的成长、产量增加以及管理团队的专业化。在这样的情况下，员工倾向于取悦和服从管理者。非管理者职位的员工会强烈要求完成自己分内的工作和以自己的工作为荣。可是，他们却仅仅做自己被告知要做的事情，不多也不少。他们很少受到管理人员的正式鼓励，就改善整个生产过程发表意见。有研究者采访过墨西哥北部的一家装配工厂，结果发现装配工人更多的是畏惧管理者，而不是敬仰他们（Nath，1988）。

家长作风是拉丁美洲组织的一个特点。 传统上认为雇主应该照顾其雇员的社会和物质利害关系。例如，长期以来，国有企业在拉丁美洲一直被看作家长的角色。但是近来，随着各个国家纷纷采用新自由主义的发展模式，这一情况已有了显著的改变。同日本企业形成鲜明对比的是，拉丁美洲的家长作风伴随着低工资和恶劣的工作条件。当家长作风与这样的条件相联系时，它造成了下属对上级的依赖关系。特权被当作上级管理者的馈赠，而不是被看作自己应得的权利。这种情况增加了管理的控制能力，减小了雇员反抗和顶撞的机会。家长作风在拉丁美洲的组织里有着肥沃的传统土壤，人们把个人的从属关系看得比个人成就更为重要。

因此，在霍夫斯坦特（1980）跨文化管理的研究中，所有研究中所包含的拉丁美洲国家（巴西、委内瑞拉、秘鲁、智利、哥伦比亚、阿根廷）都表现出**高度的权力距离**，这是社会对组织制度内权力分配不公平容忍程度的度量指数。这个发现表明雇员偏好于一个专制的、家长式的老板，雇员更乐于接受命令。总体而言，他们对有指导作用、有说服力的上级更为满意，而不喜欢与自己的老板意见相左。家长式的管理伴随着集权主义是因为这是一个激发上级和下属间情感契约的管理制度。既然上级作为保护者的形象出现，不同他意见一致就显得忘恩负义和不公道。

9.3.2　独裁

拉美地区的管理人员还是独裁的。拉美地区的管理目标定位基于一个共识，那便是重视在最大程度上控制环境中影响组织的变量。组织通常优先确保计划实施结果的确定性，使组织远离那些不可预见或者是潜在的危险。所以，决策必须是高度集权的。公司倾向于牺牲团队合作，来确保个人能够确实担负起责任和保证个体独立性。以一份对哥伦比亚地区中存在的组织结构问题和各类公司需要的调查为例（Nath，1988），企业普遍倾向于限制管理人员的职权。而且，该调查指出，管理人员不必与同事紧密合作来实现组织的整体目标。从另外一个角度讲，这个问题表现出来的便是不同组织层级之间的员工相互缺乏信任。不同层级的员工之间极少共享信息，甚至同一层级的同事之间也是如此。这极大地阻碍了决策有效性和工作改善。缺乏信息共享再加上有限的个人职权，极大地限制了各种形式的全体决策和合作。员工从垂直渠道和水平渠道均不能够获取更多的信息，使这种阻碍创新和员工激励的公司体制难以得到改变。拉美地区公司的案例甚至成为 Argyris 和 Schien（1978）论述组织中缺乏学习环境能力的代表。

根据霍夫斯坦特（1980）的研究，集体主义文化比较喜欢集体决策，这对于亚洲文化来说或许是成立的，对于拉丁美洲文化，却不是这样。日本人、中国人和拉美人，都有集体主义的文化传统，重视在商业谈判中建立良好的关系。然而，他们在其他许多方面有根本的区别，日本人非常重视集体商议和决策，而拉丁美洲的高层管理人员宁愿依赖自己的直觉，自己决策。这种管理方式同中国人做生意、谈判的风格迥然不同，中国人中最有权力的人总是处在幕后，甚至不对他们决策的后果负责。日本人在表现权力方面也十分温和，同中国人相似，日本组织的最高领导层不参与具体谈判，他们通常负责维持各派系之间的和睦关系。

拉丁美洲需要那些有特殊技能的管理者来应付本地区国家所面临的两难境地和矛盾处境（Warner，2002）。这些国家一直在面临经济危机，同时也需要保护和重申民主的价值观。因此，拉丁美洲需要那些较少独裁的管理者，他们能够辨认和建设真正的价值观。这个地区需要一种新型理解力，从而有能力去应付突发

的不确定事件，需要灵活的、富有想象力的管理者和创造性的解决方案。理想的
管理者不是集权地做出决策，而是成为决策网络的中心，用更多的时间互相交流
观点，而不是把时间花在正式的会议、文件和报告上。

虽然有人认为一种新权力主义正在拉丁美洲出现，新的民粹主义力量和企业
阶层合谋维持旧的价值观和特权，但是，**有迹象表明，拉丁美洲正在转变。取代
家长式权威的文化和经济多元化正在社会现实的转变中找到共鸣。**当这个地区正
在加深对文化多重性和本地区多样性的认识时，过去曾非常重要的对自身的确认
开始显得不那么重要。同其他地区一样，这个地区也正在面临更大的转变，比如
市场和文化的全球化。新的一代正在面对更为广阔的经济和文化环境。拉丁美洲
将被迫在各个方面接受外国的影响，这也是后现代社会的一个主要特征。"小地
球村"以及整个美洲大陆连成一体的可能性缩小了先进者和落后者的距离，把那
些移民美国的拉丁美洲人和他们在本地区的邻居重新结成一体（Warner，2002）。

9.4　案例研究：巴西塞姆勒公司的管理模式

巴西塞姆勒公司（Semco）是一家大型的跨国公司，成为巴西人最愿为之效
力的公司之一，产品达 2000 多个品种，包括船用泵、商业洗碗机、数字化扫描
仪、过滤器、调音台等，公司的业务甚至拓展到金融和环保领域。世界 500 强中
的 150 多家公司访问过该公司，以期发现它成功的秘诀。

9.4.1　独裁领导→民主领导

20 世纪 50 年代，巴西的经济迅猛发展，1953 年，奥地利出生的工程师安东
尼奥科特·塞姆勒移居圣保罗。在这之前，安东尼奥长期在阿根廷负责管理杜邦
公司的一个工厂。在圣保罗，他创立了塞姆勒公司，并使公司成为由巴西政府支
持的国家造船业计划的主要供应商之一（Semler，2007）。

20 岁就毕业于哈佛的李嘉图·塞姆勒，是学院最年轻的工商管理硕士毕业
生之一。回到圣保罗，他跟随父亲管理公司。很快父子之间有关机构管理理念的
分歧开始表现出来，**老塞姆勒坚信独裁的、家族式的管理，以及人与事之间有着
无法解脱的联系。而李嘉图则提倡员工参与和分享的管理风格，强调人与事不可**

混为一谈。随后这种管理理念上的冲突越来越突出，最后父子都意识到权力的交接势在必行。

20 世纪 80 年代，巴西经济萧条重创塞姆勒公司，公司 90% 的收入来源于造船业产品的销售。小塞姆勒确信公司的明天取决于经营多元化的战略，但当时没人（尤其是老塞姆勒）愿意听他的建议。因为对公司的管理和战略的不满，李嘉图·塞姆勒威胁要离开公司。而老塞姆勒并不愿看到父子矛盾激化，于是老塞姆勒退休，不再担任首席执行官，并把大多数股权转交给儿子。

1982 年，年仅 24 岁的李嘉图·塞姆勒接管了塞姆勒，这是一家典型的家族企业，由其父亲创立。那时的塞姆勒公司与传统的拉丁美洲企业一样，有着严密的机构体制、金字塔式的等级管理模式，高高在上的便是独裁的领导人，规章制度严格。年轻的塞姆勒一上任便开始大刀阔斧进行机构改革——将公司重新命名为 Semco，积极执行产品多样化的策略。

小塞姆勒作为首席执行官上任第一天，解聘了 3/4 的高层管理人员，其中有许多是他父亲的密友。第一年，为了挽救徘徊不前的业务，他每日要长时间工作，而且公司的机构改革重组进展缓慢。年轻的塞姆勒意识到必须彻底改变自己和员工的生活方式。

他清楚地察觉到在 Semco，员工对工作缺乏热情，对生活没有激情，精神不振。随后的几年里，塞姆勒彻底瓦解了父亲一手搭建起来的严格的管理结构，取而代之的是更加灵活的组织形式。这种组织建立的基础是三种互相依存的核心价值观：员工参与、利润分成和信息共享。

9.4.2　利润分成

塞姆勒凭借传统的方法，制定利润分成制，员工大约可以获得其部门纯利润的 1/4。 如果 Semco 迅速发展，这种分配方法可以使工人的薪水翻番甚至增加两倍。Semco 利润分成的显著特征是通过民主选举产生委员会负责发展并且实施该计划，分配利润。尽管资金通常是平均分配，但有时委员会会擅自决定以住房贷款形式向优秀工人发放奖金。利润分成过程民主公正，大大减少了雇员关于资金分配的抱怨，这也证明了员工有能力自主管理，增强了塞姆勒对民主化管理企业的信心。

20 世纪 90 年代初，由于恶性通货膨胀，巴西总统 Collor 政府开始限制流动资产的使用。市场经济进一步恶化，许多公司被迫破产。Semco 通过大幅度降低成本而幸存下来，取消新工作服的订单，压缩茶歇，工人组成自主经营的团队直接向客户销售产品。1991 年，Semco 的上层管理者与许多雇员共同探讨降低成本的策略，发现唯一可行的方法好像是解雇员工或者减薪。当时有一组工人表示愿意接受减薪，但是他们提出了三个条件（Semler，2007）：

（1）如果不能保证当前薪水收入，净收入的利润分成涨到 39%。

（2）管理部门减薪 40%。

（3）保留核准公司的每一笔开支的权利，以保证工人的牺牲不是徒劳的。

根据当时巴西劳动法，开除员工时需支付其两年的解聘金。塞姆勒接受了他们的提议。谈判标志着 Semco 管理层与工人之间开始合作，工人参与管理的企业文化开始真正执行。在这艰难时期，工人愿意承担各种工作，从开升降机到操作生产线，因此产生了一批多才多艺、知识渊博的员工，具备了综合技能，雇员开始设计新的、更有效率的工作组织方式。在一家工厂，工人自己分成 3 个生产单位，其中每个单位大约 150 名成员。每个单位分别有人负责自己生产线的市场营销、财务管理和人力资源管理。

最后，存货清单下降 65%，出货时间大量地减少，质量得到改进，并且产品次货率下降到少于 1%。塞姆勒把生产率的提高归因于团队规模的缩小。他相信："人们只有在认识他周围的所有人的时候，才可能最大限度地发挥潜能，要取得这一效果，团队的人数不得超过 150 人。"

经过试点，他们决定在整个 Semco 推广这种组织方式。以这种方式组织起来的工人似乎有更强的责任心。**这些团队开始大胆地以民主投票的方式招聘或解聘工人和老板，**严格的程序和独裁的经理给民主的工人管理让路，制度是灵活的、人性的，因而不会遭到非议。经理们开始认识到自己的新角色是服务于企业的经理人，为工人提供设备，帮助他们做明智的决定。经理人就是向工人提供培训、有关企业财务和运营的信息以及所有必要的支持，目的就是让工人们更有效地工作。结果是在新的管理体制下，员工们的表现大大超过他们的预期。在 Semco，职务并不代表身份，没有接待员、秘书或者私人助理。全部雇员，包括塞姆勒本人，自己接待客人，草拟文件，发送信件。没有私人办公室，工人确定自己工作时间，并且办公室的布置也由员工自己决定。所有员工都可以向他的同事和经理提问和提出具有建设性的批评。雇员被赋予的权利越来越多，从自助餐厅的菜单到新产品设计再到新工厂的选址，员工可以自由选择工作，只要他们认为这项工作适合。部门之间互换工种，相互参与。责任制培养了工人的责任感，工人们成熟起来，认识到任何失误都会使自己的单位受损。

9.4.3　格子式的组织结构

塞姆勒开始了后来被誉为"**世界上最不寻常的公司**"的改革，他坚信所有的人都想取得优异成绩，独裁式的管理阻碍人的动力和创造性，于是决定让权力下放（Semler，2007）。

20 世纪 80 年代中期，Semco 的一位经理帮助塞姆勒建立了一种"**格子式的组织结构**"。**员工 6 ~ 10 人分成一组，自主管理，负责生产的方方面面。**为了培养员工真正的主人翁意识，每个小组还被赋予自定生产预算方案和制定生产目标，把薪水与每月的预算和员工的生产业绩以及企业的目标相结合。这一组织结构的实施，使每个单位的生产成本急剧下降而生产率则大幅度提高。

让员工接受塞姆勒的格子式组织结构的确不是件容易的事。从 1985 年 10 月到 1987 年 1 月，Semco 有 1/3 的中层经理辞职。他们不习惯自主管理的团队，忽然发现自己的权力消失了；而工厂的工人也不愿意接受这突如其来的责任和义务。无论是工人还是经理都被迫背弃自己有关企业管理的根深蒂固的文化价值理念。

但改革自下而上，得到了大多数员工的认可：员工可以选择他们的工作、职务、工作地点和时间，甚至薪酬，公司对每个员工每半年就要进行一次 360 度的测评，对每一个部门的核心工作测评。领导由下属推选，基本是从公司内部产生，所以新领导无须采取激进的改革措施，不像外面来的领导要争取好的印象。CEO 的位子不断更换，四个人定期调换角色，公司甚至不做每年的预算——因为每半年的预算他们都了如指掌。新的 Semco 公司认为，与其说改革是高层领导们的事，不如交由每个员工去做。他们将员工分为 8 ~ 12 人的小组，负责监督公司的每项工作，结果发现改革变得持续、渐进，底层的员工也逐步适应了这种方式。

9.4.4　关于摇摆管理的讨论

这家公司奇特的管理方式引发了学界巨大的争议。它的方法可以复制吗？Semco 的"无管理"理论是否有普遍意义？蒙特利尔大学管理学院的明茨伯格教授认为，Semco 的方法很值得效仿，因为它**提出了一套与现在大多数公司相反的思路，即让员工明白公司的一切，即使有一天公司要他们离开，他们也不会有**

怨言。

如果公司都采取强硬的、自上而下的改革，也许很少取得成功；相反，许多企业的改革取得了成功，是因为他们一开始先在中层或底层实施了小的改革，而这些小的改革措施慢慢又被较高领导层认同。

Semco 认为，要在自主管理中凝聚人心，关键是靠企业文化。优秀的企业文化是企业活的灵魂，它能统领员工意志，提高员工品位，以其感召力、凝聚力、激励力和调节力，使员工在自主管理中围绕企业总体目标，充分发挥潜能，组合、协调自己的工作。此外，还要加强对员工的培训，真正优秀的企业是一个学习型的组织。对员工来说，培训是给予自己的最好的福利。通过全方位提高自身素质，更好地胜任自己的岗位，为企业更多地创造利润。做到了这两点，企业的自主管理才有坚实的根基。

事实上，李嘉图·塞姆勒拥有的不是 Semco，而是资本。塞姆勒对他的公司有一句最好的总结：世上有一件事你不能自以为是，那就是你绝不可以试图控制那些正在努力掌握自己命运的人的命运，而且你也不可能控制整个公司的命运。你不能说，我想拥有一家 1 亿美元的公司。

在其他公司看来，Semco 的很多行为都是"不可理喻"而又合情合理的。在Semco，员工自己确定薪水。如何防止他们给自己过高定薪呢？首先，全部薪水张榜公布，给自己定薪过高的人一定会得罪他的同事。其次，员工自定预算并且彼此决定命运。如果一个员工在第一期的 6 个月当中多付给他自己薪水，那么下一期他就会失业。巴西法律禁止降低薪水，所以图一时的高薪而冒着失业的风险是不合算的。

在 Semco，每位员工都会有新同事，但他们在决定是否聘用该员工时从不考虑他会是自己的同事还是老板。因为没有任何一个人有权力开除工人，所以用不着讨好某个人。每 6 个月起草新预算时，员工们竞争上岗。根据竞岗员工的能力、技术水平、期望的薪酬，以及同事对其的态度决定是否聘任。

Semco 从独裁的官僚体制转变成民主化企业经历了多年的风风雨雨。用塞姆勒的话说，改革证明"工人参与并不意味老板失权"，它仅仅是剥离了"那种削弱生产力的盲目无理性的权力主义"。塞姆勒说："我们救活了一个垂死的企业并且使它繁荣，主要是通过拒绝浪费我们的最大的资源——我们的人。"所以巴西圣保罗市 Semco 公司的最大股东——塞姆勒，让员工通过自己的努力和兴趣组织公司。"我不知道 Semco 是什么"，他说，"我也不想知道"。简单活得好，对于塞姆勒来说，做好股东就满足了。

9.4.5　案例小结

Semco 小塞姆勒的管理变革主要体现在，变个人渗透为利润分享，变部落制度为格子式的组织结构，变独裁管理为民主管理，属于典型的两级嬗变式管理。

本章小结

基于拉美文明的拉美管理模式可以概述为：基于古印第安文化及西方天主教、拉丁文化影响，崇尚两级嬗变及多元、矛盾价值观，追求个人渗透、部落制度和摇摆理念。基于拉美文明的拉美领导者的人格特征为"独裁家长"。

第 10 章 基于非洲文明的非洲管理模式

非洲是人类的起源地，无论是化石考古学，还是生物分子学，都证明了这一点。特别是经由基因树的勾勒，显示出现代人类同宗同源，人类基因的根确在非洲。本章剖析基于非洲文明的非洲管理模式，然后概述**"南非管理"与一般非洲管理（尤其撒哈拉以南非洲）的异同**，最后运用一个具体案例，具体解剖"南非航空公司"的管理模式。

10.1 神秘的古老非洲

对于世界上其他地区的人来说，非洲由于与世隔绝而成为一个无比神秘的大陆。简单来说，非洲大陆通常被分为四部分——东非、西非、北非和南部非洲。

现在的非洲北部是撒哈拉沙漠，长期以来使非洲隔绝了欧洲和亚洲；南面和东面是山脉和峡谷，在那里，地上运输非常困难和昂贵；在沙漠和雨林之间是热带草原，那里没有机械化的农场，是成千上万种野生动物的家。非洲大陆有世界上最大的河流和湖泊，但是由于水比较深，水流比较湍急，所以不适合航行，但是对于水电开发还是有巨大的潜力的。过去的北非并非如此，撒哈拉沙漠中发现的岩画有 3 万幅左右，描绘的图景说明以前那里水草广布，约在 1 万年前气候发生变化，到公元前 3000 年左右，形成地球上最大的撒哈拉沙漠，使非洲南北之间阻隔，古时成为一道难以逾越的障碍，深刻地影响了非洲文明史。非洲古文明写下了辉煌的一页。**北部非洲的尼罗河流域，就诞生过现伟大的"古埃及文明"**，自不必细说。在尼罗河中游现在的苏丹一带，公元前 16 世纪曾兴起一个库施帝国（努比亚），其首都麦罗埃是当时地中海以南最大的炼铁中心，被称为"古代非洲的伯明翰"，该国曾入主古埃及建立第二十五王朝，后被埃及于公元350 年征服。

古代非洲东北部、西地中海地区，曾存在过一个迦太基，系地中海东岸腓尼基人建立的殖民地国家，**腓尼基人发明了腓尼基字母，古希腊人加以改进形成希腊字母，拉丁人再加以改进形成拉丁字母，拉丁字母是现在欧洲国家字母的来源**。迦太基（腓尼基人建立的古国）约在公元前 814 年建立，一度长期称霸西地中海，后古罗马帝国与其发生三次布匿战争，于公元前 146 年将迦太基消灭。

撒哈拉以南的非洲部分，由于以黑人为主，通常被称作"黑非洲"，但不应当含有贬义。"黑非洲"古文明的存在，曾经被西方白人主义者所刻意忽视，直到大量的考古证据摆在面前，现在世界都坦然承认，黑非洲有着自己的文明史。通常所说的非洲人指的是撒哈拉沙漠以南的尼格罗人种非洲居民，即非洲黑人。**撒哈拉以南非洲被普遍认为是"人类文明的发源地"**。90% 以上的非洲人都以自己是非洲人而自豪。

东非的埃塞俄比亚地区，埃塞俄比亚是一个拥有 3000 年文明的古国，且是**非洲唯一没有被殖民化的国家**：那里有关于"希巴女王"与"所罗门王"的记载（见于《圣经·旧约》），公元前 975 年孟利尼克一世称王，公元前 8 世纪建立努比亚王国，公元 1 世纪至 976 年在阿克苏姆建立埃塞俄比亚帝国，13 世纪建立阿比西尼亚王国，在近现代抵抗住了殖民主义者入侵，该国的阿克苏姆古城堡，特别是拉里贝拉巨型岩石教堂堪称奇迹。

西非尼日利亚地区，早在两千多年前就有了比较发达的文化。著名的"诺克文化"（公元前 700 年～前 200 年）、"伊费文化"（1000～1400 年）和"贝宁文化"（1100～1897 年），使尼日利亚享有**"黑非洲文化摇篮"**的美誉，古贝宁王国的阿波美王宫是世界著名旅游景点。此外，那里在公元前 3 世纪左右进入铁器时代后，还建立过卡奈姆—博尔努帝国、马里帝国、加纳帝国、桑海帝国（700～1590年），14～16 世纪桑海帝国曾经盛极一时。

在中南部非洲也有古文明，那里发现了许多铁器时代的遗址，以及人工梯田和灌溉工程的遗址。建有数千幢房屋的恩加鲁卡古城遗址、大津巴布韦石头建筑物遗址等，都是中南非古代文明的重要标志。那里也先后出现过一些古国，如莫诺莫塔帕王国、刚果王国、库巴王国、布干达王国、马拉维王国等。另外，南非地处两大洋间的航运要冲，其西南端的好望角（Cape of Good Hope）航线历来是世界上最繁忙的海上通道之一，有"西方海上生命线"之称。

总体来看，北部非洲特别是靠近地中海、红海地区，因地理位置相对优越，与外界交流比较方便，发展出的古文明程度更高一些；黑非洲地区由于被大沙漠阻隔，与外界交流虽然也有，却不是那么容易，中部非洲又是热带雨林，黑非洲内部发展交流也受限制，从而影响了其文明发展进程。**在整个非洲，部落认同普遍而强烈，但非洲人的非洲认同感也在日益发展，可以想象，由于南非可能成为撒哈拉以南非洲的核心国家，这个地区可能会黏合成为一个独特的文明**（Huntington，1996）。

10.1.1 落后、混乱与公有经济

纵观历史，非洲鲜为外部世界所知。阿拉伯人和来非洲的欧洲人仅仅对其不对称的依赖关系和至今还在影响大部分非洲的血缘关系感兴趣。即使是今天，**非洲与其居民仍旧是神秘之地**。对外面的人来说，非洲也许像电影《走出非洲》中描写的那样充满神秘和浪漫，或许给人饥饿、动乱和死亡的印象。这两种印象都是非洲的现实写照。

（1）落后、混乱。当非洲人正努力摆脱昔日殖民主义的束缚，走出殖民阴影，大力创造符合国情的文化制度和发展机遇的同时，**混乱现象也在四处蔓延**（Harris，2000）：有的是由于自然原因，如在整个东非人群中，由于猴子的传播，艾滋病菌四处扩散，西部和中部的典型的热带雨林，也常年有热带疾病大量出现；有的则源于地方统治者和游击分子的相互攻击，极力消灭对方，从而导致出现暴政；穆斯林军事势力和恐怖势力的上升；欧洲原殖民者（英法德葡）的文化影响；在西方大国两次将非洲卷入世界大战，又将非洲拉入美苏之间的冷战等外力综合作用和庞大的人口压力下，千百万非洲人不得不背井离乡讨生活，无数人在饥寒交迫中沦为难民。

相比世界上其他先进地区，非洲尤其是黑非洲文明的落后之处主要是：尽管历史上建立过一些国家，基层部落形态却持续至今，古时创造文字的部族不多，缺乏政治、哲学、社会、科技等理论著述，这些都不利于促进自身文明发展，近现代又遭受西方殖民掠夺和奴隶贸易，使各方面严重受损，"二战"后转型存在困难和不足，目前而言整体较为落后。其实，非洲是个资源富饶的大陆，并非没有前途可言。另外，**非洲还存有一些"非国家社会"**（Stearns，2001），它们通过氏族或其他形式的责任联系组织，但缺乏我们通常与国家概念相联系的政治力

量和权威的集中。

虽然自非洲独立以来的 30 年中，非洲大部分国家在相对较短的时间内取得了很不错的成绩，但是仍旧落后于其他的发展中国家。非洲国家的平均预计寿命仍然很低。亚撒哈拉的一些中低收入国家的预计寿命的平均值比同等收入水平的其他国家的平均值少 11 年，并且不同地区的平均值波动性很大，几内亚平均值37 岁，加纳 59 岁（Nath，1988）。亚撒哈拉的人口增长率也是世界最快的，像肯尼亚和科特迪瓦这样的国家，增长率都在 4% 以上。预计今后人口数量将翻倍，并且这其中 40% 的人口是在 15 岁甚至更低的年龄段上，当这些人步入成年会给经济、工作需求、住房、土地、教育等方面造成很大压力。如果这些压力不能很好地被稀释，社会出现动乱的可能性就会增大，尤其在城市地区。

人口对管理的影响是深远的。例如，廉价劳动力供给的增长会导致不熟练工人实际工资的下降，导致高失业率。然后，人口增长会带来总需求的增加，尤其是在基本的需求和消费上，如水、食物、衣服和住房等。由于越来越多的人涌入城市，城市的压力也会越来越大。在近半个世纪里，非洲的贫困第一次减少，人们预测非洲的 GDP 将在 2020 年翻一番（鲁瓦，2016）。

（2）公有经济。广义上，非洲现代组织可划分为三种类型：第一种包括公共事业，政府在其中控制 50% 或更多的股份。建立这种类型的组织是为了承担特殊的职能，实现在公民服务体系之外更易实现的目标。实际上，在所有的非洲经济中，这是现代部分占主导地位的组织形式。第二种包括私人的地方性企业，由非洲企业家控制。这一类型的企业规模相对较小，趋于控制某些行业，如商业。这类企业数量众多。大量的地方性商行可以说属于非正式部分，基本的管理原则没有始终如一地贯彻执行。这种非正式部分在地方经济中占有显著地位，而且自 1980 年以来尤为普遍。第三种包括独资和合资组织形式。这种类型又分为两种：由西方发达资本主义国家创立的企业和那些主要来自亚洲国家，被称为"第二世界多国集团"的企业。这些组织绝大多数较大，存在于所有行业，尤为突出的是制造业。

在非洲大陆，政府是经济管理的决定力量（Warner，2002）。**从殖民时代开始，最初的商业组织就是公共事业**。在不同国家政治独立后，这种发展结构仍在继续，这主要是因为私人资本的稀缺，也因为非洲国家当权者对社会主义发展道路的广泛认可。甚至在私人资本渐趋重要的国家中，一些政府也开始着手企业国有化。政府利用立法权，获得合资企业多数股权，或实现全部国有。比如，坦桑尼亚政府在 1967 年遵循引入的社会主义发展政策，将几个私人部门企业国有化。其他国家，如苏丹，也采取了相似的经济政策。这在一定程度上导致非洲私人部门存留较少，或其活动通常局限于从事商业和贸易的地方性企业。尽管 70 年代末经济改革政策的出台和市场经济体系的采纳重新激起私人投资的兴趣，但公共部门仍然在大多数非洲经济中占主导地位。

非洲的工业组织可以被描述为微小、美丽和脆弱的（Nath，1988）。在各个领先部门有几个大型垄断公司、非常少的中型企业和许多的非常小型的私人企业。大型企业不是大型跨国企业的分支机构、国营企业，就是本国和跨国公司（MNC）的国际合资企业。中型企业不是被崛起的非洲企业家阶级、亚裔或中东裔的非洲人（如肯尼亚和科特迪瓦），就是被国内和国外私人企业合并体地区性占有。小型企业通常被家族拥有，它们的增长受到资金、管理技术或敌对政府政策限制。

在非洲市区中心和郊区都有活跃的非正式部门（Nath，1988），在那里大型垄断企业分支和国有企业不活跃。这个部门，通常由几项经营活动构成，非常活跃，尤其在服务、建筑、木工、运输、金属作坊、机械维修和服务方面。这些企业提供了长期就业的最大机会，但是它们遭遇来自于大企业的竞争以及包括忽视和右翼敌对的政府政策。郊区技术机构，如肯尼亚技术机构，部分被设计用来在郊区提供技术和管理技巧以支持正在成长的非正式部门。

10.1.2 多样性与非洲宗教

非洲文化的多样性令人感到吃惊，这是由于历史原因造成的：原住居的非洲黑人文化具有强烈的部落色彩；北部由于阿拉伯人的入侵和欧洲人对整个非洲的殖民化，给非洲文化带来了巨大影响。这种影响一定程度上改变了非洲人的宗教信仰和传统习惯，但是他们实行统治的原则依然是部落式的。非洲白人倾向于遵从种族模式。曾经统治过南非的荷兰人、德国人和英国人中的大部分倾向于多元主义型文化，而葡萄牙人更具强烈的部落主义型文化倾向。

在非洲，宗教有很大影响，起着重要作用。由于地理及殖民的影响，**非洲居民主要信奉伊斯兰教（非洲北部）、基督教（南部非洲和南非）和当地传统宗教（黑非洲），其中信奉伊斯兰教的人最多。**

在伊斯兰教传入以前，非洲居民大多信奉原始宗教和基督教。非洲当地宗教是指本洲原住居民族在阿拉伯人及欧洲人入侵以前的原始信仰和崇拜仪式，这种原始宗教至今仍在撒哈拉以南非洲大部分居民中流传。根据社会制度不同，非洲当地传统信仰总的可分为两大类：图腾崇拜和多神信仰。与图腾崇拜相联系的是严格的宗教禁忌，氏族成员禁止打死或食用作为图腾的动物或植物，禁止同一图腾氏族的人结婚。**古埃及文明的核心是古埃及宗教。**古埃及宗教的三大主题是自然崇拜、法老崇拜和亡灵崇拜。动物崇拜隶属自然崇拜，在自然崇拜中占有重要地位。

10.1.3　非洲个性

基于非洲文明发展最深层的非洲宗教影响及落后公有经济的显性积雪特征，终于冰冻层形成了介于其间的若隐若现的"非洲个性"。非洲民族具有鲜明的"非洲个性"（艾周昌，1999）。"非洲个性"（African Personality）或"黑人传统精神"最早是由西非民族主义思想先驱布莱登首先提出来的。其初衷是为了反对当时日益猖獗的种族歧视，维护非洲黑人的尊严，保持黑人文明的传统精神。他认为，民族性是一个自然法则，没有独特而有效的民族性，任何一个民族都不能在世界民族之林取得一个有影响的地位。

非洲个性通常包含以下因素：①理解撒哈拉非洲文化的关键的一种价值观是人性——我的存在是因为大家的存在，我和他人紧密相连（Livermore，2015）。②村社概念和非洲社会的和谐一致。传统非洲社会有一个强固稳定的家庭联合体、土地及其资源的村社所有者，即财产归村庄所有，土地上的产品公平地属于全体人民。因此，非洲传统社会中没有分裂成敌对集团的竞争，没有个人以牺牲别人为代价来聚敛财富。③非洲黑人与自然界的广泛和谐一致。这点类似于中国古代的"天人合一"思想。非洲人住在露天场所，没有穿衣的负担，因而跟自然界保持着广泛的一致。与欧洲不同，非洲社会没有世俗世界和精神世界之分，传统的部落宗教不仅设想有一个单一的神，而且通过自然崇拜，所有有生命和无生命的事物都是神的存在。

另外，非洲人民的优良秉性有慷慨大方，渴望学习，还有刻苦耐劳的传统。大家族是整个社会的根基，个人需求次于整体需求。分享和合作对于生存是很必要的。在非洲，人际关系必须建立在诚挚的基础上，整个社会是友好而充满温情的。人们总是将别人当成朋友，除非对方不值得交往。当非洲人冲你笑时，就意味着他们喜欢你。而当他们不再展露笑容的时候，就意味着一种不信任（Harris，2001）。

10.2　非洲管理模式之冰河模型

图 10-1 提供了一个关于**非洲文明的概念模型**：非洲文明发展最深层结构为伊斯兰教、基督教的非洲宗教的影响；显性特征体现为公有经济和落后混乱；介于其间的若隐若现的层次为"非洲个性"。需要指出的是：**非洲拥有世界四大文明的尼罗河流域的古埃及文明，但终止于公元前 30 年罗马征服埃及托勒密王朝。**然而拥有完善文字系统和政治体系以及多种信仰的宗教系统的古埃及文明对后世的古希腊、古罗马、犹太等文明产生了巨大影响。

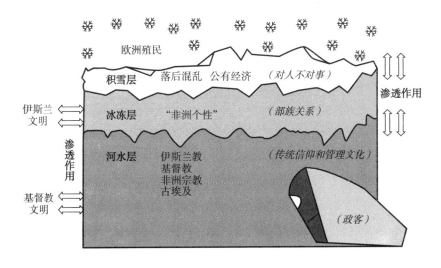

图 10-1　基于非洲文明的非洲管理之冰河模型

基于非洲文明的非洲管理模式如图 10-1 右边括号内文字所示：**显性的控制层中体现的是对人不对事；若隐若现的组织层隐藏的是部族关系；隐性企划层深处是传统信仰和管理文化。成功非洲领导者的形象体现出"政客"的人格特征**（航船中所标示）。

10.2.1　对人不对事

非洲社会是"对人不对事"（personalistic）的"非洲个性"社会（Hick-

son，1995）。在这种社会中，一般尊重的是某项工作或某人在工作之外的身份、地位，所以不仅亲朋好友重要，亲戚的朋友、朋友的亲戚也都很重要；姜还是老的辣，进入组织也讲究先来后到、长幼有序；职业场所成为日常生活的延伸，很难泾渭分明。两个人刚才在公司外还沾亲带故、说长道短，怎么可能半小时后回到公司就公事公办、对事不对人呢？其实问题不在此。关键是帮助朋友、家人或三亲四戚，是否就一定搞裙带关系？尊老敬长是否必然会形成代沟、强权独裁？出手慷慨会不会导致腐败？

（1）裙带关系。非洲人事和人力资源管理高度依赖归属准则，即关键人事关系的决定受管理者和雇员关系影响（Warner，2002）。新成员的招收和选择主要受关系的影响，而不是对工作申请者能力的客观评价。在现代管理实践中，新成员的招收和选择的责任分配给不同的管理层，组织根据哪种管理层有权招收哪种级别雇员的不同而不同。尽管非洲组织通常采用上述方法，但行政管理职位的任命是由高级管理层来控制的。这种情况显而易见反映了非洲突出的集权—家长制管理方法。这并不是说能力从来不被纳入考虑范围，而是说家庭纽带和友谊有着巨大的影响。能力问题可以做以下表述——雇员可以在工作中学习。

（2）集权—家长制。从企业角度来看，非洲管理通常不赞成工会（Warner，2002），因为它认为工会限制了管理的自由。典型的非洲企业家认为，工会活动家是摧毁其事业的蓄意破坏者，所以他们采取一切手段（包括解雇）来打击企业内的工会机制。非洲管理者也普遍怀疑工会是否能够在组织中扮演建设性的积极的角色。几个非洲国家同意国际劳工公约中自由联合和集体谈判的规定，但是大多数国家却并不认真实施，工会虽然存在，活动范围却有限。这一方面因为工资或有酬雇用扩展幅度有限，另一方面因为不利的国家政策阻碍了工会有效影响谈判机制能力的发挥。管理是集权—家长制的，而集体谈判是建立在工业民主原则基础上，这就很容易理解为什么后者不能总被前者认可。

（3）腐化和腐败。当一个非洲人离开农村到城市上学和工作时，是带着有朝一日支持乡下亲属的责任的。当这种负担超过他的正常收入时，他不能抗拒来自社会和家庭的压力，就要寻求额外的收入或者利用手中的权力为亲属安排城里的工作。

10.2.2　部族关系

基于"非洲个性"的各类利益集团或利益相关者，包括族长、农民、合作社、军队、学生、生产合作社、公务员和其他职业（如商人、女性和政治团体等），构成了以下各种非洲组织关系。

（1）企业/政府的关系。在非洲，政府是最重要的环境因素。在规范、控制、制约企业组织方面政府无处不在，以至于有人认为政府对当地企业的发展和竞争市场的发展是有害的。在殖民地时期，非洲经济的发展主要是为了满足欧洲殖民者的需要，经济增长主要是靠原材料的输出，因此，主要是采掘业和农业的发展。物质方面和社会基础设施方面的发展也主要是为殖民国家的经济和政治服务。自非洲独立以来，政府决心改变这种状况，想要更多地控制经济的发展。由于本地私营企业的匮乏，政府决定大力发展国有企业，跨国企业在本国的分支机构与外国投资者合资合作。

这里主要有两种发展本地经济的模式：第一种，也是最具代表性的一种，像肯尼亚、尼日利亚、科特迪瓦和刚果（金）等大多数非洲国家都采取这种模式，即利用本土企业的私有资金促进经济的发展；第二种，坦桑尼亚、安哥拉、莫桑比克和赞比亚采取的是通过国家资本，国家资本占主导地位，本土资本处于次级地位。这两种模式对管理的意义是不一样的。例如，如果一个国家外资是被鼓励的，那么更多的私人资本会进入这个国家，并且伴随着新技术的引进，是可以大大地促进当地管理人员和技术人员的发展的。这些经历会成为本地企业的核心骨干。这些国家和那些政府占主导地位的国家相比，企业会具有更敏捷的思维和更周全也更大胆的风险意识。市场扭曲、过度管制、政府干涉这些情况多数出现在坦桑尼亚这种国家资本占主导地位的国家而不是尼日利亚或是肯尼亚。农业工业和服务业的生产力下降导致政府定价的不匹配，政府和组织会被批评说成负担过重。因此，采用后一种方法的国家通常会经历资源配置不够有效的情况，企业资源被滥用来满足个人需要而不是以组织的发展需要为转移，而且要完全符合政府的意愿。

（2）各种组织间的关系。以 KTDA（肯尼亚茶业发展机构）为例，KTDA 与肯尼亚政府的关系是非常复杂的。KTDA 通过农业部向政府报告，通过财政部融资，通过公关关系委员会招聘，通过总统办公室处理一些敏感问题，如土地使用等。因为大多数茶叶是出口的，KTDA 市场依赖性主要集中在国际上，更多关注其他茶叶种植国的管理和发展（如印度、斯里兰卡、中国等），还有一些对茶叶感兴趣的进口国，如欧美市场。KTDA 也会关注大的茶叶市场的主要组织者，确保其规则与肯尼亚本国的利益不会相冲突。

在国内，KTDA 主要是协调与当地政府和其茶叶供应商之间的关系。当然 KTDA 也会承担作为一个企业公民应尽的责任，如促进当地经济增长，不违背当地的法律法规等。假如 KTDA 打算进行一个大的资本项目需要在国际市场上融资，KTDA 可能会通过肯尼亚政府，再借由肯尼亚政府向美国国际发展组织寻求融资。同样地，美国国际发展组织就会和肯尼亚政府在生产、种植、营销等方面进行协商，以寻求美国利益最大化。虽然 KTDA 没有参与到这个过程中，但是 KTDA 的态度和行为还是会对这个交易过程起到至关重要的作用。

总体来说，在进行组织管理的时候，这种组织间的互相依赖性还是应该给予高度重视的。在非洲，组织内部管理有这样的趋势，注重结果，而不注意组织所处环境的管理。KTDA 越有效，就越能赢得更多的尊敬，也就越能够赢得更多管理环境的自由和权力。

（3）工会。非洲的工会起源于殖民地时期，带有明显的殖民色彩，并在一定程度上反映了一个国家的经济政治和工业情况。Damachi 等（1979）指出，工会在殖民时期的发展是为了控制当地劳动的流动。在独立前期，工会成为最活跃、最有权力的国家机构之一。

独立之后，工会的表现不尽如人意，因为内部管理问题，更主要的是法律法规的限制，还有产业法庭的限制（如肯尼亚）。在法属非洲，政府作为制定薪金者，并把工会看作政府的工具；在英属非洲，工会在共同谈判中更有自主权，机构的限制非常苛刻，几乎剥夺了反对政府或者雇主的政治或产业行动。从 Ananaba（1979）关于非洲工会运动的综合分析中，Blunt（1984）得出，工会在满足工人的需求这方面做得并不是很好，原因如下：①有一些法律和政治的限制；②由于劳动力中很大一部分是农民工，所以工会的参与率不是很高，不容易统一；③腐败的工会领导者使工会的效率不高；④工会会员与政客和农民之间存在着一定程度的矛盾；⑤不能有效地和国际工会组织联系，并取得帮助；⑥使劳动力、经济和政治情况更加恶化。

在分析了尼日利亚的产业关系系统之后，Ubeku（1983）观察到为了使产业关系系统和环境的变化相一致，尼日利亚政府是沿着产业链来设计工会和雇主的。政府会在收入政策、强制仲裁和集体决议的批准方面予以规范和约束。总之，对非洲的大部分组织来说，工会不是一个主要的环境因素。政府对工会的限制太多。这种限制的一个主要的后果就是大多数组织的人事和人力资源管理的发展受到了限制（Henley，1977）。这种人为主导很强的人力资源管理方式导致了偏爱、员工虐待和受伤的事情发生，特别是员工和管理层有种族区别（Blunt，1984）。

10.2.3 传统信仰和管理文化

非洲文化和非洲人根深蒂固的信仰体系影响着管理政策和实践（Warner，2002）。非洲的管理深深植根于文化信仰和传统。**年龄是非洲传统社会行为的显著特征**。人类行为的所有智慧是由年龄来衡量的：老年人比青年人明智，青年人应该服从老年人的智慧。在这种制度下，集权管理文化自然而然地发展着。但是在公共事业中，政府占主导地位，政治考虑重于经济原理，这种传统观念就很少被顾及到了，因为政府相信政治决策者知道对于大多数人什么是最好的。**政府同时又承担着家长制中"父亲"的角色**，了解对于人民大众什么是最好的。但是，占统治地位的家长集权制管理方式可能也的确阻碍了公司目标的实现。这种方式连同逐渐被现代管理者采用的形成于西方资本主义经济的管理理论和概念，都不能很好地为非洲管理服务。

一方面，非洲管理体系以传统为背景意味着管理者没有足够的动力去充分发挥能动性和创造性，这也使管理者无法认识到经济、政治和科技环境日新月异的必然性和组织在世界范围内的相互依存性。而另一方面，西方管理理论忽视人们的文化信仰，倾向于认为这种信仰已经不合时代潮流，他们没有看到实际的经济不发达情况，在某些情况下某些理论和原则超过了现有的发展水平。集权家长制管理风格却不利于干部之间以及他们与雇员之间交流的顺利进行。在最极端的情况下，下属是不应该表现任何首创精神的，尤其是当他们比较年轻，而且不如高层管理人员经验丰富时更是如此。因而，许多组织中交流渠道是自上而下的，命令链是由顶层到底层单向流动的，命令和指令遵循组织等级。交流渠道通常是由高层管理者通过中层管理者到雇员，但高层管理者也经常直接与雇员交流，因为他们认为根据家长集权制，他们有权与雇员直接打交道，或者因为不相信中层管理者能有效地同雇员交流。但是，这种自上而下的交流方式只有在下级可以通过反馈机制向上级传递和表达他们的意见和建议时才有效率。当反馈机制不可行或不能正常运转时，非正式信息渠道（如谣言或小道消息）就很自然地成为高层管理者和下属或工人之间有效的自下而上的交流方式了，而这些谣言和小道消息常包含目的的诱导因素。在非洲，管理权力，即命令和使用资源的权力通常属于高层管理者。这种管理风格来源于社会文化价值观。在这种价值观下，下属绝不允许具有首创精神，哪怕是被认为这样。所有下属应该做的就是忠诚和绝对服从上级命令。在非洲管理中，一个组织内不允许存在多个权力中心，而只能是与传统非洲社会领导和控制准则相适应的中央集权制。

与这种管理哲学同时存在的事实是，非洲管理者接受现代管理原则与概念的培训和教育，并在管理实践中很自然地应用这种知识背景。**结果是不同的方法汇集在一起，其中一些方法源自非洲文化和信仰系统，另一些源自资本主义组织或管理中引入的西方管理原则**，也来源于在企业中担当领导和管理职位的受过西方教育的管理者。

只有认识到文化信仰影响着非洲管理者的行为之后，我们才能令人满意地将其与管理理论和原则结合起来。要将管理实践中不适当的地方去除，就必须认识到文化差异。但是从效率最大角度考虑，这种管理方式一定要与为人们普遍接受的，以及应用于相互依存的世界经济体系中的管理理论和原则结合起来。这就需要认真地实施管理教育和培训来促进非洲管理的跨文化方法的实现。为了实现这一目标，必须认真编制管理教育课程，使非洲企业家和管理者在非洲环境下学习管理艺术和理论。这种培训必须培养管理者的创造力和想象力，要包括领导艺术、企业家精神、战略规划、财务控制、组织行为和人力资源管理等。这些课程要分为各种层次，起点是初中教育。高层培训应当包括方方面面，使受训者了解各种行为理论以及这些理论是如何促进企业效率的。换言之，培训必须使非洲管理者能够将拿来的理论概念转变为可被接受的、能够在非洲管理实践中应用的文化准则。关于研究方面，当地与国际管理开发机构和商业组织必须加强合作，来识别哪些管理信仰是非洲的核心，以及这些信仰应该如何同适当的管理原则和概念交互作用和结合。

10.3　非洲式领导形象：政客

非洲管理哲学是一言堂——政治化的个人领导（Nath，1988）。根据 Nicholson 等（1985），这导致强有力的执行、弱小的部门和高度集中的资源分配危机。

在非洲计划部门计划做得少，却做了许多收集统计数字和其他多余的事情。这一缺陷是由于绝大多数企业赋予计划功能较差的地位和高层管理者至高无上的权力。计划部门很少配有相关领域如融资、运筹、组织发展、管理和统计方面训练和经验的专家。由于现行的管理哲学和决策的局限，计划通常限于设定总的和部门的目标，却不包括进行完善的战略计划，将这些目标变得切实可行。

在公共事业中，这种观点加强了非洲集权制：只有领导者才能最好地决定和执行代表国家利益的行动。决策受政治现实的影响，而不是周密计划的管理过程。因为这种压倒一切的决策集中制的存在，非洲中层管理者不能或不愿承担风险，发挥任何首创精神。尽管在组织中存在权力分享和指定，但与现代企业管理原则相违背的是，这一权力的认定被权力集中制限制在高层管理者内，甚至仅限于几个被信任的管理者，他们通常是家庭成员或亲密朋友。形成这种情况的根本原因似乎是，企业家们认为没有血缘和家庭关系的管理者通常不会保护他们的权益。所以，权力认定的范围高度狭窄。这种管理体制扼杀了首创精神，不利于公司成长和成功。在新一代的管理者中，在那些曾受过现代管理技术熏陶的人中，它滋生了不满情绪和导致士气低沉。

10.4　南非管理与一般非洲管理的异同

南非最早的原住民是桑人、科伊人和后来南迁的班图人。17 世纪后，**荷兰、英国相继入侵南非**。20 世纪初，南非曾一度成为英国的白治领地。1961 年 5 月 31 日，南非退出英联邦，成立南非共和国。由于南非白人当局在国内推行种族歧视和种族隔离政策，南非人民在以曼德拉为首的非洲人国民大会的领导下，为推翻种族隔离制度进行了英勇的斗争，并最终取得胜利。1994 年 4 月，南非举行首次由各种族参加的大选，曼德拉当选为南非首任黑人总统。

南非是非洲大陆上经济最发达的国家，为"金砖五国"之一（被认为世界金矿）。认识到南非文化是来自非洲、欧洲和亚洲社会（主要是印度和中国）的三重传统的文化的共同作用，将导致演变出一种独一无二的**"彩虹管理"**方式（Trompenaars，1993），对南非经济神话的出现贡献力量。南非白人、大多数有色人和 60% 的黑人信奉基督教，亚洲人约 60% 信奉印度教，20% 信奉伊斯兰教，部分黑人信奉原始宗教。同处非洲的**南非管理与一般非洲管理异同**如图 10-2 所归纳：**相对于一般非洲管理，南非显示出向"对事不对人"转变、跨文化欢乐家庭以及双重价值观的企划理念。其领导者人格特征一般为"白"领。**

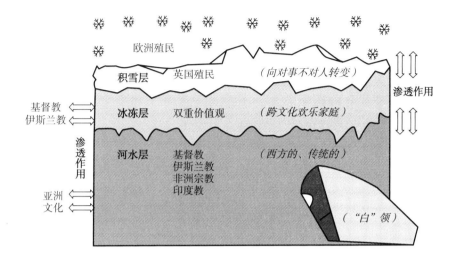

图 10 - 2　南非管理模式之冰河模型

10.4.1　"白"领领导人

南非于 20 世纪 90 年代重新加入竞争性的全球市场，这为管理带来了新的挑战。虽然种族隔离的遗留后果已渐渐消失，但是**南非的管理者中黑人不超过10%**。然而，雇佣歧视正在被以吸收和发展黑人管理者的政策和实践所代替。管理的发展，在公司文化和黑人解放方面的变化已经很显著了。

种族隔离政策产生了一种经济权力集中在少数一些白人手中的扭曲的劳动力市场状况，直到最近，分析诸如金科和巴罗兰这样的大公司之前，经济权力集中在八家集团手中，它们控制了约翰内斯堡上市公司的 70% 的股权。相同的人服务于几个公司的董事会的交互董事局制度也集中了管理控制，这产生了社会封闭机制，这种机制阻止了黑人经理和女性的升职机会。然而，南非重新进入全球市场，强迫人们意识到在制造业和服务领域的低下的竞争力。最近，推动力则来自于肯定行动。已经有几个黑人被指定为董事会成员，尽管南非公司的董事会只有少于 10% 的黑人或女性，但是这种情况也许将大有改观。

在白人男性统治的组织中实现雇佣关系平等是肯定行动的一个重要方面。黑人授权既包括行政权力职位的提高，也包括平等的利益分配。许多管理开发计划设立了基于工作要求和相关职业劳动力市场供给的数量化目标。雇主拒绝立法支持一个目标和时间表方法。一个很重要的游说集团——黑人经济管理论坛

— 251 —

（BMF）印制了管理开发蓝皮书，强调提供具有必需技能的合适管理人员的方法和重要性。这一蓝皮书提出到 21 世纪初，应有 40% 的中级管理职位属于黑人，30% 的高级管理职位以及 20% 的执行董事由黑人担任。政府也已经发布了肯定行动，并将成为法律。

10.4.2　西方的、传统的双重价值观

南非的管理风格既反映了基于个人主义和贤能统治的西方价值观，又反映了种族隔离制度的专制主义残余。在南非，虽然"人"的概念包含了传统的群体决策观念，但管理的本土模式还没有出现。领导风格的形成很少见，只有少数几个例外。例如：凯斯比尔德建筑供应公司的前任首席执行总裁阿尔伯特·科普曼斯，以及 PG 比森有限公司的前任首席执行总裁莱昂·利昂。管理主义强调行政系统和逃避风险，被面向国内的经济所强化。市场全球化的增进、成本上升和低生产率都导致对组织战略、重组和缩减规模以及对日本式工作方式的试验（如自主工作组和通过对任务水平参与和多技能雇员授权）等进行重新评估，南非的管理现在强调团队合作和公共决策，核心是群体而非个人。诸如零售业的自选自付公司和 SA 酿酒公司这些黑人解放取得很大进步的公司成为实行这种新方法的范例。

这样，南非的组织文化反映了西方和南非领导风格共存。这种表面上不同的管理方法的融合是种族隔离后时代组织发展的一部分。在几家黑人拥有的公司，例如非洲生活公司和都市生活公司中，这种情况较为明显。

不平等劳动力实践方面的法律进展也打击了单方面决策，加强了参与管理风格。虽然管理者保持了雇用和解雇的传统权力，但是他们的做法改变了。过程的和实质的公平是管理的产业关系的基石，劳工关系修正案（1991）强化了这种产业关系的实践。这一法案将管理者定义为"雇员"，因此要求公平对待，如进行恰当的法律听证等。传统的管理风格越来越受到雇员们的质疑。然而，虽然看起来行为方式改变了，但思想上的转变对于发展适当的管理多样化风格是更为重要的。

10.4.3　跨文化欢乐家庭

管理风格反映了组织和国家的文化模式。在南非，在注重成就的同时，团体和组织的一致性也很重要。虽然对南非管理文化方面的研究并不多，但是男性化

的统治是很显然的，个人主义价值观和团体之间相对很大的权力距离的社会文化反映了这一点，这主要基于历史的种族隔离制度。然而，新兴的黑人中产阶级正在占据企业和政府的决策位置。这一阶层流动似乎影响到管理文化并为有关理想价值观、宗教仪式和组织实践的争论提供素材。**管理的意识也反映了教派思想——组织作为一个"欢乐的家庭"要求成员忠诚和避免冲突——这与日本的工业家庭主义思想很类似。南非的组织实体反映了多样化和多元化以及内在冲突的过程化规定。**

参与实践是面向激励和工作设计的集体主义定位的一个例子，这是欧洲和日本企业的特征，也是北美管理文化个人主义的一部分。一个重要的问题是在多大程度上能在南非组织中培养出有多种文化和功能多样化的团体。由传统到灵活的组织的转变，要求从命令和控制式风格转变为合作和激励式风格。因此，如果南非的企业要更有效地参与竞争，管理者就必须学习新的准则。这之所以必要也是因为雇员的期望和态度在变化。社会政治的改变和受过更高教育的劳动力意味着对个人发展、公平待遇和更好的收入的更高的期望。

当管理被重新构造来创造一个分层的组织时，参与实践会更成功。在这样的组织中，权力和责任被授予低层雇员，工人通过信息分享、知识和技能、认可和奖励以及影响车间决策的机会来获得授权。在南非，这种方法的应用正在增加，包括了像开普制柜公司、埃斯科姆公司、SA 尼龙纺织公司、自取自付零售商和三角汽车公司等一批企业，虽然这仍不是广泛的、灵活的工作惯例。多种技能和根据表现支付薪水还没有成为人力资源管理领域的规章。

削弱种族分化、消除传统的对立态度以及建立健全的意识是很必要的。后者需要黑人解放和赋予黑人权利以创造平等的就业机会和经济增长所必需的稳定性。南非组织的这种多样化产生了对普遍目标、共同价值以及在种族隔离之后培养和解气氛的需要。

10.4.4 从对人不对事到对事不对人

"对事不对人"是西方管理的核心内容（Hickson，1995），任何组织在人事安排、任务执行、工作分配、薪资发放以及调整游戏规则时都必须遵循这一原则。也就是说，重要的是个人能力，而不是身份、地位。大家都享有同样的待遇，任何人都无特权可言。在这里，"对事不对人"并不是指各人自扫门前雪，不讲人情味。虽然这常常让来自不同社会的一些人产生这种感觉，但实际上，它真正的意义是指制度的运行要对事不对人。**南非受英国殖民的影响，由非洲传统的"对人不对事"向"对事不对人"转变。**

跟随西方的管理方法，南非的管理强调在中级和高级水平一般管理。这些技能通过职业途径计划实践来获得，例如工作轮换、项目分配和跨功能的指定等，或是通过在南非的 7 所商学院或管理咨询公司完成诸如 MBA 这样一般的管理教育课程或短期在职发展课程来获得，或是通过其他非正式的工作经历获得，或是上述各项的组合。

几十年的经济封锁创造了坚强但是目光向内的南非管理者，他们关注手头上的工作及工作的结果。管理者倾向于个人主义和以他们的方式下达命令的男性化的定位。除了在零售部门之外，少于 15% 的管理工作由女性来负责。雇员通常被指定在某一职能岗位，如工程等方面，在具有 5 ~ 10 年的工作经验之后，才能得到管理者职位。

在战略管理、资源利用、谈判和运作上提高管理能力对于组织效率是很重要的。表现上的改善，以及用更大的可量度性和积极的衡量方法处理职业结构中的种族混合问题是非常必要的。虽然管理开发强调有计划的干预，但是非正式的经验常能提供有效的知识。对于管理开发而言，并没有单一的方法，不同的文化背景意味着若要使管理方法具有持续的效果，那么有共同目标的一体化、组织结构和工作设计、激励体系和公司文化都是必需的。

10.5　案例研究：南非航空公司的管理模式

南非航空公司（South African Airways，SAA）是南非最大的国际航空公司，以开普敦和约翰内斯堡为枢纽，是少数有利润的非洲航空公司之一。

在 1934 年，叫作联盟航空的一家航空公司被南非政府买了，而且在 2 月 1日重新命名为南非航空公司，服务的前三个城市是开普敦、德尔班和约翰内斯堡。自 1932 年 2 月 1 日，南非航空公司开始向西南方提供 Windhoek 和庆伯利之间的航空邮政服务的非洲航线。在 1930 年时，南非航空飞往肯亚和乌干达而进入了国际市场。在 1945 年南非航空开拓了到欧洲的一条航线。1970 年间亚洲的航线是航空公司用波音 747 飞往中国香港。在 1980 年，南非航空开始了飞往中国台北的班机。南非航空在 20 世纪 80 年代时停止了南美和澳洲的航线，因为种族歧视的关系。未来南非航空将陆续扩大南美的航线版图。

10.5.1　首席执行官哈亚·恩格库拉

在整个非洲大陆，想要把一家长期以来运营不顺的挂国旗航空公司转型为一家全球一流、运营卓越的航空公司，其中的艰难险阻可想而知。南非航空公司就是一个例外。

在公司雄心勃勃的首席执行官哈亚·恩格库拉（Khaya Ngqula）的带领下，南非航空公司一改以前的颓态，重新奋起，或许今后可能成为非洲大陆上各航空公司争相效仿的学习榜样。实际上恩格库拉所采取的变革之策非常简单，正如他自己所言："整个行业中赚钱的是油料公司、生产厂家、IT 供应商等。航空公司必须向油料公司学习——不低于成本价出售产品。"事实上，南非航空公司在运作过程中也是严格按照这个理念。

这位首席执行官并不是业内出身，**他生长在种族隔离时代的南非**，1981 年作为 IBM 的销售人员在纽约开始了职业生涯。1986 年 IBM 将他派回南非，担任当时 IBM 南非分公司首席执行官的行政助理。1987 年由于美国制裁的原因，IBM 公司不得不撤出南非。他开始转为南非酿酒公司担任地区销售经理，1993 年他加盟一家财务信托公司担任总经理。1997 年成为南非工业发展公司的首席执行官。从中可以发现他的人生经历非常丰富。

10.5.2　从对人不对事到对事不对人

当恩格库拉于 2004 年 10 月来到公司之时，南非航空公司是典型的政府所有的公司，和一般的国营企业一样。

比如，2005 年 7 月员工罢工已经导致该公司被迫取消所有国际航班。在全体机组和地勤人员举行罢工后，由于无人来上班，南非航空公司没有其他选择，只得暂时取消所有地区航班和国际航班。公司亏损严重，人心不稳，迫使他不得不将三架全新的 A340 飞机转租给印度的后起之秀 Jet 航空公司。当时南非航空公司的 IT 系统可谓糟糕透顶，旅客对南非航空公司的服务也是怨声载道。除此之外，恩格库拉发现南非航空公司目前相对较高的运营成本为今后发展设置了不少障碍。2006 年 4 月截至 9 月 30 日的财政年度上半年，南非航空公司净亏损 0.92 亿美元。为此，南非航空公司决定再次削减 1000 个工作岗位。

面对沉疴已久的南非航空公司，恩格库拉迅速开出了三剂"药方"，而且都是**立马见效的"药方"**：改善客户服务、增强收益管理以及对飞机航班安排进行变革。

10.5.3　加入航空联盟

非洲航空业从整体来看仍远远落后于世界其他地区。2004 年，非洲年航空运输量仅占全球航空运输总量的 4.5％，事故却占全球总数的 1/4 左右。飞机严重超期服役、技术人才匮乏、空管及地勤等服务落后是这些公司的通病。

在一个发展相对落后的地区如何才能脱颖而出？2006 年 4 月，南非航空公司实施了重大战略变革——**完成了加入"星空联盟"的程序**，成为非洲加盟全球性航空联盟的第一家航空公司。

作为非洲最大的航空公司，南非航空公司在 2006 年正式成为星空联盟的第 18 名成员。星空联盟是目前全球实力最强的国际航空公司联盟。自 1997 年成立以来，该联盟目前已拥有美国联合航空公司、德国汉莎航空公司、日本全日空航空公司、新加坡航空公司和泰国国际航空公司等众多成员。

按照南非航空公司的看法，入盟对于南非航空公司业务的影响是立竿见影的，它成了整个联盟中重要的一根"轮辐"，国际业务量出现增长，部分远程航线的载运率超过 90％。2006 年 9 月，南非航空公司历史上第一次单月客运量超过了 70 万人次。毫无疑问，恩格库拉将此归功于和星空联盟成员所签订的代码共享协议。通过和强手联合，南非航空公司站在了一个新的高度。以前南非航空公司只运营 40 多个目的站，如今，该公司的乘客可以通过联盟航线网络无缝隙地到达 800 多个机场。

在 IT 方面，南非航空公司远远落后于星空联盟其他几家主要航空公司。尽管南非航空公司已经完成了痛苦的转型——开始使用阿波罗（Apollo）订座系统，但员工们尚未完全熟悉新系统。同时在机场中安置自助式值机柜以及开展网上办理值机手续业务方面，南非航空公司尚有很长一段路要走。南非航空公司已经计划今年在约翰内斯堡机场的国内候机楼里面安装南非的第一台自助式值机柜。

但是，加入星空联盟也只是恩格库拉的战略的一部分。他的希望是建立一个更大、更好和更具有价值的航线网络。因此，南非航空公司和非星空联盟成员也签订了许多**"代码共享协议"**。

按照这位首席执行官的看法，加入联盟和代码共享协议是南非航空公司奋力前行的驱动力，同时也是亡羊补牢的最快、最便捷的方式。特别是在当今环境下，整个航空公司的竞争态势已经开始发生了变化，开始朝向联盟竞争、伙伴竞争的方向发展。现在的竞争和以前的理念或多或少出现了差别，竞争不再是彼此之间你死我活的"战斗"，通过合作是能够产生双赢的效果的。

南非航空公司已和许多非星空联盟成员，比如以色列航空公司、阿联酋航空公司、快达航空公司和一些非洲航空公司签订了代码共享协议。目前南非航空公司正准备和马来西亚航空公司签约，该公司在 1994 年开辟了经南非前往阿根廷首都的航线。南非航空公司于 2001 年中止了飞往布宜诺斯艾利斯的航线，2007年 7 月再次开通。尽管如此，南非航空公司认为和马来西亚航空公司达成合作协议依然是好处多多。

在亚洲，南非航空公司正在和印度航空公司（Indian Airlines）商谈代码共享协议，最近它将约翰内斯堡飞往孟买的航班在每周四班的基础上又增加了一班。恩格库拉也看到了来自中国大陆欣欣向荣的需求量，但南非航空公司通过和马来西亚航空公司、新加坡航空公司以及泰国航空公司的代码共享合作来服务于中国大陆。

在北美，南非航空公司已开辟了飞往华盛顿杜勒斯机场（美联航的枢纽）以及纽约肯尼迪国际机场的航线，2007 年 4 月开通芝加哥奥海尔（O'Hare）机场航线，这也是美国联合航空公司主要的枢纽。

按照南非航空公司预测，来往于亚洲、北美和南美的业务收入将每年增长7% ~ 9%。相比之下，来往欧洲业务量由于竞争激烈加上已经是成熟市场，因此只要能有 5% 的增长率就让公司非常满意了。目前南非航空公司运营着法兰克福、伦敦希思罗、巴黎、苏黎世航线及德国慕尼黑航线。伦敦航线市场是南非航空公司最大的市场，每天共有 4 个航班，南非航空公司正准备申请执行第 5 个航班。

但是南非航空公司首席执行官最大的希望依然来自于尚未开垦的处女地——非洲市场，他预测每年的增长率会达到 15%。因此南非航空公司预期非洲大陆业务增长率将是公司利润来源最主要的部分。南非航空公司已运营了本土大陆20 多个城市，目前还在不断开辟新的非洲航线。

但是，南非航空公司已放弃了以前的战略——通过收购非洲其他航空公司（比如 2002 年收购了坦桑尼亚航空公司 49% 股份）来拓展业务，南非航空公司认为以前的方式更多的是从政治因素考虑。企业就是企业。因此，南非航空公司更愿意通过代码共享、固定舱位等方式来建立合作伙伴关系。比如它和塞内加尔航空公司、埃及航空公司、卢旺达快运航空公司等都有合作协议。南非航空公司正计划和毛里求斯航空公司、加纳国际航空和尼日利亚维珍航空公司等签署代码共享协议。这实际上和上述的"合作伙伴多多益善"的战略是一脉相承的。

按照公司的看法，南非航空公司在非洲航线上最大的挑战并非找不到合适的合作伙伴或是缺乏需求，实际上双边航空协议常常让公司捉襟见肘。南非航空公司已经在双边协议框架下运营着尽可能多的航班数。比如南非航空公司管理层一直怀有怨言，无法再增加飞往拉各斯（尼日利亚旧都）的航班，南非航空公司指出，"英航和维珍两家航空公司能够在拉各斯至伦敦航线上不受限制运营，政府控制了所有的航班频率和起降时间"。又如，目前，南非航空公司有部分航班是经过加纳和塞内加尔飞往美国，但是这些市场毕竟需求量有限。

为了满足今后发展，南非航空公司已经计划引进更多的宽体飞机。同时，南非航空公司已经召回了租赁给印度的 3 架 A340 飞机，并计划到 2008 年前再引进9 架宽体飞机。

10.5.4　案例小结

南非航空公司的管理改革涉及：克服种族隔离主义，变传统的"对人不对事"为"对事不对人"，加大东西方的跨文化联盟合作。

本章小结

基于非洲文明的非洲管理模式可以概述如下：基于非洲宗教影响，崇尚公有经济和非洲个性，追求"对人不对事"、部族关系和传统信仰的管理文化。领导者的人格特征为"政客"。

同处非洲的南非管理与一般非洲管理异同如表 10-1 所归纳：相对于一般非洲管理，南非显示出从"对人不对事"到"对事不对人"、跨文化欢乐家庭以及双重价值观的企划理念。其领导者人格特征一般为"白"领。

表 10-1　南非管理与一般非洲管理异同

国别	文明基础			管理模式			领导者
	积雪层	河水层	冰冻层	外显特质	隐现特质	内隐特质	
非洲	落后、混乱 公有经济	伊斯兰教 基督教 传统宗教 古埃及	非洲个性 村社概念 自然和谐	对人不对事	部族关系	传统信仰和 管理文化	政客
南非	英国殖民	基督教 非洲宗教	双重价值观	对人不对 事→对事 不对人	跨文化 欢乐家庭	西方的 传统的	"白"领

第11章　基于犹太文明的犹太管理模式

在当今世界上，**犹太人被公认为"世界第一商人"**。无论从民族的起源及其地理环境，还是民族的历史遭际和社会处境而论，能同商业活动的展开条件和商人本身的社会属性有如此高度吻合的，唯有犹太商人。本章剖析基于犹太文明的犹太管理模式，然后运用一个具体案例，具体剖析以色列"人民公社"基布兹的管理模式。

11.1　一路坎坷的犹太文明

犹太人的历史始于公元前第二个 1000 年的头 500 年。始祖是亚伯拉罕、其子以撒、其孙雅各其曾孙利未。**犹太人原是闪米特族的一支弱小而不重要的牧羊人部落**。一场遍及全国的饥荒迫使雅各和他的儿子们，即以色列 12 个部落的祖先**移居埃及**，在那里他们的后代沦为奴隶。几个世纪之后，利未支派的摩西率众人出埃及，摆脱奴役，奔向自由，最终返回以色列故土。他们在西奈沙漠上流浪了 40 年，在那里形成了一个民族，并接受了包括十诫在内的摩西律法，他们的始祖们所创立的**"一神教"**从此初具规模。

以色列各部落在摩西的继承者约书亚的指挥下，征服了以色列故土，并定居下来。公元前 1028 年，扫罗建立了君主国；他的继承者大卫于公元前 1000 年统一了各部落并建都于耶路撒冷。大卫的儿子所罗门把王国发展成为繁荣的商业强国并在耶路撒冷兴建了以色列一神教圣殿。**所罗门去世后，国家分裂成两个王国：一个是以色列王国，首都设在撒玛利亚；一个是犹太王国，首都设在耶路撒冷。**两个王国并存两个世纪之久，由犹太诸王统治，并由先知告诫人们主持社会正义和遵守律法。

公元前 722 年，以色列王国**遭亚述人侵占**，它的人民被迫流亡（史称"失掉的十个部落"）；公元前 586 年，犹太王国被巴比伦人征服，入侵者捣毁了耶路撒冷的圣殿，并将大部分犹太人**放逐到巴比伦**。

公元前 539 年，巴比伦帝国被波斯人征服，之后，许多犹太人返回犹太（以色列故土），并在耶路撒冷重建圣殿，犹太人在故土上的生活方式也得以恢复。此后四个世纪，犹太人在波斯人和古希腊人的统治下，享有很大程度的自治权。由于叙利亚塞琉古王朝强制实行一系列措施，禁止犹太人的宗教信仰，导致爆发了公元前 168 年由马加比家族（哈斯蒙尼人）领导的起义，随后建立了由哈斯蒙尼王朝犹太诸王统治、历时约 80 年的独立犹太王国。

从公元前 60 年起，国家因内乱而削弱，日益**为罗马所控制**。从公元 7 世纪始，国家先后被阿拉伯人（613～1091 年）、塞尔柱克人（1091～1099 年）、十字军（1099～1291 年）、马穆鲁克人（1291～1516 年）、奥斯曼帝国的土耳其人（1517～1917 年）和英国人（1918～1948 年）所统治。不同时期的统治者任意变动疆界，更改国名。各征服者所建造的王宫殿宇是他们统治这片故土的历史见证。

尽管千百年来的异族统治使犹太人越来越少，但在这片故土上犹太人一直保持着他们的存在，而且随着散居各国的犹太人返回故乡，犹太人口也不断增加。到了 19 世纪中叶，稀少的犹太人口出现了猛增的势头。在犹太复国主义思想的感召下，成千上万的犹太人开始返回故土。国际联盟基于承认"犹太人与巴勒斯坦（以色列故土）有着历史的联系"和"在那个国家重建犹太民族家园"的考虑，于 1922 年**委托英国统治这片故土**，并特别责成英国为这个国家创造各种确保建立犹太民族家园的政治、行政和经济环境。

同年，英国在这块托管地境内 3/4 的土地上建立了阿拉伯外约旦酋长国（即今日的约旦哈希姆王国），只把约旦河以西的地方留作发展犹太民族家园之用。阿拉伯极端领导人就连在这样小的区域建立犹太民族家园也要反对，他们煽动袭击犹太社区，甚至打击主张阿拉伯—犹太人共处的阿拉伯人。英国对犹太移民和定居的限制并没有使阿拉伯好战分子善罢甘休，暴力事件屡屡发生，持续不断，直到"二战"爆发为止。

"二战"期间，**基于欧洲人对犹太人的成见、犹大出卖耶稣的宗教情结、战争资金的需要以及希特勒狂暴的病态心理，纳粹杀害了约 600 万名欧洲犹太人，**

其中包括 150 万名儿童。战后，尽管迫切需要为在纳粹大屠杀中幸免于难的犹太人寻找避难所，但英国并未取消犹太移民的限额。故土上的犹太社团与世界各地犹太人一起，动员一切人力物力，组织了一场"非法"移民运动，先后把 85000 名难民从欧洲转送到故土上。

阿拉伯人反对犹太人在故土上定居，犹太人则坚持要求解除对犹太移民的限制，英国在无法调解的情况下，遂将问题移交给联合国。**联合国大会于 1947 年 11 月 29 日表决在约旦河以西地区建立两个国家：一个犹太国和一个阿拉伯国。犹太人接受了这个分治计划而阿拉伯人则予以拒绝。**

1948 年 5 月 14 日英国托管结束，犹太人随即宣布建立以色列国。建国至今，以色列人民继承并发扬古老而又辉煌的犹太文明冲突，凭借自己的智慧和勤劳，创造了举世瞩目的发展奇迹，**将一个贫穷落后的小国建设成为了世界上最发达的国家之一。**

11.1.1　边际迦南与流浪生涯

（1）边际迦南

以色列人的先祖是居住在美索不达米亚地区的闪族人，后来因宗教的缘故，迁居至迦南（Canaan）（今巴勒斯坦）。

迦南位于地中海和阿拉伯沙漠之间，北邻叙利亚，南接西奈半岛，幅员不大，气候与地势却千差万别，被人称作一个支离破碎、自相矛盾的地方。

在自然方面，**迦南是边际性的**：较之沙漠，它毕竟有平原和丘陵，也点缀着一些绿洲，有农业出产，有放牧的草场。但同时，它又是贫瘠的。宜耕地不多，水源不足，土质极差，只能产出些劣质的作物。

在政治、文化方面，迦南也夹在几个大国之间，当时是埃及和巴比伦之间，是国际政治格局中的一个冲突或缓冲地带，是一个典型的边际区域。这种双重的边际性，使迦南不可能以物产而只能以为各地的物产提供交换（买卖）的机会而兴盛起来。

（2）流浪生涯

《圣经·旧约》告诉我们，以色列在经过 1500 年的独立历史后，在公元 1 世纪被吞并，成为罗马帝国的一个省。大约 200 年后，犹太人的起义以失败告终，**整个民族遭到集体放逐。**罗马人改称它为巴勒斯坦（Palestine），意指"非利士人的土地"（land of Philistines）。犹太人长达 2000 年的流浪史从此开始，只有极少数留居巴勒斯坦，绝大部分散居于世界各地。从 19 世纪开始，大批犹太人开始返回故乡，在巴勒斯坦建立现代犹太国家，耗费了将近一个世纪，在中东地区建立起了一个与邻近阿拉伯国家迥然相异的现代国家：国会由多个党派组成，政府定期改选，全民拥有参政权。

在世界民族之林中，**犹太人与吉普赛人是相映成趣的两大奇观。他们都与流浪结下了不解之缘。**当他们不愿做埃及法老的奴隶时，当他们成为巴比伦的囚徒时，当他们最终失去祖国时，当他们一次又一次浪迹天涯时，犹太人更渴望的不是流浪，而是家园。犹太人终于在世界各地定居下来，但定居下来的犹太人无法忘记被放逐的噩梦，他们把这种内驱力外化为对物的搬运——无休止的商业贸易——最终变成了物的魔术形式——钱。

11.1.2　犹太教与哈比如基因

（1）犹太教

犹太教是基督教与伊斯兰教的共同源头。犹太教《旧约》和基督教《圣经》，包含了两个神话起源故事（创始说及禁果说），至今被犹太教和基督教所认可信仰。但是，**犹太教和基督教所信奉的神灵不同。**在犹太教那里，所谓"唯一的真神""至高一神"，指的都是上帝耶和华，而犹太人，就是后来的以色列人，则是耶和华的特选子民。至于基督教，它虽然也继承了犹太教"至高一神"以及"先知""启示"等观念，但是它真正敬拜的是耶稣，也就是上帝的儿子。而只要信仰上帝和耶稣的人，都可以成为上帝的特选子民。另外，两个宗教研习的经典有所区别。从总体上来说，基督教把犹太教所研习的经典著作几乎全都继承了下来，称之为《旧约》。同时，基督教还适应时代的发展，编纂了《新约圣经》，以满足传教的需要。而犹太教的经典，除了《旧约》之外，还有前面说到的《塔木德》和《死海古卷》。在宗教仪式上，基督教较为简略，而犹太教则比较烦琐。由于是从犹太教发展出来的宗教，基督教延续了犹太教的一些礼拜形式，尤其是在教会里面举行祈祷、唱诗、读经、讲道等。但是，总体说来，**基督教没有了犹太教严格、繁缛的律令和礼仪，更取消了残忍的"割礼"。**

犹太人信奉的犹太教认为，只有犹太人才是"上帝的选民"，换言之，犹太人在欧洲客居，却从精神上蔑视欧洲的天主教、新教等，所以本来是犹太教分离出来的基督教徒，几千年来和犹太教冲突不断。**犹太教的另一特点在于"教族合一"。**犹太教是世界著名宗教中罕见的以民族命名的宗教，这意味着犹太教只是犹太人的宗教，认为犹太民族是全能的，是上帝从万民中挑选出来的特等选民。特等选民一方面指犹太人的独特性，即犹太人具有较高的智慧和品行；另一方面"特""选"意味着只承担专门的责任，而非享有任何特许的福祉。特选子民这一宗教观念使犹太民族形成了强烈的民族自豪感，使散居各地的犹太人在遭受迫害、面临民族危亡之际在精神上得到慰藉，从而使犹太文化的独特性在长期亡国的情况下得以承袭。

（2）哈比如基因

在当今世界上，犹太商人被公认为"世界第一商人"。不知出于上帝的旨意，还是历史的巧合，**作为商业活动、商人和货币之前提条件的这种边际性，竟然正好也是犹太民族从其开始就具有并得到历史生活不断加强的突出特性**（顾骏，1995）：除了作为犹太民族最早固定地域的迦南，本身是一个既非沙漠又非沃野、谁都想占据但又谁都占据不长久的边际性区域因素外，作为犹太民族最早成员来源的哈比如人就是一个既不务农又不放牧的特殊社会阶层。

犹太人古称希伯来人，起源于美索不达米亚，约于公元前1900年进入迦南。其时，**希伯来人属哈比如人一部分。**许多历史学家认为，希伯来原系哈比如的读音演化而成。**哈比如人不是一个民族，而是一个由各种部落混合而成的特定社会阶层，其成员皆为脱离了自己的出生地而四处迁徙的人。**他们的共同特征仅止于相对定居居民而言，他们都是异族人和客民，即受保护的顾客。哈比如人与当地主人订立契约，自愿为仆人，而主人则给予居留权与其他保护。作为受雇客民的卑下地位，决定了他们只能是一个主流社会之外的边际性阶层。

后来，因迦南大旱，希伯来人移居埃及，在那里过了400年的寄居生活。最后因为不堪奴役，希伯来人由其首领摩西带领，离开埃及，返回迦南。其时，各种来源的"无根的人"包括农奴和奴隶，自动地聚集到以色列部落的周围。在希伯来诸部落征服迦南的过程中，一个新的民族——希伯来民族，一个新的宗教——犹太教，和一个迦南地区的新国家——犹太王国，一并诞生了。

11.1.3　危机与学习意识

基于犹太文明发展最深层的犹太教、迦南基因及流浪生涯的显性积雪特征，终于冰冻层形成了介于其间的若隐若现的危机、学习意识。

（1）危机意识。犹太人由于苦难的历史，时刻充满了危机意识，在任何情况下都绝不懈怠。即使有平安的生活，他们也常常居安思危，保持警惕。为此，犹太人制定了各种规制，或者以各种节日纪念历史。如新婚典礼时，婚礼规定新人不能喝完酒后把酒杯完整地放入盘中，而是把酒杯摔碎，告诉俩人要同甘共苦一起度过艰难的一生（贺雄飞，2009）。

没有危机感就是败家的象征，当然，每一次危机，也是一次奋发图强的机会。大屠杀之后，以色列国家的建立伴随着与毗邻的阿拉伯国家（后来是阿拉伯国家的联合抵制）的战争和东方阵营国家对阿拉伯国家的支持，这使许多以色列人产生了一种感觉——**全世界都是反对我们的，以色列必须独自斗争**（Warner，2002），**管理模式也以这种价值观为特色**。

（2）学习意识。犹太人尊重知识、重视教育、尊敬智者的传统由来已久。**被誉为犹太人的《孙子兵法》的《塔木德》便是犹太人知识和智慧的化身**。犹太拉比就是犹太人最为尊敬的人，而教育则被看成是如敬神一般庄严和神圣的活动。《塔木德》中说，宁可变卖所有的东西，也要把女儿嫁给学者；为了取得学者的女儿，就是丧失一切也无所谓；假如父亲和拉比同时坐牢，做孩子的应先救老师。

犹太人认为，智慧来源是经历、是生活。但对经历的认知和对生活的体悟，与知识紧密相关。而要获取知识，就需要不断学习。在犹太教中，勤奋好学不只是仅次于敬神的一种美德，而且是敬神本身的一个组成部分。这种宗教般虔诚的求知精神在商业文化中的渗透，演化为犹太商人孜孜不倦、探索求实的商业精神和锐意进取的创新意识，对形成犹太商人所特有的计划谋略与智慧，发挥了文化滋养作用。

11.2　犹太管理模式之冰河模型

图 11-1 提供了一个关于**犹太文明的概念模型**：犹太文明发展最深层结构为犹太教、哈比如基因和叙利亚文明的影响；显性特征体现为边际迦南和流浪生涯；介于其间的若隐若现的层次为危机、学习意识。

需要指出的是，**犹太文明也不是一个独立发展起来的文明，它同样是两河流域文明和尼罗河流域文明的融合（同古希腊、古罗马文明）**。汤因比还把犹太文明描述为一个从早期叙利亚文明中演变而来的被压制了的文明（Huntington，2002）。西方文明主要有两个源头：希腊文明和希伯来文明（即"二希"文明）。

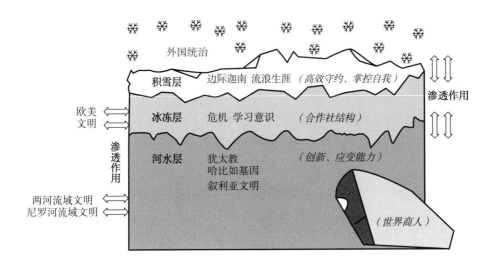

图 11-1   基于犹太文明的犹太管理之冰河模型

其中，希伯来文明或以色列、犹太人文明只是包容在一个更大的文明——叙利亚文明之中的。叙利亚文明在公元前几百年时已基本成型，再往后就开始转型，演变为基督教和伊斯兰教（阮炜，2008）。

另外，**犹太文明还受到了欧洲文明的影响**。英国托管自不必说。虽然被放逐、流亡，但宗教使犹太人不忘归乡复国。从 19 世纪末开始，大批犹太人开始重返故乡，在巴勒斯坦建立现代犹太国家，他们中的大部分来自欧洲（尤其德国，受纳粹所迫）。建国初期，以色列最迫切的需要是吸收新的移民，实际上是要在几年之内使人口成倍增长。这是个艰难的目标，并伴随着重大的社会影响。最初移民潮是来自于欧洲的中欧犹太人，然而这并不是移民的主要组成，以色列的主要移民是继欧洲人之后来自阿拉伯国家的西班牙犹太人。由于欧洲人受到了较好的教育并且在工作上有更好的选择机会，他们很自然地获得了最好的职位。因而，在以色列尽管没有英国式的等级结构，但是西班牙犹太人仍然发现他们是组成蓝领工人的主体，而中欧犹太人则成为白领阶层和经理人员。随着时间的流逝，这种区别渐渐地变模糊了（Warner，2002）。以色列也受到了外部援助，既有经济方面的也有政治方面的，来自全球各个角落的犹太人的支持：**60 年代德国的特别支持；美国在两个领域中都给予了特别支持**。

基于犹太文明的犹太管理模式如图 11-1 右边括号内文字所示：**显性的控制层中体现的是简洁高效、掌控自我、守约诚信；若隐若现的组织层隐藏的是参与**

性与合作性机构；隐性企划层深处是创新、应变能力。成功犹太领导者的形象体现出"世界商人"的人格特征（航船中所标示）。

11.2.1　高效守约、掌控自我

（1）简洁高效。犹太人把时间看得很重要，在工作中以秒计算，分秒必争，提倡做时间的主人。他们**把时间和商品对等**，提出"切勿盗窃时间"的口号，认为占有别人时间就像偷窃别人的钱财一样可耻。所以犹太人的工作效率特别高。

犹太人强调简洁、高效，不要繁文缛节，尤其是在用人及考核方面更是如此。犹太人老板通常会把专业问题交由专业人士判断，而老板只需确认交易的价格及决定是否成交。这一方面是授权的表现，另一方面也是职责分明。

犹太人一切证券化，永远保持充足的现金流，随时有"钱"可用。犹太人不像基督教徒那样，认为金钱是万恶之源，蔑视金钱，而提出金钱本身无脏洁之分，无好坏之别，金钱只是一种工具，金钱在人的生活中可增加许多机会。

（2）守约诚信。在犹太人看来，契约是不可毁坏的，因为**契约源于人与神的约定**。犹太人信仰的源泉《旧约》就是上帝与人类之间订立的古老契约，认为，"人之所以存在，是因为与神签订了存在的契约之缘"（《塔木德》）。

犹太人相信此古老契约，所以犹太人不毁约，一切买卖只笃信合同。相反，谁不履行合同，就会被认为违反了神意，犹太人绝不会允许的，一定会严格追究责任，毫不留情地提出索赔的要求。

（3）掌控自我。犹太人在 2000 多年的流浪漂泊中，受尽歧视、冷落甚至迫害。**他们身在异地他乡，除了依靠自己，别无所依**，因此他们养成了依靠自己来拯救自己的信念。在他们看来，人活在世上，首先就要学会为自己谋福利，只有自己有了财富，才会真正具有帮助别人、普度众生的力量。

犹太人崇尚用自己双手实现目标的劳动受到尊敬和高度评价，这根源于以色列创始人们的信念，他们视工作为一种价值，是他们从无到有创造劳动阶级的本质要素。因此，以色列经理人员倾向于自己做事，这种方法被劳伦斯称为"通过到处走动来管理"。劳伦斯也指出，"以色列的管理者做事情时比思考应做什么时更高兴"（Zand，1978）。

在以色列，成就得到高度评价，因而存在着取得成就的巨大驱动力。这同时伴随着创新的倾向和对创新能力的尊重。而且，每个人都有权利甚至义务去挑战权威。在以色列人中，一种很平常的情况是对管理提出质疑，而不是理所当然地

接受管理（Warner，2002）。

11.2.2 参与、合作性结构

海克逊在《全球管理透视》（Hickson，1995）中索性**将从世界各地返回故乡重建的与邻近阿拉伯国家迥然相异的现代以色列归类于北欧、德国、瑞典等所属文化切片，表明犹太式管理充满北欧式的参与、合作与产业民族特性。**

（1）合作社传统

以色列全国巴士公司（Egged）是由所有司机组成的生产合作社。农庄（Kibbutz）最典型地体现了这一特质，这些农庄不仅财富公有，而且集体生产、集体分配。农庄工资不用货币形式支付，而是由农庄为每一个庄员提供食物、衣服、住宅的生活必需品和教育、休假、医疗、娱乐等福利待遇（Hickson，1995），造就出全社会富裕的管理文化。

集体农庄是以色列的一种独特的现象。集体农庄，尤其是它使用的管理技巧，引起了许多观察家的兴趣。在这种集体中，参与的管理观念得到了实现，位置轮换和参与决策达到了最好境界。然而，集体农庄的社会和经济成功的历史源于最早建立的农庄，许多后来的农庄都失败了，虽然最初它的平等观念使许多有热情的人取得了成功，但到了第二和第三代情况就发生了变化。充满灵性的、传统的以色列当地人或者拓荒者已不复存在，取而代之的是高技术的农业开发者，他们将目光投向全球市场。

（2）员工参与

犹太人认为，工人应该参与影响他们工作和个人福利的决策（Warner，2002）。**这种信念根源于东欧社会学家们支持的平等原则：每个人都是平等的，因而每个人都有管理的权利**。许多年来，管理并未被认为是一项实际的职业，成为一个商人并不被认为是一种荣耀而是一种尴尬。虽然这种不良的声誉正在逐渐消失，但以色列仍视自己为民主国家并坚定地捍卫与之相关的价值。

以色列第二大雇主是以色列总工会（Histadrut）。它不仅是一个工人联盟，也对几乎 20% 的以色列经济负责，其根源可以追溯到 20 世纪初期。当这个组织于 1920 年在巴勒斯坦建立时，当时几乎没有工业存在，甚至连与农业相关的工业也没有，也没有任何组织把为散居的犹太人创造工作机会看成自己的责任，这一切都留给了新建立的工会。工会建立起工厂，雇员代表成了他们的雇主，这样的结果是因以色列总工会企业的管理层经常会发现它自己不仅处于与雇员的劳工

关系纠纷中，还处于与所有者（雇员代表）的争论中。在以色列工会企业中工作的工人们比在其他类似的私人和公共企业工作的同行赚得更多，这反映出一种"平等观念和价值取向比经济决策更重要"的信念（Warner，2002）。

（3）政府参与

以色列可谓全球财富分配最公平的国家之一，以色列人认为加入工会是保护工人权利的最适当方法（Warner，2002）。许多工人都为集体谈判和包括国家一级在内的几个级别的谈判所保护（例如生活津贴费用是由工会和政府共同决定的）。然而，单独合同已经越来越普遍，甚至在政府机构中也如此，在管理职位上尤其流行。

除共产主义国家外，以色列是政府介入经济体系程度最深的发达国家（Warner，2002）。政治关系经常介入公共部门的管理中，经理们不得不通过发展完善的官僚机构找到自己的位置，这也是以色列口号"怎样与体制斗争"产生的一个原因，与之相反，盎格鲁—撒克逊人的口号则是"怎样加入到体制中去"。

以色列政府拥有国家航空公司、最大的航运公司、制造业（军用飞机）、银行等（Hickson，1995）。集中的经济计划在以色列被视作是很重要和必需的。作为一个小国，资源有限，又有许多垄断，政府因而扮演了至关重要的角色，它不仅是最大的雇主，还通过复杂的法规体系影响整个经济。这造就了一个庞大的官僚体系，被以色列的管理者们视为一个必须克服的障碍。这种体系的缺点包括使用特权和运用个人关系影响决策。

政府在劳动力市场上处于支配地位，是最大的雇主，靠着如犹太事务局（Jewish Agency）这样的实体而拥有许多公共企业。政府在控制和指导法规上尤其扮演着强有力的角色。立法决定经济价值，政治决策影响了其他决策。以色列市场狭小，因而有一种垄断的趋势。政府干预的一个典型的例子就是对发展区域的税收支持。政府通过减税以及对必需品提供补助金和对其他产品征收高消费税（或者干脆禁止进口）来鼓励企业在特殊领域建厂（Warner，2002）。

11.2.3　企业家精神与创新、应变能力

以色列的商业和经济环境十分具有竞争性。这在对以色列管理者的价值观的调查中有所体现，他们将"成功的需要"列为最重要的因素（Warner，2002）。另外，"参与和产业民主"也得到良好的发展，管理生活中的民主意识可以很好地保障社会经济方法的成功和对参与及授权的强调。以色列管理的再一个特征是

为了取得成功而得到权力的欲望和成功创新的能力以及独立自由愿望。

以色列管理的形成受到其历史的很大影响。这个国家的出现经历了从无到有的巨大的困难，**企业家精神、创新和应变能力在建国初期和以色列历史的最初几十年中起了至关重要的作用**。以色列是一个不安分的国家，拥有不安分的国民。经历新的冒险和建立新的工业对于这个国家的财富来说是很重要的，工作是为新生国家提供动力的理想。人们通过努力工作、改革达到艰难的目标。

从文化的角度看，以色列奉行了美国生活的方方面面（Warner，2002），**其中包括管理模式。尽管如此，以色列仍继续具备独特的管理特点，这是这个国家的历史遗产，最显著的就是成功的欲望和应变能力**——用奇迹实现管理。这种特征帮助管理者达到也许被视作不可能实现的目标。以色列人具备的敢作敢为和立竿见影的特性在管理中也得到了体现。随着工业进步为技术所推动，以色列及时地抓住了改革和创新的契机。现代管理典范工业是高科技工业，具有充满活力的企业家精神式的管理方式，许多以色列微型"硅谷"已经建成。和平进程也为以色列带来了发展的机会，由于它在中亚洲、非洲和欧洲的战略定位，以色列也许会成为周边国家主要的资源提供者，但这只有在存在自由贸易的前提下。

进入 21 世纪，美国化仍在继续。创建者消失了，第二代、第三代以色列人似乎迷失了方向。随着国家变得越来越国际化，以色列也将遭受这种经济所特有的经济衰退和高度竞争的冲击。在一种变化的国内和全球环境中，有一种寻找新的方向的必要。如果以色列想赢得这一过程，它就必须充分利用它的天赋——对成功的强烈欲望。

典型的以色列管理者率直、有创造性、努力工作、积极活跃而且拥有达到目标的创新能力（Warner，2002）。以色列管理方式区别于西方的最显著特点是不拘泥礼节的方式或气氛（Warner，2002）。人们对其他人直呼其名，而且在表扬和批评时都直截了当。以色列的管理倾向于依赖个人接触和个人关系。他们依赖于接触，要么面对面、要么通过电话，移动电话销售的增长就证实了这一点。1990 年劳伦斯的调查研究发现，以色列的经理与他（她）的电话有着不可分割的关系，在办公地点没有几则备忘录或书面信息（Warner，2002）。

根据霍夫斯坦特（1980）的研究，以色列文化中的等级距离是很低的，略微倾向于个人主义而不是集体主义，集中于男性化和女性化之间，适度地避免不确定性。这些规则在克罗（1993）对以色列管理者的价值体系的研究中也很好地反映出来。其中最显著的价值取向是对成功的需求，以色列的管理者在寻求升职方面是高度积极和主动的。他们也具有取得控制权的强烈欲望。管理者们寻求个人的成功并将组织当作实现这一目标的工具，克罗相信这是以色列管理者缺乏计划性的原因：他们不是计划，而是行动。通过奇迹实现管理是以色列人的一个特征。成功的需要反映了以色列宽泛的环境，正如为升职或自我实现而奋斗。对以色列管理者的生活方式的分析表明，工作优先于任何事情，紧随其后是家庭。

11.3　犹太式领导形象：世界商人

通过贸易，犹太人谱写了最富有民族的神话，被誉为"世界第一商人"。如今有这样的说法："**全世界的金钱装在美国人的口袋里，而美国人的金钱却装在犹太人的口袋里**。"巴菲特是犹太人，控制欧洲金融命脉的罗斯柴尔德、华尔街的超级富豪摩根、第一个亿万巨富洛克菲勒、金融大鳄索罗斯、钻石大王彼德森……也都是犹太人，这貌似巧合，但其中必有其内在联系。

世界上各个民族都有自己的商人，各民族商人都有自己的特点。然而，唯有犹太商人却以其独具的民族特性，突现在一切其他民族的商人之上：

世界上没有第二个民族像犹太民族那样，在 2000 多年的时间里保持着纯经济形态的存在，形成了一以贯之的商业传统。

世界上没有第二个民族像犹太民族那样，在缺乏牢固的血缘和地域纽带的情况下，以一部《律法书》作为民族的边界，而正是这部被其他民族称为《圣经》的犹太典籍中，已经早早地包含了现代商业合理性精神和现代法制形式化倾向的胚胎，以至于被人们认为是现代资本主义精神之源。

世界上没有第二个民族像犹太民族那样，以仅仅 1400 万人口的小民族的身份，却在当今金融界、实业界拥有如此之大的影响，犹太商人的经济实力已经成为今日世界上少数几支强大的经济力量之一。

一句话，世界上没有第二个民族像犹太民族那样，同人类社会商业发展有着如此原初、如此密切、如此连贯、如此成功、如此超越时代的吻合！甚至可以说，犹太商人是真正的世界级的商人，是最早的现代商人，是最纯粹的资本主义精神的人格化。

多数以色列大学中设有商学院以培养犹太企业家和创业者，在那些没有商学院的大学，管理研究由其他系负责。为相对新的大学部门所支持，工商管理成为一个正在成长的学科，以色列现在是学术发表领先的国家之一，其中包括管理学。几乎所有教师都持有博士学位，学科之间的竞争十分激烈，外来的影响也很大。一些学校代表某些海外大学运作，主要是来自美国和英国的大学，大部分课程主要受美国的教学方法影响。职员中有很高比例接受过美国领先大学的教育。许多以色列人现在花费时间到外国学习管理，但这种趋势相对比较新，它的影响要到下个世纪才会被市场感知。尽管如此，虽然对管理教育的关注正在增长，但传统的通过服务于军队、在政府机构工作而达到管理阶层的路径仍为主流，在这些行业中工商管理硕士（MBA）仍很少见。

辜勤华，"中广系"领军人物，曾作为加拿大资深律师，帮助全球最富有的犹太人进行企业经营、财富管理达 15 年之久，几乎参与过所有中国企业重大的对外合资、合作的谈判。尽管 15 年来一直代表的是外方，回国后，在短短四五年间，辜勤华迅速建立了庞大的商业体系，拥有 50 余家公司，控股 5 家中国内地上市公司和 2 家香港上市公司，并迅速组建"中广系"，力图通过资源整合实现图像、数据、通信的三网合一。事实上，由于他的多家公司在避税岛国设立，豁免了股东披露的义务，因而到底还有多少上市公司受其掌控并没有人清楚。如此成就的背后，他曾在犹太公司工作 15 年，他到底从犹太人那里学到了哪些管理精华？

在美国纽约时代广场边上的摩根大厦里，在这个几乎由众多犹太家族参与的金融帝国里，每一层都包容了 4000 平方米的面积以及无数个期货或股票的专业经纪人。每时每刻，他们几乎都要做出非常及时的决定，买入还是抛出？如果你不能从语言上跟他们进行交流，那么你将失去机会。"你不能指靠翻译，上帝没有时间等待你。"辜勤华说。事实上，不仅是在证券市场上，全球化、信息化的发展已经使几乎所有行业开始具备证券化和瞬时化的特点，许多企业开始面对这样一个问题：决策时间的长短将成为是否具备竞争优势的重要条件。

语言不能成为经商的障碍，这样的理念早在数百年前就已在犹太人的心中扎根，几乎所有的犹太商人都能精通数门语言。同时，他们极其重视在文化上达成默契与共通，在他们看来，商业文化上的默契与沟通蕴含着无穷的价值。所以**犹太商人是没有语言障碍的世界商人**。

11.4　案例研究：以色列"人民公社"基布兹的管理模式

以色列农业很发达，成功的农业竟建立在水资源困乏的沙漠地貌中，基布兹（希伯来语中"团体"的意思）把不毛之地变成了粮果之乡。（金璎，2015）。

11.4.1　"人民公社"基布兹

19 世纪末，著名的小说家马克·吐温曾经来到这块土地，感受到了荒凉，他写道："在世界最凄凉的地方中，巴勒斯坦首屈一指，这里寸草不生，没有希望。"然而谁能想到 1947 年以色列建国以后，虽然经历了 5 次中东战争的洗礼，但是在这块近 70% 都是沙漠的土地上建立了以色列的"人民公社"也就是称作基布兹的集体农庄。基布兹改变了土地的面貌，在这块马克·吐温认为是世界上最凄凉的地方之一，建立了以色列成功的农业！

11.4.2　沙漠·节水·滴灌

以色列的农业首先是建立在"节水"的基础上，在以色列乘车的途中看到大片的庄稼，但是从没有看到人在农田里面劳作。了解后才得知，这些经过精密计算的微喷灌系统，随时通过电脑计算，确定需要多少水，需要多少肥，都可以根据大数据所提供的资料通过管道自动解决。这样一来，水和肥都直接集中地供给正在生长的作物，而其他地方，由于没有水肥，野草也无从生长，也不需要打农药了。这一农业模式非常先进，一位研究以色列农业科学模式的公司老板正在把这一先进模式推广到中国。

以色列人都充分了解水资源的重要性，除了加利利湖的水资源外，生活污水、微咸水和暴雨洪水都是可以利用的边缘水源，都在进行处理以后，用于**微灌溉**以及工业用水等。为了避免水资源在输送过程中的洒漏和蒸发，输送水都采用封闭管道。据介绍，以色列水资源的利用能达到 100%。

基布兹起源于来自当时俄国的犹太人，从 1909 年建立至今已经 100 余年，比以色列建国的时间还要长 40 年。这是一个没有私有财产、共同劳动、共同受益的团体，每个成员都是业主、都是经理，也都是工人，大家的住房和内部设施都是统一规格，凡是加入基布兹的人，都要上交自己的私有财产，同时也共同享受基布兹所提供的福利。

11.4.3　各尽所能、按需分配

基布兹的形式其实就是人们向往的各尽所能、按需分配的共产主义理想，在这片曾经贫瘠的土地上，基布兹建立了一个沙漠绿洲，100 多年以来，人口只占以色列人口 4% 的基布兹为以色列国家贡献了 40% 以上的 GDP，开始阶段基布兹主要发展的是农业，后来逐渐增加了工业和旅游业。

衣服每天收，洗好、烫好后，就可以送到用户了。基布兹人都吃食堂，自助餐。食堂除了专职的人员外，还要靠大家轮流值班。总之这里的游泳池、食堂、博物馆、洗衣房、体育馆等，所有的福利设施都免费向基布兹人提供。至于管理，是由社员大会集体管理，每个问题都提到大会上大家讨论，最后表决来决定。

自行车都没有锁，就这样横躺竖卧地放在那里，随意使用。但是从这里看，由于随便使用，自行车也缺乏保养，有的随意扔在地上，遇到雨水，都已经生锈。随着社会的发展，基布兹也在变化，有些把房屋折价出售给个人，也有的根据工作工种不同，开始实行按劳取酬。总之，随着时代的变化，基布兹也在改革。

基布兹家庭的孩子们过的是集体生活，最早孩子们全部时间都集体生活，每天只有短时间接回家看看。目前从亲子关系出发有了很大改善，白天在幼儿园，晚上回家，休息日回家。这样的集体生活一直坚持到高中毕业，高中毕业的以色列男女都需要服兵役，男三年女两年，因此以色列的青年是在集体中长大的。

基布兹的幼儿园、小学、中学、大学也都是免费提供的。孩子们在集体生活中得到的锻炼更多，同时也减轻了父母的负担，孩子们也不像我们国内的孩子那样娇惯。虽然基布兹没有个人私有财产，但是在这里生活没有社会激烈竞争，大家都平等地劳动、平等地享受，过得比较轻松。

在基布兹处处可以看到以色列国旗。小汽车上插着多面国旗，住宅门口插着国旗，政府大楼上更是悬挂着从楼顶到楼底的超长幅国旗，这都充分体现出以色列人对自己国家的热爱之情。以色列建国不易，犹太民族经历的苦难太多，也激发了更多的爱国之心。

以色列人对中国人的友好可以追溯到犹太人在"二战"中受到迫害时，中国外交官何凤山为犹太人打开一道生命之门，使 3 万名犹太人免遭法西斯的杀戮。以色列人爱憎分明，他们可以花重金满世界地追捕"二战"纳粹罪犯，也会用真诚的行动表达在危难中帮助过他们的朋友，这就是我们所亲眼见到的以色列！

以色列历经了 100 余年的基布兹，各尽所能，按需分配，这种理想中的共产主义竟然在以色列得到实现。那也是陶渊明笔下的桃花源："阡陌交通，鸡犬相闻。其中往来种作，男女衣着，悉如外人。黄发垂髫，并怡然自乐。"以色列的首任总理本古里安是以色列建国功臣。以色列特拉维夫机场也是以他名字命名的。他既是基布兹的倡导者，也是实践者。他在卸职之后，回到基布兹生活，那也意味着交出自己的私人财产。基布兹的成员都是自愿的，可以自由地出入，没有勉强。当前以色列有 200 多个基布兹，基布兹在改革中前进着！

11.4.4　案例小结

本案例反映了**"人民公社"基布兹**模式的高效守约、掌控自我的显性控制特征，人民公社的组织特征，创新、应变方面的企划特征，以及成功地将滴灌技术推向全球的"世界商人"的人格特征。

本章小结

基于犹太文明的犹太管理模式可以概述为：基于犹太教、迦南基因和流浪生涯，崇尚危机意识、学习意识，追求掌控自我、参与性结构和创新、应变能力。基于犹太文明的犹太领导者的人格特征为"世界商人"。

第 12 章　跨文化管理模式及其选择

当前，中国政府大力推动中国企业"走出去"，并重点部署了"一带一路"倡议构想。在此指引下，中国企业加快了海外"走出去"的步伐。但是，中国企业"走出去"却困难重重。林毅夫（2015）指出，中国企业"走出去"涉及"走出去、走进去、走上去"三个步骤："走出去"指硬实力，是资金、技术、资源的实力体现；"走进去"指软实力，是跨文化沟通与管理的成功体现；"走上去"指硬实力与软实力的完美结合。**企业跨国经营的成功，很大程度上取决于跨文化管理的有效性。**

12.1　跨文化困惑与文化差异成本

文化差异对跨国公司来说，是极其重要而又烦琐的变量。这种作用不是万能的，却是独特的，主要体现在以下三个方面：

（1）**文化的作用似水**。文化常以一种微妙的方式影响人们的商务行为。这种效应好似"以石投水"，石子激起涟漪，向整个池面漾去，文化就弥漫在整个水面之中，并且渗透在各个方面。水能载舟，也能覆舟。因经营者不了解东道国的商务文化而"翻船"的事件最为多见。对此，国际市场营销大师警告人们："在不了解对方文化观或是道德观的前提下就进入国际市场是十分危险的举动。"（Cateora，1990）连摧枯拉朽的韦尔奇也惊呼："不要轻易去碰那些你不了解的文化！"（Welch，2001）

（2）**文化的作用似空气**。文化类似于呼吸（Mirvis，Marks，1992），直到它受到威胁时人们才会想起它。人们总是把企业文化想当然，直到诸如合并的变化导致可能失去他们的文化时，管理人员才会重新审视企业文化的关键方面 (Shein，1984)。在国际化经营中，站出来说话的虽然经常是"资本"，而实际在幕后操纵的却经常是"文化"! 资本的力量容易使你走遍天下，而文化的隔阂却常常带来举步维艰。"凡是跨国公司大的失败几乎都是因为忽略了文化差异所招致的结果。"(Ricks，1983)

（3）**文化的作用体现为现金流量中的潜在负债**。科斯曾引进"交易费用"的方法来定义"企业"与"企业边界"(Coase，1937)，认为企业组织是内部一体化的市场组织的替代物：随着企业规模的扩大，企业的市场交易成本下降而内部组织成本上升；反之，随着企业规模的缩小，企业的市场交易成本上升而内部组织成本下降。于是，企业倾向于扩张直到在企业内部组织一笔额外的交易的成本等于在公开市场上完成同一笔交易的成本或在另一个企业中组织同样交易的成本为止。由此可见，企业的本质根植于组织成本与社会成本的均衡。这里的"组织成本"涉及监督费用、官僚体制费用和动力刺激弱化引起的损失费；"社会成本"涉及信息成本、监督成本及对策成本等。从交易费用的角度来看，和任何企业一样，跨国公司要在东道国从事商务活动均需要下列成本：进入市场的信息成本、谈判费用、缔约成本、履约成本和仲裁成本。全球竞争的本质也应该是对跨国现金流量和跨国战略协调的管理，文化的作用即体现为现金流量中的潜在负债。这就需要在"战略优势"和"组织成本"之间进行平衡 (Prahalad，Doz，1987)。跨文化经营不经常是有效的，这是因为跨文化经营需要面临额外的文化差异成本与跨文化交易费用。

导致跨文化困惑的文化差异成本的估算可以应用经济学中机会成本的概念来衡量 (Hall，1995)。具体步骤是，勾勒潜在合作对方和本公司的文化的大致特征，用额外工作天数为单位计量 TEA 成本，并在文化影响矩阵中找到现实合作关系的位置。

12.1.1　TEA 成本评估

在不少情况下，公司往往要面对一个对本企业文化一无所知的合作伙伴，经常会做出缺乏理智的行动，经济上的纠纷也会很频繁。如果情况是这样的话，那么一次集中的文化知识培训将是必需的。这就会产生一个实实在在的费用。培训造成的成本是显而易见的。除了培训成本之外，另外还有三种文化成本是无形的。对于无形的文化成本，可以用"**TEA**"来表示。**它意味着当我们和不同文化的伙伴共事时为了完成基本的经营任务所需要的额外的时间、努力及注意力。**

（1）时间成本（Time costs），也就是从协议签订一直到联合增效计划（synergy plan）成立的整个进展速度。一般地，在联合增效出现之前，双方需要 1 ~ 2 年的磨合期。双方越是坦诚自信，花的时间就会越少。文化模式不同则需要更多的努力来避免误会。

（2）努力成本（Effort costs），指在相互交往时所需要的心理上的付出，即耐心、耐挫折、交流时的专心等。双方语言不通会带来很高的努力成本，特别是通过翻译进行交流时。文化模式不同则需要更多的努力来避免误会。

（3）注意力成本（Attention costs），指的是高级管理人员为了处理合作关系中的一些"软"事务，所被占用的工作时间，可以表现为：回顾合作进展的总部会议、正式访问、社交活动，以及对内外股东们解释合作的目的和意义等各个方面。

在表 12-1 中，两个合作方的额外文化成本被描述为"X"。"X"指的是一定的天数。而占用管理人员一天工作的成本是可以计算的。TEA = 时间 + 努力 + 注意力（以额外工作日为单位）。在合作情况下做决策将比独立制定决策花更多的时间。要整合文化差异则还需要更多的时间。当双方的文化模式相似时一般需要多花 3 ~ 5 天来做决策。如果文化模式相对的话，那么就会有更大的成本，包括更多的时间、努力和注意力。一般需要多花 8 天时间。当双方都比较坦诚自信时，一般需多花 3 ~ 5 天。"天"这一单位是在估计文化成本时一个比较保守的量，可以被看作一个最小成本单位，其具体成本不是一个确定的值。由于文化误解造成的拖延高达数周或数月的例子也是经常可以看到的。特别是当双方都忽视了文化差异时，文化成本就直线上升。在这种情况下处理合作关系，时间、努力和注意力就会显得不够用。结果，整个合作整合的计划就不得不停顿下来。当合作关系呈螺旋式下降时，为了维持关系还得付出更多的时间、努力和注意力。带来的延误不再是以天、周、月，而是用年来计算。有时候联合增效的产生时间被大大拖后，使整个过程成本抬高，甚至超过了联合增效效应带来的预期利益，于是合作关系就会破裂。

表 12-1　文化差异的成本

各战略伙伴的文化类型	（X = 1 个工作日）			过程成本（额外工作日）
同类文化组合	时间	努力	注意力	
北一北	2X	X	2X	5 天
南一南	X	X	X	3 天
东一东	2X	X	2X	5 天
西一西	X	X	X	3 天
相对文化组合				
北一南	2X	3X	3X	8 天
东一西	2X	3X	3X	8 天
坦率度相同组合				
北一东	2X	X	2X	5 天
南一西	X	X	X	3 天
反应度相同组合				
北一西	2X	X	2X	5 天
南一东	2X	X	2X	5 天

注：此表描绘了当合作伙伴间文化呈相似或相对时，额外的时间、努力和注意力的付出所带来的成本。Hall（1995）用决断力（assertive，指一个公司的行为被别的公司看作是有力的或直接的程度）与反应力（responsive，指一个公司的行为在情感上被表达的程度）两维度形成一个矩阵，由此组合成四种企业文化类型：北方型（低决断力、低反应力）、南方型（高决断力、高反应力）、东方型（低决断力、高反应力）和西方型（高决断力、低反应力）。

资料来源：Hall W.（1995）。

12.1.2　考虑文化影响矩阵

上述 TEA 方法虽在一定程度上量化了文化差异成本，但文化影响的程度有大有小。**为更好地反映文化差异的权重方面，可以用"文化影响矩阵"来表示它。**其中的纵轴代表的是公司间的相互作用。其程度从小（如某一特定产品部门间）到大（如各总部之间）。横轴代表相互依赖的程度，从大（如双方共同拥有控制权）到小（如合作的一方处于主导地位）。当"相互作用"和"相互依赖"都处于高水平时，文化差异的影响力最大。各种组合情况如表12-2 所示：伙伴之间的相互依赖程度越高，文化差异造成的影响就越大（表12-2，1A）。当伙伴之间的相互作用和相互依赖程度都不高时（表12-2，2B），文化差异造成的影响就不那么值得注意了。在通常情况下（图 12-1，1B，2A），文化差异造成的影响不算巨大但也是显著的。

表 12-2　文化影响矩阵：计量文化差异影响的相对权重

相互作用	相互依赖	
	高（共同管理）	低（单方管理）
要求高相互作用	1A　强影响 2 倍的 TEA	1B　一般影响 1 倍的 TEA
要求低相互作用	2A　一般影响 1 倍的 TEA	2B　弱或无影响 0 倍的 TEA

资料来源：Hall W.（1995）。

12.1.3　一个实际案例

假定有一个大型的合并项目，比如某一项兼并案，牵涉到要做约 1 万个决定，这些决定都要求企业的决策层来做出。为了估计文化差异的成本，让我们假定一个决定的做出需要 10 个管理人员 1 天的工作，因为管理人员可能要对问题进行收集、核对、分类、整理、分析之后才能做出决定。同时我们还假定有另外 90 个管理人员，他们的工作依赖于这一决定的做出。如果这个决定没有及时做出，这 90 个管理人员的工作也将被耽搁。按一个管理人员每个工作日的成本 100 美元计算，那么，100 个管理人员的一个工作日的成本为 1 万美元，这还是一个保守的估计。如果一个单一公司决策平均需要 10 天（可以不连续）的话，其成本为 10 万美元。而涉及两个并购公司间的决策需要的时间就更多，其成本也就越高昂。通过 TEA 来估计的成本是以额外工作日来表示的。同类型文化模式公司之间的文化成本是 3~5 天，也就是每个决策 3 万~5 万美元。相对类型文化模式公司之间的文化成本是 8 天，也就是每个决策 8 万美元。假设整个过渡过程中要做出 1 万个决策，那么总的文化成本就是 3 亿~5 亿美元甚至 8 亿美元。以上计算可参见表 12-3。虽然这种计算不甚精确，但是合作各方对合作的文化成本进行评估是明智的举动。

对于文化成本的估计需要再一次和文化影响矩阵进行核对调整。当合作组合处于一个低相互作用和相互依赖的类型时，往往选择忽略对文化成本的估计。而处于一般相互作用和相互依赖的类型时，就不能忽略文化成本了。而处于高相互作用和相互依赖类型时，最好能把前面的估计值再放大一倍。实际中，针对每一个相互作用和相互依赖的组合类型，都可以有一个比较粗略的成本估计。

文化成本预算可以针对每一个合作组合再进行调整。如果是比较小的公司的话，决策数会较小，一般文化成本也比较小。表 12-3 所列举的例子是一起欧洲企业合并案，对于所有的重要决策都由双方各自的最高 5 位管理人员共同决定。而另外一些合并也有可能是由某位首席执行官一个人做出所有重要决定。参与决策的管理人员越少，决策速度越快，在决策过程中发生的文化成本也越低。

表 12-3　评估文化差异成本

（1）评估 TEA 成本的假设：

一个决策 = 10 个管理人员工作一天；影响/耽搁另外依赖这一决策的 90 个管理人员

100 个管理人员一个工作日的成本：最小 1 万美元/天

平均决策花费时间 10 天：1 万 × 10 = 10 万美元

相同文化组合：需多花 3~5 天：3 万~5 万美元

相对文化组合：需多花 8 天：8 万美元

战略伙伴关系的建立需要高层做出约 1 万个决策

相同文化组合：需多花（3 万~5 万）美元 × 1 万 = 3 亿~5 亿美元

相对文化组合：需多花 8 万美元 × 1 万 = 8 亿美元

（2）结合文化影响矩阵分析：

相互作用	相互依赖	
	高（共同管理）	低（单方管理）
要求高相互作用	6 亿~10 亿美元（相同文化组合） 16 亿美元（相对文化组合）	3 亿~5 亿美元（相同文化组合） 8 亿美元（相对文化组合）
要求低相互作用	3 亿~5 亿美元（相同文化组合） 8 亿美元（相对文化组合）	0 美元

注：以上的分析结果可能是粗略的，文化差异的真实成本可能要低得多。但当人们了解事实上几乎没有一家公司把所有的文化差异的成本打入预算时，可能就不会那么反对以上的结果了。关键是，当我们计算为了达到联合增效而付出的过渡期成本时，我们要确认是否对文化模式间的差异做出了合理的估计。

资料来源：Hall W.（1995）。

12.2 跨文化管理的解决方案

12.2.1 Perlmutter 的四中心模式

珀尔马特（Perlmutter）和巴特莱特（Bartlett）在其发表在《哥伦比亚世界商务》（*The Columbia Journal of World Business*）杂志上著名的"多国公司的演进历程"（The Tortuous Evolution of the Multinational Corporation）一文中首创了所谓 **EPRG 战略体系**：本国中心主义（Ethno-centrism）、多中心主义（Poly-centrism）、地区中心主义（Regio-centrism）和全球中心主义（Geo-centrism）。其要点如表 12-4 所示。

表 12-4 Perlmutter 四中心模式

	本国中心	多中心	地区中心	全球中心
奋斗目标	获利	被当地接受	获利并 被当地接受	获利并 被全球接受
制定方式	自上而下	由下而上	地区内共同协商	国际企业 各级互相协商
信息沟通	等级制	递交总部信息少	地区内沟通	国际企业内部沟通
资源配置	母公司主导	子公司主导	可能区域配置	全球配置
战略特征	全球一体化	东道国国民反应	地区一体化与 东道国国民反应	全球一体化与 东道国国民反应
组织结构	等级制产品部	有自主权的 子公司结构	矩阵制地区结构	组织网络
文化特征	母国文化	东道国文化	地区文化	全球性文化
生产规模	大量生产	批量生产	灵活制造	灵活制造
产品计划	总部开发并拥有	海外子公司 自己开发并保有	在地区开发	全球产品
营销策略	由总部做出	在东道国做出	在地区做出	相互协商后 共同做出

续表

	本国中心	多中心	地区中心	全球中心
财务目标	利润返回母国	保留于东道国	可能在地区内重新分配	在全球重新分配
金融关系	母国金融机构	东道国金融机构	地区金融机构	全球金融机构
人事原则	母国派遣管理人员	子公司自己培养	地区培养	全球培养
考核标准	适用母国标准	在东道国决定	地区决定	全球决定

资料来源：Perlmutter（1979）。

12.2.2 Berry 的文化适应模型和 Nahavandi 的文化整合模型

Berry（1990）在研究文化适应过程中个体所面临的问题时提出了一个**双维度文化适应模型**：是否保持自己的文化特色（X 轴）？是否愿意接触异族文化（Y 轴）？提出了一个文化适应模型，将文化适应分为四个类型，其中融合是最健康、理想的方式。边缘化是最糟糕、痛苦的方式。Nahavandi（1993）又将此方式定义为文化破坏（deculturation），员工之间的文化和心理纽带断裂，价值观和行为变得混乱无序（见图 12-1）。

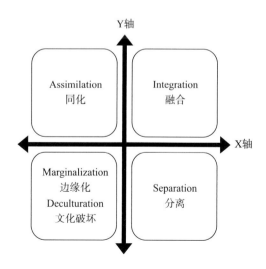

图 12-1 Berry 的文化适应模型和 Nahavandi 的文化整合模型

注：X 轴代表是否保持自己的文化特色。Y 轴代表是否愿意接触异族文化。

（1）融合（Integration）。第一象限，有机地将两者结合在一起指导自己的行动，调整、协调，最终发展出一套新的独特的双方文化都可接受的文化准则。

（2）同化（Assimilation）。第二象限，接触到新文化后，抛弃原来的价值观，完全融入新文化。"假洋鬼子"即是。

（3）边缘化（Marginalization）。第三象限，接触到新文化后，不知所措，既不愿接受新文化，也不再继续认同自己原有文化。

（4）分离（Separation）。第四象限，接触到新文化后，坚持自己的传统习惯，不愿接触，更不愿理解和接受当地文化。世界上的许多"唐人街""意大利城"即是典型的例子。

12.2.3 Harris 和 Moran 的解决文化差异四模式

Harris 和 Moran（1987）提出的凌越（dominance）、妥协（compromise）、协调（synergy）和隔离（isolation）四种模式，以及 Hasperslagh 和 Jemison（1991）提出的保存（preservation）、共生（symbiosis）、不变（holding）、吸收（absorption）四种模式，这些模式大多是**基于一国之内的企业间并购的整合提出的**，并且仅仅是从企业文化的层面进行分析的（见图 12-2）。

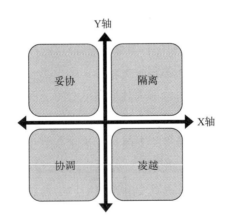

图 12-2　Harris 和 Moran 的解决文化差异四模式

注：X 轴代表是否保持自己的文化特色。Y 轴代表是否保留异族文化。

（1）隔离、保存。第一象限，双方在极其有限的接触、交流的前提下，彼此保持各自文化的独立。

（2）妥协、吸收。第二象限，一方向另一方妥协。

（3）协调、共生。第三象限，指并购双方认识到构成组织的两个或多个文化群体的异同点，但并不是忽视或压制这些文化差异，而是通过文化间的相互补充和协调，形成完全新的统一的组织文化。

（4）凌越、不变。第四象限，是组织内一种民族或地域文化凌越于其他文化之上，在这种情况下，组织的决策及行动均受这一文化的指导，而持另一文化的员工的影响力微乎其微。

12.2.4　Bartlett 的跨国战略矩阵

著名的巴特莱特的《跨越国界的管理》（*Managing Across Borders：The Transnational Solution*）一书中也提出四种战略（见图 12-3）：

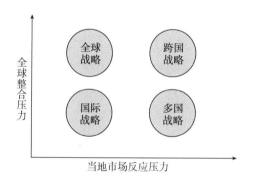

图 12-3　Bartlett 的跨国战略矩阵

（1）国际战略（International），是指企业将其具有价值的产品与技能转移到国外的市场，以创造价值的举措。在大多数的国际化企业中，企业总部一般严格地控制产品与市场战略的决策权。

（2）多国战略（Multinational），是为了满足所在国的市场需求，企业可以采用多国本土化战略。这种战略与国际战略不同的是，根据不同国家不同的市场，提供更能满足当地市场需要的产品和服务。相同的是，这种战略也是将自己国家所开发出的产品和技能转移到国外市场，而且在重要的国际市场上从事生产经营活动。因此，这种战略的成本结构较高，无法获得经验曲线效益和区位效益。

（3）全球战略（Global），是向全世界的市场推销标准化的产品和服务，并在较有利的国家集中地进行生产经营活动，由此形成经验曲线和规模经济效益，以获得高额利润。企业采取这种战略主要是为了实行成本领先战略。

（4）跨国战略（Transnational），是要在全球激烈竞争的情况下，形成以经验为基础的成本效益和区位效益，转移企业内的特殊竞争力，同时注意当地市场的需要。为了避免外部市场的竞争压力，母公司与子公司、子公司与子公司的关系是双向的；不仅母公司向子公司提供产品与技术，子公司也可以向母公司提供产品与技术。

该书还发展了"跨国公司"的概念，并指出一种新的国际商业战略和机构模式正在崛起，提出老式的多国公司和全球公司在全球效应和本地响应性的呼声推动下已经不得不改革了。面对全球化和本地化的选择，公司只能同时接受这两种策略。其基本前提是必须认识到跨国公司分布在世界各地的子公司各自继承了不同的管理传统，而且每个传统都具有独特的竞争优势。

Bartlett 和 Ghoshal（1998）认为，**跨国公司实施的"全球整合"与"当地响应"平衡战略决定了它们的组织结构，并且构建了一个全球整合当地响应平衡框架**。其主要观点是：如果跨国公司受到的全球整合压力大于当地响应压力，那么就会在全球范围内配置资源，以获取效率和成本优势，因此会采取全球战略；相反，如果当地响应压力大于全球整合压力，那么，跨国公司就会更多地关注东道国的差异化需求，赋予子公司较多的自主权，因此会采取多国战略；如果全球整合和当地响应的压力都比较大，那么，跨国公司就会对全球战略和多国战略进行折中，采用所谓的跨国战略。

12.2.5 Schneider 的处理文化差异的战略方法

Schneider（1997）指出，跨国公司的那些不同的管理方法与公司制定的对待和处理文化差异的不同战略是相互对应的（见表12-5）。但在此之前，我们首先要建立这样三种假设：不同文化之间是不相关的；会产生问题或构成威胁；是相互学习并进行革新的机会或是产生竞争优势的原因。**这三种假设分别对应三种对待和处理文化差异的组织战略，并指出了文化多样性的优势**（见表12-6）。

表 12-5　Schneider 的处理文化差异的战略方法

	忽略	最小化	利用
假设的文化	不相关的	会产生问题或构成威胁	相互学习并进行革新的机会或是产生竞争优势的原因
集团总部与子公司的关系	总部以自我民族为中心	多中心或地区文化中心倾向	全球中心倾向
可能带来的好处	标准化、全球化合作	地区差异化、地区应变能力	革新和相互学习的便利
行为标准	高效率	适应性	地区间合作
沟通交流方法	从上到下	从上到下、从下到上汇报	各种可能的沟通途径
面临的主要挑战	得到各方面的认可	达到各方面一致	差异均衡
主要缺陷	管理无灵活性、容易错失机会	分裂、错失潜在可能的合作，同时许多工作带有重复性	无秩序，部门之间存在摩擦
方法	生意就是生意	将各种文化均等化、产生一致性；或是将各种文化孤立起来，相互隔绝，以减少潜在矛盾的发生	从已存在的文化差异中发掘出对公司有用的方面，而不仅仅将其影响减弱到最小化

资料来源：Schneider（1997）。

表 12-6　文化多样性的优势

市场方面	提高公司对于地方市场上文化偏好的应变能力
资源获取方面	提高公司从具有不同国家背景的人员中聘用员工，充当当地公司人力资源的能力
成本方面	减少了公司在周转和聘用非当地人士担任经理方面花费的成本
解决问题方面	更广阔的视角范围和更严格的分析提高了制定决策的能力和决策质量
创造性方面	通过视角多样性和减少关于一致性的要求来提高公司的创造力
系统灵活方面	提高了组织在面临多种需求和环境变化时的灵活应变能力

12.2.6　Lucke 的多元文化论模式

Lucke（2014）基于一系列与多元文化认知的内容和结构相关的条件，**从认知角度开发了 5 个文化多元论的模式**：有两个模式保留了原始文化内容，但是联结方法有区别——区分模式和整合模式；有两个对原始内容进行了重组——包容

模式和聚合模式；还有一个模式反映了新文化认知的出现——泛化模式（见表
12-7）。

表 12-7　Lucke 的多元文化论模式

区分式： 区分文化认知	
整合式： 整合文化认知	
包容式： 加入外来元素提升本国文化认知	
聚合式： 由跨文化中相重叠的内容和结构形成一致的 文化认知	
泛化式： 由多种文化的共同原则和抽象概念形成新的 文化认知	

资料来源：Lucke（2014）。

（1）区分式（Compartmentalization）。在区分模式中，个人已经把不同文化
中的意义内化了，并且多元文化是被分开保存的，而不是作为一个整合的认知架
构被保存。区分化的多元文化的精神理解由多组文化机制组成，深入反映了各种
文化的知识，该模式被用来在不同文化背景下进行理解、沟通和行动。

（2）整合式（Integration）。在整合的多元文化模式中，个体内化了多种意义
系统，并且这些意义系统都是在一个一致的文化机制中联系起来的。整合与区分
相似的一点就是，整合也需要对文化环境有一个深入的了解，因为它包含了不同

的具体文化的认知。不同的是，整合模式下的多元文化认知是有关联的，而且经常被一起触发。

（3）包容式（Inclusion）。包容的文化多元化模式产生在一种被拓展、修改了的文化内容出现之后，这种文化内容在先前占主导地位的文化的基础上，又吸收了其他文化认知的元素。

（4）聚合式（Convergence）。聚合的文化多元化模式被定义为从不同文化中提取重叠的相似部分并进行内化的过程。事实上，这种模式汇集了各种文化认知的共有部分中被简化和减少了的内容。

（5）泛化式（Generalization）。泛化模式是指对文化意义的内化，还有那些基于原始文化但又和原始文化不同的文化认知的出现。由多种文化的共同原则和抽象概念形成新的文化认知。

12.2.7　其他关于跨文化管理解决方案的归纳

其他还有一些文献，分别提出了一些关于跨文化管理解决办法的说法，概述如下：

（1）本土化策略，即**根据"思维全球化和行动当地化"的原则进行跨文化的管理**。全球化经营企业在国外需要雇用相当一部分当地员工，因为当地员工熟悉当地的风俗习惯、市场动态及其政府的各项法规，并且与当地的消费者容易达成共识。雇用当地员工不仅可节省部分开支，更有利于其在当地拓展市场、站稳脚跟。

（2）占领式策略，是一种比较偏激的跨文化管理策略，是跨国经营企业在进行国外直接投资时，**直接将母公司的企业文化强行注入国外的分公司**，对国外分公司的当地文化进行消灭，国外分公司只保留母公司的企业文化。这种方式一般适用于强弱文化对比悬殊，并且当地消费者能对母公司的文化完全接受的情况，但从实际情况来看，这种模式采用得非常少。

（3）第三方策略，即跨国公司在其他的国家和地区进行全球化经营时，由于母国文化和东道国文化之间存在着巨大的不同，而跨国公司又无法在短时间内完全适应由这种巨大的文化差异而形成的完全不同于母国的东道国的经营环境。这时跨国公司所采用的管理策略通常是**借助比较中性的、与母国的文化已达成一定程度共识的第三方文化对设在东道国的子公司进行控制管理**。用这种策略可以避免母国文化与东道国文化发生直接的冲突。如欧洲的跨国公司想要在加拿大等美洲地区设立子公司，就可以先把子公司的海外总部设在思想和管理比较国际化的美国，然后通过在美国的总部对在美洲的所有子公司实行统一的管理。而美国的跨国公司想在南美洲设立子公司，就可以先把子公司的海外总部设在与管理思想和经济模式较为接近的巴西，然后通过巴西的子公司总部对南美洲其他的子公司实行统一的管理。借助第三国文化对母国管理人员所不了解的东道国子公司进行管理可以避免资金和时间的无谓浪费，使子公司在东道国的经营活动可以迅速、有效地取得成果。

（4）多方交叉模式，该模式在子公司中并不以母公司的文化作为其主体文化，母公司文化与子公司所在地及其原有的文化之间虽然存在着巨大的文化差异，但却并不互相排斥，反而互为补充，充分发挥跨文化优势，**把双方文化中的积极因素结合起来，创造出新的文化**。

（5）文化相容策略，根据不同文化相容的程度可分为以下两种策略：①文化的平行相容策略。这是文化相容的最高形式，习惯上称之为**"文化互补"**，即在国外的子公司中不以母国的文化作为主体文化。这样母国文化和东道国文化之间虽然存在着巨大的文化差异，但却并不互相排斥，反而互为补充，同时运行于公司的操作中，可以充分发挥跨文化的优势。②隐去两者主体文化的和平相容策略，即管理者在经营活动中**刻意模糊文化差异**，隐去两者文化中最容易导致冲突的主体文化，保存两者文化中比较平淡和微不足道的部分，使不同文化背景的人均可在同一企业中和睦共处，即使发生意见分歧，也容易通过双方的努力得到妥协和协调。

（6）文化渗透策略，文化渗透是一个需要长时间观察和培育的过程。跨国公司派往东道国工作的管理人员，基于其母国文化和东道国文化的巨大不同，并不试图在短时间内迫使当地员工服从母国的人力资源管理模式，而是凭借母国强大的经济实力所形成的文化优势，**对公司的当地员工进行逐步的文化渗透**，使母国文化在不知不觉中深入人心，使东道国员工逐渐适应这种母国文化并慢慢地成为该文化的执行者和维护者。

（7）文化移植模式，这一模式的核心是，**母公司派遣人员担任地区或者国家的子公司的重要管理职位**，从而保证母公司与关联公司之间的信息沟通以及母公司对子公司的监控。

（8）文化嫁接模式，是指**以母国文化作为子公司主体文化的基础，把子公司所在地的文化嫁接到母国文化之中**。

（9）文化规避策略，当母国的文化与东道国的文化之间存在着巨大的不同，母国的文化虽然在整个公司的运作中占主体地位，可无法忽视或冷落东道国文化的存在的时候，由母公司派到子公司的管理人员，就应特别注意在双方文化的重大不同之处进行规避，**不要在这些"敏感地带"造成彼此文化的冲突**。特别在宗教势力强大的国家更要特别注意尊重当地的信仰。

（10）文化创新策略，即将母公司的企业文化与国外分公司当地的文化进行有效的整合，通过各种渠道促进不同的文化相互了解、适应、融合，从而在母公司文化和当地文化的基础之上**构建一种新型的企业文化**，以这种新型文化作为国外分公司的管理基础。这种新型文化既保留着母公司企业文化的特点，又与当地的文化环境相适应，既不同于母公司的企业文化，又不同于当地的文化，而是两种文化的有机结合。这样不仅使全球化经营企业能适应不同国家的文化环境，而且还能大大增强竞争优势。

12.2.8　跨文化管理解决方案总结与无国界管理路径的提出

一般地，无国界管理的思维与认知模式涉及母国、东道国及其整合，存有三**种关系：互相排斥、渗透或强加**。这样，**跨文化管理有三种基本方式，即包含/覆盖式的全球一体化战略、平行/并存式的多国地方化战略，以及交叉/融合式的全球地方化战略三种解决方案**（范徵，2004）。上述各种策略均可纳入这个战略体系（见表12-8）。跨国经营企业在进行跨文化管理时，应在充分了解本企业文化和国外文化的基础上，选择自己的跨文化管理模式，使不同的文化得以最佳结合，从而形成自己的核心竞争力。

表 12-8　跨文化管理解决方案总结

	全球化	地方化	全球地方化
Perlmutter（1979）	本国中心	多中心	地区中心、全球中心
Berry（1980）	分离	同化	融合
Harris 和 Moran（1987）	凌越、不变	隔离、保存	合成共生
Bartlett（1995）	全球战略	多国战略	跨国战略
Schneider（1997）	忽略	最小化	利用
Luke（2014）	包容式	区分式、整合式	聚合式、泛化式
其他	文化渗透、文化占领、文化移植	本土化、文化规避、文化相容	文化创新、第三方、文化嫁接、多方交叉

　　以往的大前研一的"全球运营论"五阶段论（Ohmae，1999）及罗宾逊（Robinson，1984）"国际企业论"六阶段论（国内企业阶段、出口企业阶段、国际企业阶段、多国企业阶段、跨国企业阶段、超国家企业阶段）等，其国际企业战略拓展方式都是基于时间逐步替代的。然而，在图 12-4 中，全球一体化战略、多国地方化战略或全球地方化战略三战略是可选择的，企业未必必须经由全球一体化战略或多国地方化战略进入全球地方化战略、无国界管理战略。图 12-4 中显示，**在母国维度、东道国维度两维逻辑矩阵中，国际企业起始于国际化起始战略，然后可以分别选择全球一体化战略、多国地方化战略或全球地方化战略，最后进入无国界管理战略。无国界管理战略是全球地方化战略的高级形式，作为跨国公司战略的最高境界，未必所有的跨国公司均能达到。**

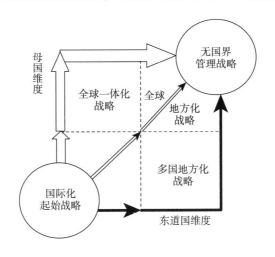

图 12-4　无国界管理战略路径导图

　　（1）国际化起始战略（International），**企业的国际化经营活动起始于国际化起始战略。**企业试着通过国内公司半生不熟的外销或特许、投资活动，借着当地的代理商和经销商或自己的渠道进军新市场，试图通过把有价值的技术和产品转移到当地竞争者缺乏这些技术和产品的国外市场来创造价值，产品的研发工作一般在母国进行。随着企业国际化的推进，企业可以根据企业、行业、东道国的情况，分别选择全球一体化战略、地方本土化战略或全球地方化战略，逐步发展国际化。

　　（2）全球一体化战略（Global），意味着**跨国公司将全球视为一个同质性的市场，在全球范围内生产与销售标准化的产品与服务，追求规模经济的竞争优势。**它把重点集中在通过获得来自于经验曲线作用和区位经济的成本来提高盈利能力上，实际上是一种低成本战略，企业的生产、销售和研发活动集中在几个有利的地方进行。

（3）地方本土化战略（Local），指跨国公司将全球视为异质性市场，根据各细分市场的特征和消费者需求，设计和生产不同的产品或提供不同的服务。企业以获得最大的当地需求响应为方向，它们常常在每一东道国建立一套完整的含生产、销售、开发方面的价值创造活动。

（4）全球地方化战略（Glocal），通常指跨国企业在海外进行投资，与当地社会文化融合创新，运用双方都能接受的文化进行管理。适合此战略的公司特质一般是股权式的联盟企业（如合资，尤其是双方共管型的合资）。

（5）无国界管理战略（Borderless），是全球地方化战略的高级形式、跨国公司战略的最高境界，未必所有的跨国公司均能达到。这时，企业完全迈入一个新时代，企业试图同时获得成本优势和差异性优势，同时建立全球效率、经营灵活性和世界范围的学习能力。公司在运营模式中去除本土色彩，创造一套由公司全球经理人员共有的价值系统，取代以本国为基础的导向。下文 12.4 节所剖析的摩托罗拉无国界管理价值观发展案例即很好地说明了这个问题。

所谓"无国界管理"，指的是公司摆脱与国家之间的纽带，超越民族国家和独立区位的利益，以全球为目标，为全球市场服务，通过全球性系统决策的方法，把不同的子公司统一起来，通过全球经营网络来实现公司的战略目标和世界公民的发展愿景。无国界管理具有以下八方面的显著特征：①企业使命是为着获利并被全球接受，同时发挥效率、灵活性和全球范围的学习能力；②世界范围开发和分享知识，全球企业各级互相协商制定公司目标；③公司总部的区位概念淡化，公司相关总部移居海外，全球配置资源；④贯穿全球网络、联盟的组织结构；⑤全球布点，实施灵活制造；⑥利润不再返回母国，而在全球重新分配；⑦全球培养人才以供世界各地公司子公司之需，绩效考核不再适用母公司标准；⑧呈现全球性文化特征，体现世界公民价值观，关注资源、生态和环境保护。以上各种战略的实现方式及其适用条件如表 12-9 所示。

表 12-9　无国界管理战略路径与分析框架

类别	国际化起始战略	全球一体化战略	多国地方化战略	全球地方化战略	无国界管理战略
战略图示					

续表

类别	国际化起始战略	全球一体化战略	多国地方化战略	全球地方化战略	无国界管理战略
战略特点	开始与异文化通过各种方式接触	文化包含/覆盖	文化平行/并存	文化交叉/融合	历经各种方式冲撞后的文化重塑
适用情况	企业国际化的起始阶段	跨国并购企业全球化压力大	跨国控股公司地方化压力大	跨国合资联盟全球地方双压力	企业国际化的最高阶段
企业使命	获利	获利	被当地接受	获利并被当地接受	获利并被全球接受
战略导向	利用母公司的知识和能力	通过全球规模运营建立成本优势	建立灵活性以应对国别差异	兼顾效率、灵活性和学习能力	兼顾效率、灵活性和学习能力
知识发展	总部开发并将其转移到海外	总部开发并拥有	海外子公司自己开发并保有	互相开发和分享	世界范围开发和分享
目标制定	自上而下	自上而下	由下而上	共同协商	全球企业各级互相协商
资源配置	母公司主导	母公司主导	子公司主导	可能区域配置	全球配置
总部位置	母国	母国	母国	可能设地区总部	相关总部移居海外
组织结构	代表处、分公司结构	等级制的全球产品型结构	有自主权的子公司结构	联合管理机构或矩阵制结构	全球网络结构、联盟结构
行业规模	大量生产	功能性产品行业大量生产	消费品行业批量生产	通信产品行业灵活制造	全球免税店商品大量生产
利润处理	无利润阶段	利润返回母国	保留于东道国	可能在地区内重新分配	全球重新分配
人事特征	母国派遣管理人员	母国派遣管理人员	子公司自己培养	协商培养	全球培养
绩效考核	适用母国标准	适用母国标准	在东道国决定	协商决定	全球决定
价值标准	贯彻母公司价值观	贯彻母公司价值观	子公司价值观	母子公司价值观融合	世界公民
文化特征	母国文化	母国文化	东道国文化	母国、东道国文化融合	全球性文化

资料来源：根据 Bartlett，Christopher A.（1995）；Beamish，Paul W.（1997）；Perlmutter，Howard V.（1969）；范徵（2004）等改制。

12.3　企业"走出去"跨文化策略及其适用条件

任何战略都既有优点又有缺点，采取任何一种战略都能获得一定的收益，同时也必须付出一定的代价和成本。不同的战略都有成功的案例，也都有失败的案例，所以跨国公司的成功与否与战略本身无关。**跨国企业的成功并不取决于它采用了哪种战略，而是因为它采用了适当的战略，达到了"全球化与地方化之间的平衡"**（范徵，2004；张新胜等，2002）。企业在跨国、跨文化经营过程中是选择全球化战略、地方化战略，还是全球地方化战略，取决于图 12-5 所示九方面权衡考量。其中，**行业特征、业务职能、核心能力三项由企业内在因素决定；进入方式、价值链、母子公司文化三项取决于企业"走出去"过程；东道国状况、投资国状况、东道国—投资国关系三项则需考虑企业所处的国际环境**。

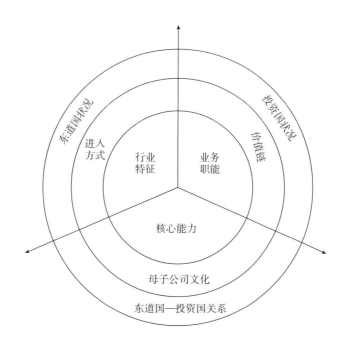

图 12-5　企业"走出去"跨文化策略选择的适用条件考量因素

12.3.1　行业特征与跨文化策略适用分析

从行业的角度来说，有些行业的产品本身的全球化需求比较高，因此应该采用全球化的战略，通过共享来获得；而有些行业的产品地方化的需求比较高，因此应该采用地方化的战略。Segal – Horn 和 Faulkner（1999）曾经对各种行业全球化和地方化的需求程度和倾向做了详细的研究，他们通过对不同行业的不同企业进行调查得出结论，对于各种行业产品的全球化和地方化需求确实有规律可循。

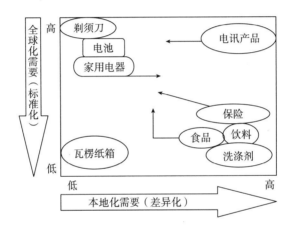

图 12-6　行业特征与跨文化策略适用分析

资料来源：Segal – Horn 和 Faulkner（1999）。

从图 12-6 中可以看出：

（1）对于类似于瓦楞纸箱的产品，其全球化要求非常低，而且也没有必要对不同国家和地区的差异性做出反应。两种需求都十分低，因此无所谓全球化也无所谓本地化，商家重视的应该是通过各种途径使成本最低化。

（2）**适宜实行全球标准化的产品大都是"功能性"的产品**（剃须刀和电池产品），也就是满足消费者最基本的购买目的的产品，这种产品只要能够发挥其功能，就能够使消费者满意。多数耐用消费品企业可选择全球化战略，提供标准化的低差异化的产品和服务，追求规模效应。

（3）**适宜实行地方差异化的产品大都属于"情感型"产品或快速消费品，**

如食品、洗涤剂、饮料和保险行业等。消费者在消费这类产品时通常更强调消费过程，受当地文化、传统、习惯的影响较大，企业在进入不同地区市场时必须重视各种差异，采用分别思考、差别对待的做法。例如保险业在西方需要的是消费性保险，而在中国需要的是储蓄性保险，保险公司就必须推出不同的险种。

（4）**适宜实行全球地方化适应调整战略的产品通常面临"成本"和"差异性"的双重压力**，这类产品研发和生产成本偏高，跨国公司如果只采用差异化的战略就会因为不能承受成本的压力而失败；与此同时，不同国家消费者的差异化需求和不同政府制定的产品标准等又决定了从事这类行业生产这类产品的跨国公司不得不考虑差异化战略的实施。这类产品属于非常特殊的一类行业，跨国经营的难度非常大。

以电信业为例，其面临着高度标准化和高度差异化的双重要求，因为电信领域需要大量的投资和研发成本，同时又必须满足不同国家和地区的技术标准和服务标准。这正是目前世界各电信巨头均采用依附当地电信机构提供特殊服务的原因所在。

12.3.2　业务职能与跨文化策略适用分析

企业内部分为不同的职能部门，在进行经营选择时，却不是全部都采用同一种方式，而应具体情况具体分析。因为有的面对不同的目标市场必须仔细研究地区差异并采用对应性的策略；而有些则无须顾虑地区的不同，直接使用原有的运作模式即可。由图 12-7 可见，**适用本土化战略的职能管理或经营方面依次是**：人力资源管理、产品销售、市场营销、生产制造、资源采购、公司文化、分销网络、质量体系、产品设计、研发、品牌等；适用全球化策略的反之；适用全球地方化策略的居中。

中国海尔和福耀玻璃在美国投资建厂，在品牌上采用全球化策略，分别用"海尔""福耀"品牌；在生产运营上，分别雇用当地员工，实施人力资源地方化。海尔文化的一个核心是以人为本，注重员工的个性化需求。海尔在国内会用"哭脸""笑脸"来考评员工的工作表现，很有激励作用。但在美国，这种考评方法却引不起员工的任何反应，就像有人自认为讲了一个笑话却没有人笑一样。于是在美国，海尔发明了懒惰的"黑熊"和可爱的"粉猪"来代替以上形象，而这些形象正好能强烈刺激美国人的自尊心，效果立竿见影。

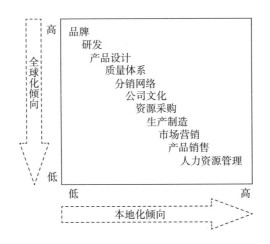

图 12-7 业务职能与跨文化策略适用分析

资料来源：张新胜（2002）。

12.3.3 核心能力与跨文化策略适用分析

国际企业所拥有的不同的核心能力也决定了其跨文化策略的差异化取向。跨国组织的核心能力一般有三种（Bartlett，1998）：①擅长延展全球化的效率能力的，采取全球一体化策略；②擅长获得区域性的响应力的，采取地方本土化策略；③擅长在世界范围内有效开发并扩散学习和创新的能力的，采取全球地方化策略（见图 12-8）。

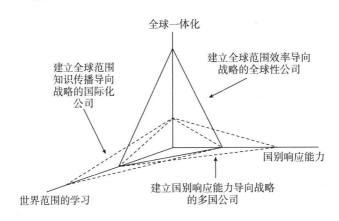

图 12-8 核心能力与跨文化策略适用分析

资料来源：Bartlett（1998）。

来自美国的沃尔玛，其核心能力即是基于自己发射卫星的全球一体化供应链，无疑其在全世界的沃尔玛采取的是全球一体化策略；来自欧洲的家乐福，多样化是欧洲的基因，所以其在全世界的家乐福采取的是地方本土化策略。实际上大型零售商的盈利之道有三种类型：第一种是进销差价，第二种是从供货商那里收入场费，第三种就是优化供应链，降低成本。沃尔玛走的是第三条路，而家乐福则是典型的第二种方式，中国式的"关系"资源被利用得淋漓尽致。

12.3.4　进入方式与跨文化策略适用分析

进入国际市场模式归纳起来，具体包括三大类：一是出口；二是合同进入，又称非股权进入，它有多种具体的形式，包括许可证模式、特许经营模式、合同制造模式、管理合同模式和工程承包模式、双向贸易等；三是对外直接投资，可分为创办新企业（绿地投资）和兼并收购外国企业股权两种形式。根据投资者对外投资的参与方式的不同，可分为合资企业、独资企业方式。跨国进入方式直接影响了其跨文化战略（范徵，2004，2012）：

（1）**采取全球一体化经营方式的公司特质**最好是战略性文化差异小的公司间的 100% 并购企业，强势文化压倒弱势文化；或为分公司、特许经营或独资兴建式；如果合资经营，一般采取一方为主型而非双方共管型。

（2）**采取地方化经营方式的公司特质**大致是一种"控股公司"的结构，或其子公司海外业务部门一般在跨国公司中都占有重要地位，且母子公司的企业文化差异太大，母公司文化不占统治地位，而又能进行文化整合。

（3）大多数"走出去"企业采取的基本上都是全球化与地方化策略不同程度的组合。其中**"双方共管型"管理的合资经营企业是全球地方化的典范**。双方相互学习、取长补短将跨文化的多样性发挥与发展，使企业内部形成一个有机的整体。事实上，合资经营的萌发及其管理类型，既决定于合资双方所拥有的知识和能力及其学习的程度（见表 12-10），又往往是共管型的合资企业（Killing，1983）。通常在发展中国家有这种情况，并在中国得到了验证，中国大陆 80% 的合资企业是双方共管型的（范徵，2004）。

美国本土迪士尼及其在日本的特许经营，采取的是全球一体化的方式；巴黎及中国香港、上海迪士尼均为合资经营，采取的是全球地方化经营管理方式。尤其是巴黎迪士尼，不仅使用法语，还做了一些呈现欧洲景观的景点，如在设计睡美人城堡时参考了卢瓦尔河城堡，梦幻馆中不放映《美国之旅》，取而代之的是一幅欧洲各地的全景图。

表 12-10   合资企业管理类型选择矩阵

		A 公司拥有的知识与能力		
		没有	部分	全有
B 公司拥有的知识与能力	没有	不合资	不合资	以 A 公司为主
	部分	不合资	双方共管	双方共同战略管理，A 支配业务
	全有	以 B 公司为主	双方共同战略管理，B 支配业务	双方共同战略管理，均不支配业务

12.3.5   价值链与跨文化策略适用分析

从价值链的角度来看，跨国企业价值链优势是来源于上游活动还是来自于下游活动以及跨国公司面临的环境压力的特点决定着这个企业应该采用何种战略来进行跨国经营（Cullen，1999）（见表 12-11）。

表 12-11   价值链与跨文化策略适用分析矩阵

全球/地方反应压力	价值链中竞争优势的主要来源	
	上游	下游
全球化压力高	全球化战略	全球地方化战略
当地反应压力高	全球地方化战略	地方化战略

资料来源：Cullen（1999）。

通常来讲：①如果跨国公司的价值链中的竞争优势来源于企业的上游活动，并且企业面临着高度的全球化压力，则应采用全球化占优势的战略；②如果跨国公司价值链中的竞争优势来源于企业的下游活动，并且企业面临着高度的地方化压力，则应采用地方化占优势的战略；③如果跨国公司价值链中的竞争优势主要来源于企业的下游活动并面临着较高的全球化压力，或者其竞争优势来源于企业的上游活动并且面临着较高的地方化压力，跨国公司则应兼顾全球化和地方化的双重战略，采取地区战略从而达到平衡。

上海纺织控股集团走向北苏丹，建立国外原材料基地，并进行国外产业链投资，建立苏丹新型纺织园区，其竞争优势主要来源于企业的上游活动并且面临着较高的地方化压力，所以兼顾了全球化和地方化的双重策略：苏丹的棉花、印度的纱、山东的织机、河南的印染、西宁的服装加工、上海的港口，最终进沃尔玛商场、上梅西百货（Macy's）货架的国际大循环不可能是单一的全球化或地方化策略所能完成的。

12.3.6　母子公司文化与跨文化策略适用分析

文化分析的另一种方法是**将母公司（母国）的文化与分公司（异国文化）相比较，从而可看出公司目前所采取的经营策略是否符合两种文化整合的特征，并对其起到了积极的作用**（Segel‑Horn and Faulkner，1999）。在这里，对文化差异性的积极的管理，其目标是达成在群体、部门和团队之间的文化适应。文化适应意味着以一种相互可以接受的形式对文化进行整合。根据公司所处的不同象限，发现文化整合中的问题，制定和采取有效的措施使母文化与异文化能更加融合，改善经营状况（见图 12-9）。

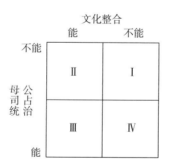

图 12-9　母子公司文化与跨文化策略适用分析

资料来源：Segel‑Horn 和 Faulkner（1999）。

（1）第 I 象限，全球化与本地化的天平向本地化倾斜。这种情况下，母公司放任地区分公司的自主经营与管理，不干涉但也不为文化整合与消除差异做出积极有效的尝试，只能说是母公司文化与地区文化的松散的混合。因此该方式的缺陷就在于减少了不同单位与部门之间相互学习的机会，有可能造成跨国公司管理上的整体效率低，存在沟通障碍、松散的控制和亚文化之间的冲突。

（2）第 II 象限，母公司与下属分公司文化处在一个平衡的位置，达成了文化的最佳整合。在公司跨国发展和经营的过程中,并不忽略和压抑分公司的文化,而是通过不同文化间的相互协调与融合、各部门间的相互学习,取长补短将跨文化的多样性发挥与发展,使企业内部形成一个有机的整体。

(3)第Ⅲ象限,母国文化占统治地位,因此企业一般会以总的文化为基础,通过将母国文化强行灌输到下属分公司中,对下属分公司进行文化整合,强调标准化并尽量忽略地区差异性。其可能存在的问题有:①对地区市场的差异性缺乏灵活、快速的反应,有可能贻误商机;②由于分公司的关键职务以总公司外派人员为主,分公司缺乏自主权力,因此可能导致当地管理人员缺乏对该跨国公司的高度认同感。

(4)第Ⅳ象限,文化适应失败。母国文化与当地文化互不融合,无法整合,将导致跨国公司的经营失败,被迫退出该地区市场。

其中,**达到第Ⅱ象限这样的目标需花费相当可观的精力与成本**。因此,财力雄厚的大型跨国公司如宝洁、皇家壳牌等才能负担得起这样的全球地方化经营。中国中车公司在境外的跨文化融合经验包括(李敏,2017):共商共建共享理念普遍适用;不要用外国来笼统概括文化差异,而要对每一国深入其里,了解它们的政治、经济、法规和文化生态;要赞美他人引以为豪的传统文化和习俗,尊重对方的集体记忆;消除恩主心态,不强化施恩行为;根据海外经营的不同模式,制定恰当的跨文化管理的策略,还要在制度和规格上加以体现;社会责任多做少说,绝不以宣传为目的来履行社会责任;要推动品牌的国际化,对内能够促认同,对外扩大中车的话语权。

12.3.7 东道国状况与跨文化策略适用分析

无论是从行业的角度、产品的角度还是从业务活动的角度来讲,是选择全球化战略还是选择地方化战略都应遵循如下原则(见图 12-10):

(1)**与东道国文化的相关程度高的行业、产品和接近东道国消费者的业务活动大都采用地方化的战略**。与东道国文化相关程度高意味着这个行业、这种产品与东道国文化和东道国消费者个人兴趣密切相关并且突出个性化,而对于跨国公司的业务活动来说则是那些接近东道国消费者的活动,即跨国公司跨国经营的价值链活动中的下游活动,这样的行业、产品和业务活动是以文化为导向的,应该以东道国文化为依据、以东道国消费者的个性化需求为出发点。

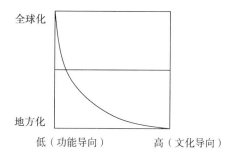

图 12-10　东道国状况与跨文化策略适用分析

（2）**与东道国文化的相关程度低的行业、产品和远离东道国消费者的业务活动大都采用全球化标准战略。**与东道国文化相关程度低意味着这种行业或产品远离东道国文化和东道国消费者个人兴趣需求并且体现全球标准化的需求趋势，对于业务活动来说则是那些远离东道国消费者的活动，即跨国公司跨国经营的价值链活动中的上游活动。这样的行业、产品和业务活动通常已经建立了国际标准，或者是以功能和职能为导向的，不需要根据不同的国家和文化做相应的改动。

联想的国际化，收购美国不再看好的、已建立了国际标准且与文化相关性较低的 IBM 笔记本，用中国联想的 Lenovo 品牌，在此方面采用的即是全球化策略。

12.3.8　投资国文化与跨文化策略适用分析

国际关系界一种普遍的观点认为，当前是全球化与当代民族主义（地方化）两大浪潮并行发展。反映到企业在国际市场的表现上，企业在全球的"一致性"以及在本土的"独特性"的融合形成了全球地方化主义（Glocalism）（谢扬林，2004）（见图 12-11）。

（1）**美国的本国市场足够大，所以美国公司在走向国际市场之前，一开始就倾向于通过全球化战略，**一致性做大规模，规模达到一定程度，才开始遇到各地的本土化、独特性问题，此时才开始考虑全球地方化。

（2）**欧洲各国的市场本身都不够大，它一走向海外，就遇到本土化、当地的独特性问题。所以欧洲的跨国公司多是先做好国际市场的地方本土化，再做成全球地方化。**

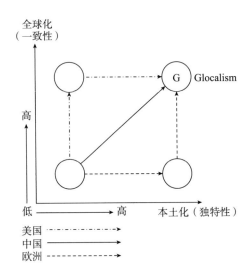

图 12-11   投资国文化与跨文化策略适用分析

资料来源：谢扬林（2004）。

（3）**欧美的全球化道路，殊途同归，最后都是全球地方化**。既然如此，中国在走向国际市场时，可以直奔目的，不必再绕欧、美的曲线，直接走向本土化的国际化，即所谓的全球地方化策略。

中国 TCL 并购德国施耐德，采用德国 Schneider 品牌，成功跨越苛刻的欧盟市场的壁垒，采取的就是全球地方化策略，其文化转移是由优势品牌 Schneider 向 TCL 的转移。

12.3.9   东道国—投资国关系与跨文化策略适用分析

哈佛大学著名的亨廷顿（1996）的文明冲突论也为跨国投资提出了忠告，认为未来世界的国际冲突的根源将主要是文化的而不是意识形态的和经济的，全球政治的主要冲突将在不同文明的国家和集团之间进行。西方文化是独特的而非普遍适用的；文化之间或文明之间的冲突主要是目前世界七种文明的冲突（见图12-12）。

文化的相似之处将人们带到了一起，并促进了相互间的信任和合作，这有助于削弱或消除隔阂；文明冲突是未来世界和平的最大威胁，因此，在不同文明之间，跨越界限非常重要，在不同的文明间，尊重和承认相互的界限同样非常重要。

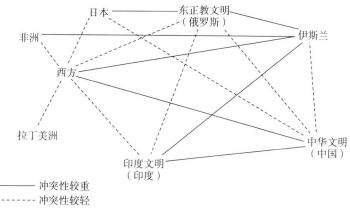

图 12-12　东道国文化与跨文化策略适用分析

资料来源：Huntington S. P. （1996）。

　　基于此，图 12-12 中显示，**文化冲突较重的组织之间适合地方化策略，文化冲突较轻的组织之间适合全球化或全球地方化策略**。一般说来，两地价值观矛盾、差异大，宜采取地方化战略；两地价值观类似，宜采取全球化战略；两地价值观独特但不矛盾，宜采取全球地方化战略。这样就能很好地解释为什么中国华为在伊斯兰地区采取了全球一体化战略获得了巨大成功：中学为体，西学为用，华为实为处理国贸事务的中国企业（财富中文网，2018）。

12.3.10　跨文化策略适用条件总结

　　跨文化管理策略基本有三种：地方本土化、全球一体化和全球地方化。跨国企业的跨文化经营的成功基于全球化与地方化策略之间的平衡。本章探讨了企业"走出去"跨文化策略选择的适用条件，涉及三个内部因素——行业性质、管理功能、跨国方式，三个过程因素——核心能力、价值链、母子公司文化，三个环境因素——东道国状况、投资国状况、东道国—投资国关系共九方面的权衡考量（如表 12-12 所示）。总之，全球一体化、地方本土化、全球地方化三基本战略的适用条件是：

　　（1）**采取全球一体化战略适用**两国文化冲突较轻，母公司擅长全球效率导向，其经营方式的公司特质最好是战略性文化差异小的公司间的 100% 购并企业，强势文化压倒弱势文化；或为分公司、特许经营或独资兴建式；如果合资经营，一般采取一方为主型而非双方共管型。适应全球一体化的"行业—企业"因素组合状况一般是"功能性的产品"，企业价值链优势来源于上游活动；母公司文化占统治地位，而又能进行文化整合。适用全球一体化战略的职能管理或经营方面依次是：品牌、研发、产品设计、质量体系、分销网络、公司文化、资源采购、生产制造、市场营销、产品销售、人力资源管理等。

（2）**采取地方本土化战略适用**两国文化冲突较重，母公司擅长国别响应能力，其经营方式的公司特质大致是一种"控股公司"的结构，或其海外业务部门一般在跨国公司中都占有重要地位，且母子公司的企业文化差异太大，母公司文化不占统治地位，而又能进行文化整合。适应地方本土化战略的"行业—企业"因素组合状况一般是接近东道国消费者的活动，即跨国公司跨国经营的价值链活动中的下游活动，如最终消费者为个人的品牌包装品行业，大都属于个人情感型产品。

（3）**采取全球地方化战略适用**两国文化冲突一般，母公司擅长全球范围学习能力，其公司特质一般是"股权式的联盟企业"（如合资，尤其是双方共管型的合资）。当跨国公司价值链中的竞争优势主要来源于企业的下游活动并面临着较高的全球化压力，或者其竞争优势来源于企业的上游活动并且面临着较高的地方化压力，在公司跨国发展和经营的过程中，母公司与下属分公司文化处在一个"平衡"的位置，达成了文化的最佳整合，各部门间的相互学习、取长补短将跨文化的多样性发挥与发展，使企业内部形成一个有机的整体。

表 12-12　企业"走出去"跨文化策略选择的适用条件一览

类别		全球一体化	地方本土化	全球地方化
内部因素	行业性质	功能性产品	情感性产品	功能—情感兼具型产品
	管理功能	品牌/研发/设计/质量	人力资源/销售/营销	采购/制造/企业文化
	核心能力	全球化效率	区域响应力	效率—响应
过程因素	跨国方式	分公司/收购/独资/特许	控股公司/子公司	跨国合资/合并
	价值链	优势来源于上游	优势来源于下游	优势来源于上/下游
	母子公司文化	母子一致	母子不一致	母子文化融合
环境因素	东道国状况	相关度低	相关度高	相关度一般
	投资国状况	美国等对外	欧洲等对外	中国等对外
	东道国—投资国关系	文明间冲突小 两地价值观类似	文明间冲突大 两地价值观 矛盾、差异大	文明间冲突中等 两地价值观 独特但不矛盾
案例		华为/联想/沃尔玛/ 东京迪士尼	家乐福	海尔/福耀/上海迪士尼/ 上海纺控/中国中车/TCL

12.4　案例研究：摩托罗拉的跨文化管理模式演变

摩托罗拉是一个非常古老的品牌，是世界上最早研发无线电通信的厂商。曾经，"摩托罗拉"就是"无线电通信"的代名词。"二战"以后，摩托罗拉几乎逐渐垄断了无线通信市场，从最早的"大哥大"、BP 机，到后来的移动手机，无数人都在使用摩托罗拉的产品。在智能机时代来临之前，摩托罗拉一直是通信市场的霸主。虽然两次易主（谷歌、联想），但其公司手册中所总结的跨文化管理方法却很经典。

在跨文化管理上，全球跨国公司摩托罗拉主要采用四种模式：①阐明摩托罗拉自身价值观；②按当地标准阐明价值观；③大幅调整摩托罗拉价值观；④全球一致。这四种模式按复杂程度递增排列，前两种主要适用于东道国没有摩托罗拉人的情况，后两种则反之。

12.4.1　阐明摩托罗拉自身价值观

最简单的模式是摩托罗拉针对当地文化，并不做任何特别的调整，只是阐明一个既定的决策，并且实施这个决策而不管它是否与当地价值观或文化标准一致。举个例子来说，摩托罗拉始终坚持正直、高尚的价值观，为此绝不行贿受贿。在芝加哥、莫斯科、首尔、圣保罗，摩托罗拉的宗旨也基本上是一致的。顾客满意卡和管理法规也明确表明，摩托罗拉人绝不允许参与贿赂。在一些情况下，摩托罗拉文化与东道国文化差异较大，也只得遵守自身的准则，同时也尽量保持在东道国的可实行性。

12.4.2　按当地标准阐明价值观

在跨文化管理的第二种模式中，摩托罗拉保持了它的核心价值观，同时也站在东道国价值观的角度上阐明了它的准则。这些调整也许是象征性的，也许还与有限的资金和金钱观有关。

一个贴切的例子是日本摩托罗拉有限公司（NML）。自从很久以前现代工业在日本出现以来，礼尚往来就已渗透于日本文化之中。传统上大多数大型日本公司热衷于赠礼给那些他们认为有利可图的公司或个人，像政府官员、公司决策者、购物中心等。一些礼品是每年都要赠送的，其他一些则作特殊之用，比如贺礼或抚恤金。

很明显，NML 公司这种传统与摩托罗拉主旨——坚持高尚操守相悖。然而，NML 公司确实针对这种传统认真做了一番调整，并详细做了说明。以下摩托罗拉管理法规中的特别豁免权是 NML 公司按日本习俗制定的：

（1）两个赠礼时节。在适当的赠礼时节（两个每年主要的礼物馈赠时节），NML 公司将代表顾客选取恰当的礼品赠给慈善机构（而不是自己的主顾公司或代理处）。

（2）卖主的馈赠。除非拒收或退回礼品会破坏买卖关系，而且礼品是用于公司而非个人利益，否则公司是不允许接受卖主或商业伙伴的礼品的。原则上，所有礼品应附加一张由收到礼品者签名的信件 A （委婉地告诉赠者礼物已被退回）退还给卖主。当然也有例外，如果礼物非收不可，那收到礼物的人也该回敬信件 B （委婉地提醒赠者以后不必赠礼）。

（3）最小价值的礼物。作为一项娱乐支出，"馈赠的礼物价值最小"成为摩托罗拉更可取的一个改进条例。鉴于总经理已事先特许了整个交易，这项条例一般来说还是切实可行的。

12.4.3　大幅度调整摩托罗拉价值观

上述两种模式融入了第三种模式——跨文化经营管理。第三种模式更可能照顾到摩托罗拉的当地雇员，而不是当地的非摩托罗拉人。举个例子，在摩托罗拉文化中一直保持着一个传统，就是每年颁发奖金给杰出员工个人。这也反映了英美文化对于个人业绩所做的价值上的肯定。然而，马来西亚的一个摩托罗拉机构建议，高绩效的奖金应该奖励整个团队。这反映了重视团队的马来西亚价值观。马来西亚摩托罗拉机构的经理是当地人，他强烈反对奖励个人的机制，认为马来西亚雇员更注重每年的加薪，至少应跟得上通货膨胀，还注重终身工作的稳定性。在这个案例中，显然摩托罗拉与马来西亚文化有相同的地方，双方都认为有功的员工应受到奖励。不同的是价值分配的标准不一样：

（1）英美式的个人主义思想认为，如果奖励整个团体，一些出力不多的成员也会得到很高的奖金，而这是不公平的。

（2）马来西亚式的思想认为，如果奖励个人，则会出现差别等级。

两种方法都赞同的人认为，如果不因地制宜，那么员工的业绩将会受损。也许双方都是对的，每一方都处于一种特定的文化之中，如果在一个美国机构中实行团队奖励法，那么美国摩托罗拉人的业绩也许会下降；同样，在马来西亚机构中实施个人奖励法，马来西亚摩托罗拉人的业绩也许也会受损。

然而，这里的关键点也是显而易见的，马来西亚经理建议在马来西亚人中实行团队奖励制，而不是在美国人中。最终公司也决定在马来西亚机构中实施团队奖励制。在做这项决定的过程中，摩托罗拉的管理人员在一定程度上也是出于为公司利益考虑，这个决定只是关系到马来西亚人的薪水问题，而不是全球摩托罗拉人。

这个案例也说明，在摩托罗拉两个基本核心——"坚持高尚的操守，对人永远的尊重"之间适当做些权衡利益的调整有时是很必要的：

（1）在许多英美摩托罗拉人眼中，个人奖励法更能公平地体现摩托罗拉坚持高尚操守的价值观。这种奖励法使个人贡献更能准确衡量出来，更能体现公平。当然有些人会认为这种办法在许多情况下并不可行。

（2）相对而言，在许多马来西亚摩托罗拉人眼中，团队奖励法则更能体现尊重员工的价值观，马来西亚人更倾向于这种奖励法。马来西亚人会强烈地感受到摩托罗拉对个人或团体真正的尊重，即对由于文化不同而造成喜好不同的尊重。

12.4.4　全球一致

第四种模式是最复杂的，因为它对整个全球摩托罗拉文化的道德行为准则会有真正意义上的或潜在的改变。为了说明这个问题，让我们深入讨论上面马来西亚的例子。假设马来西亚文化影响的不仅仅是摩托罗拉/马来西亚，并影响了全球摩托罗拉文化。设想如下：

（1）摩托罗拉管理人员着手认真考虑奖励的价值。

（2）管理层由来自不同文化背景的摩托罗拉人组成。

（3）管理层决定在实行团队奖励制下委派组长计划。

（4）如果在既定机构中的经理和雇员对这项计划表示赞同，管理层应使世界各地被选定的机构知道，这项计划是切实可行的。

（5）几个机构对这项计划表示赞同。

（6）这项计划先试行一段时间，并认真测定它对鼓舞士气和提高产量所起的作用。

在这几个假设的案例中，随着时间的推移，在特定环境中，摩托罗拉文化很有可能逐步承认团体奖励制。如果这样，在如今摩托罗拉文化所崇尚的个人价值和马来西亚人的团队价值以及其他一些文化之间将达成共识。应当坚信的是，乐于接受当地摩托罗拉经理与员工的建议，对于公司未来发展为成功的跨国大企业是一个关键因素。

12.4.5　结论

摩托罗拉的跨文化管理模式所经历的历程是：全球标准化→地方本土化→全球地方化→回归全球化。这是一个典型的充满辩证法的发展进程。

本章小结

跨国企业的跨文化经营的成功并不取决于它采用了哪种战略，而是因为它采用了适当的战略，达到了全球化与地方化策略之间的平衡。本章探讨了**企业"走出去"跨文化策略选择的适用条件**，涉及行业特征、业务职能、核心能力、进入方式、价值链、母子公司文化、东道国状况、投资国状况、东道国—投资国关系九方面的权衡考量。

第13章 总结与展望

本章为全书的总结，给出了本书的主要创新结论、研究不足，并指出了有待进一步研究的方向。

13.1 本书的主要创新结论

本书的主要创新结论如下：

（1）所谓**管理模式，指的是建立在相应制度文明基础上的反映管理理论与实践的知识体系**。关于基于一种文明体系的管理模式特质的探讨即为对建立在该种制度文明基础上的反映管理理论与实践的本我—企划知识、自我—组织知识、超我—控制知识三知识体系的特质的探寻。

（2）**文明是由若干同类民族国家构成的社会整体，其中文化是文明的核心，而文化中最基本的东西是宗教**。仍然存在的 10 个文明分别是：中国文明、日本文明、印度文明、伊斯兰文明、西方文明（含美国文明与西欧文明）、东正教文明、拉美文明、非洲文明和犹太文明。

（3）探寻一种管理模式赖以产生的制度文明渊源，可以借鉴新制度主义方法。**通过从制度的管控性、规范性和认知性三个角度研究制度产生的迫使力量，进而对一个组织的管理模式以及管理特质产生影响**。

（4）基于制度与知识的冰河模型，可用以形象描述一种管理模式赖以生存的文明环境（基于制度三层次）以及基于一种制度文明的管理模式（基于知识三层次）。**冰河模型是在整合洋葱模型、冰山模型的基础上发展而成的，并超越**

了谢恩模式：①它在继承"洋葱"比喻和"冰山"比喻中的分层思维的同时，还强调了各个层次之间相互渗透关系。特别是其中的冰冻层是上下积雪层与河水层共同作用的结果。②在模型中增加了外力的作用，进一步突出在历史发展过程中文明与文明之间的互动关系，为文化层次理论模型填充进了新的内容。③基于文明制度观、知识观，而不仅基于文化观。④模型中的外力强加、渗透交错抑或无作用三情景还预示了两种文明或管理模式之间的三种跨文化作用关系。

（5）不同文明或管理模式之间存有三种关系：互相排斥、渗透或强加。这样，**跨文化管理也有三种基本方式，即平行/并存、渗透/融合以及强加/覆盖三种跨文化解决方案，分别对应于地方化、全球地方化和全球化三种基本的战略。**

（6）**基于美国文明的美国管理模式为：**基于基督教及盎格鲁—萨克逊裔民族性格，崇尚自由企业、民主政治和实用主义，追求短期利润优先、组织硬管理和企业家精神。领导者的人格特征为"英雄"；同处北美的**加拿大管理**，显出更多的多元文化控制特色、政府与企业相关联的组织方式以及保守主义的企划理念。另外，在加拿大与美国的领导者人格特征方面，均显示出企业家精神与职业经理人的共同特质。

（7）**基于西欧文明的欧盟管理模式为：**基于基督教和欧盟一体化，崇尚文艺复兴的人文、理性和民主精神，追求以人为本、多样化结构和中道控制。领导者的人格特征为"教练"。**欧盟呈现的东南西北管理多样化及泛英语圈分模式有：**①**日耳曼管理模式**，基于社会市场经济、直觉思维和日耳曼文化，崇尚技术主义，追求理想主义、质量控制和生产机器机构的组织特质，领导者的人格特征为"专家、师傅"。②**拉丁法国管理模式**，基于统治主义和高卢拉丁文化，崇尚精英主义，追求理想主义、等级控制和行政机构的组织特质，领导者的人格特征为"长官"。③**拉丁意大利管理模式**，基于社区资本主义感觉思维和拉丁文化，崇尚人文主义，追求设计创新、关系网络和家庭结构的组织特质，领导者的人格特征为"家长"。④**盎格鲁英国管理模式**，基于自由经济和盎格鲁—萨克逊文化，崇尚经验主义和实用主义，追求人本主义、短期利润和销售机构的组织特质，领导者的人格特征为"经理"。⑤**斯堪的纳维亚管理模式**，基于社会市场经济和"詹代法则"，崇尚谦逊、平等、谦卑、怀疑主义，追求长远规划、共同决策参与和授权，注重工作和生活平衡。领导者的人格特征为"女权"。⑥**泛英语文化圈澳大利亚管理模式**，基于高福利社会、多元文化，崇尚强壮、独立、平等、吃苦耐劳，追求保守控制、男性管理，生活大于工作，领导者的人格特征为

"男权"。

（8）**基于日本文明的日本管理模式为**：基于岛国情结和武士道、神道教，崇尚大和理念、耻感伦理和公司资本主义，追求质量控制、根茎组织和命运共同体。领导者的人格特征为"教父"。相对日本管理，**韩国的管理模式**为：基于日本殖民、美国援助和半岛国性格，崇尚性情中人，追求时尚设计、家族结构和高丽式的忠诚。领导者的人格特征为"君子"。

（9）**基于中华文明的中国管理模式为**：基于儒释道法及毛泽东思想、混合经济和社会主义，崇尚中庸、官本位和关系网理念，追求和谐管理、差序格局和太极治理。领导者的人格特征为"儒商"。

（10）**基于伊斯兰文明的阿拉伯管理模式**为：基于伊斯兰教和中东石油经济，崇尚和平、中正和自由，追求忠诚、外部责任和伯特结构。领导者的人格特征为"酋长"。

（11）**基于东正教文明的俄罗斯管理模式**为：基于亚欧斯拉夫民族、东正教及俄罗斯薄弱帝国的大国情结，崇尚双重性和极端思维，追求产业报国、公社模式和极端管理。领导者的人格特征为"斗士"。

（12）**基于印度文明的印度管理模式**为：基于印度教和种姓制度，崇尚平和包容、保守安分，追求内部控制、外包购并和利他主义。领导者的人格特征为"职业买家"。

（13）**基于拉美文明的拉美管理模式**为：基于古印第安文化及西方天主教、拉丁文化影响，崇尚两级嬗变及多元、矛盾价值观，追求个人渗透、部落制度和摇摆理念。领导者的人格特征为"独裁家长"。

（14）**基于非洲文明的非洲管理模式**为：基于非洲宗教影响，崇尚公有经济和非洲个性，追求"对人不对事"、部族关系、传统信仰和管理文化。领导者的人格特征为"政客"。相对一般非洲管理，**南非管理**显出由"对人不对事"到"对事不对人"、跨文化欢乐家庭以及双重价值观的企划理念。其领导者人格特征一般为"白"领。

（15）**基于犹太文明的犹太管理模式**为：基于犹太教、迦南基因，崇尚危机意识、学习意识，追求掌控自我、参与性结构和创新、应变能力。领导者的人格特征为"世界商人"。

（16）**跨国企业的跨文化经营的成功并不取决于它采用了哪种战略，而是因为它采用了适当的战略，达到了"全球化"与"地方化"策略之间的平衡。企

业 "走出去" 跨文化策略选择的适用条件，涉及行业特征、业务职能、核心能力、进入方式、价值链、母子公司文化、东道国状况、投资国状况、东道国—投资国关系九方面的权衡考量。

（17）"全球一体化战略" 意味着跨国公司将全球视为一个同质性的市场，在全球范围内生产与销售标准化的产品与服务，追求规模经济的竞争优势。它把重点集中在通过获得来自于经验曲线作用和区位经济的成本来提高盈利能力上，实际上是一种低成本战略，企业的生产、销售和研发活动集中在几个有利的地方进行。采取全球一体化战略适用两国文化冲突较轻，母公司擅长全球效率导向，其经营方式的公司特质最好是战略性文化差异小的公司间的 100% 购并企业，强势文化压倒弱势文化；或为分公司、特许经营或独资兴建式；如果合资经营，一般采取一方为主型而非双方共管型。适应全球一体化的 "行业—企业" 因素组合状况一般是 "功能性的产品"，企业价值链优势来源于上游活动；母公司文化占统治地位，而又能进行文化整合。适用全球一体化战略的职能管理或经营方面依次是：品牌、研发、产品设计、质量体系、分销网络、公司文化、资源采购、生产制造、市场营销、产品销售、人力资源管理等。

（18）"地方本土化战略" 指跨国公司将全球视为异质性市场，根据各细分市场的特征和消费者需求，设计和生产不同的产品或提供不同的服务。企业以获得最大的当地需求响应为方向，它们常常在每一东道国建立一套完整的含生产、销售、开发方面的价值创造活动。采取地方本土化战略适用两国文化冲突较重，母公司擅长国别响应能力，其经营方式的公司特质大致是一种 "控股公司" 的结构，或其海外业务部门一般在跨国公司中都占有重要地位，且母子公司的企业文化差异太大，母公司文化不占统治地位，而又能进行文化整合。适应地方本土化战略的 "行业—企业" 因素组合状况一般是接近东道国消费者的活动，即跨国公司跨国经营的价值链活动中的下游活动，如最终消费者为个人的品牌包装品行业，大都属于个人情感型产品。

（19）"全球地方化战略" 通常指跨国企业在海外进行投资，与当地社会文化融合创新，运用双方都能接受的文化进行管理。采取全球地方化战略适合两国文化冲突一般，母公司擅长全球范围学习能力，其公司特质一般是 "股权式的联盟企业"（如合资，尤其是双方共管型的合资）。当跨国公司价值链中的竞争优势主要来源于企业的下游活动并面临着较高的全球化压力，或者其竞争优势来源于企业的上游活动并且面临着较高的地方化压力，在公司跨国发展和经营的过程中，母公司与下属分公司文化处在一个"平衡"的位置，达成了文化的最佳整合，各部门间的相互学习、取长补短将跨文化的多样性发挥与发展，使企业内部形成一个有机的整体。

（20）企业的国际化经营活动起始于"国际化起始战略"。随着企业国际化的推进，企业可以根据企业、环境、国际化过程因素等情况，分别可以选择"全球一体化战略""地方本土化战略"或"全球地方化战略"，逐步发展国际化，进入"无国界管理战略"。**无国界管理是跨国公司战略的高级形式、最高境界，未必所有的跨国公司均能达到**。这时，企业完全迈入一个新时代，企业试图同时获得成本优势和差异性优势，同时建立全球效率、经营灵活性和世界范围的学习能力。公司在运营模式中去除本土色彩，创造一套由公司全球经理人员共有的价值系统，取代以本国为基础的导向。

13.2　跨文化相关性总结

本书在具体解剖世界 10 种主文明、8 种亚文明（加拿大、日耳曼、拉丁、盎格鲁、斯堪的纳维亚、泛英语澳大利亚、韩国、南非）管理模式的过程中，发现了诸多跨文化相似性与相悖性，很值得回味。

（1）**关于宗教**。试比较世界三大宗教（基督教、伊斯兰教和佛教），其相同点为：制恶扬善、明白人生观、谦虚、虔诚。其中犹太教是基督教、伊斯兰教的共同源头。犹太教《旧约》和基督教《圣经》包含了两个神话起源故事（创始说及禁果说），至今被犹太教和基督教所认可信仰。

基督教在罗马帝国分裂后，分为东正教及天主教。东正教以拜占庭为中心，东正教较多地保留了早期基督教的传统，不像天主教那样受到理性主义的过多冲洗。天主教主要掌控南欧等地区。后来，欧洲宗教改革，天主教再分为新教和旧教（还叫天主教）。

天主教常常强调团体精神、自我实现、家长作风和组织的整体性，而新教则信奉个人主义、协助精神、独立性、契约主义。与新教相比，天主教最大的特点是有教皇，强调宗教仪式和默祷，拥有世界性的统一领导机构——梵蒂冈罗马教廷，世界各地区、各国家的教区、教会都隶属罗马教廷领导。天主教认为，人死后有"炼狱"过程，再定上天堂或下地狱，故教会要为死者祷告。天主教还认为世俗的赚钱活动无论是从社会的角度还是从道德和宗教的角度看都是不足取的，甚至是危险的。天主教教堂有忏悔室，新教则无。

人文主义与基督教及希腊哲学的根本差异在于它以人为整个宇宙的中心。

佛教与印度教同样都产生于以婆罗门阶级为中心的印度。印度教以吠陀天启、祭祀万能、婆罗门至上为三大纲领，夹带着浓厚的神权色彩；佛教却否认印度教原有的万能之说，主张四姓平等，人人皆有佛性，以现实人生的考察，着重实际的修持与体证。于是，两教不同的诉求方式，形成各自独特的思想体系。在当今的印度，印度教是所有宗教中对印度文化和社会的影响最广泛而深刻的宗教。相对于佛教，印度教更符合印度的民族文化，有更加深厚的社会基础。故佛教发源地虽然在印度，虽然对印度下层人民有强烈的吸引力，但是不符合社会上层以及较高种姓的利益，所以没有广泛的社会基础，最终没能成为印度的主要宗教。而且从 9 世纪起，由于外族不断入侵，佛教在印度便开始走向式微。其发展和得到广泛的传播却是在古代中国和深受中华文化影响的一些东方国家。

正如佛教产生于印度，但生根开花于亚洲他国，新教产生于德国，但在英国和北欧传播开来。更有甚者，新教还在英国产生出了资本主义萌芽。

忽略仁慈而强调忠诚，只能被看作日本儒教所独具的特征。

中国的道教提倡人们应从公务中退休，并隐居起来，宁静而清苦地生活，以便在追求尘世间的幸福中获得长生不老；而在日本的恩耻意识的土壤上，日本人把道教改造成了相反的东西，天皇和神道这些名副其实的道德概念被反道教的方式重新解释，神道教徒珍重为天皇利益而做出的自我牺牲，而并不注重追求自身的长生不老。

正如欧洲人由于对相同的《圣经》的不同的解释，终于导致耶稣教与天主教的决裂，然后耶稣教建立了一种全新的行为伦理道德（即韦伯所谓的"现代资本主义精神"）那样，在某些重要的方面，日本的儒教是非常不同于中国的儒教的；与儒教同时传入的道教，也经历了相当大的改造，并发展变化成为日本的神道教；同样，由中国经朝鲜传入的佛教也变异为日本的禅宗——其结果是，在日本产生了一种独特的"大和民族"的民族精神。

（2）**关于资本主义与社会主义土壤**。新教认为世俗工作是一种宗教任务。生产和收入作为勤奋工作的果实是上帝对这种努力的赞许，结果是通过勤奋工作而赚钱就变成了宗教责任而得到充分认可。这种哲学导致所谓的"资本主义精神"（以利用交易机会取得的预期利润为基础的行动，却依赖和平的盈利机会而采取的行动）兴起。

中国本不是资本主义的土壤，而是马克思主义的土壤。儒家所信奉的许多原则似乎很好地与马列主义正统说法统一。儒家的理论，如"多看多听""多学多问""温故而知新"很符合中国现在所强调的"实践是检验真理的唯一标准"和吸收不同国家的优秀经验的需要；马克思主义讲"共产主义"，与中国知识阶层所追求的"大同社会"如出一辙；中国社会非常讲究"关系"（"关系"一词在英文中有特定外来语"Guanxi"），而马克思主义对"人"的定义便是"人是社会关系的总和"。

"第三罗马"观念连同东正教的其他教义一起渗透于俄罗斯人特别是知识分子意识中，形成了他们强烈的特殊历史使命感。几乎所有的人都这样想：俄罗斯民族负有实现社会真理、人类友好情谊的使命。所有的人都指望俄罗斯避免资本主义的非正义和恶，绕过经济发展的资本主义时期变为更好的社会制度。甚至所有的人都想：俄罗斯的落后状态恰恰是它的优势。俄罗斯人在农奴制政权和君主专制制度下竟然能够成为社会主义者。如果我们从俄罗斯精神的这一方面来看，可知俄国的十月社会主义革命绝非偶然事件，而是俄罗斯文化发展的必然。

（3）**关于大陆、岛国、半岛文明**。大陆文明是"给予文化"，岛国文明是"接受文化"，半岛则可以说是"接受、被索取文化"。

（4）**关于西方式"罪恶文化"和东方式"耻感文化"**。西方人持有的是"罪感文化"，道德的约束是内在的。而日本是一种"耻感文化"。耻感文化强调的是外在的约束力。

阿拉伯国家的管理与西方的一个主要不同之处在于伊斯兰强调商业和管理的道德框架，而且在某些方面比日本管理中基于耻感伦理的类似的道德基础更具特点。在阿拉伯组织中，领导是一种复杂的形象，并且与荣辱观念联系在一起。阿拉伯文化可被形容为一种东方式"耻感文化"而非西方式的"罪恶文化"。

（5）**关于日本公司资本主义与德国社会资本主义**。日本的公司资本主义是明治维新时期吸收西欧文化进行的社会改革。不同于德国（欧洲）的社会资本主义的是，社会资本主义的出发点是力求达到经济效率与社会公平的兼顾。公司资本主义强调的是企业与政府的联合，社会经济受大财团的控制。公司资本主义的独特之处，是它重视长期的合作关系。这是经济不是受价值规律地指挥，而处于人们所称的"关系市场"指导之下。"关系市场"，指的是政府默许下，金融业界与生产企业之间的相互渗透的所有权关系。在这种关系的影响下，金融界与生产企业之间更注重长期的合作关系，而不是着眼于短期或者中期的效益。

（6）**关于流动性与个人主义**。美国原来的印第安原住民作为狩猎民族具有两个明显特征：一是流动性；二是个人主义，依个人能力的大小决定其收获。这两大特征后来又得到延续和加强。自第一批英国清教徒移居北美，创建他们理想中的自由家园，这里就成为一个移民的国家。由于人们之间缺乏血缘关系，缺乏可依赖的群体，因而崇尚个人主义、个人至上。

（7）**关于个人—集体主义差异**。美国人、澳大利亚人；以色列人、中国人。同为个人主义文化，但美国与澳大利亚并不相同：美国人强调竞争，澳大利亚人却更为悠闲自如。还有虽同为集体主义，但中国与以色列的"科布兹"也很不同：中国人爱攀比，喜欢出人头地，而科布兹人更喜欢群体之间平等友好。俄罗斯今天的文化被西方人断定为一种集体主义文化，这是与美国相比。若与中国和日本的文化相比，它更倾向于个人主义。

（8）**关于英语区和法语区加拿大人**。加拿大境内的英语区和法语区的风格不仅没有相容的趋向，反而各自向母体文化靠拢。相对来说，讲法语的拉丁民族在管理风格上比较欠缺竞争性及焦点，生活以家庭和朋友至上，工作被视为一种手段而非目的，所以不必分秒必争，守时与否也不那么重要。当然，用一定的规范来维持秩序仍是必要的。

（9）**关于英国人与美国人**。美国文化源于"盎格鲁—萨克逊"传统，以盎格鲁—萨克逊白人文化为主体，除了英国人的绅士风度与美国人的落落大方差异外，盎格鲁—萨克逊民族共同拥有如下特征：征服欲望强；积极向上，决不退缩，喜探未知领域，富有冒险、竞争和创新精神；重视个人的思想、自由和权利；思维严谨、缜密，办事总是依靠法律法规。

（10）**关于韩国人与爱尔兰人、意大利人**。韩国人自称为"东方的爱尔兰人"。韩国人非常感情化、有血性，富有积极性和挑战性的共有价值。这种文化特点使韩国企业比较适应产品开发上多变的特色，形成了以产品设计为核心的"银边"战略。意大利人也具半岛性格，作为"欧洲拉丁人"的主要代表，强调感性思维，凭借感觉办事，崇尚设计创意。

（11）**关于犹太人与吉普赛人**。在世界民族之林中，犹太人与吉普赛人是相映成趣的两大奇观。他们都与流浪结下了不解之缘。当他们不愿做埃及法老的奴隶时，当他们成为巴比伦的囚徒时，当他们最终失去祖国时，当他们一次又一次浪迹天涯时，犹太人更渴望的不是流浪，而是家园。犹太人终于在世界各地定居下来，但定居下来的犹太人无法忘记被放逐的噩梦，他们把这种内驱力外化为对物的搬运——无休止的商业贸易，最终变成了物的魔术形式——钱。

（12）**关于以色列与美国。** 全世界的金钱装在美国人的口袋里，而美国人的钱却装在犹太人的口袋里。从文化的角度看，以色列奉行了美国生活的方方面面，其中包括管理模式。尽管如此，以色列仍继续具备独特的管理特点，这是这个国家的历史遗产，最显著的就是成功的欲望和应变能力——用奇迹实现管理。这种特征帮助管理者达到也许被视作不可能实现的目标。以色列人具备的敢作敢为和立竿见影的特性在管理中也得到了体现。

（13）**关于东西方中庸之道。** 美国公司与日本公司的管理经常被认为是两大极端。基于多种特点，欧洲公司的管理介于两者之中。若存在欧洲式的管理，那么它位于美国管理模式与日本管理模式这两点一直线的中点，有点像中国的中庸之道。

释迦牟尼认为，通向幸福之路是一条"中庸之道"，它处于两极端之间：一极是放纵情感的人生；另一极是严格的苦行主义。两极都会导致生命的失衡，应予以避免，任何一极都不可能使人从苦中解脱，而解除苦难是人生的真正目的。任何一极既不聪明，也不会带来幸福。为了通向寻找和谐平衡的生活的中间道路，一个人必须冥思苦索，而不要把时间花在文字争论上。

当代最伟大的历史学家汤因比早就认为人类的希望在东方，而中国文明将为未来世界转型和 21 世纪人类社会提供无尽的文化宝藏和思想资源，并直言不讳地预言：未来最有资格和最有可能为人类社会开创新文明的是中国，基于中庸之道的世界唯一文明从未间断过的中华文明将一统世界。

（14）**关于"大和"及"中和"。** 日本人自称他们是大和民族，是因为他们的历史就是从"大和"（邪马台）这个地方开始的，把"和"字作为国家的最高理念。由于大海天然屏障的存在，岛国的最大危险不是外敌，而是岛国内部的斗争。岛国上爆发战争，人们无处可逃，因此战争必会两败俱伤。所以日本在 6 世纪国家稍有模样时，就已经把"和"字作为国家的最高理念。"和"主要指的是"以和为贵"的思想。日本人注重"和为贵"，希望尽一切努力保证表面上的和谐——"微笑"就是其经典的表现。

中国文化讲究中庸之道，其基本含义是：过犹不及。孔子将"中庸"看成最崇高的美德，是"中和"。"中"是循礼，"和"是行仁。以中和为用的中庸思想正是"礼"与"仁"思想的集中表现。作为一种思维方式，中庸之道的第一要义就是不走极端；第二要义就是持久通行，用平衡、协调、适应、统一来代替冲突与对立。

伊斯兰文化强调中和，反对极端（原教旨主义除外），穆斯林要走不偏不倚的中正之道，《古兰经》中将穆斯林民族称为"中正的民族"："我（真主）这样以你们为中正的民族，以便你们作证世人……"圣训中讲："最好的事就是中正之事。"圣训中还告诫穆斯林，一定要谨防宗教中的过激行为，因为过激会导致灭亡。

（15）**关于日本与美国式质量管理**。质量管理由美国人戴明首先倡导，在美国却反应冷淡，而让日本人独领风骚几十年的深层原因在于，日本企业将戴明的方法同日本的"禅宗"结合了起来，禅宗强调直接的个人经验，要求职员完全沉浸在工作中而没有偏见，就像练习武功达到某种圆熟的境界一样，这就是在禅宗的影响之下日本人对待质量的方式。受禅宗的影响，日本管理不同于美国管理的另一个差别是把决策看作是一个无休止的过程，所以他们能迅速抓住戴明的"无限循环"的精髓。

（16）**关于东西方地理横跨**。俄罗斯横跨欧亚两大洲，俄罗斯人认为自己既是一个欧洲国家，也是一个亚洲国家，既是东方，也是西方，他们常为此而感到骄傲。俄罗斯文化是一种在东西方文化影响下的双重文化，这种双重性和矛盾性的二元结构可以说是俄罗斯传统文化的原始基因。俄罗斯的"双头鹰"国徽既是俄罗斯的国家象征，又是民族性格的象征。这个双头鹰左顾右盼、期望左右逢源的拟人化形象，绝妙地显露出俄罗斯民族的双重性格。

印度地处东西半球交通要道，首先是东半球接触西半球思想影响的前哨，然后是西方影响在东半球的传播者。印度从独立的时候就选择了与西方和东方不同的道路，它在政治上吸收的是以英国为代表的西方民主体制，在经济上实行的却是苏联的计划经济。

（17）**关于村社、公社、农庄制度**。在近代以前，以印度封建的土地制度、等级森严的种姓制度、世代不变的社会分工制度以及遍及全印度农村的村社制度等为基础的自给自足的自然经济决定印度经济具有特别的稳定性和保守性。与该时期印度经济发展最密切相关的是村社制度。印度社会发展的一个特点是村社制度的长期存在，经历了历史发展的各个阶段。它是原始社会保留下来的一种古老制度，不仅是阶级国家建立的牢固基础，而且也是封建剥削制度的牢固基础，是印度社会的基层组织。该制度最基本的特征是：农民没有土地，他们结合在村社中，用封建王公的土地；在向封建王公缴纳田赋的前提下，对所耕种的土地具有永久的占有权。印度村社生产的大部分粮食，除由农民自己消费之外，还得为各类手工业提供原料，因此农业和手工业紧密结合。这个时候商业和手工业者占少数，大部分从事农业耕作的印度人在自然给予财富的意识下，没有太多占有的欲望，自己的劳动成果更多的是交于王公贵族，自己只需要满足基本生活需要。村社制度的生产资料所有制具有双重性：一方面，土地公有，耕地由村社掌握，分配给各个家庭使用，牧场、森林、水源和荒地等归公共使用；另一方面，房屋、宅地、牲畜和农具等属各个家庭私有。当印度跨入阶级社会后，这种村社组织形式继续保留下来，但打上了种姓制和奴隶制的烙印，成为国家统治下的最基层的地方行政单位。

俄罗斯中世纪的农民公社，人们期望公社内部的成员相互关照，并以不动摇的忠诚作为回报，因此集体的目标支配着个人目标。扎德鲁佳是俄罗斯旧时期较大的氏族共同体，也是部落的核心，后来演化为米尔。米尔是一种以地域为界限、以互利为基础的农村公社，公社里的各个家庭都生活在彼此相邻的小棚屋里，周围的土地归公社共有。公社的重要事务由各家庭的家长一起开会商定。在会议上，每个成员都可以发言，气氛活跃，但并不进行投票。会议的目的是确定集体意志，如果已进行了充分讨论，而且没有人反对，表示所有成员已达成共识，并对所有家庭具有约束作用。后来，部分农民进城，成为工人和手工艺人，在城市生活。他们给城市带去了注重集体的生活方式，并形成合作社。合作社以米尔为模型，其成员以群体为单位被雇用，所得收入平均分配，一起用餐，一起参加集体活动。这种集体生活的方式一直延续到 20 世纪，延续时间比在欧洲任何国家都长。

非洲个性通常包含以下因素：①理解撒哈拉以南非洲文化的关键的一种价值观是人性——我的存在是因为大家的存在，我和他人紧密相连。②村社概念和非洲社会的和谐一致。传统非洲社会有一个强固稳定的家庭联合体、土地及其资源的村社所有者，即财产归村庄所有，土地上的产品公平地属于全体人民。因此，非洲传统社会中没有分裂成敌对集团的竞争，没有个人以牺牲别人为代价来聚敛财富。③非洲黑人与自然界的广泛和谐一致。这点类似于中国古代的"天人合一"思想。非洲人住在露天场所，没有穿衣的负担，因而跟自然界保持着广泛的一致。与欧洲不同，非洲社会没有世俗世界和精神世界之分，传统的部落宗教不仅设想有一个单一的神，而且通过自然崇拜，所有有生命和无生命的事物都是神的存在。

　　以色列全国巴士公司是由所有司机组成的生产合作社。农庄最典型地体现了这一特质，这些农庄不仅财富公有，而且集体生产、集体分配。农庄工资不用货币形式支付，而是由农庄为每一个庄员提供食物、衣服、住宅等生活必需品和教育、休假、医疗、娱乐等福利待遇，造就出全社会富裕的管理文化。集体农庄是以色列的一种独特的现象。集体农庄，尤其是它使用的管理技巧，引起了许多观察家的兴趣。在这种集体中，参与的管理观念得到了实现，位置轮换和参与决策达到了最好境界。然而，集体农庄的社会和经济成功的历史源于最早建立的农庄，许多后来的农庄都失败了，虽然最初它的平等观念使许多有热情的人取得了成功，但到了第二和第三代情况就发生了变化。充满灵性的、传统的以色列当地人或者拓荒者已不复存在，取而代之的是高技术的农业开发者，他们将目光投向全球市场。

　　（18）**关于拉丁欧洲与拉丁美洲**。欧洲分为拉丁欧洲和条顿欧洲。前者包括欧洲南方各民族，信仰天主教，使用拉丁语；后者包括欧洲北方的大陆人和英国人，信仰新教，使用日耳曼语。这两支殖民到新大陆后，与北美洲不同，南美同南欧一样，属于拉丁文化圈。拉丁文化圈又称为天主教文化圈、罗马文化圈等，拉丁文化的最大特点是热情、奔放、浪漫、剽悍和不拘小节，对艺术、生活和爱情的狂热追求，必要时，可将秩序、纪律、模式甚至未来搁在次要之位。说得俗一点，拉丁文化有点"野"。

　　拉丁美洲文化与亚洲文化，比如中国和日本比较相似。与中国人做生意，在进行任何有关商务的认真对话之前，他们首先想知道他们的商业伙伴的性格和个性。日本人在进行商务活动的细节之前，也想更好地了解自己的商业伙伴，建立起一种相互信任的关系。

　　（19）**关于熔炉**。美国曾被称为种族及国籍的世界"大熔炉"，不过，传统的盎格鲁—萨克逊文化仍是这个国家社会的主流文化；但是，加拿大没有美国式"大熔炉"的传统，移民往往保留了他们出生地文化的重要特征。

　　（20）**关于欧美公司**。欧洲企业的发展模式受到人文主义的影响。欧洲公司与美国公司不同，欧洲公司在进入目标市场时，采用目标市场与公司文化相结合的方式，推出面向细分市场的产品。这和欧洲公司有明显的以人为本的传统和欧洲各国文化的显著差异是分不开的。许多欧洲公司认为，影响目标市场长期发展的重要因素并不只是产品利润，产品的流动性和其他因素也起着很大的作用。美国的公司文化中提倡竞争力，在面向市场的时候，美国公司通常将自己的产品置于强势地位，并倾向于在目标市场中推出统一化的产品。这两种产品策略很难绝对地对比其好坏，主要决定于目标市场的实际需求情况。

（21）**关于中国、日本、韩国、印度"家"的认知**。韩国"家"的观念与中国类似，但不同于日本关于"家"的观念。中国的家具有以父权为中心、重血缘关系、兄弟均分家庭的特征，在继承人制度上也多数采用"长子制"（韩国有时采取非长子继承较多）。日本的家族企业历史悠久，蔚为壮观，但他们却不是一味追求任人唯亲，而是采取兼顾任人唯贤和任人唯亲的态度。日本家族企业注重的是家业的传续，而不是单纯看重血缘的延续，对宗族纯正问题没有顽固地坚持，而是更加注重选贤选能，"养子制""婿养子"继承比比皆是。

与村社结构密切相关的是印度的大家庭制度。印度在吠陀时代雅利安人入侵印度后进入部落性质的村社生活，与此同时，家庭成了基本的社会和政治单位，由长子掌管，所有家庭成员都要服从于他。同一氏族的若干家庭组成一个"格罗摩"，即村，并且有村长。村社内部的事务一般由村社自行处理，具有一定的自治权。上一级的单位是"维舍"，即氏族公社。村社规模大小不一，有的上千户，有的仅几十户。居民区周围一般筑有土墙或篱笆，其外是耕地，耕地外围是牧场，最外面是村社之间交界的丛林地带。村社成员包括不同种姓的农民，高级种姓占据统治地位。总之是家庭形成村庄，村庄组成氏族，氏族结成部落，部落首领是国王。

（22）**关于日韩与西欧骑士道的"忠"**。韩国的"忠"略不同于西欧骑士道的"忠"，接近日本的"忠"。骑士道的"忠"是多元的，具有双向的和相对的倾向，即骑士可忠于一个或多个主子，"忠"以骑士及主子的相互权利与义务为条件，易于产生个体精神；武士道的"忠"则是具体的、单向的和绝对的，即武士仅忠于一位主子，并绝对服从之，利于产生团体协作精神，但易导致是非观、善恶观的模糊，其忠诚基本上是一种旨在完全献身于自己领主的盲目的真诚。韩国人对忠诚的概念也常常是基于个人关系。韩国式的"忠"还拥有另外一层独特的含义：要求把"忠"放在心上，是超脱个人利害得失，而重视"共同价值观"的一种心态，要求人们对规定价值观的绝对遵从。体现韩国人国民性的"忠"最突出的表现即是"君子思想"。

（23）**关于中国"关系"与西方"网络"**。中国的网络关系不同于西方的网络关系：西方网络关系的个体都是"平等"的；而中国网络中的个体间关系是

"差序"的。

（24）**关于"对事不对人"与"对人不对事"**。"对事不对人"是西方管理的核心内容。任何组织在人事安排、任务执行、工作分配、薪资发放以及调整游戏规则时都必须遵循这一原则。也就是说，重要的是个人能力，而不是身份、地位。大家都享有同样的待遇，任何人都无特权可言。在这里，"对事不对人"并不是指各人自扫门前雪，不讲人情味，虽然这常常让来自不同社会的一些人产生这种感觉，但实际上，它真正的意义是指制度的运行要对事不对人。

东方社会是"对人不对事"的社会。在这种社会中，一般尊重的是某项工作或某人在工作之外的身份、地位，所以不仅亲朋好友重要，亲戚的朋友、朋友的亲戚也都很重要；姜还是老的辣，进入组织也讲究先来后到、长幼有序；职业场所成为日常生活的延伸，很难泾渭分明。

（25）**关于东西方思维方式**。思维模式指的是人们的思维习惯或思维程序、推理的方式和解决问题的途径等。欧美人是典型的"直线思维"方式，即一种逻辑思维，它是分析性的定量思维。这种人的思维直接切入主题，开门见山，不绕圈子。

由于英国长达 200 年的殖民统治，英语在印度生产生活各方面使用甚为广泛。思维是通过语言进行的，受此语言环境影响，印度人分析问题表现出一定的西方文化特征，抽象思维发达，在认识活动中适当运用概念、判断、推理等思维形式，对客观现实进行间接的、概括的反映，从而获得远远超出仅靠感觉器官直接感知的信息。他们在思考问题时，习惯于思考普遍性原则，而忽视具体的个体和特殊的感知。印度人这个特点还反映在印度人的语言之中。印度人喜欢使用抽象名词和普遍性名词。

英国人重视"经验"与"感知"，这是英国经验哲学的传统。

法国人强调"专业化"和"逻辑思维"，崇尚"精英主义"，这是法国笛卡尔主义哲学的核心。

德国人崇尚"发展"和"直觉"，这是德国古典哲学及叔本华主义的主要特征；德国古典哲学是"整体性"的哲学，它重视"综合性思维"，而不是英国的经验主义的"分析"；综合思维发展到一定的程度就形成了人类思维的最高形式——"直觉思维"。直觉思维是一种创造性思维，它是科学研究的最高思维方式。

意大利人作为"欧洲拉丁人"的主要代表，强调"感性思维"，凭借感觉办事。

典型的阿拉伯酋长决策制定方式是顾问式的，授权被应用得最少。阿拉伯的价值体系是对外的、部落化的、因袭传统的，并且是以社会为中心的。这与北美式的对内的、自我为中心的、操纵型的、存在主义的方法形成了对照。在美国，招募员工的工作是在客观的基础上进行的，往往基于能力标准、职业资格和工作经验的比较；在阿拉伯的组织中，选择是高度主观的，依赖个人接触、裙带关系、地方主义和家族姓氏。

传统上以中国文化为代表的东方哲学，在方法论上一直是以整体性思维为特点。中国人的思维实际上是"三"的思维：天、地、人的"三才"思维是三，"五行"的基数也是三（金木、水火两对阴阳外加中土，即为三），就是老子所谓的"道生一，一生二，二生三，三生万物"的"三"。"三"如果再加一个"一"贯穿起来就是"王"，"王"字一通头，就是"丰"。三是阴阳的交和，阴阳的"和"产生三。这种东方式的思维逻辑，是一种曲线式的形象思维和定性思维。中国富有整体化的概念，认为宇宙万物都是"二作用于一之内"的表象，主张"统一起来，一内涵二"，正如中国的太极，负阴而抱阳，涵盖了精神与物质。西方则以个体的对立来看待事物，于是产生"一内部由互不相属的二所构成"的观念，认为"对立起于二，二构成一"。如"离心""向心"二力维持宇宙万象，"质""能"构成一切物质等。如此一念之差，竟造成了中西管理方法的种种不同。由二看一，形成了西方以冲突矛盾为主的意识形态与管理文化；由一看二，塑造了中国的广大和谐之道及治理哲学。

在思维方式方面，俄罗斯人分析问题多采用直觉而不是数据和程序，对风险持保守态度。尽管俄罗斯人在处理一些问题上是很有韬略之术的，但是他们是一个极端化、情绪化的民族，在看问题时常常显得过于片面和绝对，观点非常鲜明，感情易于从一个极端到另一个极端。这种极端性恰好是东西文化在俄罗斯人身上兼存的表现，体现出俄罗斯人精神的两极分化。

贯穿拉丁美洲历史的经济动荡和政治不稳定反映了这个地区为争取自主长期不懈的斗争。从政治上看，拉丁美洲经历了从军事政变到平民政府的转变。冷战时期由于世界主要大国的支持，拉丁美洲在资本主义和社会主义之间摇摆，但这种摇摆也是因为许多国家希望解决深刻的社会不平等问题的结果。从经济上看，拉丁美洲追求自主的探索，一方面倾向于国家主义，另一方面倾向于现代主义。拉丁美洲的保护主义者不仅从左翼势力，还从民粹主义者获得支持。

（26）**关于中外历史十大巧合事件**。人类的命运，或许深受地球在太阳系了运转周期的影响，同一个时刻，在地球的两端，几乎会发生性质同种的事情。在中西方历史上曾经发生过许多巧合事件，不仅性质、规模极其相似，而且还发生在相同时期，东西相映，十分有趣。

巧合一：埃及金字塔王朝与中国炎帝、黄帝。西元前 3000 年左右，埃及金字塔王朝建立，恰与司马迁著《史记》中记载的中国炎帝、黄帝产生在同一时间。两者俱为东西方古代文化的始源。

巧合二：古巴比伦太阴历与中国阴历。西元前 20～18 世纪，古巴比伦创建了以月亮围绕地球旋转週期计算的太阴历，与中国夏朝所使用的阴历，不仅同时，而且都是每隔 2～3 年置一闰月。二者如出一辙。

巧合三：希腊、古罗马文化鼎盛时期与中国春秋战国时期。西元前 6～3 世纪，为希腊、古罗马文化鼎盛时期，也正值中国春秋战国时期。东西方都处在学术上百家争鸣（西方有苏格拉底、柏拉图、亚里斯多德；中国有孔子、墨子、老子、庄子等），军事上天才辈出（西方有波斯居鲁士王、马其顿亚历山大帝；中国有孙武、吴起、孙膑等）的辉煌时代。

巧合四：中国孔子与印度释迦牟尼。中国孔子与印度释迦牟尼生于同时，两人年龄只相差 14 岁。一个开创了延续 3000 馀年的东方传统文化——儒学；一个创建了世界上最大的宗教之一——佛教。两人一东一西，一儒一佛，都对世界产生了重大影响。

巧合五：大罗马帝国崩溃与南北朝对峙。西元 4 世纪，西方野蛮民族入侵，大罗马帝国崩溃，中国正值五胡乱中原，西晋王朝覆灭。西元 395 年，罗马分裂为东西罗马；西元 398 年，中国分裂为南北朝对峙。两者相距仅 3 年。

巧合六：大唐帝国与阿拉伯帝国。西元 632 年，李渊、李世民父子统一全国，建立大唐帝国；穆罕默德进攻麦加城，创建阿拉伯帝国。两国分别雄踞东西方，同样强大，同样繁荣，疆域也同样宽广。

巧合七：十字军东征与中国金兵南侵。欧洲组织十字军东征阿拉伯国家，与中国金兵南侵宋朝几乎同时。均起于 12 世纪初，蔓延 200 年，结束于 13 世纪末。

巧合八：俄国彼得大帝与中国康熙皇帝。俄国彼得大帝与中国康熙皇帝几乎同时登位，相继去世（康熙死于 1722 年，彼得死于 1725 年）。彼得大帝开创了俄罗斯帝国，康熙皇帝奠定了东方最强大的王朝，两人俱为一世雄主。

巧合九：英国剧作家莎士比亚与中国剧作家汤显祖。英国著名剧作家莎士比亚与中国杰出剧作家汤显祖不仅是同时代人，而且同于西元 1616 年去世。莎士比亚被誉为西方戏剧之父，汤显祖则为中国戏剧之祖。

巧合十：《荷马史诗》与《诗经》。西方伟大的历史巨著《荷马史诗》产生于西元前 9～8 世纪（古希腊、西周春秋期），与中国伟大的诗歌典籍《诗经》产生时代恰好相同。两者东西相映，俱为世界诗坛发出最为璀璨的光华。

（27）**关于世界人类文明**。文明是对人类最高的文化归类。文明既根据一些客观因素来界定（语言、宗教、制度等），也根据人的主观的自我认同来界定。世界人类文明最早起源于公元前 4000 年的底格里斯河和幼发拉底河之间（即两河流域）。之后，是尼罗河流域和印度河流域、黄河流域。这样形成了世界四大文明古国：巴比仑、埃及、印度和中国。其中，源于两河流域的美索不达米亚文明和源于尼罗河流域的古埃及文明发展到后来，被分化瓦解到欧洲、亚洲各个地区，成为近代文明和地中海东部地区文明的基础，它影响了希腊文明和犹太文明的兴起。

13.3　本书的不足与未来研究的展望

本书的不足与未来研究的展望如下：

（1）尽管斯科特理论中的新制度主义研究框架已经接近成熟，但还是缺乏可资操作的简单、形象的直观分析工具。本书属于从事归纳的建立理论式的研究范畴，主要开发了概念模型——"基于制度与知识的冰河模型"用以分析。跨文化大数据挖掘方法运用也只是初步尝试，呼唤基于制度主义的跨文化比较定量研究方法的进一步发展。

（2）本书剖析了基于 10 大主文明、8 个亚文明的管理模式。一些重要国别或地区以及一些超文明层面的国际、区域组织的管理模式等，受研究精力和经费限制，均未具体展开。有待今后有机会再进一步研究。

（3）同样受研究精力与经费的限制，本书在国内外相关领域研究成果的收集、观点提炼和广泛调研的基础上，在国内外选择了若干典型案例进行分析，撰写基于一种文明的管理模式研究案例 12 个，其中有的还比较肤浅，有待进一步充实。

附件　永恒的国家文化维度：
跨文化管理泰斗 Hofstede 教授访谈录

图 14 – 1　Hofstede 教授在其荷兰寓所接受作者访谈

国家文化维度理论的提出者霍夫斯坦特（Geert Hofstede）教授于 1928 年 10 月出生于荷兰。他的早年经历十分丰富，做过多年工程师，但对人与组织的跨文化问题有浓厚兴趣。1965 年，他进入 IBM 公司人事部门，用 6 年时间，调查了 11.6 万名 IBM 员工。1971 年，他进入学术界，先后在多所大学和研究机构任教，曾于 1980 年在蒂尔堡大学（Tilburg University）创立"荷兰国际文化协作究所"（Institute for Research on Intercultural Cooperation），1993 年从马斯特里赫特大学退休。他的著作《文化的结局》（*Culture's Consequences*）、《文化与组织》（*Cultures and Organizations*）等已被翻译成 20 多种语言，被誉为全球 10 部被引最高著作之一。书中提出了关于国家文化六维度：权力距离（power distance）、不确定性避免（uncertainty avoidance）、个人主义与集体主义（individualism vs collectivism）、男性化与女性化（masculinity vs femininity）、长期与短期（long vs short term）、放纵与约束（indulgence vs restraint），在全世界得到了广泛的引用和使用，也为霍夫斯坦特教授赢得了广泛赞誉，被称为跨文化管理研究领域的学术泰斗。

2018 年 3 月，霍夫斯坦特教授在荷兰瓦赫宁根寓所接受了上海外国语大学国际工商管理学院院长、跨文化管理研究所所长范徵教授一行的访谈。访谈中，大师对书中所涉文化维度与模型发展、研究初衷与历程、数据来源与更新、中国跨文化管理研究与实践等方面均给出了一些很有价值的观点、意见和建议。

问：对教授的跨文化管理研究成果，特别是文化维度理论，中国管理学者大多都知道。我们发现您的文化维度理论有一个从四维度到五维度、六维度的变化过程，大家都在关心，今后还会有七维度和八维度吗？

答：在文化维度理论中，维度并不事实存在，只是帮助我们理解非常复杂的跨文化问题。我希望不会有更多维度了，"七"是一个神圣的数字，但我目前尚不能非常肯定。

第六个维度已经存在，已经有人在专业研究这个维度，说到底这一维度是关于幸福及其价值的研究。我想在其中找到与我的研究的共同之处，但是那些研究者好像对寻找关联尚无兴趣。但现在，我的合著者已经从世界范围的价值观研究数据库（WVS）中，找到了一些相关甚至契合的地方。结论看起来非常奇怪，有些人认为幸福与财富相关，但是幸福其实与财富并无关联。事实上，最幸福的国家通常是并不富裕的国家。我记得我问过一些人，那时我已经看到研究结果了：你迄今发现的最幸福的国家是哪个？一位女士说是尼日利亚。人们非常惊讶。因为尼日利亚有高谋杀率一类因素，而且那位女士看起来并不是非洲人。他们说你怎么知道？她回答说我住在那里！

我也知道所谓世界范围内的价值观研究最早主要是欧洲学者在研究，然后范围逐渐扩大，慢慢扩展到芝加哥学派。

问：您主持的"荷兰国际文化协作究所"还在吗？

答：文化协作研究所在 2004 年就关闭了。因为那时我们转到了另一所大学，原来的文化协作研究所就因没有经费预算而不存在了。有一件我认为相关且很有趣的事情，尤其是在荷兰，我的研究更多地在应用型学科起到作用，例如商科、医学，然后才是哲学、社会科学领域。这也让我理解了为什么我在中国很受欢迎，因为中国人非常注重实际。

研究所关闭的时候我已经 76 岁了。我知道还有很多其他学者也在做这个研究。所以研究所本身是否存在已经不重要了。文化维度论的观念已经被世界所接受。有一个证明，就是我的《文化的结局》和《文化和组织》这 2 本书，以 20 多种语言出版发行，在亚洲，有日文、中文、朝鲜语、越南语版。

问：我们还是很想知道，到底是什么因素促使您开始从事国家文化维度研究的？

答：好奇心。我有这样一个特点，一方面是工程师，一方面是社会科学研究者。作为社会科学研究者，我对文化一类的事物感兴趣；作为工程师，我务实。我总是在想，某件事情的实际意义是什么？文化如何帮助务实的人？

问：教授在 IBM 做的数据研究，是自己的兴趣还是公司的要求？

答：可以讲一个事实，我的书出版之后，寄了 25 本给我在 IBM 认识的人，只有一位回复了。但是很多其他公司对我的研究非常感兴趣。其实直到今年，我才接到 IBM 的邀请去做演讲。是在阿姆斯特丹做的演讲。但是 50 年前，是 IBM 的调研让我开始从事文化差异研究。现在，还有很多人对此感兴趣，或者说又开始感兴趣了。我想 IBM 扮演了很重要的角色，我在那里得到了数据。但是我的研究与 IBM 本身关联度不大，我的研究是离开 IBM 之后做的。

你们知道，我的文化差异数据收集是从 IBM 开始的，但是当时我并没有意识到我在做文化维度研究。我的事业发展可以说非常不同寻常。我最早的学习背景是机械工程，当了十年的机械工程师。一开始在技术类大学，但是我发现我的兴趣更多地是关于"人"而不是"科技"。后来我又从事了几样工作。有些我喜欢，有些不喜欢。后来到了另一家公司，我在那里负责组织和其他事务。我告诉我的上司，公司的一位负责人，我对关于人的研究感兴趣。他说，如果你帮我重组这家公司，两年的时间内如果你的工作有效，我会帮你做你的社会科学研究。然后他真的这样做了。他做了一些安排，事情进展很顺利，我一半的时间为公司工作，另一半的时间利用他帮我争取的"奖学金"开展研究，就这样解决了问题。我非常辛苦拿到了社会心理学博士学位。IBM 荷兰公司的数据是我的博士研究来源之一。IBM 欧洲总部的人听说了这个研究，就说我们必须找到这个人，我们需要既懂科技又懂社会科学的人。所以我又在 IBM 欧洲总部找到了工作。IBM（欧洲）不仅仅是欧洲，也负责中东和非洲，这些都是我的研究区域。我在中东有很多联系，经常去中东以及西欧其他国家出差，因为那时的东欧是封闭的。

博士学业结束之后，我在哈佛大学做了一次客座讲座。那里有一位教授，我在自己的博士论文中用到了他的研究，他跟 IBM 公司的人聊起过我。后来他问我，你愿意离开公司一段时间来教书吗，我们在瑞士有一个培训中心，我们经常派教授去那里，通常是一年。于是我跟我在 IBM 的老板商量，他说你已经为我们工作六年了，你可以休个假。于是我就去瑞士了，全家都去了。我跟老板说我妻子和孩子一起去，不能只去一年，能否给我两年假期，IBM 同意了，因为是哈佛嘛。然后在瑞士的哈佛中心我发现，国与国之间的差异和我之前在 IBM 看到的是一样的。在 IBM，我关注的不仅仅是管理层，我还关注普通员工，也就是下级。我认为事实上员工文化比管理层文化重要得多。在那些来瑞士研修的管理者中，来自二三十个国家的管理者，我看到了同样的文化差异。学院让这些管理者回答我之前在 IBM 问过的同样的问题。我发现了同样的国与国之间的差异。答案并不全都一样，但差异是一样的。回到 IBM 之后，我想这非常有趣，我们应该对此继续进行研究。但不幸的是，这个时候我在 IBM 的老板到龄退休了。他的继任者非常年轻非常有想法，但不太赞成我的研究，对我有另外的要求。这个年轻人要让我按他的要求来做事，比如他说，如果你发现了很多有趣的数据，把这些数据给大学好了。我说，那么好吧，那么我就去大学好了。事实上我在 IBM 的朋友都非常惊讶我会离开 IBM，因为我在公司的声誉那么好，应该得到回报一类的。

后来我先到比利时布鲁塞尔的一所学术机构工作，也在法国的一家管理学院教书，因为我需要听众，我需要与听众交流。那一段时间，我研究这些文化差异问题。我想大概两年可以出成果，最后花了六年，因为有很多东西需要搞懂，比如人类学领域。所以不仅仅是心理学，还有人类学，然后我还要学习很多有关大数据的知识，分析数据一类的，那时刚刚兴起。

问：我们再回到国家文化六个维度的数据问题吧。前面四个维度的数据是基于 IBM 公司的调查数据，后面两个维度的数据分别来自华人价值观调查（CVS）

和世界价值观调查（WVS）数据。这些类数据能够匹配吗？

答：我们后两个维度的数据来自 CVS 和 WVS。数据比之前要好，因为数据来自几家不同的机构组织，从那些国家人群中的代表性样本调查得出的数据。同时，我们也为第五维度取得了更多数据。我们有大约 30 个国家的数据，那些国家都参与了世界价值观调查。

现在，我们有了更多国家的数据，也就意味着某些数据要进行修订，很多地方有错误。研究仍然在继续，我对研究的实际应用更感兴趣。事实上，也有其他人试图做研究，比如美国人，他们认为他们的数据更好。事实上，我能在荷兰得出这些研究发现，正因为我不是美国人，美国人对其他文化缺乏认知。总体来说，美国文化很少向外看。

问：我们有一个比方，文化像"空气"，跨文化经营顺利的时候并不觉得文化的重要，但当经营出现问题的时候就经常怪罪于文化，您怎么看？

答：这是一个特别有意思的比方，就像我过去讲授文化维度的时候，我告诉学生，这些维度并不真实存在一样（就像不觉得空气的存在一样）。文化维度理论是在令人困惑的跨文化管理情境下，非常有用的思维方式，帮助人们判断为什么会存在问题。但是，这些维度就像经纬线一样，其意义就在于此。

问：现在文化模型有两种：洋葱模型、冰山模型。我们在上海外国语大学的研究团队提出了"冰河模型"，强调文化的积雪层、冰冻层和河水层之间的渗透。另外我们还设想构建帮助中国企业走出去（尤其一带一路）的"跨文化大数据平台"，建立了 3 层 9 大类 76 指标体系，以期打开文化的"黑匣子"。我们想听听您的建议。

答：这是一种新的理解文化维度的体系。如果这个体系能够有助于理解、解决问题就是好的模型。

问：中国近年变化很大，对中国的跨文化管理研究者和学生有何建议和希望？

答：1978 年以来中国变化很大。我认为，文化维度领域的研究很值得中国学者深入探讨。我们可以看到中国的跨国经营在转变，有些中国公司将会面临问题，因为他们未能跨越文化鸿沟。但是如果你教中国人成为好的荷兰人，这个行不通，中国就是中国。

我认为中国有很多可能性。有时候我会这样比较，有点儿大胆啊，我在跨文化研究领域把自己比作发现进化论的达尔文，他的著作出版之后引起了很大震动，有很多负面声音，有很多批评，最后所有的批评都消失了，批评的人消失了，进化论留存下来了。我认为，从长远来看，某些观念还是能够留存下来，当然我们还会有新的发现，但是（就如）"进化论"的基本观念非常重要，"文化维度"的基本观念也非常重要。

问：我们很佩服教授，教授研究了一个很简单的问题：这个国家不同于那个国家，这个文化不同于那个文化，不同在哪里——真的就像牛顿研究苹果为什么掉下来？达尔文研究人到底从哪里来——这些问题简单程度好像都是一样的。问题越简单，结论就越伟大。

答：谢谢。此外，我之前也说过，如果想要知道国与国之间的差别，不要问管理层，要问员工。管理者的事情都是由他人完成的。管理者都应该认识到，他们的事情都有赖他人完成。

我发现，如果有两个国家，管理者之间的文化差异和员工之间的文化差异是一样的，（管理者和员工）他们都来自同一种文化。这就是为什么来自这种文化的管理者可以和同样来自这一文化的员工共事，来自另一文化的管理者可以和来自那一文化的员工共事，但是如果你让来自这一文化的管理者和来自另一文化的员工共事，麻烦就来了。

祝愿中国，尤其上海外国语大学的跨文化管理研究取得成果，尤其是你们的"文化冰河模型"。

参考文献

［1］ Ananaba,W. (1979). *The Trade Union Movement in Africa*, London:Hurst.

［2］ Aslund,Anders. (2002). *Building Capitalism:The Transformation of the Former Soviet Bloc*,Cambridge University Press.

［3］ Badi,S. ,Wang,L. and Pryke,S. (2016). Relationship marketing in Guanxi networks:A social network analysis study of Chinese construction small and medium – sized enterprises. *Industrial Marketing Management*,60:204 – 218.

［4］ Barnard. (1968). *The Functions of the Executive*, Harvard University Press, Cambridge.

［5］ Bartlett,Christopher A. and Sumantra Ghoshal. (1998). *Managing Across Borders:The Transnational Solution*,Harvard Business School Press:2nd edition,Boston.

［6］ Beamish,Paul W. (1988). *Multinational Joint Ventures in Developing Countries*, Routledge,London and New York.

［7］ Bell,D. A. (2010). *Chinas' New Confucianism:Politics and Everyday Life in a Changing Society*,Princeton University Press.

［8］ Benedict,Ruth. (1946). *The Chrysanthemum and the Sword:Pattern of Japanese Culture*, The Riverside Press,Boston.

［9］ Berson,Y. ,Oreg,S. and Dvir,T. (2008). CEO values,organizational culture and firm outcomes. *Journal of Organizational Behavior*,29(5):615 – 633.

［10］ Berry,J. W. (1980). Social and cultural change,In Triandis (Eds) *Handbook of Cross – Cultural Psychology*, Boston:Allyn and Bacon.

［11］ Bian,Y. (1997). Bringing strong ties back in:Indirect ties,network bridges, and job searches in China. *American Sociological Review*,62(3):366 – 385.

［12］ Bisson,T. A. (1954). *Zaibatsu Dissolution in Japan*,Berkeley,Calif：University of California Press.

［13］ Blake and Mouton. (1968). *The Managerial Grid*,Gulf Publishing Houston.

［14］ Blunt,P. (1984). Work alienation and adaptation in Sub – Saharan Africa：Some evidence from Kenya. *Journal of Contemporary Africa Studies*,2(1)：59 – 79.

［15］ Brannigan,M. C. (2005). *Ethics Across Cultures*,McGraw Hill.

［16］ Brett,Jeanne,M. (2001). *Negotiating Globally：How to Negotiate Deals,Resolve Disputes and Making Decisions Across Cultural Boundaries*,Jossey – Bass.

［17］ Calori,Roland,Woot,Philippe De. (1994). *A European Management Model：Beyond Diversity*. Prentice Hall.

［18］ Cateora. (1990). *International Marketing*, IRWIN.

［19］ Chen,C. and Godkin, L. (2001). Mianzi,Guanxi and western prospects in China. *International Journal of Management*,18(2).

［20］ Chen,N. and Rau,P. L. (2016). Reciprocal norms moderate the influence of Guanxi on feelings and behavior of closeness. *Social Behavior & Personality An International Journal*,44(7)：1099 – 1114.

［21］ Chen,Y. ,Zhang,L. and Chen,L. (2017). The structure and measurement of humble leadership in Chinese culture context. *Journal of Management Science*,30(3).

［22］ Chin,T. and Liu,R. (2015). Understanding labor conflicts in Chinese manufacturing：A Yin – Yang harmony perspective. *International Journal of Conflict Management*,26(3)：288 – 315.

［23］ Chiu,C. Y. (2017). Culture matters：A perspective advancing cross – cultural and indigenous research. *Management and Organization Review*,13(4)：695 – 701.

［24］ Clegg,S. R. ,D. C. Dunphy,S. G. Redding(1986). *The Enterprise and Management in East Asia*,Hong Kong：University of Hong Kong.

［25］ Coase. (1937). The nature of the firm,*Economica*,Nov.

［26］ Cox,T. Jr. (2001). *Creating the Multicultural Organization*, John Wiley & Sons,Inc.

［27］ Cullen. (1999). *Multinational Management：A Strategic Approach*,South – Western Publishing.

［28］ Dadfar,H. (1993). In search of Arab management,direction and identity,

Proceedings of the First Arab Management Conference, University of Bradford Management Centre.

〔29〕 Damachi, Seibel and Trachtman. (1979). *Industrial Relations in Africa*, London: MacMillan.

〔30〕 DaVanzo, Julie, Clifford Grammich. (2001). Population trends in the Russian Federation, *Santa Monica*, The Rand Corporation.

〔31〕 Davis, P. A. (1972). *Administrative Guidance in Japan – Legal Consideration*, Bulletin No. 41. Tokyo: Sophia University Socio – Economic Institute.

〔32〕 Deal, T. E. and Kennedy, A. A. (1982). *Corporate Cultures: The Rites and Rituals of Corporate Cultures*, Addison – Wesley Publishing Company, Inc.

〔33〕 Dixit, J. N. (1998). *Across Borders: 50 Years of India's Foreign Policy*, Thomson Press LTD.

〔34〕 Drucker, Peter, P. (1974). *Management: Tasks, Responsibilities, Practices*, HarperCollins, ppxii.

〔35〕 Elashmawi, Farid. (1993). *Multicultural Management*. Houston: Gulf Publishing Company.

〔36〕 Evans, Don Alan (1991). *The Cultural and Political Environment of International Business*, McFarland.

〔37〕 Fan, Zheng. (1997). Managing cultural differences and synergy in Sino – European joint ventures. *Advance in Chinese Industrial Studies*, London: JAI Press Ltd.

〔38〕 Fan, Zheng. (2010). Analytical frameworks for cross – cultural comparative management studies: A review and reconceptualization, *IFSAM World Conference*.

〔39〕 Fan, Zheng. (2010). A new framework of knowledge management based on the interaction between human capital and organizational capital, *Managing Knowledge for Global and Collaborative Innovations*, (5): 131 – 140.

〔40〕 Fan, Zheng. (2011). Borderless management talents: Cultivation framework and evaluation system, *Enterprise Management in a Transitional Economy and Post Financial Crisis*, Nanjing University Press.

〔41〕 Fan, Zheng. (2016). Cross – cultural management research: Investigating its recent trends in top management journals, 《跨文化管理》, (5).

〔42〕 Fan, Zheng. (2017). A Conception on the cross – cultural big data platform system for Chinese enterprise "going global" strategy, *ATINER's Conference Paper Series* .

［43］ Fan, Zheng (2019), A glacier model of Chinese management: perspective from new institutionalism, *Chinese Management Studies* (SSCI) (4) .

［44］ Fan, Zheng (2019), Chinese Management and Cross – Cultural Management: Reflection and Future Research Agenda, *Chinese Management Studies* (SSCI) (4) .

［45］ Francesco, A. M. (2002). *International Organizational Behavior*, Prentice Hall, Inc.

［46］ Friedman, Thomas L. (2005). *The World is Flat*, International Creative Management, Inc:2 – 5.

［47］ Gesteland, R. R. (2003). *Cross Cultural Business Behavior*, Copenhagen Business School Press.

［48］ Gilbert, Martin. (1993). *Atlas of Russian History*, Oxford University Press.

［49］ Guillen, M. (1994). *Models of Management: Work, Authority and Organization in a Comparative Perspective*, Chicago: University of Chicago Press.

［50］ Hadley, Eleanor M. (1970). *Antitrust in Japan, Princeton*, N. J. : Princeton University Press.

［51］ Haitani, K. (1976). *The Japanese Economic System: An Institutional Overview*, Lexington, Mass: Lexington Books.

［52］ Hall, E. T. (1990). *Understanding Cultural Difference*, Intercultural Press.

［53］ Hall, E. T. (1959). *The Silent language*, Anchor Books.

［54］ Hall, E. T. (1976). How cultures collide, *Psychology Tody*, 10(2).

［55］ Hall, E. T. (1976). *Beyond Culture*, Anchor Books.

［56］ Hall, Wendy. (1995). *Managing Cultures: Making Strategic Relationships Work*, John Wiley & Sons Ltd, England.

［57］ Halliday, J. (1975). *A Political History of Japanese Capitalism*, New York: Pantheon Books.

［58］ Hani, A. Z. (1997). *Yamani. To Be a Saudi*, London: Janus Publishing Company.

［59］ Hanson, David (2014) . *Managing Cultures: A Comparative Historical Analysis*, Routledge.

［60］ Harris, P., Moran, R. T. (1982). *Managing Cultural Synergy*, Houston: Gulf Publishing Company.

［61］ Harris, P. R. and Moran, R. T. (2000). *Managing Cultural Differences*, Reed Educational & Professional Publishing Ltd.

［62］ Henley, J. S. (1977). The personnel professionals in Kenya, *Personnel Management*, 9(2): 10 – 14.

［63］ Heskett, J. L. (1999). GE: *We Bring Good Things to Life*, Harvard Business School Case Series.

［64］ Hickson and Pugh. (1993). The Arabs of the middle east, *Management Worldwide*, London: Penguin.

［65］ Hodgetts, R. M. (2003). *International Management: Culture, Strategy and Behavior*, McGraw – Hill Companies, Inc.

［66］ Hoechlin, Lisa(1995). *Managing Cultural Differences: Strategies for Competitive Advantage*, Workingham, England: Addison – Wesley.

［67］ Hofstede, G. (1980, 2001). *Culture's Consequences: Comparing Values, Behaviors, Institutions and Organizations across Nations*, London: Sage Publications.

［68］ Hofstede, G. (1985). The interaction between national and organizational value systems, *Journal of Management Studies*, 22(4).

［69］ Hofstede, G. (1988). The Confucius connection: From cultural roots to economic growth, *Organizational Dynamics*(Spring).

［70］ Hofstede, G. (1991, 2010). *Cultures and Organizations: Software of the Mind*. London: McGraw – Hill.

［71］ Holden, Nigel. (2001). *Cross – Cultural Management: A Knowledge Management Perspective*, Pearson Education Limited.

［72］ Holt, D. H. (1988). *International Management: Text and Cases*, Dryden Press.

［73］ House, Robert J. (2004). *Culture Leadership and Organizations: The GLOBE Study of 62 Societies*, Sage.

［74］ Humes, Samuel(1993). *Managing the Multinational: Confronting the Global – Local Dilemma*, Prentice Hall.

［75］ Huntington, S. P. (1996). *The Clash of Civilizations and Remaking of World*

Order, Georges Borchardt, Inc. 34.

［76］ Huntington, S. P. and Berger, P. L. (2002). *Many Globalizations*, Oxford University Press.

［77］ Inglehart, Ronald, Norris, P. (2003). *Rising Tide: Gender Equality and Cultural Change Around the World*, New York and Cambridge: Cambridge University Press.

［78］ Inglehart, Ronald, Welzel, C. (2005). *Modernization, Cultural Change and Democracy*, New York and Cambridge: Cambridge University Press.

［79］ Inglehart, Ronald, Welzel, C. (2009). Development and democracy: What we know about modernization today, *World Values Survey*.

［80］ Inglehart, Ronald, Welzel, C. (2010). Changing mass priorities: The link between modernization and democracy (PDF), *World Values Survey*.

［81］ Jehn, K. A. (2001). The third way of cross – cultural conflict resolution, *Global Economic Trends*, (7).

［82］ Jorgensen, J. J. (1981). *Uganda: A Modern History*, London: Croom Helm.

［83］ Joynt, Pat and Warner, Malcolm. (1997). *Managing Across Cultures: Issues and Perspectives*, International Thomson Business Press.

［84］ Killing, J. P. (1983). *Strategies for Joint Venture Success*, London: Croom Helm.

［85］ Klein, David. (1998). *Strategic Management of Intellectual Capital*, Reed Educational & Professional Publishing Ltd.

［86］ Kluckhohn, A. and Strodtbeck, F. (1961). *Variations in Value Orientations*, Row, Peterson and Company.

［87］ Koontz, Harold and Weihrich, Heinz. (1993). *Management*, McGraw – Hill, Inc.

［88］ Kroeber, A. L. and T. Parsons. (1958). The concepts of culture and of social system, *American Sociological Review*(23): 582 – 583.

［89］ Kuisel, Richard, F. (2012). *The French Way*, Princeton University Press.

［90］ Kulwant, Singh. (2007). 发现印度管理之对标, 商学院, (1).

［91］ Kunio, Y. (1982). *Sogo Shosha: The Vanguard of the Japanese Economy*, Tokyo: Oxford University Press.

［92］ Lane, Henry, W. , DiStefano. (1992). *International Management Behavior*, Boston: PWS – KENT.

［93］Lawrence, P. R. and J. W. Lorsch. (1967). Differentiation and integration in complex organizations, *Administrative Science Quarterly*(12):1 – 47.

［94］Leaptrott, N. (1996). *Rules of the Game: Global Business Protocol*, Thomson Executive Press:3 – 5.

［95］Lee. (2008).《宗教简史》,北京:中国友谊出版公司。

［96］Levada, Yuri. (2001). Russia: nation's youth are apolitical and materialistic, Quoted by Jeremy Bransten, *RFE/RL*, 7 November.

［97］Livermore, David. (2015). *Leading with Cultural Intelligence*, AMACOM.

［98］Lonner, Walter, J. (1986). *Culture Shock: Psychological Reactions to Unfamiliar Environments*, New York: Methuen & Co.

［99］Lücke, G. , Kostova, T. and Roth, K. (2014). Multiculturalism from a cognitive perspective: Patterns and implications. *Journal of International Business Studies*, 45(2):169 – 190.

［100］Makino. (2008). Analysis of within – and between – country variations: Implications for international business research.《2008 制度理论与战略管理工作坊演讲稿》,11 月,中国广州.

［101］Mayo. (1933). *The Human Problems of an Industrial Civilization*, Harper & Row, New York.

［102］McDaniel, Tim. (1996). *The Agony of the Russian Idea. Princeton*, NJ: Princeton University Press.

［103］Mead, R. (1995). *International Management: Cross Cultural Dimension*, Blackwell Business.

［104］Meyer, Rain. (2015). *The Cultural Map*, Public Affairs.

［105］Mirvis and Marks. (1992). *Managing the Merger*, Prentice Hall Inc.

［106］Mohan, C. Raja. (2003). *Crossing the Rubicon, the Shaping of India's New Foreign Policy*, Penguin Books, India.

［107］Monahan, Barbara. (1983). *A Dictionary of Russian Gesture*, Tenafly, NJ: Hermitage.

［108］Muna, F. M. (1980). *The Arab Executive*, New York, Macmillan.

［109］Nahavandi, A. and A. R. Malekzadch. (1993). *Organizational Culture in the Management of Mergers*, London: Quorum Books.

［110］ Nardon, Luciara (2017). *Working in a Multicultural World: A Guide to Dereloping intercultural Competence*, Rotman.

［111］ Nath, Raghu. (1988). *Comparative Management: A Regional View*, Ballinger Publishing Company.

［112］ Nicholson, N. E. et al. (1985). Development management in Africa: The case of the Egerton College Expansion Project in Kenya, *AID Evaluation Special Study*, No35, Washington, D. C. : USAID.

［113］ Nonaka. (1991). Enterprises of knowledge innovation, *Harvard Business Review*, November – December, (4).

［114］ Orleman, P. A. (1992). *The Global Corporation: Managing across Cultures*, Masters Thesis, University of Pennsylvania.

［115］ Ouchi, W. G. (1981). *Theory Z: How American Business Can Meet the Japanese Challenge*, Free Press.

［116］ Parsons, T. (1951). *The Social System*, Free Press.

［117］ Pascale, Richard, Athos, Anothony. (1986). *The Art of Japanese Management*, London: Aidgwick & Jackson.

［118］ Pattanaik, Devdutt. (2015). *Business Sutra: A Very Indian Approach to Management*. Aleph.

［119］ Peill – Schoeller, Patricia. (1994). *Interkulturelles Management Synergien in Joint Ventures Zwischen China und Deutschsprachigen Landern*, Springer – Verlag Berlin Heidelberg.

［120］ Perlmutter. (1979). The tortuous evolution of the multinational corporation, *The Columbia Journal of World Business*, (3).

［121］ Peterson, Brooks. (2004). *Cultural Intelligence: A Guide to Working with People from Other Cultures*, Boston: Intercultural Press, Inc.

［122］ Prahalad and Doz. (1987). *The Multinational Mission*, The Free Press.

［123］ Prokhorov, Alexander. (2002). *Russian Management Model*, Company Export Magazine.

［124］ Rehman, A. A. (2008). *Dubai & Co. : Global Strategies for Doing Business in Gulf States*, McGraw – Hill Companies, Inc.

［125］ Ricks, David A. (1999). *Blunders in International Business*, Dow Jones – Irwin,

Inc.

［126］ Ronen,S. and Shenkar,O. (1985). Clustering countries on attitudinal dimension:A review and synthesis,*Academy of Management Review*,10(3):434 - 454.

［127］ Ronen S. and Shenkar O. (2017). *Navigating Global Business:A Cultural Compass.* Caunbridge.

［128］ Run xing,Gu. (1993). Shanghai Bell:A success example of Sino - Foreign joint ventures. Report at *Cultural Capital of Europe Conference*,Antwerp,December 6 - 8.

［129］ Samovar, L. A. and R. E. Poter. (1982). *Understanding Intercultural Communication*, Belmont,CA:Wadsworth.

［130］ Schein, Edgar H. (1992). *Organizational Culture and Leadership*, San Francisco:Jossey - Bass Inc.

［131］ Schein,Edgar H. (1999),*Corporate Culture Survival Guide*,John Wiley & Sons,Inc.

［132］ Schneider,Suan C. ,Barsoux,Jean - Louis. (1997). *Managing Across Cultures*,Paris:Prentice Hall Europe.

［133］ Schwartz,S. (1992). Universals in the content and structure of values:Theoretical advance and empirical tests in 20 countries,in Mark Zanna,ed. ,*Advance in Experimental Social Psychology*,1 - 65,New York:Academic Press.

［134］ Schwenker,Burkhard. (2009). 美式管理遭弃,欧式管理受宠.《第一财经日报》,02 - 17.

［135］ Scott,W. Richard. (2001). *Institutions and Organizations*,Thousand Okks:Sage Publications.

［136］ Segel - Horn, Susan, Faulkner. (1999). *The Dynamics of International Strategy*,International Thomson Business Press.

［137］ Semler,R. (2007). *The Success Story behind the World's Unusual Workplace.* Tableturn,Inc.

［138］ Seton - Watson,Hugh. (1952). *The Decline of Imperial Russia*,1855 - 1914. Frederick A. Praeger.

［139］ Shenhar,A. and Yarkoni,A. (eds) (1993). *Israeli Management Culture*, Tel Aviv:Cherikover.

［140］ Sinha, K. K. (2017). *Manthan:Art & Science of Developing Leaders*,

Bloomsbury.

[141] Stavrianos, L. S. (1999). *A Global History: From Perhistory to the 21ˢᵗ Century*, 7ᵗʰ edition. Prentice Hall Inc.

[142] Stearns, P. N. (2001). *World Civilizations: The Global Experience*, Wesley Educational Publishers Inc.

[143] Tangri, R. K. (1985). *Politics in Sub - Saharan African*, London: Curry Heinemann.

[144] Tanham, George K., Kanti P. Bajpai and Amitabh Mattoo. (1996). eds., *Securing India: Strategic Thought and Practice in an Emerging Power*, New Delhi: Manohar Publishers & Distributors.

[145] Tayor. (1911). *The Principles of Scientific Management*, Harper & Row, New York.

[146] Terpstra, Vern. (1978). *The Cultural Environment of International Business*, South - Western Publishing Co.

[147] Toynbee, Arnold J. (1956). *A Study of History*, London: Oxford University Press.

[148] Triandis, H. C. (1995). *Individualism and Collectivism*. Boulder, CO: Westview Press. 转引自陈晓萍(2005),《跨文化管理》,北京:清华大学出版社.

[149] Trompenaars, Fons. (1993, 1998). *Riding the Waves of Culture: Understanding Cultural Diversity in Business*, Nicholas Brealey Publishing Ltd.

[150] Ubeku, A. K. (1983). *Industrial Relations in Developing Countries: The Case of Nigeria*, London: MacMillan.

[151] Warner, Malcolm. (1996, 2002). *International Encyclopedia of Business & Management*, Thomson Learning.

[152] Warner, M. and Joynt, P. (2002). *Managing across Cultures*, Malcolm Warner and Pat Joynt.

[153] Weir, D. (1993). *Management in the Arab Word*, Bradford: University of Bradford Management Centre.

[154] Wheelwright:《企业政府与国际经济》(哈佛经典案例),范徵主译,北京:中国人民大学出版社 2006 年版,第 299 页.

[155] Zand, D. (1978). Management in Israel, *Business Horizons*, 12(4): 36 -

46.

［156］Zohar, Danah.（2016）. *The Quantum Leader：A Revolution in Business Thinking and Practice*，Prometheus Books.

［157］［日］安保哲夫等：《日本式生产方式的国际转移》，苑志佳等译，北京：中国人民大学出版社 2001 年版。

［158］安启念：《东方国家的社会跳跃与文化滞后——俄罗斯文化与列宁主义问题》，北京：中国人民大学出版社 1993 年版。

［159］艾周昌：《非洲黑人文明》，北京：中国社会科学出版社 1999 年版。

［160］［美］巴特利特、苏曼特·高沙尔：《跨边界管理——跨国公司经营决策》，马野青等译，北京：人民邮电出版社 1998 年版。

［161］［俄］别尔嘉耶夫：《俄罗斯思想》，上海：生活·读书·新知三联书店 1995 年版。

［162］［德］柏林科学技术研究院：《文化 VS 技术创新——德美日创新经济的文化比较与策略建设》，吴金希、张小方、朱晓萌等译，北京：知识产权出版社 2006 年版。

［163］毗耶娑：《薄伽梵歌》，成都：四川人民出版社 2015 年版。

［164］布雷默：中国赢了，《时代周刊》2017 年 11 月 23 日。

［165］曹姝婧：《基于日本文明的日本管理特质研究》，上海外国语大学硕士学位论文，2009 年。

［166］陈栋康：《国际文化礼俗》，北京：中国对外经济贸易出版社 1992 年版。

［167］陈荣耀：《追求和谐——东方管理探微》，上海：上海社会科学院出版社 1995 年版。

［168］陈书仪：《管子大传》，济南：齐鲁书社 2008 年版。

［169］陈晓萍：《跨文化管理》，北京：清华大学出版社 2005 年版、2009 年版。

［170］陈晓萍：《组织与管理研究的实证方法》，北京：北京大学出版社 2008 年版。

［171］陈祥槐：管理文化研究：观点与方法，《中国软科学》2002 年第 7 期。

［172］戴万稳：《跨文化组织学习能力研究》，南京：南京大学出版社 2007

年版。

［173］〔美〕道尔顿、克里斯·厄恩斯特、珍妮弗·迪尔、琼·莱斯利：《成功的全球化管理者》，王俊杰译，北京：中国人民大学出版社 2002 年版。

［174］董惠梅：《文化距离对我国企业国际化空间导向的影响——以纺织企业为例》，《企业管理研究》2007 年第 7 期。

［175］杜威：《哲学的改造》，北京：商务印书馆 1958 年版。

［176］端宏斌：为什么日本人也开始造假了？，http：//news. hexun. com/2017 – 10 – 12/191181978. html，2018 年。

［177］范立云：另类的成功，没有管理的公司，《北京经济管理干部学院学报》2003 年第 9 期。

［178］范徵：理解三命题，《读书》1989 年第 2 期。

［179］范徵：《合资经营与跨文化管理》，上海：上海外语教育出版社 1993 年版。

［180］范徵：欧盟的消费者保护一体化的实践与经验研究，《欧洲》2002 年第 2 期。

［181］范徵：《跨文化管理：全球化与地方化的平衡》，上海：上海外语教育出版社 2004 年版。

［182］范徵：人力资本与组织资本互动的管理学体系，《经济管理》2007 年第 3 期。

［183］范徵：《管理学：人力资本与组织资本的互动》，上海：上海外语教育出版社 2007 年版。

［184］范徵：中欧管理文化的差异与协同，《上海管理科学》2008 年第 2 期。

［185］范徵：日本管理与中国传统文化，《上海管理科学》2009 年第 2 期。

［186］范徵：试论国际型人才的培养构架及其评价体系，《科技管理研究》2009 年第 6 期。

［187］范徵：跨文化比较管理分析框架研究综述，《上海管理科学》2010 年第 1 期。

［188］范徵：《无国界管理》，上海：上海影像教育出版社 2010 年版。

［189］范徵：试论无国界管理，《上海管理科学》2012 年第 2 期。

［190］范徵：10 年来中国大陆关于跨文化管理研究的分析报告，《上海管理

科学》2013 年第 6 期。

［191］范徵：冰河模型：跨文化管理新框架，《北大管理评论》2014 年第 5 期。

［192］范徵：国际跨文化管理研究学术影响力分析，《管理世界》2014 年第 7 期。

［193］范徵：试论基于世界文明体系的全球管理模式，《管理世界》2014 年第 10 期。

［194］范徵：霍夫斯坦特国家文化模型与世界价值观调查的比较研究，《上海管理科学》2014 年第 5 期。

［195］范徵：《培育无国界管理人才》，北京：企业管理出版社 2015 年版。

［196］范徵：基于印度文明的企业管理模式思考，《清华管理评论》2016 年第 7 - 8 期。

［197］范徵：中国企业"走出去"跨文化大数据平台体系构想，《跨文化管理》2016 年第 6 辑。

［198］范徵：Lucke，Kostova 和 Roth 的多元文化论，《跨文化管理》2017 年第 7 辑。

［199］范徵：中国企业"走出去"跨文化环境因素研究，《管理世界》，2018 年第 7 期。

［200］范作申：《日本企业内教育培训》，北京：经济管理出版社 2002 年版。

［201］费绿：通用电气堕落史：从美国偶像到一摊烂泥，《格上财富》2018 年。

［202］冯玮：《日本商人》，南昌：江西人民出版社 1995 年版。

［203］［丹麦］盖斯特兰德：《跨文化商业行为》，李东译，北京：企业管理出版社 2004 年版。

［204］高桥敷：《丑陋的日本人》，苏州：古吴轩出版社 2008 年版。

［205］［法］戈泰、多米尼克·克萨代尔：《跨文化管理》，陈淑仁、周晓幸译，北京：中国商务出版社 2005 年版。

［206］葛存根：《中国企业的跨文化战略思维》，北京：经济管理出版社 2006 年版。

［207］顾骏：《犹太商人》，南昌：江西人民出版社 1995 年版。

［208］顾晓鸣：《阿拉伯商人》，南昌：江西人民出版社1995年版。

［209］顾晓鸣：《俄罗斯商人》，南昌：江西人民出版社1998年版。

［210］顾晓鸣：《印度商人》，南昌：江西人民出版社1998年版。

［211］关世杰：《跨文化交流学》，北京：北京大学出版社1995年版。

［212］郭咸纲：《西方管理学说史》，北京：中国经济出版社2003年版。

［213］郭毅等：《组织与战略管理中的新制度主义视野》，上海：上海人民出版社2009年版。

［214］哈佛商学院：《企业、政府与国际经济》（MBA核心课案例教学推荐教材），范徵等译，北京：中国人民大学出版社2006年版。

［215］［美］哈里斯、罗伯特·T. 莫兰：《跨文化管理教程》，北京：新华出版社2002年版。

［216］海克逊、保尔：《全球管理透视》，谭诗诗译，成都：西南财经大学出版社1995年版。

［217］郝名玮：《拉丁美洲文明》，北京：中国社会科学出版社1999年版。

［218］何光沪：《宗教小词典》，上海：上海辞书出版社2002年版。

［219］［日］河野丰弘：《日本企业的策略与结构》，杨益、刘哲夫译，上海：同济大学出版社1989年版。

［220］赫特斯：《极简欧洲史》，南宁：广西师范大学出版社2017年版。

［221］赫里姆：《塔木德：犹太人的经商与做人圣经》，北京：中国纺织出版社2005年版。

［222］贺雄飞：《犹太式管理》，上海：上海三联书店2009年版。

［223］［美］亨廷顿：《文明的冲突与世界秩序的重建》，北京：新华出版社1988年版。

［224］亨廷顿、彼特·伯杰：《全球化的文化动力——当今世界的文化多样性》，北京：新华出版社2004年版。

［225］胡宏峻：《财智：跨文化管理》，上海：上海交通大学出版社2004年版。

［226］［英］霍布森：《西方文明的东方起源》，济南：山东画报出版社2008年版。

［227］［荷兰］霍夫斯坦特：《跨越合作的障碍——多元文化与管理》，北京：科学出版社1996年版。

［228］［荷兰］霍夫斯坦特：《文化与组织——心理软件的力量》，北京：中国人民大学出版社 2010 年版。

［229］霍尔顿：《跨文化管理——一个知识管理的视角》，康青、郑彤、韩建军译，北京：中国人民大学出版社 2006 年版。

［230］霍杰茨、弗雷德·卢森斯：《国际管理——文化、战略与行为》，北京：中国人民大学出版社 2006 年版。

［231］季崇威：《外向性经济的国际比较》，济南：山东人民出版社 1990年版。

［232］季羡林：《印度古代文学史》，北京：北京大学出版社 1991 年版。

［233］季羡林、刘安武：《东方文学史》，长春：吉林教育出版社 1995年版。

［234］伽达默尔：《真理与方法》，北京：商务印书馆 2009 年版。

［235］姜汝祥：《差距：中国一流企业离世界一流企业有多远》，北京：机械工业出版社 2003 年版。

［236］江春泽：《国际经济比较研究》，北京：人民日报出版社 1992 年版。

［237］金猴：俄罗斯会走上社会主义道路吗？《思想火炬》，2018 年 2 月21 日。

［238］金璎：实拍成功的基布兹——以色列的"人民公社"，http：//blog. sina. com. cn /s/blog_ 54f716e20102vwjc. html，2015 年 6 月 5 日。

［239］金占明、马力：文化分"维"及其对企业管理的影响，《管理工程学报》1999 年第 4 期。

［240］军剑：普京的故事告诉你：无论从政还是经商，要想成功，一靠忠诚，二靠能力，中国金融信息中心，http：//mp. weixin. qq. com/s? _ biz。

［241］康路：《Tata 集团：大象快跑的秘密》，《商学院》，2007 年 1 月19 日。

［242］［美］肯尼迪：《怎样在国外做生意》，北京：中国对外经济贸易出版社 1985 年版。

［243］莱基：《北欧模式》，台北：日月文化出版股份有限公司 2017 年版。

［244］李春林：《现代国际比较经营学》，天津：天津科技翻译出版公司1992 年版。

［245］李建权：《日本精神》，北京：新华出版社 2007 年版。

［246］李利芬：《基于印度文明的印度企业管理特质研究》，上海外国语大学硕士学位论文，2008 年。

［247］李敏：中国品牌国际化：中国中车深度进入国际市场，《跨文化管理》2017 年第 6 期。

［248］李绍先：《一脉相传阿拉伯人》，北京：时事出版社 1997 年版。

［249］李文光：《日本的跨国公司》，北京：中国经济出版社 1993 年版。

［250］李亚妮：《跨文化的管理方案及其适用条件》，上海外国语大学硕士学位论文，2005 年。

［251］李彦明：《沉沦巨人：俄罗斯》，北京：时事出版社 1997 年版。

［252］［韩］李元馥：《漫画韩国》，北京：中信出版社 2004 年版。

［253］黎瑞刚：《阿拉伯商人》，南昌：江西人民出版社 1995 年版。

［254］［俄］利哈乔夫：《解读俄罗斯》，北京：北京大学出版社 2003 年版。

［255］利弗莫尔：《文化商引领未来》，王嗣俊译，北京：北京大学出版社 2015 年版。

［256］梁觉、周帆：《跨文化研究方法》，转引自陈晓萍、徐淑英等，《组织与管理研究的实证方法》，北京：北京大学出版社 2008 年版。

［257］梁战平等：《中日管理思想比较》，北京：科学技术文献出版社 1993 年版。

［258］林新奇：《国际人力资源管理》，上海：复旦大学出版社 2007 年版。

［259］林毅夫：国际化企业的"三步走"新战略，《光明智库》，2015 年 9 月 22 日。

［260］凌塑：当"日式谦恭"遭遇"美式直接"，《新民晚报》，2010 年 2 月 26 日。

［261］刘爱东：《在华跨国公司绩效管理》，上海：复旦大学出版社 2006 年版。

［262］刘光明：《中外企业文化案例》，北京：经济管理出版社 2000 年版。

［263］刘厚元：《对外交往与经贸谈判》，北京：中国青年出版社 1993 年版。

［264］刘建、朱明忠、葛维钧：《印度文明》，北京：中国社会科学出版社 2004 年版。

［265］刘景雄：《你不必再错过美元》，济南：山东人民出版社 2002 年版。

［266］刘涛：汤因比预言：中国文明将统一全球，http：//www. awaker. cn/89567. html，2007 年。

［267］刘文鹏：《古代西亚北非文明》，北京：中国社会科学出版社 1999 年版。

［268］鲁瓦：《全球文化大变局》，深圳：海天出版社 2013 年版。

［269］陆雄文：《管理学大弹典》，上海：上海辞书出版社。

［270］罗家德：《中国人的管理智慧》，北京：中信出版社 2007 年版，第 56 - 58 页。

［271］罗家德：中国企业的差序格局，《北大商业评论》，2007 年第 6 期。

［272］罗能生：《全球化、国际贸易与文化互动》，北京：中国经济出版社 2006 年版。

［273］马飞：TCS：用制度固化经验，《商学院》，2007 年 1 月 19 日。

［274］马洪：《国外企业管理比较研究》，北京：中国社会科学出版社 1982 年版。

［275］马加力、尚会鹏：《一应俱全的印度人》，北京：时事出版社 1998 年版。

［276］马利克：欧洲公司学习管理中一些永久性的主题，《商务周刊》，http：//media. 163. com，2005 - 07 - 07 13：56：33，2005 年。

［277］马克思：《马克思恩格斯选集》（第一卷），北京：中央文献出版社 1980 年版。

［278］马振铎、徐远和、郑家栋：《儒家文明》，北京：中国社会科学出版社 1999 年版。

［279］毛泽东：《毛泽东选集》（第一卷），北京：中央文献出版社 1980 年版。

［280］［俄］梅尼日科夫斯基：《病重的俄罗斯》，昆明：云南人民出版社 1999 年版。

［281］［英］米代勒：《世界各国的公营企业》，大连：东北财经大学出版社 1980 年版。

［282］米歇尔：《国际商务文化》，北京：经济科学出版社 2002 年版。

［283］［日］名和太郎：《经济与文化》，北京：中国经济出版社 1987 年版。

［284］南非航空公司（SAA）：南非航空公司，http：//www. flysaa. com；http：//www. flysaa. network. com. tw，2008 年。

[285] 南宫梅芳：《西方文化背景》，北京：北京大学出版社 2016 年版。

[286] 潘晨光：《国外人力资源发展报告》，北京：中国林业出版社 1998 年版。

[287] 潘光：《犹太文明》，北京：中国社会科学出版社 1999 年版。

[288] ［美］佩格尔斯：《日本与西方管理比较》，张广仁、张杨译，北京：机械工业出版社 1987 年版。

[289] 彭晋璋：《中日投资合作策略》，北京：中国发展出版社 1999 年版。

[290] 彭世勇：文化价值与冲突管理模式：四国一地跨文化对比，《经济管理》2008 年第 3 期。

[291] 钱满素：《美国文明》，北京：中国社会科学出版社 2004 年版。

[292] 钱益兵：《香港：东西方文化的交汇处》，北京：中国人民大学出版社 1995 年版。

[293] 秦惠彬：《伊斯兰文明》，北京：中国社会科学出版社 2004 年版。

[294] 屈丽丽：我在犹太公司的 15 年，《中国经营报》，2006 年 7 月 7 日。

[295] 栾景河：《21 世纪的俄罗斯谁主沉浮》，成都：四川人民出版社 2000 年版。

[296] 阮炜：《中外文明十五论》，北京：北京大学出版社 2008 年版。

[297] ［美］瑞奇蒙德：《解读俄罗斯人》，北京：中国水利水电出版社 2004 年版。

[298] 商玉洁、赵永华、山鹰：《俄罗斯文化国情教程》，北京：中国人民大学出版社 2002 年版。

[299] 邵丽英：《俄罗斯人》，西安：三秦出版社 2003 年版。

[300] ［日］森岛通夫：*Why has Japan "Succeeded"？——Western Technology and the Japanese ethos*，Cambridge University Press，1982 年。

[301] ［法］施耐德、［瑞士］简·路易斯·巴尔索克斯：《跨文化管理》，石永恒译，北京：经济管理出版社 2002 年版。

[302] 施万克：美式管理遭弃，欧式管理受宠，《第一财经日报》，2009 年 2 月 7 日。

[303] 苏东水：《东方管理学》，上海：复旦出版社 2006 年版。

[304] 苏东水：《中国管理学》，上海：复旦出版社 2006 年版。

[305] 苏东水：《华商管理学》，上海：复旦出版社 2006 年版。

[306] 孙明贵：《日本企业管理新策略》，北京：经济管理出版社 1996 年版。

[307] ［俄］索洛维约夫：《俄罗斯思想》，杭州：浙江人民出版社 2000 年版。

[308] ［美］汤普逊：《了解俄国：俄国文化中的神愚》，北京：北京出版社 2002 年版。

[309] 汤因比：《历史研究》，上海：上海人民出版社 1964 年版。

[310] 汤因比、池田大作：《展望二十一世纪》，北京：国际文化出版公司 1985 年版。

[311] 唐晋：《大国崛起》，北京：人民出版社 2006 年版。

[312] 唐菊裳：《中外文化差异与经贸合作》，北京：中国政法大学出版社 1994 年版。

[313] 唐宁玉、王玉梅：《跨文化管理：理论和实践》，北京：科学出版社 2018 年版。

[314] ［日］田杉竞、铃木英寿、山本安次郎、大岛国雄：《比较管理学》，于延方译，北京：中国社会科学出版社 1992 年版。

[315] ［荷兰］特姆彭纳斯：《跨越文化浪潮》，陈文言译，北京：中国人民大学出版社 1995 年版。

[316] 陀思妥耶夫斯基：《被污辱的与被损害的人》，南京：译林出版社 1995 年版。

[317] 汪福祥、马登阁：《文化撞击案例评析》，北京：石油工业出版社 1999 年版。

[318] 汪涛：印度对中国的真正威胁是什么，http：//www. sohu. com/a/194395327 _ 703540，2017 年。

[319] 王晨：游刃于国际文化的"时空差"中，《21 世纪经济报道》，2003 年 7 月 24 日。

[320] 王钦：《人单合一管理学》，北京：经济管理出版社 2016 年版。

[321] 王全忠：美国文化八大特征，http：//www. 360doc. com/content/17/0320/ 21/259476_ 638579939. shtml，2008 年 7 月 26 日。

[322] 王小瑛：你不知道的印度管理者，《商学院》，2007 年 1 月 19 日。

［323］王小瑛、李明锋：NIIT：让跨越边界变得有条不紊，《商学院》，2007 年 1 月 19 日。

［324］王英佳：《俄罗斯社会与文化》，武汉：武汉大学出版社 2000 年版。

［325］韦伯：《新教伦理与资本主义精神》，成都：四川人民出版社 1986 年版。

［326］韦伯：《儒教与道教》，南京：江苏人民出版社 2005 年版。

［327］韦尔特：《革命中的俄罗斯》，上海：上海人民出版社 2007 年版。

［328］〔英〕沃纳：《国际工商管理百科全书》，北京：清华大学出版社 2003 年版。

［329］〔英〕沃纳：《跨文化管理》，郝继涛译，北京：机械工业出版社 2004 年版。

［330］吴克礼：《当代俄罗斯社会与文化》，上海：上海外语教育出版社 2001 年版。

［331］席旭东：《跨文化管理方法论》，北京：中国经济出版社 2004 年版。

［332］席酉民：《和谐管理理论》，北京：中国人民大学出版社 2002 年版。

［333］项兵：米塔尔 VS 宝钢：两条路径的思考，《商学院》，2007 年 1 月 19 日。

［334］谢恩：《公司文化导论》，北京：科学技术文献出版社 1989 年版。

［335］谢扬林：国际化—本土化，中国企业要有自己的舞步，《中国经营报》，2004 年 10 月 18 日。

［336］邢广程：《2006 年俄罗斯东欧中亚国家发展报告》，北京：社会科学文献出版社 2007 年版。

［337］许思奇：《中日消费者保护制度比较研究》，沈阳：辽宁大学出版社 1992 年版。

［338］许思奇：《日本市场经济法制》，沈阳：辽宁大学出版社 1995 年版。

［339］〔美〕许烺光：《美国人与中国人：两种生活方式比较》，彭凯平、刘文静译，北京：华夏出版社 1998 年版。

［340］徐东民、叶宇：《海外华商》，南昌：江西人民出版社 1995 年版。

［341］徐国华：《现代生产管理:中美日比较》，北京：企业管理出版社 1993 年版。

［342］徐渊：《比较管理学》，上海：上海远东出版社 1994 年版。

［343］许志新：《重新崛起之路：俄罗斯发展的机遇与挑战》，北京：世界知识出版社 2005 年版。

［344］薛求知：《无国界经营》，上海：上海译文出版社 1997 年版。

［345］薛求知：比较管理学视野中的东方管理，《世界管理大会》演讲稿，2008 年。

［346］严文华、宋继夫、石文典：《跨文化企业管理心理学》，大连：东北财经大学出版社 2000 年版。

［347］闫立罡、吴贵生：中国企业国际化模式研究，《企业管理研究》，2006 年 10 月。

［348］杨海峰：欧洲文化的特点研究与探讨，http：//www. docin. com/ p - 3240 28728. html，2001 年 8 月 7 日。

［349］杨海峰：欧洲企业管理理论与实践的研究,http：//home. donews. com donews /article/1/14300. html，2001 年 8 月 7 日。

［350］杨辉、李彦彬：俄罗斯政治文化的特点以及对其对外政策的影响，http：//www. tceic. com/k442ol19l00hkj5h9l31j99. html，2005 年。

［351］杨薇：日本文化模式论，《南开学报》2002 年第 4 期。

［352］姚介厚：《西欧文明》，北京：中国社会科学出版社 2002 年版。

［353］叶森：《经济体制转型的国际比较》，北京：改革出版社 1993 年版。

［354］叶渭渠：《日本文明》，北京：中国社会科学出版社 1999 年版。

［355］尹尖尖：《基于东正教文明的俄罗斯管理特质研究》，上海外国语大学硕士学位论文，2007 年。

［356］余秋雨：《千年一叹》，北京：人民文学出版社 2000 年版。

［357］原口俊道：《东亚地区的经营管理》，上海：上海人民出版社 2000 年版。

［358］袁卫：《香港：成功的工商管理》，北京：中国人民大学出版社 1994 年版。

［359］泽熙：《东西一水间》，北京：中兴出版社 2001 年版。

［360］张百春：《当代东正教神学思想》，北京：三联书店 2000 年版。

［361］张春华：《一路坎坷犹太人》，北京：时事出版社 1997 年版。

［362］张达明：《俄罗斯东正教与文化》，北京：中央民族大学出版社 1999 年版。

［363］张钢、何亚平：文化差异与创新选择，《管理工程学报》，1997 年第

11 卷（增刊）。

［364］张光忠：《世界营销比较》，北京：中兴出版社 1996 年版。

［365］张静河：《跨文化管理》，合肥：安徽科学技术出版社 2002 年版。

［366］张其成：《管理大智慧:张其成讲周易》，北京：当代世界出版社 2009 年版。

［367］张维为：《文明型国家》，上海：上海人民出版社 2017 年版。

［368］张新胜：《国际管理学——全球化时代的管理》，北京：中国人民大学出版社 2002 年版。

［369］张翼：《国际政治文化学导论》，北京：世界知识出版社 2005 年版。

［370］张宇燕：《美国行为的根源》，北京：中国社会科学出版社 2015 年版。

［371］赵传君：《比较经济管理》，北京：中国经济出版社 1990 年版。

［372］赵景华：《企业管理国际比较——中日美企业管理比较、借鉴与创新》，济南：山东人民出版社 1999 年版。

［373］赵曙明：《国际企业:跨文化管理》，南京：南京大学出版社 1994 年版。

［374］赵曙明：《东西方文化与企业管理》，北京：中国人事出版社 1995 年版。

［375］赵曙明：《国际企业：人力资源管理》，南京：南京大学出版社 1998 年版。

［376］赵曙明：《跨国公司人力资源管理》，北京：中国人民大学出版社 2001 年版。

［377］曾仕强：《中国式管理》，北京：中国社会科学出版社 2005 年版。

［378］郑克强：双重性:俄罗斯的民族性格与文化特征，https://wenku.baidu.com/view/b234766925c52cc58bd6be4f.html，2008 年 3 月 7 日。

［379］中国企业国际化管理课题组：《企业人力资源国际化管理方法》，北京：中国财政经济出版社 2002 年版。

［380］周全：《21 世纪的俄罗斯经济发展战略》，北京：中国城市出版社 2002 年版。

［381］周晓艳、马利克：欧洲企业管理理论和实践的新变化、趋势，《中国社会科学院院报》，2007 年 8 月 6 日。

［382］朱崇实：《各国公司法》，贵阳：贵州人民出版社 1995 年版。

［383］朱镕基：在国际行动理事会第 11 次会议开幕式上的讲话，《解放日报》1993 年 5 月 3 日。

［384］朱威烈：《国际文化战略研究》，上海：上海外语教育出版社 2002 年版。

［385］朱勇国：《国际人力资源管理》，北京：中国人事出版社 2006 年版。

［386］祝寿臣：日本企业与中国文化，《参考消息》（周末增刊），1992 年 8 月 28 日。

［387］左哈尔：《量子领导者：商业思维和实践的革命》，北京：机械工业出版社 2018 年版。